COURS DE CONSTRUCTIONS

PREMIÈRE PARTIE

COURS DE CONSTRUCTIONS

PREMIÈRE PARTIE

NOTIONS PRATIQUES

SUR

LES ÉLÉMENTS, LA FORME, LES DIMENSIONS

ET LA CONSTRUCTION DES MAÇONNERIES

Par J. A. CHASSINAT

CHEF DE BATAILLON DU GÉNIE, PROFESSEUR

(1865).

RÉIMPRIMÉ

CHEZ E. BOURGES, IMPRIMEUR A FONTAINEBLEAU

Rue de l'Arbre-Sec, 1

AVRIL 1874

PREMIÈRE LEÇON

ÉLÉMENTS DES MAÇONNERIES

On donne le nom de maçonnerie à tout massif composé de matériaux durs, pierres ou briques, reliés entr'eux soit par leur disposition relative ou leur appareil, soit par l'intermédiaire d'un mortier ou d'un ciment.

Lorsqu'on n'emploie pas de mortier, on dit que la maçonnerie est en *pierres sèches*.

Dans certaines contrées du midi de la France, et, notamment, dans les départements du Rhône et de l'Ain, on élève des murs formés de terre corroyée et susceptible d'acquérir, par la dessication, une certaine résistance; c'est ce qu'on appelle bâtir en *pisé*.

Enfin, depuis longtemps, on construit des massifs formés d'un agrégat de mortier et de petits matériaux (gros gravier ou pierres concassées), auquel on donne le nom de *béton*.

Indépendamment des matériaux dont se compose le corps de ces divers genres de maçonnerie, on emploie certaines substances pour régulariser les formes extérieures et pour mettre la construction à l'abri des causes de destruction provenant de l'action des eaux pluviales et des influences atmosphériques. On donne le nom d'*enduits* aux mortiers dont on recouvre les maçonneries.

On voit qu'à l'exception du pisé, dont l'usage est restreint à des bâtiments communs et de peu d'importance, les éléments des maçonneries sont :

Les pierres, les briques, les mortiers et les enduits.

Nous allons passer en revue ces divers éléments.

DES PIERRES

Les-pierres sont des substances minérales, très-variables dans leur composition, mais dont les caractères physiques sont les suivants :

Elles sont solides, incombustibles, non malléables, et, en général, spécifiquement plus pesantes que l'eau.

On les rencontre dans le sein de la terre, soit en grandes masses compactes, ou, du moins, ne présentant que des solutions de continuité peu nombreuses et irrégulières, soit en couches distinctes et à peu près parallèles.

Dans le premier cas, on peut tirer de la carrière des blocs de toutes dimensions et offrant, à peu près, la même résistance à la compression dans tous les sens ; souvent l'extraction en est très-pénible et exige l'emploi de la poudre.

Dans le deuxième cas, l'exploitation est beaucoup plus facile ; mais on ne peut plus obtenir des pièces d'aussi fortes dimensions. Ces pierres sont dites de haut ou de bas appareil, suivant l'épaisseur de la couche qui les fournit. Elles n'offrent plus, comme dans le premier cas, la même résistance à l'écrasement dans tous les sens. Cette résistance est plus grande perpendiculairement au plan de la couche, ou au lit de carrière, que dans le sens de ce plan. Aussi doit-on avoir soin, lorsqu'on emploie des pierres provenant d'une stratification parallèle, de les disposer dans la maçonnerie de manière que les lits soient normaux à la direction des efforts de compression auxquels il faut résister ; c'est ce qu'on appelle poser la pierre sur *son lit de carrière*. Autrement, on dit que la pierre est en *délit*. Cette dernière disposition, toujours vicieuse, ne doit être tolérée qu'autant que la charge à supporter est très-faible.

La dilatation linéaire, souvent très-sensible dans certains métaux dont on fait usage dans les constructions, est très-faible pour les pierres. Elle n'est guère que de 0,001 de 0° à 100°. Les effets en sont négligeables dans les maçonneries ordinaires ; mais lorsqu'il s'agit d'ouvrages destinés à contenir de l'eau, tels que des bassins, des aqueducs, des ponts-canaux, la contraction due à un abaissement notable de température pendant l'hiver peut produire des fissures dans la maçonnerie, et l'eau, qui pénètre et se congèle dans ces vides, devient une cause rapide et énergique de destruction, que l'ingénieur doit prévoir et contre laquelle il doit se prémunir par des dispositions particulières.

CLASSIFICATION DES PIERRES SOUS LE RAPPORT DE LEUR COMPOSITION (*)

On classe ordinairement les pierres, relativement à leur composition chimique, en cinq grandes catégories, savoir :

1° Pierres calcaires ;
2° — siliceuses ;
3° — argileuses ;
4° — gypseuses ;
5° — volcaniques.

Pierres calcaires.

Ces pierres sont des carbonates de chaux, quelquefois purs, mais le plus souvent mélangés à d'autres substances telles que, la silice, l'alumine, la magnésie et les oxydes métalliques. Elles ne donnent point d'étincelles au briquet. Elles font effervescence avec les acides. Exposées à une chaleur suffisante, elles se transforment en chaux.

Ces carbonates, qu'on rencontre en grande abondance à la surface du sol, sont de toutes les pierres celles dont on fait le plus grand usage dans les constructions. D'une exploitation facile, résistant bien à la compression, peu cassantes, assez homogènes, se prêtant bien à la taille ordinaire et à la sculpture, elles constituent l'un des éléments les plus importants de la décoration des édifices.

On les rencontre dans les carrières, par couches plus ou moins épaisses, assez généralement superposées horizontalement.

On donne le nom de marbre à toute pierre calcaire susceptible de recevoir le poli. La première condition pour qu'un marbre soit de bonne qualité, c'est d'être dur et de ne pas s'altérer sous les influences atmosphériques. Les plus estimés sont ceux qui se font en outre remarquer par la beauté et la vivacité des couleurs et par une certaine translucidité. Cette dernière propriété ne se rencontre guère que dans les marbres blancs et notamment dans les albâtres. Cette variété se distingue par une structure cristalline ou fibreuse, et par une plus grande dureté.

On donne le nom de *brèches* aux marbres formés de fragments de grosseur, de

(*) La classification géologique des pierres et leurs gisements seront indiqués dans le Cours de sciences appliquées.

forme et de couleur variées, reliés par un ciment calcaire. Lorsque ces fragments sont
de petite dimension, le marbre prend le nom de *brocatelle*. Ces marbres sont généralement très-beaux, mais résistent mal aux influences atmosphériques.

Les grandes difficultés que présentent l'extraction, la taille et le polissage des
marbres en rendent le prix très-élevé ; aussi, les Égyptiens, les Grecs et les Romains
ne les employèrent-ils à la décoration de leurs grands monuments qu'aux époques
de leur plus grande prospérité. De nos jours, l'emploi des marbres semble restreint
à l'Europe. Il existe, cependant, depuis un temps immémorial, dans quelques parties
de l'Inde et de la Chine ; mais il commence seulement à se répandre en Amérique.

Le marbre sert principalement à la décoration extérieure et intérieure des grands
édifices publics. Dans les constructions particulières, on le réserve pour l'ornementation intérieure des appartements.

C'est surtout par la beauté et la variété des couleurs qu'on distingue les différents
marbres. Les plus beaux se tirent de l'Italie, mais aucun pays n'est aussi richement
doté que la France sous ce rapport. Vers la fin du dernier siècle, il existait déjà plus
de deux cents carrières en exploitation, et Rondelet signale plus de 300 variétés de
marbre. Dans ce nombre, beaucoup ont été laissés de côté comme trop communs ; et
les moyens puissants de fabrication employés actuellement se sont portés surtout sur
les plus belles espèces ; malgré cela, l'Exposition de 1855 nous a montré 115 variétés
de marbre exploitées en grand dans les diverses parties de la France. Nous ne pourrons point donner ici l'énumération de tous ces marbres ; mais on pourra, sur ce sujet,
consulter le compte rendu de M. Delesse sur les matériaux de construction de l'Exposition universelle de 1855 ; on y trouvera une table faisant connaître les noms des
différents marbres, les lieux d'extraction, les prix du mètre cube à la carrière et à
Paris. On trouvera, d'ailleurs, dans l'ouvrage de Rondelet, intitulé *l'Art de bâtir*, des
renseignements sur les marbres employés dans l'antiquité et qu'on désigne sous le
nom de marbres antiques.

Pierres siliceuses.

Ces pierres, ainsi que l'indique leur nom, sont principalement composées de silice.
Elles ne font point effervescence avec les acides et donnent des étincelles au briquet ;
de là le nom de pierres scintillantes qu'on leur donnait autrefois. Soumises à de hautes
températures, quelques-unes résistent très-bien et sont très-précieuses pour la construction des fourneaux ; d'autres résistent moins, et se vitrifient sous l'action d'un feu
violent.

Ces pierres se font remarquer par une grande résistance à l'écrasement et par une
inaltérabilité remarquable sous l'action des influences atmosphériques. Si sous ce
rapport elles sont supérieures aux calcaires en général, elles leur cèdent beaucoup pour

la facilité de la mise en œuvre. Elles sont très-dures, cassantes, s'écaillent ou s'égrènent sous le ciseau, de sorte que la taille en est difficile et souvent imparfaite. Malgré cela, ce sont, après les calcaires, les matériaux le plus fréquemment employés dans les constructions.

Granite. — Le granite est formé de cristaux agglomérés de quartz, de feld-spath et de mica.

Le quartz (silice à peu près pure), s'y trouve, en grains irréguliers et à peu près incolores.

Le feld-spath, silicate à base d'alumine et de potasse s'y rencontre en cristaux lamelleux, brillants et colorés.

Le mica-silicate, à base d'alumine, d'oxide de fer, etc., s'y présente en paillettes brillantes et colorées en blanc, gris, jaune, brun foncé et noir.

Au mica se substitue, dans certains granites, l'amphibole, composée de silice ou d'alumine alliée à la chaux et à l'oxyde de fer. Ces derniers granites prennent le nom de syénites, de la ville de Syène, en Égypte.

Plus le quartz abonde dans les granites, plus le grain en est fin, plus ils sont durs et résistants, mieux ils restent inaltérables à l'air. Les granites se taillent difficilement, mais ils sont susceptibles d'un beau poli. Par la variété et la vivacité de leurs couleurs quelques-unes de ces pierres ne le cèdent en rien aux plus beaux marbres.

Emploi. — A cause de leur rareté, de la difficulté de les mettre en œuvre, ces matériaux sont très-chers et ne peuvent convenir pour des constructions ordinaires. On les emploiera pour les monuments destinés à une longue durée; pour des ouvrages exposés à l'action des vagues de la mer, au choc, au frottement des glaces et des galets; enfin, toutes les fois qu'il faudra résister à des pressions ou à des frottements considérables.

Lieux d'extraction. — Les plus beaux granites, connus sous le nom de granites antiques, sont ceux de l'Égypte. Le granite rouge oriental (syénite), est le plus estimé et celui dont les Égyptiens et les Romains ont construit leurs plus beaux obélisques. En France, on en rencontre en Bretagne, en Normandie, dans les Vosges et en Corse.

Ils se présentent ordinairement en grandes masses, sans lits ni joints. Il paraît pourtant qu'il existe deux directions suivant lesquelles on peut les débiter plus facilement. Ces directions ne sont point apparentes, mais, par la pratique, les ouvriers parviennent à les reconnaître.

Il résulte de la structure des roches granitiques que la disposition des pierres relativement à la direction des efforts est à peu près indifférente.

Il existe dans un grand nombre de granites des solutions de continuité appelées *glaces*, qu'il est important de chercher, afin de s'en servir comme surfaces de sépara-

tion dans l'exploitation et de ne point renfermer dans l'intérieur des pierres mises
en œuvre.

Grès. — Les grès sont formés de grains de sable siliceux reliés par un ciment
siliceux, argileux ou calcaire. Lorsque les grains sont assez gros et arrondis, le grès
prend le nom de *poudingue*, et celui de *brèche*, lorsque les grains sont anguleux, au lieu
d'être arrondis.

Les grès de dureté moyenne, à grain fin et serré, donnent de très-bonnes pierres
à bâtir. Peut-être adhèrent-ils moins bien au mortier que les calcaires, et la taille en
est-elle plus difficile ; mais si l'on considère la beauté, l'élégance et la durée des monuments dans lesquels cette pierre a été employée, notamment la belle cathédrale de
Strasbourg, entièrement bâtie en grès des Vosges, on est forcé de reconnaître qu'elle
constitue l'un des meilleurs matériaux qu'on puisse utiliser pour les constructions.

Les grès durs sont rarement mis en œuvre comme pierre à bâtir ; mais ils donnent
de très-bons pavés.

Meulières. — Ce sont des pierres siliceuses à texture irrégulière et crevassée.

Leur nom leur vient de ce qu'on en forme des meules à moudre le blé. Les meulières ne peuvent être utilisées comme pierres de taille, mais elles donnent des moellons
très-durs, très-résistants, inaltérables à l'air et dans l'eau, et adhérant très-bien au
mortier. On en fait un très-grand usage à Paris et dans ses environs ; elles ont été
employées, avec succès, dans une grande partie des fortifications de Paris.

Les pierres meulières se rencontrent tantôt par bancs et en grandes masses, comme
à la Ferté-sous-Jouarre, à Montregard en Bourgogne, près de Monthoron en Poitou,
tantôt en morceaux isolés et épars à une faible profondeur dans le sol.

Les premières servent surtout à la confection des meules, les autres sont concassées
et employées comme moellons.

<h3 style="text-align:center">Pierres argileuses.</h3>

Ces pierres ne font point effervescence avec les acides, et ne donnent pas d'étincelles au briquet. Elles présentent souvent une texture schisteuse. Elles sont rarement
employées en France comme pierres à bâtir, mais la roche connue sous le nom de
schiste ardoisier, qui jouit de la propriété de se diviser facilement, au sortir de la
carrière, en feuillets de faible épaisseur, procure des dalles propres au pavage, et
surtout ces plaques minces et légères connues sous le nom d'*ardoises*, dont l'usage est
si avantageux pour la couverture des édifices.

Plus tard, nous nous occuperons plus particulièrement de ce genre de matériaux,
quand nous parlerons des couvertures.

Pierres gypseuses.

Ces pierres sont des sulfates de chaux plus ou moins purs. Elles ne font point, en général, effervescence avec les acides, et sont souvent assez tendres pour se laisser rayer avec l'ongle.

Les gypses ne sont point employés comme pierres à bâtir. Leur faible résistance, les altérations qu'ils éprouvent sous l'action de la pluie et de la gelée, les rendent impropres à cet usage; mais, en revanche, ils procurent une des matières plastiques (le plâtre) les plus utiles à l'art de bâtir.

Nous parlerons plus loin, à propos des enduits, des diverses propriétés et de l'emploi de cette dernière substance.

Pierres volcaniques.

Ces pierres proviennent, ainsi que l'indique leur nom, des déjections d'anciens volcans.

Quelques-unes (telles que les basaltes et les porphyres), très-compactes, très-résistantes, très-dures, susceptibles d'un très-beau poli, de couleurs vives et variées, sont très-propres à l'ornementation des édifices. Dans l'antiquité, on les employait en colonnes, en dallages et en incrustations. De nos jours, leur prix élevé en limite l'emploi à des objets d'art.

D'autres espèces, d'un travail plus facile, adhérant bien aux mortiers, donnent de bonnes pierres de taille et des moellons. Telles sont les laves d'Agde, de Volvic et d'Andernach : mais leur couleur sombre en rend l'aspect désagréable, tandis que leur texture irrégulière se prête mal aux moulures.

Les tufs volcaniques formés de détritus de laves réunis par un ciment, employés à Rome et à Naples sous le nom de péperius, se rencontrent en masses considérables dans les parties volcaniques de la France, et y donnent de bonnes pierres de construction. Douées d'une densité assez faible, et pourtant d'une résistance suffisante, elles conviennent parfaitement à la construction des voûtes légères.

Enfin, une dernière espèce de pierre volcanique, plus favorable encore que les tufs à la destination précédente, est celle qu'on désigne sous le nom de pierre *ponce*. Cette pierre, tout à fait inaltérable, très-adhérente aux mortiers, a une densité plus faible que celle de l'eau (le mètre cube ne pèse que 650 k.), aussi l'a-t-on souvent employée dans la construction des voûtes légères des églises gothiques.

QUALITÉS GÉNÉRALES DES PIERRES PROPRES AUX CONSTRUCTIONS

Quelles que soient la nature et la composition des pierres, elles devront, pour être propres aux constructions, satisfaire aux conditions suivantes :

Les pierres ayant presque toujours des pressions considérables à supporter, et se trouvant souvent exposées au choc, devront être douées d'une assez grande résistance à l'écrasement, et ne pas être cassantes.

Elles devront se prêter facilement à la taille et à la sculpture, et pour cela, il faudra non-seulement qu'elles ne soient point cassantes, mais qu'elles aient le grain fin et serré, la texture compacte et homogène.

Pour qu'on puisse facilement les relier dans un massif, elles devront bien adhérer au mortier.

Enfin, et comme condition essentielle, elles ne devront point s'altérer sous l'influence des actions atmosphériques.

GÉLIVITÉ DES PIERRES — MOYENS DE LA RECONNAITRE

Les pierres exposées à l'air peuvent être diversement attaquées. Quelques-unes éprouvent une véritable décomposition chimique, d'autres se dissolvent sous l'action des eaux pluviales, d'autres enfin, soumises aux alternatives de gel et de dégel, se délitent, se rompent en éclats ou se corrodent lentement. On donne le nom de *gélives* aux pierres accessibles à ce dernier genre d'altération. La gélivité est un défaut assez commun, fort dangereux, et contre lequel, par conséquent, il est très-important de se prémunir.

Ni l'inspection de la texture extérieure de la pierre, ni l'analyse chimique ne donnent d'indications plausibles sur la gélivité des pierres.

Pour reconnaître ce défaut, on peut avoir recours à l'expérience. Pour cela, on laisse, pendant plusieurs années, des blocs pris dans les pierres à essayer, exposés aux alternatives de pluie et de sécheresse, de gel et de dégel, en les plaçant de préférence dans un lieu bas et humide, et si la pierre n'éprouve aucune altération, on conclut qu'elle est de bonne qualité. Cette épreuve exige un temps assez long pour offrir beaucoup de garantie, car, bien qu'une pierre ait pu rester, sans altération, exposée aux intempéries dans certaines circonstances données, il n'est pas prouvé qu'elle résistera dans des conditions plus défavorables.

La gélivité paraît due à la force expansive provenant de la congélation de l'eau renfermée dans la pierre, eau qui peut être empruntée par absorption à l'humidité de l'atmosphère, ou se trouver naturellement dans les pores de la pierre, auquel cas on lui donne le nom d'eau de carrière. M. Brart a eu l'idée de substituer à la force expansive résultant de la congélation de cette eau, celle que produit la cristallisation d'un sel, qu'on introduit à l'état de dissolution dans l'intérieur de la pierre à essayer. M. Héricart de Thury conseille de faire l'expérience de la manière suivante : On prend de petits cubes proprement taillés, de 5 centimètres de côté, et on les fait bouillir, pendant une demi-heure, dans une dissolution de sulfate de soude saturée à froid. On les suspend ensuite, à l'air libre, dans une chambre maintenue à la température de 15°, jusqu'à ce qu'ils se recouvrent d'efflorescences salines; puis, on les plonge de nouveau dans la dissolution, et on les expose encore à l'air. On continue ces alternatives d'immersion et d'efflorescence pendant quatre ou cinq jours, après quoi l'on peut considérer l'expérience comme terminée. Si les petits cubes ont pu supporter ces épreuves sans déformations sensibles, il y aura grande chance pour que la pierre ne soit pas gélive, sinon, la gélivité sera d'autant plus à craindre que les altérations auront été plus profondes.

Ce dernier procédé d'expérimentation a l'avantage d'être facile, et surtout d'exiger peu de temps, mais on doit le considérer comme moins concluant encore que le premier. L'expérience a montré, en effet, qu'il pourrait induire en erreur, et que certaines pierres, indiquées par le procédé comme devant être gélives, ne l'étaient pas, et bien que ce soit beaucoup plus rare, on a reconnu que quelques pierres indiquées comme inaltérables étaient gélives. La méthode de M. Brard ne peut donc donner que des probabilités, mais cela pourra suffire lorsqu'on sera pressé, et que, pour des constructions peu importantes d'ailleurs, on sera forcé d'employer les pierres provenant d'une carrière nouvellement mise en exploitation.

De ce qui précède, on doit conclure que, pour des grands travaux, on ne doit employer que des pierres dont la qualité a été reconnue par une longue expérience, et que l'on ne doit se servir des matériaux extraits d'une carrière nouvelle qu'après les avoir éprouvés d'après le procédé ordinaire, non-seulement par leur exposition à l'air libre, mais encore par leur mise en œuvre dans des constructions de faible importance.

On rencontre souvent des pierres qui sont gélives à leur sortie de la carrière, et qui ne le sont plus lorsqu'elles ont eu le temps de se dessécher ou de perdre leur eau de carrière avant la gelée. De plus, quelques pierres, tendres et faciles à tailler au moment de leur extraction, sont susceptibles d'acquérir une assez grande dureté en se desséchant. Ces faits s'expliquent par la présence de sels tels que carbonates, silicates, etc., qui, à l'état déliquescent dans l'intérieur de la carrière, se cristallisent par la dessication de la pierre, en modifiant la texture intérieure, et en remplissant une partie des vides occupés par l'eau de carrière. On conçoit facilement, alors, que la pierre se durcisse, et qu'elle cesse d'être absorbante et gélive. Pour tirer parti de ces pierres, il faudra les exploiter au printemps, de manière qu'elles aient le temps de se dessécher avant l'hiver.

DÉNOMINATIONS DIVERSES DES PIERRES

Dans la pratique, on divise les pierres en deux grandes classes : en pierres dures et en pierres tendres.

Les *pierres dures* sont celles qui ne peuvent se débiter qu'à la scie sans dents, à l'eau et au grès.

Les *pierres tendres* sont celles qu'on peut débiter à l'aide de la scie dentée.

Pour chaque espèce, les pierres les plus dures sont généralement celles qui résistent et se conservent le mieux. On devra, par conséquent, s'en servir pour les constructions hydrauliques, et lorsqu'on devra résister à des frottements, à des chocs ou à de fortes pressions, autrement il sera préférable, sous le rapport de l'économie, de la facilité et de la rapidité d'exécution, d'employer les pierres tendres. Les pierres qui entrent dans la maçonnerie ont ordinairement la forme d'un parallélipipède plus ou moins régulier. Chaque face porte un nom particulier.

Parement en général. — On donne le nom de parement aux surfaces qui limitent un massif de maçonnerie. Ainsi, dans un mur de bâtiment, les faces intérieures et extérieures sont les deux parements ; ce sont, en effet, les deux surfaces apparentes après la construction.

Parement ou tête. — Par analogie, dans une pierre, on donne le nom de *parement* ou *tête*, à la face qui fait partie du parement général.

Lits ou assises. — On donne le nom de *lits* ou *assises* aux faces suivant lesquelles les pierres sont pressées les unes contre les autres. Ces faces sont perpendiculaires, en général, aux efforts de compression auxquels le massif est soumis ; lorsque ces efforts sont verticaux, les assises sont horizontales. Nous avons dit déjà que, pour les pierres qu'on rencontre par couches dans le sein de la terre, les assises devaient être dirigées parallèlement aux lits de carrière.

Joints. — On appelle *joints* les surfaces suivant lesquelles les pierres se touchent sans pressions. Les joints sont habituellement parallèles aux efforts de compression, ou normaux aux assises. On donne aussi, quelquefois, le nom de joint à l'intervalle qui sépare deux pierres juxtaposées.

Queue. — Lorsqu'une pierre faisant partie du parement d'un massif, pénètre dans la maçonnerie, on appelle *queue* la face opposée au parement. On emploie aussi cette expression pour désigner la quantité dont la pierre pénètre dans le massif.

Parpaing. — Lorsqu'une pierre est assez grande pour faire parement sur les deux faces opposées d'un mur, on lui donne le nom de *parpaing*, ou bien encore, on dit qu'elle *fait parpaing*.

Les pierres prennent différentes dénominations, suivant leurs dimensions et suivant les préparations qu'on leur a fait subir.

Moellons bruts. — Ce sont des matériaux de faible échantillon, que l'on met ordinairement en œuvre tels qu'on les extrait de la carrière. Ils servent pour les constructions communes et les maçonneries de remplissage. Sans exiger de régularité dans leur forme, on devra pourtant rechercher ceux qui se rapprochent du parallélipipède, ou qui, du moins, présentent deux faces à peu près planes et parallèles pour servir d'assises avec un côté en ligne droite pour former parement. On devra rejeter les moellons ronds ou sans assises. Avec ces conditions, la construction exigera moins de main-d'œuvre et de mortier, et le déchet sera moins considérable, le tassement moins sensible et la liaison des matériaux mieux assurée.

Pour des murs construits en moellons avec crépis, l'épaisseur de ces pierres ne devra pas dépasser $0^m,10$ à $0^m,12$, et les surfaces de tête ne devront pas être trop lisses, autrement les crépis adhéreraient mal. Il ne faut pas, d'un autre côté, que l'épaisseur soit au-dessous de $0^m,05$, car il y aurait une grande consommation de mortier et des tassements très-prononcés.

Pendants bruts. — Ce sont de grands moellons plats qui, en raison de leur forme, s'emploient plus particulièrement dans la construction des voûtes ordinaires.

Moellons d'assises ou **smillés.** — Ces moellons sont taillés au marteau, sur leur tête, leurs assises et leurs joints. Ils sont échantillonnés de manière à présenter la même hauteur et à pouvoir être employés par assises réglées. Leur épaisseur varie de $0^m, 12$ à $0^m,15$. La largeur de la tête est comprise entre $0^m,15$ et $0^m,20$, la longueur de queue entre $0^m,15$ et $0^m,25$.

On s'en sert habituellement pour former le parement des murs de revêtement. On ne les recouvre pas d'enduits.

Moellons piqués. — Ces moellons s'emploient à la façon des pierres de taille. Ils sont dressés avec plus de soin que les moellons smilliés, sur leurs assises et leurs joints ; la tête est ciselée sur son pourtour, et piquée à la pointe ou au têtu vers son milieu. Ces moellons ont de $0^m,14$ à $0^m,20$ d'épaisseur; de $0^m,20$ à $0^m,25$ de largeur de face, et de $0^m,20$ à $0^m,30$ de longueur de queue.

Libages. — Les libages sont des moellons bruts de forte dimension. Ces dimensions varient pour l'épaisseur de $0^m,20$ à $0^m,25$; et pour les autres dimensions de $0^m,30$ à $0^m,50$. Ces pierres doivent être bien gisantes ; c'est-à-dire présenter des assises à peu près planes et parallèles. Il faudra de plus ainsi que pour les moellons bruts qu'elles soient ébousinées jusqu'au vif, c'est-à-dire débarrasées de toutes les parties terreuses ou peu solides qui pourraient les envelopper.

Les libages s'emploient pour l'établissement des fondations ; autrement dit, pour la construction des massifs enfouis dans le sol, et qui servent de base aux édifices.

Pierres de taille. — Ces matériaux diffèrent des précédents, et par leur forme plus régulière, et par leurs dimensions plus considérables. Leur épaisseur ne descend guère au-dessous de 0^m,25. Généralement on les débite, aux lieux d'exploitation, en parallélipipèdes suivant des proportions prévues d'avance. Cependant, dans certains cas et pour des destinations spéciales, les pierres peuvent être dégrossies à la carrière suivant des formes déterminées.

Les pierres de taille doivent, en raison du rôle important qu'elles remplissent dans les constructions, réunir toutes les qualités énumérées précédemment. — Elles devront en outre être taillées avec soin suivant leurs lits et leurs joints, et parfaitement dressées sur leur parement.

Autrefois, et dans l'antiquité surtout, on employait des pierres de très-fortes dimensions. La mise en place de ces grandes masses exigeait des machines puissantes, et à défaut de machines, une main-d'œuvre considérable, et dans tous les cas des dépenses excessives qu'une sage économie prescrit d'éviter dans les constructions ordinaires. On devra chercher autant que possible à n'employer que des pierres de faibles dimensions ; matériaux plus faciles à trouver, d'un prix moins élevé et dont la pose exige beaucoup moins de travail. Cependant, on est quelquefois obligé, soit pour résister à de grands efforts, soit pour satisfaire à certaines conditions d'appareil, d'employer de très-grosses

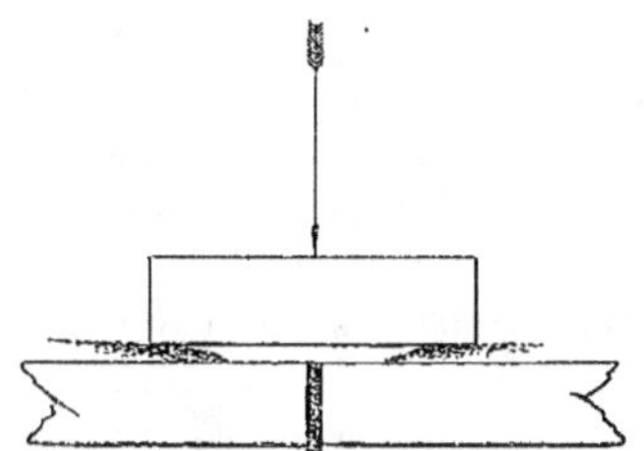

pierres ; mais c'est une nécessité à laquelle on cherchera à se soustraire toutes les fois qu'on le pourra sans inconvénient.

Dans la maçonnerie ordinaire de pierre de taille par assises réglées, l'épaisseur des assises varie habituellement entre 0^m,25 et 0^m,50, et même le plus souvent entre 0^m,30 et 0^m,40. La longueur de tête doit rester comprise entre une et trois fois l'épaisseur, pour prévenir la rupture dans le cas où le joint entre deux assises contiguës ne serait pas bien garni de mortier.

Deux éléments importants à considérer dans l'emploi des pierres, sont leur densité et leur résistance à l'écrasement. On trouvera ces éléments consignés dans une table placée à la troisième Leçon ; mais l'on devra tenir compte des observations qui accompagnent cette table.

DES BRIQUES

Les briques sont des petits parallélipipèdes rectangles, en terre durcie à l'air ou au feu.

Lorsqu'elles ont été simplement séchées à l'air ou au soleil, on les nomme *briques crues*.

Si elles ont été durcies par l'action de la chaleur d'un foyer, on leur donne le nom de *briques cuites*.

L'emploi des briques remonte à la plus haute antiquité. On trouvera dans Rondelet, (*Art de bâtir*, tome Ier, pages 218 et 239), des détails intéressants sur la forme, les dimensions et l'emploi des briques en Asie, en Égypte, en Grèce et à Rome. Ce n'est guère qu'à partir du règne d'Auguste qu'on a commencé à employer les briques cuites. Avant cette époque on faisait usage de briques crues, de forme cubique, qui avaient de 0^m,29 à 0^m,74 de côté, et qui, en raison de leurs fortes dimensions, exigeaient deux années pour être suffisamment desséchées. Ces briques n'étaient que de mauvais matériaux, dont on ne retrouve plus de trace dans les monuments qui nous restent de l'antiquité.

Les briques cuites employées par les Romains étaient assez grandes, et de forme carrée ; mais leur épaisseur était faible, ce qui en favorisait la cuisson. Il en existait de trois modèles principaux :

Les grandes avaient 0^m,60 de côté sur 0^m,06 d'épaisseur.

Les moyennes —   0^m,45   —   0^m,05   —

Les petites   —   0^m,20   —   0^m,04   —

On en faisait aussi de forme triangulaire. Elles n'étaient que la moitié des précédentes coupées suivant une diagonale. Le grand côté se plaçait en parement.

De nos jours, les maçonneries en briques sont encore en usage en Angleterre, en Belgique, en Hollande, dans les départements du nord de la France et dans toutes les localités où la pierre de bonne qualité manque. On se sert aussi, en général, des briques pour toutes les constructions qui exigent des matériaux minces, réguliers, peu lourds et inaltérables au feu. Tels sont les fours, les foyers, les tuyaux de cheminée, les cloisons, les voûtes légères et les couvertures des bâtiments. Lorsqu'on les destine à ce dernier usage, elles reçoivent des formes particulières et prennent le nom de *tuiles*. Nous en parlerons plus tard avec détail, lorsque nous nous occuperons des couvertures.

Dimensions des briques actuelles. — La forme et les dimensions des briques sont très-variées et changent avec la nature des constructions auxquelles on les destine. Pour des murs ou des massifs de maçonnerie, l'on a reconnu que pour avoir un bon appareil et pouvoir recroiser les joints dans une même assise et d'une assise à la suivante, sans être obligé de tailler les briques, il était convenable après avoir fixé l'épaisseur, de prendre la largeur double de l'épaisseur et la longueur double de la largeur. Ainsi, dans le Nord, les briques ordinaires ont les dimensions suivantes :

Épaisseur : 0,055. — Largeur : 0^m,11. — Longueur : 0^m,22.

Dans le Midi on s'éloigne un peu des proportions précédentes : les briques y sont plus grandes et relativement plus minces que dans le Nord.

Quant aux formes particulières que peuvent affecter ces matériaux dans d'autres circonstances, nous les ferons successivement connaître lorsqu'il sera question des parties des édifices où ils sont mis en œuvre.

FABRICATION DES BRIQUES

Cette fabrication devant être décrite avec détail dans un autre Cours, nous nous contenterons d'en indiquer ici les opérations principales.

Choix de la terre. — Les terres employées à la confection des briques, sont des hydrosilicates d'alumine plus ou moins purs. Dans les argiles communes qu'on rencontre en grande abondance à la surface du sol, l'hydrosilicate est ordinairement mêlé de sable et d'oxyde de fer. On y trouve aussi des carbonates de chaux, de magnésie, d'autres oxydes métalliques, des matières végétales et animales. Pour les briques ordinaires, on peut utiliser ces argiles, mais à la condition de les débarrasser, par un triage et une préparation convenables, des matières végétales et animales, ainsi que des carbonates qu'elles peuvent contenir. On doit surtout en extraire avec soin le carbonate de chaux. Ce sel, s'il en reste dans la terre, devra s'y trouver en petite quantité et complètement fondu dans la masse, autrement les fragments calcaires que contiendraient les briques, se transformant en chaux par la cuisson, pourraient plus tard faire éclater les briques en s'éteignant par l'humidité de l'air, ou bien laisser des trous dans ces matériaux, lorsque la chaux serait délavée par la pluie. La terre ainsi nettoyée, contiendra principalement de l'hydrosilicate d'alumine et du sable. Elle devra ne pas être trop maigre ou trop sablonneuse, car la pâte serait peu liante, se moulerait mal et donnerait des produits peu résistants. Elle ne devra pas non plus être trop grasse, attendu que les briques pourraient se fendiller, ou se gauchir pendant la dessication et la cuisson. Avec un peu d'expérience, les ouvriers voient facilement s'il convient d'ajouter à la terre du sable ou de la terre grasse, pour la rendre plus maigre ou plus liante.

Lorsque les briques doivent résister à de très-hautes températures et être *réfractaires*, il faut apporter un soin tout particulier dans le choix de la terre. En général, la résistance au feu sera d'autant plus grande que l'hydrosilicate sera plus pur et ne contiendra que la quantité de sable nécessaire pour rendre possible, sans fendillement ni gauchissement, la dessication et la cuisson. Comme les argiles les plus pures contiennent toujours quelques substances étrangères, le moyen le plus sûr de constater les propriétés réfractaires de la terre, sera d'en former une brique qu'on exposera dans un foyer de forge à la chaleur du rouge-blanc. Si la brique supporte cette épreuve sans apparence de vitrification, on pourra la considérer comme réfractaire.

Mais cette expérience serait insuffisante s'il s'agissait de matériaux destinés au revêtement intérieur de fourneaux où devrait s'opérer la fusion de certains métaux. Car une argile résistant bien, lorsqu'elle est chauffée isolément, peut se vitrifier lorsqu'elle se trouve mêlée par absorption aux oxydes métalliques qui se forment toujours pendant la fusion. Il faudra, dans ce cas, ajouter par trituration des quantités variables de l'oxyde du métal à traiter dans le fourneau, et former un certain nombre de briques qu'on soumettra à une température égale à celle qui doit se développer dans le creuset, et il est clair, que l'on ne devra considérer comme réfractaires, que les briques qui résisteront à cette épreuve.

La confection des briques exige quatre opérations distinctes, savoir :

1° La préparation de la terre ;

2° Le moulage ;

3° La dessication ;

4° La cuisson.

Nous allons passer rapidement en revue ces diverses opérations.

Préparation de la terre. — La terre doit être extraite à l'entrée de l'hiver et rester pendant toute cette saison exposée aux intempéries, en ayant soin de la remuer de temps en temps à la pioche ou à la houe, de manière à exposer successivement à l'air toutes les parties du tas. En remuant la terre, on a soin d'en extraire tous les corps étrangers qu'on y rencontre. Ce premier travail a pour but de bien diviser la terre et d'en permettre le triage.

Au printemps, on la jette dans une fosse imperméable en maçonnerie, ou simplement en terre glaise, souvent même dans l'excavation produite par l'extraction de l'argile. On y verse de l'eau, et on laisse macérer pendant quelques jours, après quoi les hommes piétinent la terre et la recoupent avec des bêches, en enlevant tous les corps étrangers que la manipulation met en évidence. Ils ajoutent de l'eau pour faciliter l'opération, mais en ayant la précaution de n'en mettre que ce qui est nécessaire, et de manière à obtenir une consistance assez ferme. La terre, ainsi battue et nettoyée, peut-être jetée dans une deuxième fosse, pour y recommencer la même opération, si l'on juge que cela soit nécessaire ; on obtiendra, en définitive, une pâte bien liante et bien homogène.

Cette opération est très-pénible, et pour la faciliter, les ouvriers emploient souvent une trop grande quantité d'eau, qui a l'inconvénient de rendre les briques très-poreuses et par suite peu solides. Pour remédier à ce défaut, dont on avait reconnu les inconvénients aux fortifications de la place de Lille, le général Bergère avait proposé en 1825, (*Mémorial* N° 7, page 83), d'employer au battage de la terre, les machines dont on fait usage pour la préparation des mortiers. Ce moyen, mis en usage depuis cette époque, donnait, à la vérité, une pâte moins poreuse ; mais il ne pouvait suppléer qu'en partie au travail des hommes, travail qui ne consiste pas seulement à corroyer la terre, mais aussi à la nettoyer. On avait des briques plus dures, mais renfermant beaucoup de corps étrangers susceptibles de s'altérer à l'air.

On a même eu l'idée de supprimer complètement cette opération en faisant le triage à sec; après avoir réduit la terre en poudre très-fine, on la soumet dans des moules solides en fonte, à une très-forte pression, et l'on obtient la brique prête pour la cuisson. On évite aussi par là l'opération du séchage qui demande, comme nous le verrons, un temps assez long. Ce procédé mécanique peut donner de bons produits, mais il n'est pos économique.

Moulage. — Le moulage se fait sur une table, à l'aide d'un moule en bois ou en fer, sans fond et retenant seulement la terre sur les côtés (*). L'ouvrier met la pâte dans le moule, l'étend en la frappant avec la main, puis unit la surface à l'aide d'un petit instrument en bois appelé *plane*. Cet instrument est formé simplement d'un bout de planche, présentant un côté en ligne droite qu'on appuie sur les bords du moule et terminé

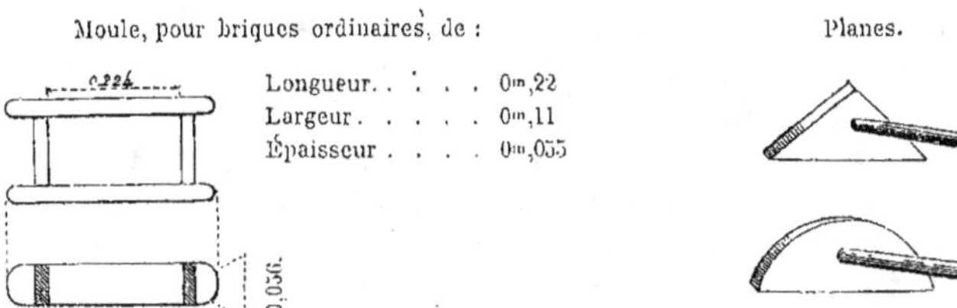

à sa partie supérieure en triangle ou en arc de cercle; un manche incliné sert à manœuvrer la plane. On empêche l'adhérence de la terre à la table et au moule, en soupoudrant ces derniers objets de sable très-fin et bien sec. La plane est ordinairement plongée dans un baquet rempli d'eau, placé à portée du mouleur.

Le travail du moulage va très-vite. Un mouleur, aidé d'un servant qui l'approvisionne et d'un petit manœuvre qui porte la brique au séchoir, peut fabriquer de 375 à 400 briques par heure. Ces nombres peuvent être même de beaucoup dépassés; mais il vaut mieux aller moins vite et augmenter les frais de moulage, en n'employant que de la terre assez ferme ; on sera largement dédommagé par la qualité des produits.

On peut aussi employer pour les moulages des moyens mécaniques. On place la pâte dans un moule solide en fonte, et on la comprime à l'aide d'un balancier. Ce procédé a l'avantage d'expulser presqu'instantanément la plus grande partie de l'eau qui ne se dégage que très-lentement par la dessication. De plus, il donne des briques moins poreuses et par suite plus résistantes.

Mais, en revanche, il est dispendieux, exige des machines peu portatives et ne permet plus d'avoir ces ateliers volants, que l'on peut, pendant l'été, établir partout où

(*) Les dimensions du moule doivent être calculées de manière à tenir compte du retrait provenant du séchage et de la cuisson. Le coefficient de contraction linéaire est de 0,015 à 0,020.

l'on rencontre de la terre à briques. Disons, toutefois, que l'emploi des locomobiles a permis de remédier à ces inconvénients, et que nous avons vu à l'Exposition de l'industrie à Metz, en 1861, une machine à mouler très-portative, fonctionnant économiquement et donnant de bons produits.

Dessication. — Cette opération se divise en deux. La dessication préparatoire et la dessication définitive.

Dessication préparatoire. — La brique sortant des mains du mouleur est emportée avec le moule et déposée à plat sur une aire en sable parfaitement plane. Puis le moule est enlevé et reporté au mouleur.

On doit éviter que les briques soient exposées à une température trop élevée: il faut les placer dans un endroit bien sec et abrité à la fois contre le soleil et contre la pluie. Un hangar couvert sera évidemment l'emplacement le plus convenable. Si l'on fabrique en plein air, il faudra protéger les briques contre la pluie ou l'action trop vive du soleil à l'aide de paillassons.

Lorsque la brique a acquis assez de consistance on la place de champ, et on la laisse dans cette position jusqu'à ce qu'on puisse la transporter sans danger de rupture.

Dessication définitive. — La brique, après avoir subi ce premier degré de solidification, est parée au moyen d'un couteau ordinaire, dont on se sert pour enlever toutes les bavures et rendre les arêtes bien vives. Quelquefois, on rabat les briques en les plaçant sur un banc et en les frappant avec une batte en bois; ou bien, ce qui est préférable, en les comprimant dans un moule à l'aide d'un balancier (*). Cette opération a l'avantage d'accélérer la dessication et surtout de diminuer la porosité.

Les briques, ainsi parées, sont mises en haie, soit sous des hangars, soit à l'air libre, c'est-à-dire, qu'on les dispose de champ, en les entassant de manière à former des espèces de murs à jour à travers lesquels l'air puisse circuler. Lorsque ces murs sont à l'air libre, on les abrite à leur partie supérieure, soit à l'aide de planches, soit au moyen de paillassons.

On laisse les briques dans cette position jusqu'à ce que la dessication soit complète, ce qu'on reconnaîtra de la manière suivante : il faudra que la brique ne conserve pas l'impression du doigt qu'on y appuierait fortement, que, sous le choc d'un corps dur, elle rende un son clair et présente une cassure bien nette. Le temps nécessaire pour amener les matériaux à cet état variera de 25 à 30 jours, suivant l'état hygrométrique de l'air, suivant la température, et la nature de l'argile employée. Il est certain, dans tous les cas, que l'on aura d'autant plus de chances d'obtenir une bonne cuisson, que la dessication sera plus parfaite. Après cette opération, on a ce qu'on appelle des briques crues.

(*) On trouvera la description de cet instrument à la page 164 de l'ouvrage de M. Petot, intitulé : *Recherches sur la chaufournerie, faites au port de Brest.*

Cuisson. — La cuisson des briques se fait dans des fours, ou en plein air.

Dans les fours. — On dispose les briques au-dessus du foyer, en les plaçant de champ sans contact latéral, par lits successifs, en les recroisant d'un lit au suivant, de manière à laisser dans la masse un grand nombre de petits interstices qui favorisent le tirage et l'uniformité de la cuisson.

Lorsqu'on cuit les briques au four, on doit employer un combustible qui donne beaucoup de flamme. La houille grasse pourrait servir; mais on doit préférer le bois refendu ou les fagots.

On commence par échauffer lentement la masse, à l'aide d'un feu clair dont la flamme puisse pénétrer facilement entre les briques; puis on active, progressivement, la combustion, qu'on entretient ensuite avec soin, jusqu'à ce qu'on juge la cuisson suffisante. On ferme alors toutes les issues du four et on laisse refroidir lentement. Un refroidissement brusque pourrait faire fendre les briques et, dans tous les cas, les rendrait très-cassantes. Dans un four ordinaire de 40,000 à 60,000 briques, la durée de la combustion sera de 10 à 12 jours; il en faudra 5 ou 6 pour le refroidissement. Du reste, le temps devra nécessairement varier avec la qualité du combustible, avec la nature de la terre et le degré de dessication des briques. L'expérience seule pourra fixer la durée et l'intensité de la combustion. Il faut que les briques soient bien cuites sans être vitrifiées, pour bien adhérer au mortier. On devra, en général, s'arrêter lorsque les briques qui entourent le foyer commenceront à se friter sur les arêtes. Pourvu qu'on évite la vitrification, un excès de cuisson sera toujours plus avantageux que nuisible; le seul inconvénient qu'il y aura, sera une légère perte de combustible (*).

Cuisson en plein air. — Sur le sol, préalablement bien battu et dressé suivant un plan horizontal, on trace la base du four à laquelle on donne la forme d'un carré ou d'un rectangle. Entre les limites de cette base, on dispose trois couches de briques placées de champ, superposées en se recroisant et espacées les unes des autres dans chaque couche, de manière à laisser des intervalles inégaux, mais de telle sorte que chaque brique d'une assise repose dans sa longueur sur deux briques de la couche inférieure. De distance en distance, à cinq briques d'intervalle, on ménage au-dessus de la première couche des foyers ayant une longueur de une brique en largeur et dont la hauteur s'arrêtera à la sixième couche de briques. Ces foyers, disposés parallèlement à l'un des côtés de la base, traverseront le tas de part en part.

Entre les vides des briques ainsi disposées, on met de la houille en morceaux de moyenne grosseur, et dans les foyers on place d'abord une couche de paille, des bûches et des fagots qu'on recouvre de gros morceaux de houille.

On construit ensuite une quatrième assise, formée de briques de champ, recroisant

---

(*) Pour la cuisson *des briques dans les fours*, consulter l'ouvrage de M. Pelot, déjà cité plus haut. — (Pages 87 et suivantes.)

celles de la troisième couche, en mettant à plat celles qui encadrent les foyers. Sur cette assise on étend une couche de deux à trois centimètres de houille sèche ou de coke cassés en petits morceaux bien réguliers et passés à la claie.

On dispose, ensuite, la cinquième assise en travers de la précédente, mais en plaçant les briques de plat, et en faisant déborder légèrement celles qui aboutissent au foyer, de manière à former encorbellement. Sur cette assise, on place comme sur la précédente une couche de combustible, et on achève de remplir, avec de la houille en gros morceaux, le vide des foyers.

On construit, ensuite, la sixième assise avec des briques posées de champ et à peu près jointives, c'est-à-dire, de manière à laisser entre les briques des interstices de quelques millimètres. On recouvre la partie supérieure des foyers avec deux briques mises à plat. On ménage, au-dessus des foyers et vers le milieu de leur longueur, une cheminée dont la section est un carré d'une longueur de brique de côté. On recouvre encore cette couche de charbon menu.

En travers des briques précédentes, on pose, de champ, la septième assise à joints serrés, en ménageant le vide des cheminées, vide qu'on remplit de gros charbon et, sur cette couche, on étend encore de la houille menue.

L'ensemble de ces sept assises constitue la base du four. Lorsqu'elle est construite, on met le feu à la fois aux deux ouvertures du four et à la partie supérieure de la cheminée, en y projetant de gros morceaux de houille grasse enflammée. On place immédiatement, en avant des bouches des foyers, des paillasons, afin de modérer le tirage et d'empêcher un coup de feu trop violent. La masse s'échauffe alors lentement et progressivement et lorsque la chaleur commence à gagner la septième assise, on pose les assises suivantes en les élevant successivement, et au fur à mesure que la combustion marche vers la partie supérieure du four; à partir de la septième couche on n'interpose plus de houille que de deux en deux assises.

Après la pose de la neuvième couche, on enveloppe, extérieurement, le tas d'un enduit formé d'un mélange de paille et d'argile maigre, afin d'empêcher la perte de chaleur par les parois.

On continue ainsi le tas et son enduit en lui donnant la forme d'une pyramide tronquée. Arrivé à la partie supérieure, on étend sur la dernière assise une couche de charbon menu, qu'on recouvre d'un enduit analogue à celui des parois. On laisse, ensuite, la combustion s'achever, et l'on ne retire les briques que lorsque la masse est entièrement refroidie, pour ne pas rendre les briques cassantes.

Il faut à peu près quinze à vingt jours, y compris le temps du refroidissement, pour cuire 500,000 briques. Ce nombre est celui d'une briqueterie ordinaire, mais on en fait qui contiennent jusqu'à 1 million de briques. Ces gros massifs exigent beaucoup de soin, et il est rare que la cuisson y soit bien uniforme.

Pour cuire un mètre cube, ou 560 briques, il faut un hectolitre comble de houille sèche.

Choix du combustible. — Le combustible le plus avantageux pour la cuisson en plein air est celui qui brûle lentement, sans flamme, et n'exige pour sa combustion qu'un très-faible tirage; la houille sèche, le coke, conviendront par conséquent très-bien. Dans l'intérieur des fours, il sera nécessaire, au contraire, d'employer de la houille grasse, qui brûle plus rapidement, afin de communiquer d'une manière plus prompte et plus sûre le feu aux différentes couches. La force du tirage, favorable à la combustion de cette espèce de charbon minéral, nuirait au contraire à celle des houilles sèches, qui pourraient même s'éteindre sous l'action d'une ventilation dont on ne peut pas toujours modérer l'intensité.

La cuisson en plein air donne des briques moins belles que celles qu'on obtient dans les fours permanents; mais lorsqu'elle n'est pas trop contrariée par le temps, et qu'elle est dirigée par de bons ouvriers, elle fournit des matériaux généralement mieux cuits et plus résistants.

Four à briques, en plein air.

Profil.

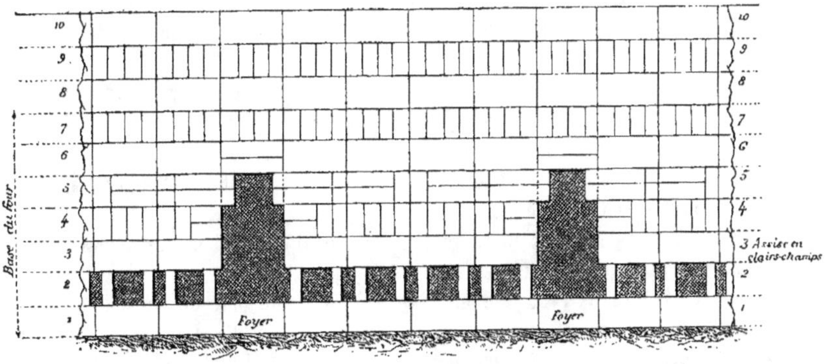

Pour avoir des détails sur la fabrication en plein air et sur le choix à faire parmi les différentes espèces de combustibles, nous renverrons à l'ouvrage de M. Clère, intitulé : *Essai pratique sur l'art de briqueter au charbon de terre.*

QUALITÉS D'UNE BONNE BRIQUE — CARACTÈRES AUXQUELS ON PEUT LES RECONNAITRE

Pour qu'une brique soit propre aux constructions, elle doit ne pas être cassante, bien résister à l'écrasement, adhérer aux mortiers et rester inaltérable sous l'action de la pluie et de la gelée. Ces qualités pourront se reconnaitre aux caractères suivants :

La brique devra présenter une forme régulière, sans apparence de vitrification. Elle devra être exempte de gerçures, cavités, boursouflures et fentes. Frappée avec un corps dur, elle devra rendre un son clair et net. La cassure devra offrir une teinte uniforme, un grain fin, serré et homogène ; enfin, être parsemée d'une multitude de petits points brillants, grisâtres et vitreux qui sont des molécules de quartz vitrifiées. Lorsque tous ces caractères se trouveront réunis, on sera presque certain de la bonne qualité des briques.

Ce qui précède s'applique aux briques cuites. Pour être bonnes, les briques crues devraient avoir les mêmes qualités, mais il est difficile d'obtenir ce résultat par la simple dessication. Aussi n'emploie-t-on guère ces derniers matériaux qu'à l'état réfractaire, pour le revêtement de certains fours à réverbère, et principalement dans les verreries. Si l'on en fait usage pour les maçonneries ordinaires, ce n'est qu'après les avoir exposées à un soleil ardent, dans les pays chauds, là où les pluies sont peu abondantes et les gelées très-rares.

DES MORTIERS

On donne le nom de mortiers aux substances qui servent à relier les matériaux dont se composent les maçonneries.

Avant de nous occuper des mortiers proprement dits, nous dirons quelques mots de l'emploi de l'argile et du plâtre.

L'argile, délayée dans l'eau, de manière à former une pâte de consistance assez ferme, est utilisée quelquefois dans des constructions grossières ou provisoires. Ne pouvant acquérir de solidité dans les maçonneries, adhérant mal aux pierres, facilement attaquée par la pluie et la gelée, elle ne sert réellement qu'à donner de l'assiette aux matériaux, en en remplissant les interstices. Mais il n'en est plus ainsi lorsque la pâte formée d'argile réfractaire est employée à la construction des foyers ou des fours. Dans ce cas, par l'action de la chaleur, elle se durcit, se convertit en brique, tandis que les mortiers ordinaires se désagrégeraient et tomberaient en poussière. Dans ces circonstances, l'emploi de l'argile est très-avantageux ; il faut, toutefois, prévenir les effets du retrait que prend cette matière, sous l'action d'une haute température. Il suffira, pour cela, de mêler à la pâte une certaine quantité de paille hachée.

Le plâtre, dont les propriétés, la préparation et l'emploi seront décrits plus loin, peut aussi servir de mortier dans les maçonneries; mais, comme il se laisse attaquer par la pluie et la gelée, il ne peut convenir qu'aux ouvrages complètement abrités contre les agents atmosphériques, aussi ne l'emploie-t-on comme mortier que pour la construction des murs de refend et des cloisons établies dans l'intérieur des bâtiments.

Les mortiers ordinaires sont composés de sable dont les grains sont agglutinés par une pâte ou gangue, qui peut être quelquefois de la chaux pure, mais qui, le plus souvent, résulte d'une combinaison, par voie humide, de la chaux, de la silice et de l'alumine, auxquelles s'ajoute parfois la magnésie. Dans cette combinaison, la silice joue le rôle d'acide pour former des silicates dont les autres matières, ensemble ou séparément, forment la base.

QUALITÉS A EXIGER DES MORTIERS

La bonté du mortier dépendra évidemment de celle de la gangue. Pour être bon, le mortier devra :

1° Bien adhérer aux matériaux ;

2° Durcir assez promptement et acquérir une solidité persistante et allant même toujours en croissant avec le temps ;

3° Opposer à l'écrasement, au bout d'une année, une résistance à peu près égale à celle des calcaires tendres ;

4° Rester inaltérable sous l'action des agents destructeurs auxquels il est soumis, dans le milieu où il est placé ;

5° Ne pas être d'un prix trop élevé, relativement à l'importance des ouvrages à construire.

Ce n'est que par une combinaison convenable des éléments énumérés plus haut qu'on parviendra à obtenir des mortiers réunissant les qualités précédentes. Malheureusement, la chaux, la silice, l'alumine et la magnésie ne se rencontrent pas isolées et à l'état de pureté dans la nature. Il serait, d'un autre côté, difficile, et surtout trop dispendieux, de les séparer des produits naturels dans lesquels on les rencontre, soit combinées entre elles, soit alliées à d'autres substances. On cherche alors à utiliser directement ces produits naturels en les traitant par des procédés aussi simples et aussi économiques que possible.

Les mortiers qu'on exploite habituellement sont les pierres calcaires pures, argileuses ou magnésieuses, les argiles, les débris volcaniques et les sables.

Les calcaires et les argiles qui nous fournissent, les uns les meilleures pierres à bâtir, les autres les briques, sont aussi les corps d'où l'on tire les éléments les plus essentiels des mortiers. Il est à remarquer, aussi, que ce sont généralement les calcaires les plus mauvais comme pierres, qui donnent les meilleures gangues.

Nous examinerons successivement ces diverses matières, et les opérations qu'on leur fait subir pour en extraire les produits qui concourrent à la formation des mortiers. Nous étudierons les propriétés particulières de chacun de ces produits, et le meilleur parti qu'on en peut tirer, soit en les employant seuls, soit en les combinant, suivant la nature des constructions, et suivant, surtout, la nature du milieu dans lequel ces constructions devront être établies.

PIERRES CALCAIRES EMPLOYÉES POUR LA FABRICATION DE LA CHAUX

Les pierres calcaires, comme nous l'avons déjà dit, sont des carbonates qui, par la calcination, donnent de la chaux. Ces sels se rencontrent quelquefois à l'état de pureté dans la nature; mais, comme nous le verrons plus loin, ceux qu'il convient d'exploiter pour la fabrication des mortiers sont des carbonates impurs contenant, outre la chaux, de la silice, de l'alumine et de la magnésie. Par l'action de la chaleur, l'eau de cristallisation et l'acide carbonique se dégagent, et le résultat de la calcination, si le calcaire est pur, *est de la chaux*, sinon, c'est un mélange ou une combinaison stable, par voie sèche, des éléments précédemment indiqués.

Peut-être serait-il bon de rappeler ici les propriétés physiques et chimiques de ces éléments : les caractères distinctifs des différentes roches calcaires, et les procédés employés pour analyser une pierre à chaux. Mais, comme ces questions sont traitées d'une manière toute spéciale dans un autre Cours, nous nous dispenserons d'en parler, et nous nous occuperons de suite des moyens pratiques employés pour la calcination des calcaires.

FABRICATION DE LA CHAUX

La cuisson des pierres à chaux a pour but de les débarrasser de leur eau de carrière et de l'acide carbonique qu'elles contiennent. Le dégagement de l'acide s'opère au rouge vif, l'eau de carrière s'en va beaucoup plus tôt. Par cette décomposition, la pierre calcaire pure perd environ les $4/10^{es}$ de son poids, et $1/20^{e}$ seulement de son volume.

La difficulté que la chaleur éprouve à pénétrer de la surface au centre des pierres, d'un autre côté, les obstacles croissants qui s'opposent à la force expansive du gaz et à sa marche du centre à la surface, montrent d'abord, qu'à chaleur égale, la cuisson s'opérera d'autant plus vite que la pierre sera plus poreuse et d'un plus petit volume; en second lieu, que la calcination ne peut se compléter avec le volume ordinaire, que l'économie et d'autres considérations obligent à donner aux pierres, que sous l'action d'une chaleur croissante, de sorte que l'intensité de la chaleur ne peut être remplacée par l'application prolongée d'une température plus faible.

De ce qui précède, il résulte que, pour achever la calcination de fragments un peu volumineux, la surface sera soumise à une température beaucoup plus élevée que celle qui est nécessaire à la décomposition du calcaire. Cette différence de température dans un seul morceau existera également dans les fours ordinaires, entre les parties de la masse des pierres à calciner qui sont plus voisines du foyer, et celles qui en sont le plus éloignées.

L'excès de la chaleur n'a pas d'inconvénient pour les calcaires purs; mais, pour les carbonates argileux, il peut provoquer une fusion pâteuse, sorte de vitrification qui peut être utile pour certains produits dont nous parlerons plus tard, mais qui dénaturerait en général les chaux ordinaires.

La calcination serait donc difficile, et rarement uniforme, si l'on n'avait un moyen de parer à ces inégalités de température. Ce moyen consiste dans l'emploi de la vapeur d'eau. On sait, en effet, depuis longtemps, qu'en raison de la forte affinité de la chaux caustique pour l'eau, la vapeur tend à se substituer à l'acide carbonique et en facilite le dégagement. De plus, cette vapeur, en arrivant sur les surfaces très-fortement échauffées, en abaisse notablement la température. Par l'emploi de cet agent, on obtient donc le double avantage d'empêcher la fusion de parties soumises à un feu trop violent et de favoriser la décomposition, qui pourra par conséquent s'opérer à une température moins élevée.

En ayant soin, d'ailleurs, de cuire la pierre avant qu'elle ait perdu son eau de carrière, en la cassant en morceaux peu volumineux, et en diminuant la grosseur à mesure que les pierres s'éloignent du foyer, on conçoit qu'il sera possible d'arriver, avec un feu convenablement dirigé, à une cuisson uniforme et complète.

Combustible. — Toute espèce de combustible peut être employé à la calcination des pierres à chaux, mais l'économie doit évidemment faire choisir celui qu'on se procure le plus facilement dans chaque localité, et dont le prix est le moins élevé. On se sert ordinairement, suivant les pays, de bois de corde, de fagots, de bruyères, de genets, de coke, de houilles sèches, d'anthracite, de lignites et de tourbe.

FOURS A CHAUX

La forme des fours varie avec la nature du combustible. On en fait de deux espèces différentes, suivant que le combustible brûle avec une longue flamme, et suivant qu'il brûle, au contraire, sans distiller de gaz inflammables. Depuis qu'on a reconnu que ce dernier genre de combustible pouvait, par un courant de vapeur d'eau, brûler avec flamme, il serait possible de n'employer qu'une espèce de four, mais on y perdrait probablement sous le rapport de l'économie.

Fours ordinaires.

Nous désignerons ainsi les fours dans lesquels on brûle du bois ou de la houille grasse. Ce sont les fours le plus souvent et le plus anciennement employés.

C'est à M. Petot, ingénieur des ponts et chaussées, qu'on doit les renseignements les plus précis sur les meilleures dispositions à prendre dans la construction de ces grands appareils, et sur la marche la plus convenable à suivre dans les opérations de la calcination. Le cadre restreint de nos leçons ne nous permet pas d'exposer les considérations théoriques et les nombreuses expériences qui ont guidé cet habile praticien dans le choix des dispositions qu'il a proposées ; on les trouvera dans l'ouvrage que nous avons cité déjà plusieurs fois, en nous occupant de la fabrication des briques. D'ailleurs, l'énoncé donné précédemment des conditions favorables à une bonne calcination, suffira pour se rendre compte des formes et des dimensions adoptées. Ces fours devront être construits, au moins à l'intérieur, en matériaux réfractaires.

Le vide aura la forme d'un solide de révolution, à section verticale ovoïde, coupé par deux plans horizontaux formant la base et le gueulard du four.

À la partie inférieure se trouve le foyer, et au-dessous du foyer, le cendrier. Ces deux compartiments sont séparés par une plaque en fonte formant le seuil de la porte par laquelle on introduit le combustible (voir la figure à la page suivante), et cette plaque est prolongée par une grille à claire-voie formée de barreaux triangulaires. Ces barreaux sont disposés de manière que la base, qui a trois centimètres, soit horizontale et forme la sole du foyer. Ils sont espacés à un centimètre, de sorte que le vide est le tiers du plein. En avant du cendrier, et vers l'ouverture extérieure, se trouve une cavité, espèce de cuvette dans laquelle on met l'eau qui doit fournir de la vapeur pendant la calcination.

La hauteur du four doit être réglée de manière à ce que la masse à échauffer ne présente pas, dans le sens vertical, une épaisseur qui dépasse quatre mètres. Quant à la section transversale, il y aura économie de combustible à ne pas la faire trop petite ; mais l'expérience a montré qu'au delà de six mètres carrés, on ne gagnait plus rien à agrandir cette section.

Si l'on augmentait beaucoup la hauteur du four, on aurait l'inconvénient de ne pouvoir calciner suffisamment les pierres de la partie supérieure, tandis qu'il y aurait surcalcination pour celles qui avoisinent le foyer. On peut, à la vérité, remédier en partie à cet inconvénient en diminuant la grosseur des pierres, en allant du foyer à l'orifice supérieur du four, et en faisant intervenir la vapeur d'eau ; mais ce qu'il y a de mieux à faire, c'est de partager le four dans le sens de la hauteur, en un certain nombre de compartiments ayant chacun leur foyer particulier, en ayant soin de diminuer les dimensions de ces divers compartiments au fur et à mesure qu'ils s'éloignent de la base du four.

Quant aux détails des formes et des dimensions à donner aux diverses parties, on pourra les trouver dans l'ouvrage de M. Petot. Nous donnerons ici le dessin d'un four à deux compartiments, pouvant cuire trente-sept mètres cubes de chaux, dont cet ingénieur a fait usage à la chaufournerie des travaux maritimes de Brest. Pour un appareil plus grand, on pourrait adopter les mêmes proportions; pour un four simple, on prendrait les proportions et la disposition du compartiment inférieur.

Four à chaux, à deux compartiments superposés.

Ce four est supposé adossé à un escarpement, dans lequel sont ménagés des terre-pleins à hauteur des orifices supérieurs.

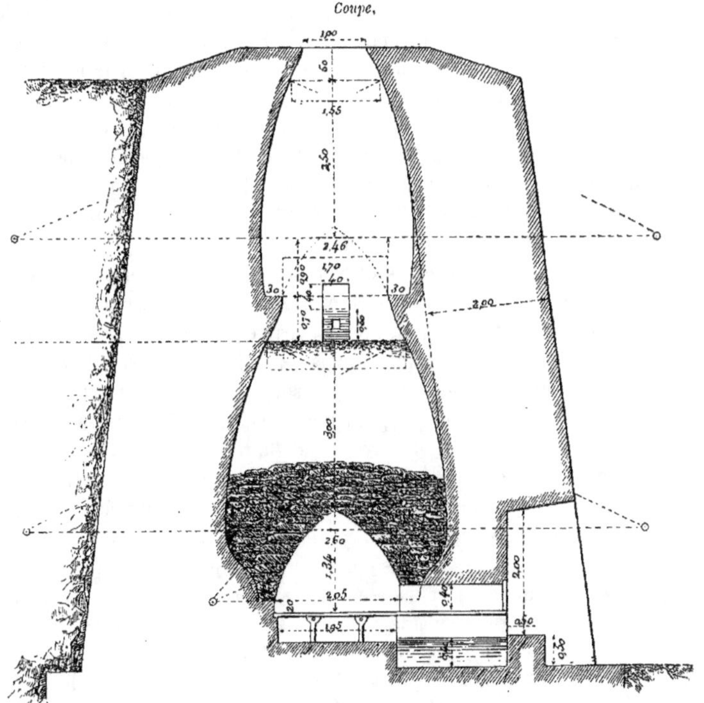

Nous allons passer rapidement en revue la série des opérations à effectuer pour une fournée dans un four simple.

Chargement du four. — Employer autant que possible les pierres telles qu'elles arrivent de la carrière, en exigeant, toutefois, que les plus gros morceaux n'aient pas plus de 0m,20 de côté. Construire avec les plus grosses pierres une voûte s'appuyant sur la retraite réservée autour du foyer; pour cela, placer les pierres en saillie les unes sur les autres, et par un système d'encorbellement, former une voûte ronde à peu près en ogive, en ayant soin de laisser entre les pierres de petits intervalles pour le passage de la flamme du foyer. La voûte construite, remplir le four en ayant la précaution de disposer les pierres de façon que leur grosseur aille en diminuant du bas à la partie supérieure et du centre à la circonférence. A la partie inférieure, et en regard du foyer, placer les plus grosses pierres ou les incuits provenant d'une fournée précédente, et dont on voudrait tirer parti. Arrêter le chargement à $0^m,50$ au-dessous de l'orifice supérieur.

Chauffage. — Le chargement fait, placer la plaque et la grille du foyer, introduire le combustible et allumer le feu en employant (pour ce genre de four), de préférence aux autres combustibles, les fagots de branchages. Mener d'abord le feu lentement, pour ne pas faire éclater les pierres; entretenir la combustion en l'activant, jusqu'à ce que le tirage soit bien établi et la masse entièrement échauffée, ce qui arrivera au bout de huit à dix heures. A partir de ce moment, entretenir régulièrement la combustion, et pour cela, n'introduire de nouveau combustible que lorsqu'il ne reste plus guère que du brasier sur la grille; trois ou quatre fagots à chaque chargement suffiront dans un four de trente à quarante mètres cubes.

Introduction de la vapeur d'eau. — Au bout de vingt à vingt-quatre heures, lorsque l'incandescence s'est répandue dans toute la masse, on remplit d'eau la cuvette ménagée en avant du cendrier, de manière que le liquide arrive jusque sous le foyer; une petite rigole communiquant avec un réservoir, amène régulièrement l'eau destinée à compenser la dépense faite par l'évaporation. Lorsque, dans les cendriers, la cendre dépasse le niveau de la petite nappe d'eau qui s'étend jusqu'au dessous de la grille, on la ramène avec un rateau dans la cuvette où elle reste jusqu'à la fin de la fournée. Au lieu de cette disposition, fort simple et fort économique, d'ailleurs, on pourrait évidemment faire arriver de la vapeur tirée d'un appareil particulier placé près du four.

Signes auxquels on reconnaît que la calcination est terminée. — Par suite de la diminution de volume produite par l'expulsion de l'acide carbonique, la masse s'affaisse, se tasse, et les chaufourniers reconnaissent généralement, au degré d'abaissement du calcaire au dessous de l'orifice supérieur, le moment où l'opération est terminée. Lorsque ce moment sera venu, on fermera avec soin le foyer et le cendrier, et l'on pourra s'assurer plus exactement de la fin de la calcination, en enfonçant, par l'orifice supérieur, une barre de fer dans la masse. Si cette barre y pénètre aisément, et comme elle pourrait faire dans du sable, on pourra en conclure que le travail est fini; mais, si on rencontre une grande résistance, si la barre choque contre des corps durs, on devra continuer la combustion. L'opération terminée, et après avoir fermé les orifices inférieurs, on laisse refroidir lentement, pendant dix à douze heures, après quoi on ouvre le cendrier pour accélérer le refroidissement.

Dans le cas d'un four à compartiments superposés, il y a quelques précautions à prendre dans la conduite du feu ; nous croyons inutile d'entrer dans de nouveaux détails sur ce sujet.

Durée du travail et consommation de combustible pour cuire un mètre cube de pierre. — L'expérience a prouvé que le bois refendu en éclats minces valait mieux que le bois de corde. Les bois tendres sont préférables aux bois durs, les fagots de menus branchages paraissent convenir le mieux à la cuisson de la chaux dans les fours ordinaires. Le bois vert est désavantageux. On a trouvé que, dans les fours simples ordinaires, la durée de la calcination variait par mètre cube de pierre de deux heures et demie à deux heures trois quarts, et la consommation du combustible de 962 à 1039 kilogrammes.

Les fours à compartiments superposés donnent une économie de temps et de combustible. Dans un four tel que celui dont nous avons donné le dessin, il faudrait pour chaque mètre cube de calcaire :

Deux heures un quart de temps, et environ 800 kilog. de bois de fagot.

Quant à l'action de la vapeur, elle améliore sensiblement les produits, favorise la conservation des parties du four exposées à l'action directe du feu ; mais elle semblerait plutôt nuisible qu'avantageuse, au point de vue de l'économie.

Fours coulants ou à feu continu.

Ces fours sont destinés à l'emploi du combustible qui brûle sans flamme, et dont on tire un parti très-économique pour la cuisson de la chaux.

Ils ont la forme elliptique ou tronconique, et sont terminés, à leur partie inférieure, par un orifice étroit débouchant dans un petit canal de prise d'air, par lequel se fait aussi l'extraction du calcaire calciné. Leur orifice supérieur, qui sert à l'enfournement, est généralement plus large. La largeur ou le diamètre au ventre, dans les fours elliptiques, varie de 2 à 3^m sur 3 à $4^m,50$ de hauteur entre les orifices. Dans les fours coniques, on peut donner 1 mètre à l'orifice inférieur, $2^m,50$ à $3^m.50$ à l'ouverture supérieure sur $3^m,30$ à $4^m,50$ de hauteur (Voir les croquis pages 30 et 31). Ces fours doivent être construits solidement et en matériaux réfractaires.

Chargement. — Au fond du four on forme, avec quelques briques, deux espèces de chenets sur lesquels on dispose des copeaux, un fagot et un peu de houille grasse ; puis, on dispose des couches successives et alternatives de houille sèche, de coke (du combustible, en un mot, qu'on a à sa disposition) et de calcaire concassé en morceaux de $0^m,05$ à $0^m,06$ de grosseur, en ayant soin de mouiller et la pierre et le charbon. On met environ de $1/6^e$ à $1/4$ en volume de houille, suivant la qualité, pour un volume de calcaire.

Mise à feu. — Lorsque le chargement est arrivé aux trois quarts de la hauteur, on

met le feu à la partie inférieure. La combustion se propage alors progressivement,
comme dans les fours à briques en plein air dont nous
avons parlé. On a soin, toutefois, de modérer le feu,
soit à l'aide de portes, soit avec des paillassons placés
en avant des prises d'air. Au bout de vingt à vingt-
cinq heures, on tirera, à l'aide d'un crochet, quelques
fragments de pierres qui seront descendus dans le canal de prise d'air, et l'on vérifiera si la calcination
est suffisante. Dans ce cas, on retirera à peu près
l'équivalent de la première couche, et on chargera à
la partie supérieure le four d'une nouvelle couche de
houille et d'une couche de pierres, et ainsi de suite.

Ces fours sont faciles à régler, car il est aisé d'en
retirer un moellon pour voir s'il est suffisamment calciné, et si, lorsqu'avec la pierre il n'arrive plus de
houille, la calcination était imparfaite, il faudrait augmenter la dose de combustible; ce serait le contraire
si, la pierre étant complètement calcinée, on retirait
des fragments de houille mêlés à la chaux.

En travaillant d'une manière continue, on peut
fabriquer, par jour, un volume de chaux à peu près
égal au tiers de la capacité du four.

Four à chaux fumivore.

Les fours à chaux sont considérés comme des établissements souvent insalubres, et ne peuvent être
installés qu'à une certaine distance des villes. M. Bi-
dreman à Lyon, a imaginé la construction d'un four
à chaux, fumivore, dans lequel il a fait disparaître
toute cause d'insalubrité et qu'on peut, sans inconvénient, placer près des habitations.

C'est un four à feu continu, ayant la forme elliptique d'un haut-fourneau, sa partie supérieure est surmontée d'une cheminée en tôle, et le chargement se
fait par une porte latérale placée à la partie supérieure, porte qu'on ferme pendant la calcination. Un
registre placé dans la cheminée permet de régler le
dégagement des gaz.

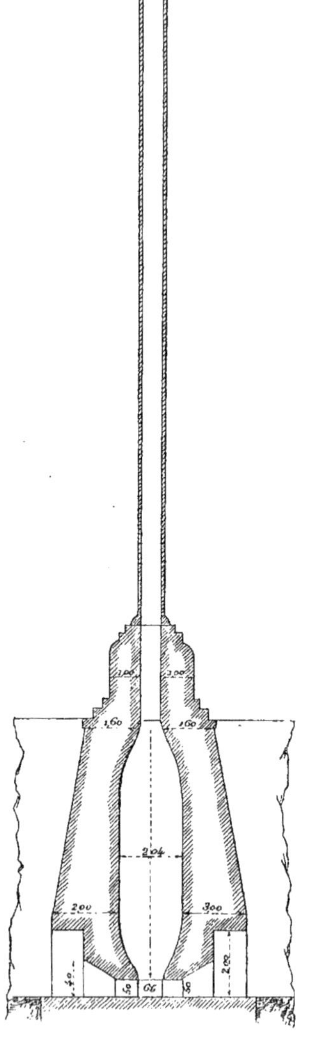

Four fumivore.

La largeur du four au ventre est de 2^m,04, et de 0^m,65 au gueulard. La hauteur jusqu'à la cheminée de tôle est de 8^m,50. Cette cheminée a 20 à 25 mètres de hauteur.

Bien que ce four soit à feu continu, on ne le charge que trois fois en vingt-quatre heures, d'un mélange bien mouillé de pierres concassées et de combustible. Le combustible employé est de la houille sèche, ou de la poussière de coke pesant 55 kilog. l'hectolitre. On a constaté qu'il fallait seulement 85 kilog. de cette poussière de coke, par conséquent, moins de 2 hectolitres, pour obtenir un mètre cube de chaux parfaitement cuite. La production de ce four est, d'ailleurs, quadruple de celle des fours coulants ordinaires.

Ce qu'il y a de plus remarquable dans cet appareil, c'est l'absence d'odeur et de fumée. Le tirage occasionné par la cheminée, rend complète la combustion, et même lorsqu'on emploie de la houille grasse, on ne remarque pas plus de fumée que dans les cheminées ordinaires des habitations.

Ce four a donc le double avantage d'être économique et d'éviter toute cause d'insalubrité; aussi commence-t-on à l'employer dans l'intérieur des villes.

Four ordinaire, à feu continu.

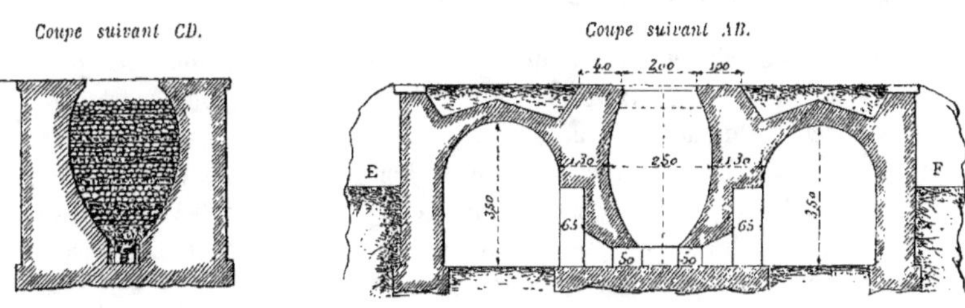

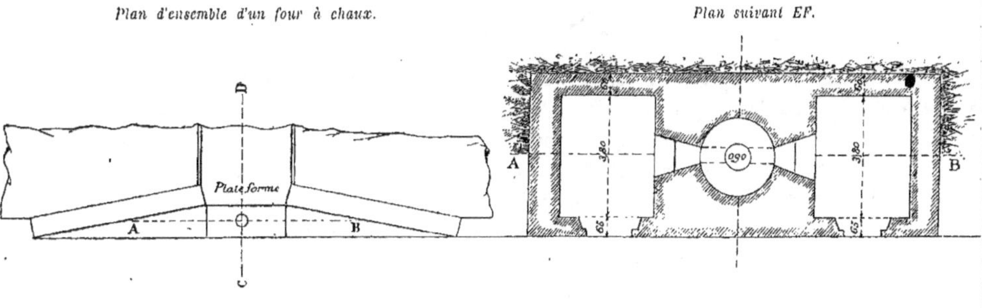

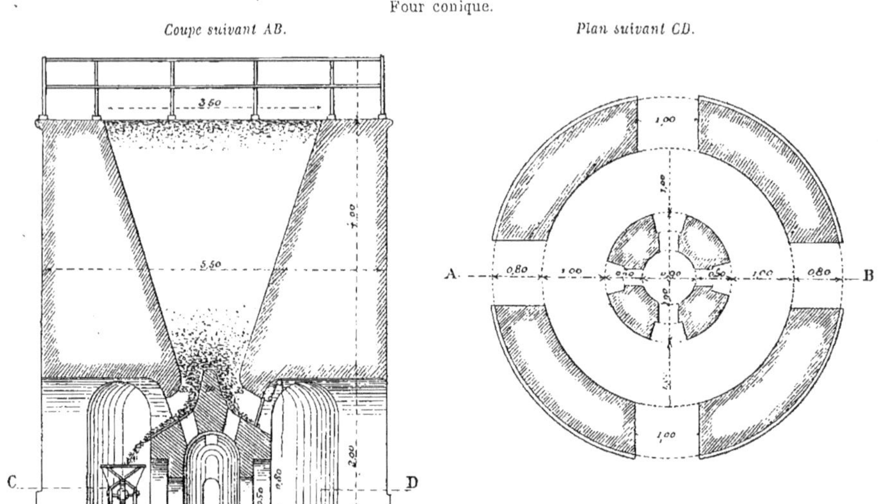

Four conique.

Coupe suivant AB.   *Plan suivant CD.*

Tels sont les appareils et les procédés employés pour la calcination des pierres à chaux. Il est évident que le choix à faire entre les deux genres de four, entre tel ou tel combustible, dépendra de la nature du calcaire à traiter, et même des propriétés particulières qu'on voudra donner à la chaux, suivant l'emploi qu'on en voudra faire et le milieu dans lequel on devra la placer. C'est ainsi que la cuisson au bois dans les fours ordinaires, à une température moyenne, conviendra aux chaux qu'on voudra employer en eau douce ; tandis que pour construire en eau de mer, il sera préférable de se servir des fours coulants chauffés au coke et d'y cuire le calcaire à une température assez élevée.

DES CHAUX

Chaux pure. — **Ses caractères.** — *La chaux pure* est le protoxyde de calcium. Elle est blanche, d'une odeur âcre, chaude et caustique, infusible au feu le plus violent, elle se dissout très-facilement dans les acides. Elle se dissout aussi complètement dans mille fois son volume d'eau froide et dans un volume à peu près double d'eau bouillante. Lorsqu'on l'arrose avec de l'eau, elle l'absorbe avec avidité, sa température s'élève jusqu'à 300 degrés centigrades ; elle se fendille, se délite et se réduit en poussière. Elle se transforme en hydrate, qui, dans son état naturel de siccité, contient une quantité d'eau égale au quart de son poids.

La chaux à l'état caustique, telle qu'elle sort du four, porte le nom de *chaux vive*. Lorsqu'elle est réduite en hydrate on dit qu'elle est *éteinte*.

Ces caractères généraux se modifient lorsque la chaux est alliée à des substances étrangères, ainsi que cela se présente dans la plupart des chaux employées dans les constructions. Les propriétés particulières dont sont douées ces chaux impures, ont servi de base à une classification que nous allons indiquer.

Classification générale des chaux.

Dans *l'Art de bâtir* on divise les chaux en trois catégories principales : les chaux *grasses*, les chaux *maigres* et les chaux *hydrauliques*.

Chaux grasse. — Cette chaux provient de calcaires à peu près purs. Ce qui la caractérise, c'est qu'en l'arrosant d'une quantité d'eau suffisante, elle se gonfle et foisonne au point d'acquérir un volume double et même triple de son volume primitif. Elle donne une pâte fine, et très-liante. Cette pâte reste indéfiniment molle, lorsqu'elle est placée à l'abri du contact de l'air, dans des lieux humides. Dans l'eau, non-seulement elle ne peut durcir, mais elle se dissout peu à peu et finit par disparaître.

Chaux maigre. — Elle provient de calcaires chargés de sable plus ou moins fin, allié le plus souvent au peroxyde ou au protosilicate de fer, elle peut provenir aussi de dolomies, ou calcaires magnésiens. Son nom lui vient de ce que, fortement arrosée d'eau, elle donne une pâte peu foisonnante, courte et n'ayant ni l'onctuosité ni le liant des chaux grasses. Dans les lieux humides et dans l'eau, elle se comporte comme la chaux grasse.

Chaux hydrauliques. — Ces chaux, comme les chaux maigres, proviennent de carbonates impurs. Elles foisonnent beaucoup moins que les chaux grasses, lorsqu'on les éteint, et la pâte en est beaucoup moins fine et moins liante que pour ces dernières. Ce qui les caractérise surtout, c'est que, réduites en pâte avec de l'eau, elles peuvent durcir lorsqu'elles sont immergées dans ce liquide, et lorsqu'on les place dans des lieux humides avec ou sans le contact de l'air, ce qui n'a pas lieu pour les deux autres espèces de chaux. L'analyse chimique a prouvé que cette propriété, si importante, est due à l'argile qui entre dans le calcaire dans une proportion de 12 à 20 p. 100, et M. Vicat, auquel on doit à peu près toutes les découvertes relatives à ces substances si précieuses pour les constructions, a proposé de les distinguer par la fraction d'argile qu'elles contiennent comparativement à la quantité de chaux caustique prise pour unité. Cette fraction, ou cette proportion, est ce qu'il nomme *l'indice d'hydraulicité*.

Classification des chaux hydrauliques.

M. Vicat, d'après cela, propose la classification suivante : les chaux seront *éminemment, moyennement* ou *faiblement* hydrauliques, suivant que leur indice d'hydraulicité sera compris entre 0,30 et 0,36, ou entre 0,24 et 0,30. Rapports qui correspondent à des doses d'argile de 17 à 20, de 15 à 17, de 12 à 15 pour 100 parties de calcaire argileux; l'argile étant supposée à peu près pure, ou différant peu du bisilicate d'alumine composé de 24 parties de silice pour 76 d'alumine.

Il faudrait, d'après cela, pour reconnaître à quelle classe appartient un calcaire, déterminer, par une analyse, la quantité d'argile ou de bisilicate d'alumine contenu dans 100 parties de calcaire. Or, la composition de l'argile est très-variable, et, comme cette composition influe sur les propriétés hydrauliques, il serait assez difficile de bien juger de la qualité des chaux par la considération seule de l'indice d'hydraulicité

Dans la pratique, la classification reste la même; mais elle se base sur des caractères physiques, déterminés par des expériences précises, et très-faciles à faire.

Pour cela, on prend de la chaux vive qu'on réduit avec de l'eau en une pâte de consistance moyenne et qu'on place au fond d'un verre à boire, sous une eau potable. Cette pâte, suivant le degré d'hydraulicité, se raffermira plus ou moins vite et arrivera à un état de cohérence qui constituera ce qu'on appelle la prise. On est convenu de mesurer la cohésion de la matière amenée à cet état, de la manière suivante : On prend une aiguille à tricoter de 1 millimètre de diamètre, limée carrément à l'une de ses extrémités, et engagée à l'autre bout dans un culot de plomb pesant 300 grammes; on pose la pointe limée sur la chaux, et *il y a prise* lorsque la pâte supporte, sans dépression sensible, le poids de l'aiguille chargée de son culot. Cela posé, voici les caractères physiques d'après lesquels on jugera du degré d'hydraulicité des chaux.

Chaux éminemment hydrauliques. — Les chaux doivent faire prise dans un temps variable de 2 à 6 jours. Au bout d'un mois elles sont déjà dures et leur surface n'abandonne plus de chaux au bain d'immersion. Après six mois, elles ont la consistance des calcaires absorbants, se brisent en éclats par le choc et présentent une cassure écailleuse.

Chaux moyennement hydrauliques. — Ces chaux font prise du sixième au neuvième jour. Après quatre ou cinq mois, elles ont à peu près la consistance que prend à l'air une argile gâchée en pâte assez ferme, et leur surface n'abandonne plus de chaux au bain d'immersion. Au bout d'un an, leur cohésion est celle des pierres calcaires tendres; à la scie, elles donnent une poussière grasse.

Chaux faiblement hydrauliques. — La prise n'a lieu pour ces chaux que du neuvième au quinzième jour d'immersion. Après six mois, leur consistance ne surpasse pas celle du savon sec, et l'eau d'immersion se couvre encore d'une pellicule de chaux carbonatée.

M. Vicat fait remarquer que les meilleures chaux hydrauliques, bien qu'insolubles

extérieurement, peuvent transformer l'eau distillée en eau de chaux, lorsqu'on en prend
des fragments à une certaine profondeur au-dessous de leur surface ; de sorte que l'insolubilité superficielle ne prouve pas l'insolubilité des parties intérieures. Quoiqu'il en
soit, on pourrait prendre comme mesure de la fixité des chaux dans l'eau, ou de leur
hydraulicité, la quantité de chaux qu'on recueillerait en plaçant la matière dans des
bains successifs, jusqu'à ce que l'eau d'immersion ne se trouble plus par l'oxalate d'am-
moniaque. En divisant la quantité de chaux recueillie dans les bains successifs par la
surface en contact avec le liquide, on aurait l'indice de stabilité par unité de surface, et
il est clair que la chaux serait d'autant plus hydraulique que cet indice serait plus
petit.

Influence de la composition de l'argile. — Dans tous les calcaires à
chaux hydraulique, on a reconnu la présence de la silice, et l'expérience a montré que,
dans les limites de composition données ci-dessus, l'hydraulicité était d'autant plus
grande que la proportion de silice était plus considérable. D'un autre côté, dans les
chaux grasses ou maigres (non hydrauliques), on ne rencontre que peu ou point de
silice. De sorte que tout calcaire privé de cette substance ne saurait donner de la chaux
hydraulique.

La silice entre dans les calcaires alliée généralement avec l'alumine à l'état de silicate ou d'argile. Pour la même quantité d'argile, la prise sera d'autant plus rapide que
la proportion d'alumine sera plus considérable ; la dureté définitive sera au contraire
d'autant plus grande que la proportion de silice sera elle-même plus forte et celle de
l'alumine plus faible.

Quelquefois, une certaine quantité de carbonate de magnésie est mélangée à l'argile
qui entre dans les calcaires ; lorsque ces pierres contiennent 20 à 25 pour 100 de
carbonate de magnésie, avec 10 à 14 d'argile pour 65 à 66 parties de carbonate de
chaux, elles donnent, par la cuisson, de très-bonnes chaux hydrauliques, connues sous
le nom de chaux magnésiennes, dont l'emploi est surtout avantageux pour les constructions à la mer. Ces chaux diffèrent essentiellement de celles qu'on retire des .dolo-
mies (carbonates de chaux et de magnésie), qui ne contiennent point de silice et qui
ne sont point hydrauliques.

Quant aux oxydes métalliques et aux sables quartzeux qui sont mélangés à l'argile,
ils nuisent plutôt qu'ils ne contribuent à la prise ; par conséquent, on ne doit pas les
comprendre dans la masse des matières qui servent à fixer l'indice d'hydraulicité des
pierres à chaux.

Chaux hydrauliques artificielles.

M. Vicat, après avoir reconnu, par l'analyse, que les chaux hydrauliques provenaient
de calcaires mélangés d'argile, a eu l'idée de former de toutes pièces des calcaires

ayant la même composition et de les soumettre à la cuisson. En opérant ainsi, l'expérience a prouvé que l'on pouvait obtenir de très-bonnes chaux. L'industrie s'est bientôt emparée de cette idée, et de nombreux établissements se sont fondés sur différents points de la France et notamment à Paris, où la fabrication de la chaux artificielle a pris un développement considérable et a rendu de très-grands services. La fabrication des chaux artificielles a perdu, toutefois, une partie de son importance, depuis que M. Vicat a entrepris de signaler dans chaque partie de la France les gisements de calcaires à chaux hydrauliques. Ce travail important doit être terminé, et bientôt la plupart de nos départements auront leurs fours à chaux hydraulique.

Chaux hydraulique artificielle de simple cuisson. — Ces chaux s'obtiennent par le mélange de calcaires tendres, tels que craies, tufs, marnes friables, avec de l'argile aussi pure que possible, dans des proportions convenables réglées d'après la composition chimique des ingrédients. On broie, puis l'on mélange intimement ces matières et l'on en forme une espèce de bouillie, en se servant de meules verticales liées à un système de herses et de rateaux, le tout tournant, à l'aide d'un manége, dans une auge circulaire; puis, au moyen de décantations successives et par l'évaporation, on amène la pâte à une consistance propre au moulage.

Le mélange, pour arriver à une chaux de bonne qualité, doit être aussi intime que possible. Le procédé indiqué succinctement ci-dessus a été employé dans l'origine. Beaucoup d'autres moyens basés sur la force motrice considérable des machines à vapeur, ont permis de donner de suite à la pâte, en opérant le mélange, la consistance nécessaire au moulage.

La pâte obtenue, on en forme avec des moules des espèces de briques qu'on fait sécher, et qu'on soumet ensuite à la cuisson comme les calcaires naturels.

Chaux artificielles à double cuisson. — A défaut de calcaires tendres et faciles à broyer, on emploie de la chaux grasse éteinte soit en pâte, soit en poudre hydratée, qui permet un mélange bien plus intime avec l'argile que lorsqu'on emploie de la craie.

Lorsqu'on voudra obtenir une chaux éminemment hydraulique, il faudra, à 100 parties de chaux vive et caustique, mêler 40 à 44 parties d'argile censée anhydre. Lorsqu'on emploie de la craie pure et anhydre, 178 parties correspondent à 100 parties de chaux caustique ; mais presque toujours l'argile et la craie contiennent une certaine quantité d'eau latente, qu'il faut déterminer avec exactitude, et dont il importe de tenir compte dans les dosages, si l'on veut obtenir de bons produits.

On dit que la chaux artificielle est à double cuisson lorsqu'on emploie de la chaux.

DES CIMENTS

Lorsque, dans les calcaires, la proportion d'argile dépasse 23 et n'atteint pas 40 p. 100, le produit de la calcination n'est plus susceptible de s'éteindre comme la chaux ordinaire. Mais cette matière, pulvérisée par des moyens mécaniques, puis gâchée avec de l'eau, peut faire prise en quelques minutes à l'air ou dans l'eau, et acquiert, en quelques heures, la dureté des calcaires ordinaires non compactes. Ces produits portent le nom de *ciments*.

On a remarqué que la rapidité de la prise croît avec les quantités d'argile ; mais qu'à l'encontre de ce qui se passe pour les chaux hydrauliques, la dureté définitive du ciment est d'autant plus grande que la quantité d'argile est plus faible.

Lorsque la quantité d'argile, (toujours supposée à peu près pure), dépasse 40 p. 100, on n'obtient plus par la calcination que des ciments très-médiocres. Ces produits, réduits en poudre très-fine, jouissent de la propriété d'hydrauliser les chaux grasses, et forment une classe particulière de substances dont nous parlerons plus tard.

Cuisson des ciments. — La cuisson des calcaires à ciment a besoin d'être conduite avec beaucoup de précaution, car on peut obtenir des produits très-différents suivant l'intensité du feu. La proportion d'argile étant assez considérable, la matière arrive facilement à l'état pâteux, se fritte et peut même se vitrifier complètement.

Si l'on veut avoir des ciments à prise rapide, il faut employer un feu modéré, et suffisant à l'expulsion de l'acide carbonique ; un défaut de cuisson serait, dans ce cas, moins nuisible, qu'une calcination exagérée.

Si l'on veut, au contraire, sacrifier la rapidité de la prise à une solidification définitive plus considérable, on pourra pousser la chaleur jusqu'au ramollissement ou jusqu'à la fusion pâteuse.

Les produits correspondants à la cuisson imparfaite et à la cuisson pâteuse, seront examinés plus loin.

Ciments français les plus renommés. — Les ciments ont rendu de très-grands services à l'art des constructions, surtout pour les ouvrages hydrauliques et en général pour tous les cas où l'on a besoin d'une résistance prompte et durable contre l'action de l'eau. L'emploi des ciments ne date guère que de la fin du dernier siècle ; (ciment Parker, découvert en Angleterre en 1796) ; depuis cette époque, de nombreux gisements ont été trouvés, et l'Exposition de 1855 a montré que la France possédait une grande variété de ces produits ; sous ce rapport, elle peut se suffire entièrement à

elle-même. Parmi les ciments les plus renommés en France et les plus répandus dans
le commerce, nous citerons :

Le ciment de Pouilly.	Départements : Côte-d'Or.
— de Vassy.	— Yonne.
— de Roquefort.	— Bouches-du-Rhône.
— de Boulogne.	— Pas-de-Calais.
— de Noissac.	— Tarn.
— de la Porte-de-France.	— Isère.
— de Champ-Rond.	— id.
— de Corbigny.	— Nièvre.
— d'Antony.	— près de Paris.
— de Vitry-le-François.	— Haute-Marne.

On trouvera, sur la composition, sur les propriétés et le prix de ces divers ciments,
des renseignements complets dans l'ouvrage intitulé *Matériaux de construction de
l'Exposition de 1855*, par M. Delesse. On pourra lire, dans le même ouvrage, des détails
intéressants sur quelques ciments étrangers, et notamment sur ceux de l'Angleterre.

Ciments artificiels. — De même que pour les chaux, on peut fabriquer des
ciments artificiels, en mélangeant en proportions convenables de l'argile et des substances calcaires, en réduisant le mélange en pâte que l'on moule en petits cubes. Ces
cubes sont desséchés et cuits ensuite, au degré de chaleur que l'expérience a fait
reconnaître comme le plus propre à donner de bons produits.

Chaux limites. — Entre les proportions qui conviennent aux chaux éminemment hydrauliques et celles qui produisent les ciments, c'est-à-dire, de 20 à 23 d'argile
pour 100 de calcaire, on rencontre des pierres qui, soumises à la calcination complète,
donnent des produits dont la fusion dans l'eau est à peu près impossible. Ces produits
ne peuvent, par conséquent, être employés à la manière des chaux ordinaires. Si on
veut les utiliser comme *ciments*, on remarque qu'après les avoir pulvérisés et gâchés,
ils font assez rapidement prise à l'air et dans l'eau; mais au bout de quelques heures,
d'une journée au plus, ils se réduisent en poussière à l'air et en boue dans le bain
d'immersion. Veut-on encore tirer parti de cette poussière ou de cette bouillie, en les
employant comme les hydrates de chaux ordinaire, on trouve qu'elles se comportent
comme les chaux maigres non hydrauliques.

On leur a donné le nom de chaux limites, parce que la quantité d'argile qu'elles
contiennent est, en quelque sorte, la limite de celle qui constitue les chaux éminemment hydrauliques.

Nous verrons plus loin que l'on peut encore tirer parti de ces produits en les soumettant à une cuisson incomplète.

Incuits ou produits que donnent les calcaires argileux incomplètement calcinés. — Il résulte des expériences de M. Vicat que si l'on soumet un calcaire pouvant donner, par une cuisson complète, une bonne chaux hydraulique, à une calcination imparfaite, c'est-à-dire, telle qu'il reste encore dans la pierre une certaine proportion d'acide carbonique, on peut obtenir, suivant le degré de calcination, des produits qui, broyés et gâchés avec de l'eau, présentent des propriétés tout à fait différentes. Quelques-uns font prise en quelques minutes, soit à l'air, soit dans l'eau, et se comportent comme de bons ciments ; d'autres, au contraire, après avoir fait prise, se désagrègent complètement. On voit, d'après cela, qu'un calcaire qui peut donner, par une cuisson complète, une chaux éminemment hydraulique, peut, par une calcination incomplète, fournir soit un ciment, soit un produit sans valeur, suivant la quantité d'acide carbonique conservée. Comme on ne peut guère, dans la cuisson en grand, modérer le travail de façon à conserver une quantité déterminée d'acide carbonique, il paraît difficile de tirer un parti avantageux de la cuisson imparfaite appliquée aux chaux hydrauliques.

Si l'on considère, au contraire, les calcaires à chaux limites ou à ciments, l'expérience montre que, par une calcination incomplète, ils peuvent donner des produits plus ou moins avantageux, mais jamais complètement mauvais comme ceux qui peuvent provenir des chaux hydrauliques. Il suit de là que les chaux limites, dont on ne pouvait tirer aucun profit, pourront être utilisées en les soumettant à un degré de cuisson déterminé par des essais préalables.

Parmi ces incuits se trouvent ces fragments plus ou moins volumineux qu'on rencontre dans la plupart des chaux hydrauliques, et qui, rebelles à l'extinction, finissent à la longue par fuser en augmentant de volume et font éclater les agrégats dont on ne les a pas séparés. On leur donne le nom de *grappiers*.

M. de Villeneuve a reconnu qu'en ayant soin d'hydrater ces grappiers avant de les broyer, on pouvait les utiliser comme matière hydraulisante, en les alliant aux chaux faiblement hydrauliques. Il est parvenu, en faisant varier les proportions de ces incuits dans leur mélange avec des chaux faiblement hydrauliques, à obtenir une série complète de produits, depuis les chaux les plus faibles jusqu'aux ciments les plus énergiques.

Il ne faut pas perdre de vue qu'il faut, avant d'employer ces incuits, les hydrater ; car si on les employait en poudre vive ou anhydre, ils finiraient par s'hydrater plus tard aux dépens de l'eau nécessaire au durcissement de la chaux, et nuiraient à la force de l'agrégat, en même temps qu'ils pourraient le faire éclater en augmentant de volume. C'est ainsi qu'on a vérifié, par des expériences faites à Grenoble et à Toulon, que les chaux de l'Isère et du Theil, moulues vives avec leurs grappiers, acquéraient moins de résistance que les mêmes chaux débarrassées de leurs incuits. Or, comme l'extinction des chaux ne peut pas hydrater immédiatement ces grappiers, il faut avoir soin de les séparer, sauf à les conserver pour en faire ensuite usage, comme le propose **M.** de Villeneuve.

Les expériences de cet ingénieur ont montré aussi qu'en ayant la précaution de les hydrater à part au moment du mélange, on pouvait se servir des ciments pour accélérer la prise et augmenter la dureté des gangues à chaux faiblement hydrauliques. Ce procédé est maintenant fréquemment employé. On doit hydrater le ciment pour qu'il n'enlève pas l'eau nécessaire à la solidification de la chaux.

Surcuits, ou produits que donnent les pierres à chaux hydrauliques, à chaux limites, ou à ciments, cuites jusqu'à ramollissement et fusion pâteuse. — Tous les calcaires argileux, lorsqu'on les soumet à une température élevée, peuvent subir la fusion pâteuse. Amenés à cet état, et exposés à l'air, ils peuvent, dans certains cas de composition, rester complètement stables, ou bien se désagréger au bout d'un temps plus ou moins long et se réduire en sable.

Si ces produits sont, à la sortie du four, pulvérisés comme les ciments, réduits en pâte, puis immergés dans l'eau ou enfouis à l'abri du contact de l'air, ils donnent des résultats très-variables suivant leur composition.

S'ils proviennent de pierres à ciment, ils restent inertes pendant un temps plus ou moins long, puis, il se produit une réaction qui s'annonce par un changement de couleur, le durcissement commence et atteint bientôt un degré supérieur à celui des meilleures gangues.

Mais lorsque la surcalcination est appliquée aux chaux éminemment hydrauliques ou aux chaux limites, on obtient des résultats extrêmement variables, non-seulement avec la composition du calcaire, mais encore avec le mode de calcination et la nature du combustible employé. Il en est de même lorsqu'on opère sur des mélanges artificiels de craie ou de chaux et d'argile. Il suit de là qu'on ne pourra se prononcer sur la valeur comme ciment du surcuit d'un calcaire marneux, composé ou naturel, qu'autant qu'on l'aura essayé :

1° A divers degrés de durée et d'intensité de cuisson ;

2° Avec diverses espèces de combustibles ;

3° Par la cuisson à longue flamme dans les fours ordinaires, ou au contact de combustibles dans les fours coulants.

On devra, dans tous les cas, séparer avec soin les parties fritées de celles qui ne le sont pas ; car ces dernières, venant à s'éteindre dans la masse au bout d'un temps plus ou moins long, pourraient, en augmentant de volume, amener la ruine des constructions.

Ces ciments surcalcinés, ou réduits en scories, sont durs au point de faire feu au briquet. La pulvérisation en est difficile ; l'excès de cuisson exige beaucoup de combustible ; de sorte que ces matières sont d'un prix élevé, et l'usage doit en être réservé à des travaux très-importants, et pour les cas particuliers où d'autres ciments seraient insuffisants.

Le plus connu de ces produits est celui qui porte le nom de *ciment de Portland*. C'est un ciment artificiel qu'on fabrique en Angleterre. Il est surtout très-précieux pour la construction des ouvrages à la mer.

Nous étions, sous ce rapport, tributaires de l'Angleterre, lorsque M. Émile Dupont a découvert un calcaire qui lui a permis de fabriquer du ciment naturel scorifié, de qualité au moins égale à celle du ciment anglais. Ce ciment ne fait prise qu'au bout de 12 à 18 heures, après quoi il durcit assez vite et acquiert, après une année d'immersion, une résistance à l'écrasement qui peut aller jusqu'à 45 et 50 kilog. par centimètre carré. La lenteur de sa prise peut avoir quelque inconvénient, lorsqu'il s'agit de travaux à exécuter entre deux marées ; mais il est facile de protéger, ainsi qu'on l'a déjà pratiqué, les constructions par un ciment à prise presqu'instantanée. Cette lenteur n'est pas, d'ailleurs, sans avantages ; car elle rend l'emploi de la matière beaucoup plus facile que pour les ciments à prise rapide ; et, après une marée et l'enlèvement d'une couche préservatrice, elle permet de remanier le ciment sans inconvénients.

On trouvera des détails fort intéressants sur les ciments de Portland anglais et français, dans l'ouvrage, déjà cité, de M. Delesse.

DEUXIÈME LEÇON

INGRÉDIENTS DES MORTIERS

Après avoir passé en revue les diverses substances qu'on peut extraire des calcaires, nous allons examiner d'autres produits naturels dont on fait usage en les alliant aux matières précédemment étudiées.

Nous diviserons ces nouveaux matériaux, qu'on appelle ingrédients des mortiers, en deux classes :

Dans la première, nous placerons ceux qui, mélangés avec la chaux, n'exercent sur elle aucune action chimique ; tels sont les *sables*.

Dans la deuxième, au contraire, nous mettrons ceux qui agissent chimiquement et peuvent donner, avec la chaux grasse, des composés qui se solidifient dans l'eau. Nous les comprendrons sous le titre général de *Matières pouzzolaniques*. Cette dénomination leur vient de ce que la plus renommée de toutes ces substances est exploitée, de temps immémorial, près Pouzzoles, petite ville du royaume de Naples, et porte le nom de *pouzzolane*.

Parmi les matières pouzzolaniques, les unes peuvent se combiner immédiatement avec la chaux, d'autres n'acquièrent cette propriété qu'après avoir subi une certaine cuisson. De là la division de ces produits en pouzzolanes *naturelles* ou *crues*, et en pouzzolanes *artificielles* ou *cuites*.

Nous allons passer en revue ces divers ingrédients des mortiers, en suivant l'ordre que nous venons de tracer.

SABLES

Origine du sable. — Le sable provient de la désagrégation des roches. Il doit résulter de cette origine une grande variété dans la composition, la forme et la grosseur des grains.

Qualités essentielles du sable. — Cette matière, sans intervention de principes étrangers, n'agit point chimiquement sur la chaux; mais elle peut influer notablement sur sa cohésion. Pour que cette action, purement physique, ait son effet, il faudra que le sable soit bien pur, c'est-à-dire, débarrassé de toute matière terreuse; que les grains soient anguleux et à facettes rudes.

On reconnaîtra la pureté, lorsqu'en le projetant dans de l'eau claire, il se précipitera sans troubler le liquide.

La grosseur des grains a une certaine importance. On dit que le sable est fin, lorsque le diamètre des grains ne dépasse pas 1 millimètre. Pour le gros sable, ce diamètre est de 2 à 3 millimètres. Dans la nature, ces grains, de différentes grosseurs, sont mélangés; pour les séparer, il faut les passer à la claie ou au tamis.

A part les sables vierges, qu'on trouve près des roches en décomposition qui les produisent, les sables employés dans les constructions ont presque tous été soumis à l'action mécanique des eaux. Tels sont les sables fossiles, qu'on rencontre en masses considérables dans beaucoup de contrées stériles, où ils paraissent avoir été transportés par les courants diluviens. Tels sont aussi les sables de rivière et de mer. Ils sont presque toujours quartzeux ou granitiques; car les grains d'une composition différente et moins durs ont dû bientôt se réduire en vase par suite des frottements auxquels ils ont été soumis dans leur transport par les eaux.

Sables exploités.

Sable de mine ou *sable fossile.* — Ce sable est rugueux et adhère bien à la chaux. Il donne de bons résultats, lorsqu'il est pur, que le grain n'est pas trop fin et trop uniforme.

Sable de rivière. — Lorsqu'il provient d'un cours d'eau rapide, il est ordinairement très-pur et d'une bonne qualité. Il a le défaut d'avoir le grain lisse et arrondi ; mais, en raison de sa grande pureté, il donne de bons produits, et s'emploie généralement de préférence à tout autre, dans le voisinage des cours d'eau qui le charrient.

Sable de mer. — Ce sable est imprégné de sels déliquescents qui le rendent hygrométrique et ne permettent de l'employer pour les maisons d'habitation qu'autant qu'il a subi un lessivage à l'eau douce, ou qu'il est resté, pendant une année, exposé en couches minces à l'action de la pluie. Mais l'expérience a montré que, pour les grosses constructions à la mer, il peut être utilisé avantageusement, et que c'est à tort qu'on en a quelquefois, pour cet usage, proscrit l'emploi d'une manière absolue, sans un lavage préalable à l'eau douce.

SUBSTANCES POUZZOLANIQUES

Pouzzolanes naturelles.

Ces substances sont connues et employées depuis fort longtemps. Ce sont des déjections volcaniques, essentiellement composées de silice, d'alumine et de peroxyde de fer, avec quelques oxydes, tels que la chaux, la magnésie, la potasse et la soude. Leur couleur, généralement brune, passe quelquefois au rouge, au jaune ou au gris.

Lieux d'extraction. — On les rencontre toujours sur les côtés ou dans le voisinage des volcans éteints, ou en ignition. Les plus renommées sont celles d'Italie, et notamment celles qu'on exploite à Pouzzoles, au pied du Vésuve. On en trouve aussi de bonne qualité sur les bords du Rhin ; telle est celle qu'on désigne, dans le commerce, sous le nom de strass d'Andernach. En France, on en trouve dans le Vivarais et en Auvergne ; mais elles sont de qualité inférieure.

Variétés d'énergie. — Toutes les pouzzolanes n'ont pas la même énergie. Quelques-unes donnent, avec la chaux grasse, des mortiers faisant prise sous l'eau en trois jours, d'autres en exigent quinze ; la plupart jouissent de qualités intermédiaires. Cette variété d'énergie tient d'abord à la différence de composition, elle dépend aussi de l'intensité plus ou moins considérable de l'action ignée, à laquelle ces matières ont été soumises, et aux influences atmosphériques qu'elles ont subies par la suite.

Un certain nombres de produits naturels non volcaniques jouissent aussi de propriétés hydraulisantes. Ces substances, qui seront décrites dans un autre Cours, sont :

1° Des *sables* provenant de la décomposition spontanée des gneiss granitiques, dans lesquels le feldspath passe à l'état de kaolin. On en trouve abondamment aux environs de Brest et sur quelques points de la Basse-Bretagne. À l'état cru, ils ne constituent qu'un pouzzolane faible; mais cuits dans des fours à réverbère, ces sables s'améliorent beaucoup. On en a fait usage dans les travaux maritimes du port de Brest. On trouvera, dans l'ouvrage déjà cité de M. Petot, des renseignements sur cette matière, la description d'un four à réverbère employé à la cuire, et des détails sur la manière de conduire cette cuisson;

2° *Roches amphiboliques.* — Ces roches, réduites par décomposition spontanée en une espèce de terre d'apparence argileuse, jouissent à peu près des mêmes propriétés que les sables de gneiss. On en trouve abondamment aux environs de Châteaulin, de Saint-Servan et sur d'autres points de la Basse-Bretagne. On s'en est servi avantageusement dans les travaux hydrauliques du canal de Nantes, à Brest;

3° *Roches silicifères*, connues sous le nom de gaize. — Ces roches contiennent des quantités considérables de silice à l'état gélatineux ou semi-gélatineux. Réduites en poudre ou employées crues, avec la chaux grasse, elles se comportent comme des pouzzolanes médiocres. Par la cuisson, elles ne s'améliorent pas sensiblement;

4° *Craies à silice gélatineuse.* — Ces substances diffèrent des précédentes en ce que celles-ci ne contiennent pas de carbonate de chaux. Elles peuvent, lorsque la silice gélatineuse y entre dans une proportion de 30 à 40 pour cent, après avoir été broyées et mélangées avec de la chaux grasse, donner, comme la pouzzolane, des mortiers qui durcissent assez rapidement à l'air ou dans l'eau; mais bientôt ces mortiers se détruisent et ne peuvent rester solides qu'autant qu'ils sont renfermés dans des massifs à l'abri du contact de l'air et de l'eau. Il en est de même de la gaize et, en général, de tous les silicates formés par voie humide avec de la chaux grasse et de la silice gélatineuse;

5° *Sables argileux.* — *Arènes.* — Ces arènes sont des mélanges de sable quartzeux et d'argile brune ou jaune-orangé. En les délayant dans l'eau et décantant, on peut séparer les éléments. En opérant ainsi, on a reconnu que la proportion d'argile variait de 1/4 aux 3/4 du volume total. Elles jouissent de la propriété d'hydrauliser la chaux grasse, lorsqu'on les emploie crues. À ce titre, ce sont des pouzzolanes, mais généralement très-faibles. Quelques-unes même sont complètement dépourvues de propriétés pouzzolaniques. Les meilleures se trouvent dans le département de la Dordogne.

Pouzzolanes artificielles.

On sait depuis longtemps que les substances argileuses, grillées et pulvérisées, jouissent de la propriété de donner, avec la chaux grasse, des mortiers hydrauliques. Les Romains faisaient un fréquent usage de briques broyées. Les argiles torréfiés se comportent donc comme les pouzzolanes, de là le nom de *pouzzonales artificielles* qu'on leur a donné.

L'argile est essentiellement composée de silice, d'alumine et d'eau, c'est un hydro-silicate d'alumine, qu'on rencontre à peu près pur dans la terre de pipe. Elle est blanche, savonneuse, opaque et douce au toucher; mais, ainsi que nous l'avons dit en parlant des briques, les argiles sont le plus souvent mélangées de matières étrangères telles que : les oxydes de fer et de manganèse, les carbonates de chaux et de magné-sie, du sable, des débris végétaux, etc. Ces argiles grossières, qui peuvent, à la rigueur, être employées à la fabrication des briques, ne donnent pas toutes de bonnes pouzzo-lanes, et l'on peut dire, dès à présent, que ce sont les plus pures qui donnent les meilleurs produits.

L'argile crue est faiblement attaquée par les acides; mais, lorsqu'on la soumet à une température comprise entre le rouge un peu plus que sombre, correspondant à peu près à 600 degrés et la chaleur qui commence à la ramollir ou à la fritter, elle se durcit et cesse de pouvoir former pâte avec l'eau. Dans cet état, et lorsqu'elle n'a pas subi de fusion, elle est très-avide d'eau et devient beaucoup plus facilement attaquable par les acides. Elle peut, alors, se combiner intimement avec la chaux et donner des gangues hydrauliques.

M. Vicat donne le nom de *cuisson normale*, à celle qui est réglée de manière à rendre l'argile complètement anhydre, sans atteindre le commencement de la fusion pâteuse. Cette cuisson doit s'opérer entre 600 et 700 degrés. Torréfiées dans ces conditions, les argiles seront attaquables au plus haut degré, selon leur nature, par les acides et les alcalis, et, en même temps, auront acquis leur maximum de puissance pouzzo-lanique.

Ce degré de cuisson sera le plus convenable pour les argiles qui ne contiendront que peu ou point de carbonate de chaux; mais, si cette matière entre pour plus de 15 à 20 pour 100, il conviendra d'élever la température de manière à décomposer le carbonate et à provoquer la formation d'un silicate de chaux, si l'on veut donner au produit son plus grand degré d'énergie. On obtiendra ce résultat en augmentant la chaleur et en effectuant le grillage entre 700 et 800 degrés, sauf à prolonger plus long-temps l'action du feu pour suppléer à son intensité. M. Vicat donne le nom de *cuisson supra-normale* au grillage opéré dans ces conditions.

Ce qu'il faut éviter, surtout, c'est un feu trop violent. Toute argile scorifiée a perdu ses propriétés pouzzolaniques. Arrivée à l'état d'une brique bien cuite, ces propriétés sont déjà très-faibles; il faut donc, en général, se contenter d'amener l'argile à un degré de dureté tel qu'elle ne puisse plus former pâte avec l'eau. On voit, d'après cela, que les tuileaux broyés dont on fait si souvent usage, ne constituent que des pouzzolanes très-médiocres.

Fabrication des pouzzolanes artificielles. — La préparation de la terre ne présente rien de particulier et se fera, à peu près, comme il a été dit pour les briques. Ce qui demande le plus de soin et présente beaucoup de difficulté c'est la cuisson.

Il faut remarquer, en effet, que, d'après les conditions exposées précédemment, il est bien difficile, en raison du peu de conductibilité de la matière, d'arriver, lorsqu'on la cuit en briques ou en morceaux d'un certain volume, à expulser entièrement l'eau du milieu de la masse, sans provoquer à la surface un commencement de vitrification. D'un autre côté, on ne peut guère, avec les fours ordinaires, obtenir l'uniformité d'intensité et de répartition de la chaleur, nécessaire au succès du grillage. Aussi, M. Vicat avait-il proposé de réduire l'argile en poudre après l'avoir séchée et de la torréfier dans cet état, en la ramenant constamment sous l'action d'une chaleur uniforme. Malheureusement les moyens qu'il a proposés sont d'une application difficile. Lorsqu'on opère en grand, par suite de son contact subit avec des surfaces incandescentes, la matière est projetée, éparpillée en poussière impalpable et entraînée par la ventilation. Disons, d'ailleurs, que pour parer à cet inconvénient on ne peut opérer en vase clos, puisque l'eau ne pourrait pas se dégager.

Jusqu'à présent, la fabrication de la pouzzolane, sur une grande échelle, se fait de la manière suivante : Après avoir moulé la pâte argileuse en morceaux arrondis de la grosseur d'un œuf, on la fait sécher à l'air ou au soleil, on la cuit au coke ou à la houille sèche, dans des fours coulants. On peut aussi employer des fours à réverbère, tels que celui dont M. Petot s'est servi pour torréfier des sables pouzzolaniques, au port de Brest, et dont on trouvera la description dans son ouvrage. Ce four pourra s'employer également pour la calcination des arènes.

Au lieu de mouler la terre en petits morceaux, on pourrait la mouler sous forme de briques ordinaires, à la condition de la rendre poreuse en y mêlant une certaine quantité de paille hachée ou de la sciure de bois. Ces mélanges seront d'ailleurs nécessaires, lorsqu'on aura à traiter des argiles presque pures, à cause de la difficulté qu'on éprouve à les rendre anhydres. Dans ce cas, les briques se cuiront comme les briques ordinaires, dans des fours chauffés avec des combustibles à longue flamme. On pourra employer, avec avantage, les fours à compartiments superposés.

Tous ces moyens de fabrication sont fort imparfaits en ce qui concerne la cuisson, et ce n'est qu'avec beaucoup de soins et de précautions, soit dans le dosage du combustible, soit dans la marche du feu, que l'on parvient à obtenir des produits passables.

Il sera bon, dans tous les cas, avant l'enfournement, de soumettre l'argile à une dessication aussi complète que possible. Il en résultera une économie de combustible, et de meilleurs produits. On devra aussi tâcher d'entretenir, pendant le grillage, un courant d'air actif à travers la masse, pour faciliter l'expulsion de la vapeur d'eau.

Lorsque la pouzzolane a été torréfiée, on la pulvérise. Cette poudre doit être aussi fine que possible, et pour l'obtenir on emploiera des meules roulantes, ou des meule horizontales, et la matière sera blutée au tamis fin. Cette opération est très-importante; la pouzzolane devant jouer un rôle dans une combinaison chimique, agira d'autant mieux qu'elle sera plus divisée.

Caractères auxquels on peut reconnaître la bonté d'une pouzzolane. — Disons de suite que l'on ne peut se prononcer d'une manière positive sur la qualité de ces produits qu'après les avoir employés, et avoir attendu un temps suffisant pour juger, non-seulement de la promptitude de la prise, mais encore de la dureté définitive. Mais on pourra préjuger de la bonté de la pouzzolane par les caractères suivants : si le grain n'est pas dur, vitreux ou émaillé, si elle happe à la langue, il est probable que la cuisson aura été faite dans de bonnes conditions. Si, projetée dans l'eau de chaux, elle la précipite; si, de plus, elle se laisse facilement attaquer par les acides, il est probable qu'elle sera de bonne qualité.

Nous terminerons ce qui concerne ces substances par le tableau suivant, où l'on trouvera quelques indications utiles. Ce tableau est extrait du *Traité des mortiers* de M. Vicat.

COMPOSITION DES ARGILES	A	B	C	D	E	F	G	H
Silice	70	64	53	46	59	30	28	19
Alumine	20	24	30	38	19	20	11	10
Peroxyde de fer	»	»	»	»	10	2	4	8
Carbonate de chaux	»	»	»	»	»	38	40	16
Carbonate de magnésie	»	»	»	»	»	»	»	10
Sable ou quartz divisé	»	»	»	»	»	»	13	23
Eau	10	12	17	16	12	10	4	12
Mode de cuisson à appliquer.	Normale.	Normale.	Normale.	Normale.	Normale.	Supra-normale.	Supra-normale.	Supra-normale.
Valeur relative des pouzzolanes	100	96	89	77	70	63	46	44
Désignation vulgaire des argiles	Terre de pipe ou argile réfractaire.				Argile ocreuse.	Argile marneuse.	Terre à briques.	

Avant d'entrer dans le détail des combinaisons que l'on peut faire des divers éléments précédemment étudiés, nous allons indiquer les préparations qu'il convient de faire subir aux différentes espèces de chaux avant de les employer à la fabrication des mortiers.

EXTINCTION DES CHAUX VIVES

La première opération à faire subir à la chaux est l'extinction ou sa transformation en hydrate. Trois procédés peuvent être employés; on les désigne de la manière suivante :

1° Extinction ordinaire, ou à grande eau;

2° Extinction sèche par *immersion*, ou par *aspersion*;

3° Extinction spontanée.

Extinction ordinaire. — Prises à leur sortie du four, ou peu de temps après, les chaux, jetées dans un bassin rempli d'eau, éclatent avec bruit, se gonflent, se réduisent en bouillie, avec dégagement de chaleur capable de produire une sorte d'ébullition. Ce phénomène, plus sensible pour les chaux grasses que pour les chaux hydrauliques, transforme la chaux en hydrate, et l'on a ce qu'on appelle dans la pratique, de la chaux *fondue*, *coulée* ou *fusée*.

Dans cette opération, la matière augmente de volume et d'autant plus, évidemment, que la pâte est moins consistante. A égalité de consistance pâteuse, le foisonnement est plus considérable pour la chaux grasse que pour la chaux hydraulique.

En supposant la chaux vive mesurée en pierre et avec ses vides, et l'hydrate amené à l'état de consistance moyenne, on obtient par ce mode d'extinction, pour un volume de chaux grasse vive, de deux à deux volumes et demi de chaux éteinte en pâte.

Pour la chaux hydraulique on n'obtient, dans les mêmes circonstances, que de un à un volume et demi.

M. Vicat a trouvé par l'expérience que 100 kilog. de chaux grasse vive et très-pure, donnent en pâte 0 mèt. cube, 240; mais si la cuisson date de plusieurs jours, ou, si la chaux n'est pas très-pure, le volume de pâte pour 100 kilog. n'est plus que de 0 mèt. cub. 180. Toutes les variations de foisonnement des chaux grasses peuvent être considérées comme comprises entre les deux limites précédentes.

Quant aux chaux hydrauliques, leur densité et leur composition sont trop variables, pour qu'on puisse fixer des limites précises à leur foisonnement.

Voici comment il convient d'opérer en grand l'extinction de la chaux par ce procédé.

Sous un hangar, on dispose plusieurs bassins contigus, deux au moins, pour que les travaux ne soient pas arrêtés par un retard dans l'extinction de la chaux; on leur donne 3 mètres de long sur 2 mètres de large et 0 mèt. 50 de profondeur. On en revêtit le fond et les parois en bonne maçonnerie bien étanche.

Dans l'un des bassins, on jette à la pelle la chaux vive et l'on en forme une couche

régulière de 0 mèt. 20 à 0 mèt. 25 d'épaisseur, et l'on amène la quantité d'eau nécessaire pour affleurer cette couche. On étend une deuxième couche, puis on la couvre, de
manière à l'affleurer d'une nouvelle quantité d'eau, et ainsi de suite, jusqu'à ce que le
bassin soit à peu près rempli. Deux couches suffiront pour la profondeur indiquée ci-
dessus. Ordinairement, la première couche commence à fuser avant que la deuxième
soit mise en place. Si la chaux était paresseuse, il ne faudrait pas moins continuer à
charger le bassin. En opérant de cette manière, le phénomène de l'extinction se produit, et, généralement, au bout de vingt-quatre heures, on obtient une pâte bien homogène et exempte de grumeaux.

M. Lebrun conseille de modifier la marche de l'opération de la manière suivante :
au lieu de placer d'abord la chaux dans le bassin, il préfère y verser de suite de l'eau
jusqu'à moitié ou aux deux tiers de sa hauteur, puis, à projeter la chaux vive, le plus
vite possible, jusqu'à ce que l'eau affleure seulement, en la recouvrant, la masse de
chaux. Il conseille de mettre d'abord un excès d'eau, sauf à en ôter ensuite, avant le
commencement de l'extinction, cela vaut mieux que d'être obligé d'en ajouter après
coup. En opérant de cette manière, il évite d'amener de l'eau froide et d'arrêter l'extinction commencée dans la couche inférieure, comme cela se présente par la première
méthode. Il obtient une extinction plus rapide, plus complète, et au bout de six heures
la pâte est assez bien préparée pour être employée avec sûreté.

Les deux méthodes précédentes, avec la quantité d'eau qu'elles indiquent, conviennent pour les chaux hydrauliques. Pour la chaux grasse, il faudrait une proportion
d'eau un peu plus considérable, qu'il sera facile de déterminer dans chaque cas, par
quelques essais préalables.

Pendant l'opération, il sera bon de surveiller la marche de l'extinction. Si l'on
s'aperçoit que l'effervescence ne se manifeste pas dans quelques points, ou que certains morceaux fussent à sec, il faut bien se garder d'y projeter de l'eau froide; on risquerait d'arrêter la fusion. On doit, dans ce cas, faire arriver par une rigole faite à
l'aide d'un bâton, vers les pierres qui restent inertes, l'eau échauffée qui se trouve en
excès dans les autres parties du bassin. On s'assurera que l'opération est terminée, en
enfonçant un bâton dans les diverses parties de la masse. Si, en le retirant, il se déga-
geait une vapeur farineuse, il faudrait élargir le trou et y amener de l'eau au moyen
d'une petite rigole. Lorsque toute effervescence a cessé, la chaux forme une bouillie
claire; mais l'extinction continue, les petits grumeaux s'hydratent, et, au bout de vingt-
quatre heures, comme nous l'avons dit, on obtient une pâte ferme qui se coupe au
louchet. On pourrait hâter cette dernière période de l'extinction en brassant la matière
lorsque *toute effervescence* a cessé. Ce moyen peut réussir pour les chaux hydrauliques
naturelles, et M. Lebrun a trouvé que, dans ce cas, on pouvait, au bout de six heures,
obtenir une pâte parfaitement homogène, de bonne consistance, et ayant toujours
donné de bons résultats pour les constructions en plein air où il l'a employée; mais

pour d'autres chaux et pour les maçonneries immergées, il sera peut-être prudent de s'en tenir à la manipulation ordinaire.

Lorsqu'on emploie de la chaux grasse, on peut en éteindre à la fois une grande quantité, cela n'a pas d'inconvénient. Mais, pour la chaux hydraulique, on ne doit hydrater que la quantité nécessaire à la consommation d'un ou de deux jours au plus. Autrement, la chaux, après un séjour trop prolongé dans le bassin, ne pourrait plus être ramenée à l'état de pâte molle et serait avariée. Voilà pourquoi il importe d'avoir

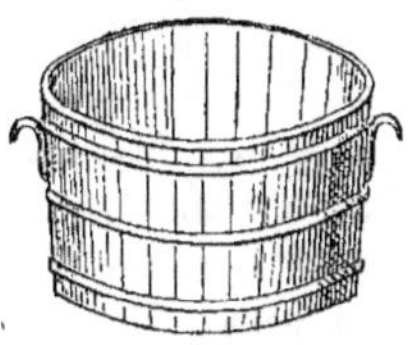

plusieurs bassins qui permettent, sans retarder les travaux, de n'employer que la chaux ayant au moins douze, et, au plus, quarante-huit heures de durée d'extinction. Pour des travaux peu importants, ou lorsqu'on manquera d'espace pour installer des bassins, on pourra se servir de cuveaux en bois, auxquels on donne le nom de *comportes;* on y procédera à la fusion de la chaux comme il a été dit précédemment.

Extinction par immersion ou **par aspersion.** — Si l'on plonge la chaux dans l'eau pendant quelques secondes, puis, qu'on la retire et la laisse exposée à l'air, elle siffle, éclate avec bruit, laisse dégager des vapeurs brûlantes, et se réduit en poussière. Le même résultat s'obtient en arrosant simplement la chaux avec une certaine quantité d'eau. La transformation de la chaux en poudre hydratée sera favorisée, si l'on a soin de réunir les morceaux en tas, de manière à concentrer la chaleur et la vapeur d'eau.

La chaux grasse, exigeant beaucoup d'eau pour s'hydrater, n'en absorbe pas assez par l'immersion pour se réduire en poussière, si l'on n'a pas la précaution, avant de l'immerger, de la concasser en morceaux de la grosseur d'une noix ; autrement il reste, dans l'intérieur des gros morceaux, un noyau qui ne s'éteint que très-difficilement. Pour appliquer ce mode d'extinction avec quelque avantage, il faudrait, après avoir immergé la chaux concassée à l'aide de paniers ou de sacs, la verser de suite dans des encaissements en planches, ou dans des barils, de façon à concentrer le plus possible la chaleur et la vapeur d'eau. Mais ce procédé incommode, long, dispendieux et incertain dans ses résultats, est rarement pratiqué en grand. On emploie de préférence le procédé par aspersion, ou par arrosage, qui donne des résultats plus certains et exige beaucoup moins de soins et de travail.

Pour opérer l'extinction par aspersion dans de grands chantiers, on pourra suivre la marche suivante, indiquée par le général Treussart.

La chaux vive, arrivant des fours par faibles quantités, sera mise à l'abri dans une petite baraque, construite à proximité de l'ouvrage. Près de cette baraque, on installera un hangar ouvert sur ses longs côtés et dont la longueur sera dirigée de l'est à l'ouest :

le sol de ce hangar sera carrelé ou planchéié, et sur son aire se feront l'extinction de la chaux et la préparation du mortier.

À l'aide d'une caisse en bois sans fond, pouvant contenir 0 mèt. cub. 300, on mesurera la chaux, que l'on disposera par petits tas, autour desquels on placera le sable nécessaire à la confection du mortier. Puis, sur ces tas, on projetera, avec un arrosoir d'une capacité connue, la quantité d'eau nécessaire à l'extinction. Un volume d'eau égal au quart environ du volume de la chaux suffira généralement ; la dose pourra d'ailleurs se déterminer par quelques essais préalables. On aura soin d'arroser un peu plus les plus gros morceaux.

La chaux entrera en fusion ; lorsque les vapeurs auront cessé, on enfoncera dans le tas un bâton ferré pour reconnaître l'état du travail. Si l'on rencontre des morceaux résistants, il faudra élargir le trou et y verser un certaine quantité d'eau. Lorsque la masse se laissera percer, sans résistance, dans tous les sens, on pourra considérer l'opération comme terminée. Le tas sera régularisé, battu avec la pelle et recouvert de sable. Cette manipulation se fera le soir, pour les besoins de la journée suivante. Pendant la nuit, la chaux achèvera de s'éteindre, et l'eau se répartira uniformément dans la masse.

Ce mode d'extinction est employé dans beaucoup de pays. Il est en usage dans les places de Strasbourg et de Metz pour la chaux hydraulique dont on fait usage dans ces localités. A Lyon, on l'emploie pour la chaux grasse, et on le pratique à l'automne pour la chaux qui doit être mise en œuvre l'année suivante. L'hydrate de chaux grasse reste ainsi, pendant l'hiver, exposé à l'air, en tas arrondis et recouverts de sable. L'expérience a prouvé que cette méthode était plus avantageuse et donnait de bien meilleurs résultats que l'emploi immédiat de cette chaux après son extinction.

Extinction spontanée. — Cette opération consiste à laisser la chaux exposée à l'air, en couches minces, sous des hangars qui la préservent de la pluie. La chaux absorbant l'humidité de l'air se délite lentement et finit par tomber en poussière.

Il ne faut pas moins de trois mois pour que l'extinction soit complète, pour une chaux grasse préalablement concassée en morceaux de la grosseur d'un œuf. M. Vicat a reconnu qu'éteinte dans ces conditions, la chaux grasse contient, sur 100 parties, 10 à 11 parties d'eau et 26 à 27 parties d'acide carbonique. Il s'est formé un soushydrocarbonate de chaux dans lequel la chaux caustique est à l'acide carbonique dans le rapport de 630 à 265, et qui contiendrait par conséquent un peu plus de la moitié de l'acide nécessaire à la saturation de la chaux.

Ce mode d'extinction serait avantageux pour les chaux grasses ; mais sa lenteur empêche de l'employer.

Pour les chaux hydrauliques, il doit être rejeté, attendu qu'il leur enlève leurs qualités les plus précieuses.

HYDRATES DE CHAUX

Par l'extinction, les chaux absorbent une quantité d'eau plus ou moins considérable, et foisonnent plus ou moins, non-seulement suivant leur nature, mais encore suivant le procédé de fusion employé. Il faut remarquer en outre que les chaux réduites en poudre par immersion ou spontanément, puis converties en pâte, ne prennent jamais une quantité d'eau aussi considérable que celle contenue dans la pâte obtenue directement par l'extinction à grande eau; voici en effet les résultats trouvés par M. Vicat :

Pates hydratées			EAU ABSORBÉE	VOLUMES
			kilog.	
Chaux grasse.	100 kilog. de chaux vive éteinte en pâte, à grande eau, donnent		291	350
	Id.	éteinte d'abord par immersion, puis convertie en pâte	172	234
	Id.	éteinte d'abord spontanément, puis convertie en pâte	188	258
Chaux hydraulique.	Id.	de chaux vive éteinte par le procédé ordinaire.	105	137
	Id.	éteinte d'abord par immersion, puis convertie en pâte	71	127
	Id.	éteinte d'abord spontanément, puis convertie en pâte	68	100

Il résulte de ce tableau :

1° Que, pour les chaux grasses et les chaux hydrauliques, le procédé ordinaire est celui qui divise le mieux la chaux ;

2° Que, pour les chaux grasses, l'extinction spontanée divise plus la chaux que l'extinction par immersion. C'est le contraire pour les chaux hydrauliques;

3° Si l'on considère la *chaux grasse*, on voit qu'en prenant le *même volume* de pâte dans les trois cas, les quantités de chaux et d'eau contenues sont dans les rapports suivants :

Nature de la pate.		CHAUX	EAU
Chaux grasse.	Pâte obtenue par le procédé ordinaire	100	100
	Id. après extinction par immersion	150	88
	Id. après extinction spontanée	135	88

Il suit de là que si, en mélangeant la pâte avec d'autres matières pour en faire des mortiers, on veut avoir des produits également riches en chaux, il faudra que pour le même volume de chaux, les quantités d'ingrédients soient entre elles comme les nombres ci-dessus 100, 150, 135.

On trouverait des résultats analogues pour les chaux hydrauliques.

Action de l'air sur les hydrates.

Hydrates en poudre. — Ces hydrates absorbent des quantités variables d'acide carbonique, plus grandes lorsque la chaux a été éteinte spontanément que pour le cas de l'immersion; mais ils ne se reconstituent jamais à l'état de carbonates; ils se transforment en sous-hydrocarbonates.

Hydrates en pâte. — A l'état de pâte ferme, les hydrates de chaux exposés à l'air se convertissent en carbonates hydratés : au bout d'un an, la couche extérieure sur 5 à 6 millimètres est carbonatée; la transformation continue ensuite, mais de plus en plus lentement, et au point de devenir presque insensible après quelques années. Cela tient évidemment à la difficulté qu'éprouve l'acide carbonique à pénétrer vers l'intérieur de la masse. On arrivera donc, d'après cela, à une carbonisation d'autant plus rapide et complète que la pâte aura été moulée en pièces plus petites ou plus minces. La dureté définitive varie, d'ailleurs, avec le procédé d'extinction, et devient d'autant plus grande que la chaux a été plus divisée par la fusion.

Les hydrates de chaux grasse sont susceptibles d'acquérir à l'air une dureté aussi considérable que beaucoup de calcaires compactes, et sont susceptibles de recevoir le poli. En les moulant en petites pièces ou en carreaux très-minces, et en les exposant peu de temps après l'extinction à une température assez élevée, ou même simplement à l'action du soleil d'été, ils se durcissent assez promptement en éprouvant un retrait considérable. En colorant la pâte, on pourrait fabriquer très-économiquement de petites pièces pour mosaïques ou pour carrelage.

Les hydrates de chaux hydrauliques en pâte absorbent plus rapidement l'acide carbonique, mais n'acquièrent pas autant de dureté que les hydrates de chaux grasse. Il ne faudrait pas en conclure que ces derniers sont préférables pour les maçonneries en plein air; nous verrons que c'est le contraire. Cela tient à ce que les chaux ne s'emploient pas seules, mais mélangées avec d'autres substances, dont l'intervention est nécessaire pour modérer le retrait, rendre les chaux stables contre l'action de la gelée, etc., et l'intervention de ces ingrédients modifie d'une manière très-sensible les propriétés des hydrates.

Action de l'eau sur les hydrates.

Chaux grasses. — Ces chaux mises en pâte dans une eau constamment renouvelée finiraient par se dissoudre complètement; mais si on ne change pas l'eau ou si on met la pâte dans un bain saturé, elle cesse de se dissoudre et elle peut absorber des quantités d'eau variables suivant le mode d'extinction employé.

On a trouvé les résultats consignés dans le tableau suivant.

1000 parties de chaux grasse, réduite en pâte et immergée, absorbent :

$$\text{Lorsque la chaux est éteinte} \begin{cases} \text{par le procédé ordinaire.... 40 parties d'eau.} \\ \text{par immersion .... 108 \quad —} \\ \text{spontanément............. 246 \quad —} \end{cases}$$

Ces pâtes, tout en absorbant des quantités d'eau fort différentes, ne changent pas sensiblement de volume. Il suit de là que, lorsqu'on alliera ces chaux avec certaines matières, avec lesquelles elles devront se combiner par voie humide, les pâtes qui pourront prendre les plus grandes quantités d'eau, sans augmenter de volume, deviendront les plus denses, et leurs molécules plus pressées seront dans un état plus favorable aux combinaisons. Ces pâtes ne peuvent d'ailleurs acquérir sous l'eau aucune dureté.

Chaux hydrauliques. — Nous avons vu déjà que ces chaux, réduites en pâte hydratée, ont la propriété de durcir sous l'eau dans un temps plus ou moins long, et d'y acquérir une consistance plus ou moins grande suivant leur composition. Nous verrons plus loin à quelles causes peuvent être attribuées ces propriétés si importantes.

CONSERVATION DES CHAUX, CIMENTS, ETC.

En général, il est avantageux d'employer la chaux peu de temps après sa sortie du four, parce qu'à l'air elle s'altère rapidement par l'absorption de l'humidité et de l'acide carbonique. Mais il peut arriver qu'on ait besoin de conserver des approvisionnements restant d'une campagne, pour les utiliser l'année suivante. Souvent aussi on est obligé d'envoyer au loin de la chaux dans une localité qui en est dépourvue ; il est donc indispensable de pouvoir la garder en magasin ou la faire voyager sans altérer sa qualité.

Chaux grasse. — Cette chaux pouvant se conserver indéfiniment et sans altération à l'état de pâte molle, lorsqu'elle est garantie du contact de l'air, on pourra en faire des approvisionnements en l'éteignant en pâte par le procédé ordinaire et en l'enfouissant dans des fosses recouvertes de sable.

On pourra la garder aussi à l'état caustique, par le procédé dont nous parlerons tout à l'heure pour la chaux hydraulique.

Chaux hydraulique. — D'après ce qui a été dit plus haut, cette chaux ne peut être conservée à l'état de pâte ; elle se durcirait bientôt et deviendrait impropre à la fabrication des mortiers ; mais on pourra la conserver, soit à l'état caustique, soit en poudre hydratée.

Pour la maintenir à l'état caustique, on opérera de la manière suivante :

Sous un hangar bien clos et parfaitement exempt de gouttières, on étendra une couche de $0^m,15$ à $0^m,20$ d'épaisseur d'hydrate de chaux en poudre ; sur ce matelas, on entassera la chaux vive, en la serrant le plus possible. A défaut d'encaissement, on terminera le tas par des talus, puis on couvrira le tout d'une couche de $0^m,15$ à $0^m,20$ de poudre hydratée. Cette poudre garnira les vides de la partie extérieure et la masse se trouvera complètement enveloppée ; enfin, si l'on a de vieilles toiles à sa disposition, on pourra les étendre sur le tas.

Dans cet état, la chaux peut se conserver pendant 5 à 6 mois, sans altération notable. La couche extérieure elle-même ne se détériorera que sur une faible épaisseur, qui formera une croûte de chaux carbonatée. Il faut s'attendre, cependant, à voir la chaux ne plus fuser aussi facilement au bout de quelques mois. Elle devient paresseuse, et, pour se réduire en pâte ou en poudre, il lui faut plusieurs heures et quelquefois une journée. On obtiendrait un meilleur résultat si l'on pouvait loger toute la masse dans des encaissements en planches bien jointives ; mais cela pourrait devenir dispendieux.

Le meilleur moyen de conserver la chaux hydraulique, c'est de la réduire en poudre hydratée, et d'en former un tas recouvert de toiles sur l'aire d'un hangar bien clos et bien recouvert. Pour la garder longtemps, il sera bon de l'enfermer dans des barils ou dans des encaissements en planches bien serrées.

C'est en poudre hydratée qu'on fait voyager la chaux hydraulique. Après l'avoir éteinte par aspersion, on la fait passer par un système de blutoirs pour en séparer les parties solides dues, soit à un défaut de cuisson, soit à une composition hétérogène. La poudre tombe des blutoirs dans des chambres bien closes, et de là, au moyen de trémies, elle est recueillie dans des sacs ou dans des futailles. C'est ainsi préparée qu'on l'expédie à des distances souvent très-considérables. Dans la plupart de nos grandes fabriques de chaux hydraulique, on rencontre cette organisation qui rappelle les dispositions adoptées dans les moulins à farine.

Ciments. — Ce que nous venons de dire de la conservation et du transport des chaux hydrauliques en poudre s'appliquera aux ciments.

Pouzzolanes. — L'état dans lequel se conservent les pouzzolanes naturelles exposées à l'air montre que ces matières n'exigent pas de très-grandes précautions ; il sera convenable pourtant de les mettre à l'abri de l'humidité.

THÉORIE DE LA SOLIDIFICATION DES CHAUX ET CIMENTS

Nous avons vu que les chaux en pâte étaient susceptibles d'acquérir une certaine dureté à l'air et dans l'eau. Nous allons tâcher de nous rendre compte de ce phénomène.

Solidification des chaux grasses.

Lorsque la chaux grasse est éteinte en poudre, elle contient environ 0,22 p. 100 d'eau. Si on la délaye dans ce liquide de manière à former une pâte de moyenne consistance, une nouvelle quantité d'eau est absorbée; une partie s'ajoute à celle que contenait déjà la matière et constitue une véritable combinaison chimique, un *hyd rate* qui ne se décompose qu'à une haute température, le surplus du liquide reste à l'état de mélange avec l'hydrate, et peut regorger par le pilonage. Cette pâte, exposée à l'air, perd, en se desséchant, l'eau non combinée, s'empare de l'acide carbonique de l'air et se solidifie. Si l'on fait arriver sur la pâte un courant d'acide carbonique, la solidification s'accélère; elle s'arrête, au contraire, si l'on soustrait l'hydrate au contact de l'air; c'est donc bien à l'intervention de l'acide carbonique qu'est dû le durcissement de la chaux.

L'hydrate, restant à l'air libre, continuera à se solidifier, mais de plus en plus lentement, en absorbant de nouveaux gaz, jusqu'à ce qu'il en contienne dans la proportion de 43 parties pour 57 de chaux, comme dans le sous-carbonate naturel. Toutefois, il est à remarquer qu'il reste toujours dans le corps une quantité d'eau égale à celle qui le constitue à l'état de poudre hydratée, de sorte que le produit définitif n'est plus le calcaire primitif régénéré dans son état naturel, mais un hydrocarbonate de chaux.

D'après ce qui précède, la solidification se propage de la surface vers l'intérieur, et au delà d'une certaine épaisseur de couche carbonatée, la quantité d'acide qui peut pénétrer devient de plus en plus faible et le durcissement de plus en plus lent. S'il ne s'arrête pas tout à fait, cela tient, sans doute, à ce que les couches successives tendent à se mettre en équilibre de saturation, c'est-à-dire, que les parties saturées abandonnent une portion de leur acide carbonique à celles qui le sont moins, et qu'alors la transmission peut s'établir de proche en proche, à peu près comme la chaleur se propage dans l'intérieur du corps. Cette transmission se fait d'ailleurs avec d'autant plus de lenteur, qu'elle doit atteindre des parties plus éloignées de la surface, ou que la croûte carbonatée est devenue plus épaisse.

On conçoit facilement, d'après cela, comment la chaux grasse en pâte peut rester presque indéfiniment molle dans un milieu privé d'air, et, par conséquent, dans l'eau qui ne contient que des quantités inappréciables d'acide carbonique, en faisant même abstraction du pouvoir dissolvant de ce liquide, ou en le supposant saturé de chaux.

On comprend aussi que l'extinction spontanée doit produire de meilleurs résultats pour les chaux grasses que pour les deux autres procédés, puisqu'elle donne un hydrate en partie carbonaté.

Solidification dans l'eau des chaux hydrauliques, des ciments, etc.

Avant de nous occuper de la solidification de ces diverses substances dans l'eau, nous allons rappeler quelques faits d'expérience qui nous permettront de rendre compte de ce phénomène.

1° La chaux pure calcinée avec de la silice en gelée donne un produit presque insoluble dans l'eau et pouvant y durcir. Ce corps est le silicate neutre de chaux, contenant 65 parties de silice pour 35 de chaux.

2° La chaux pure calcinée avec l'alumine, la magnésie, les oxydes de fer et de manganèse, cesse de foisonner, et produit ce que nous avons appelé une chaux maigre; cette matière, réduite en pâte et placée dans un bain d'eau fréquemment renouvelé, perd sa chaux, qui se dissout complètement, et l'on retrouve pour résidu la base avec laquelle la chaux avait été calcinée. On voit donc que la chaux ne peut donner, avec les oxydes en question, qu'une combinaison peu stable qui se détruit dans l'eau, et que, dans ce liquide, il ne peut se produire entre les mêmes corps une combinaison par voie humide.

3° Pour qu'une chaux puisse durcir dans l'eau, il suffit qu'elle contienne cinq à six centièmes de silice, bien que cette faible dose ne puisse rendre insoluble ou silicater qu'une très-petite quantité de chaux. Il faut donc nécessairement que le silicate exerce une action sur la chaux restante pour la rendre insoluble, puisque les autres matières ne peuvent produire ce résultat.

4° La silice, l'alumine, la magnésie, les oxydes de fer et de manganèse forment ordinairement l'argile combinée avec la chaux dans les calcaires à chaux hydrauliques. Or, d'après ce qui précède, on voit que la silice est la seule de toutes ces substances qui puisse donner, avec la chaux, un composé inattaquable par l'eau et pouvant durcir dans ce liquide. Que si l'alumine, la magnésie, etc., exaltent les propriétés hydrauliques de la chaux, ce n'est point parce que ces bases donnent des combinaisons insolubles et stables, mais parce que, s'opposant au foisonnement de la chaux, elles en resserrent les molécules et facilitent l'action que la silice tend à exercer sur elle.

Cela posé, nous rappellerons que, dans la calcination, l'eau de cristallisation se dégage d'abord, puis l'acide carbonique, et il ne reste plus en présence que la chaux, la silice et les bases constituant la partie argileuse du calcaire. Quelques auteurs paraissent admettre que la chaux, base plus puissante, s'empare de la silice, et qu'il se forme par voie sèche un silicate de chaux anhydre, restant mélangé intimement avec la chaux en excès et les autres bases. Cette combinaison nous paraît peu probable, car elle devrait s'annoncer par quelque altération dans la forme de la pierre, ce qui ne se remarque pas; d'ailleurs, les corps ne peuvent guère se combiner qu'à l'état liquide, ou au moins pâteux, état produit soit par voie humide, soit par fusion ignée. Il nous semble plus probable qu'après l'expulsion de la vapeur d'eau et de l'acide carbonique, et lorsque la calcination n'a pas été poussée jusqu'à la fusion, les différents corps restent mélangés et dans l'état où les a laissés le dégagement des gaz, et que, par conséquent, la combinaison de la chaux et de la silice se produit seulement lorsqu'on réduit la matière calcinée en pâte. Quoiqu'il en soit, que le silicate se produise par voie ignée pendant la calcination, ou par voie humide après la réduction en pâte, les faits énoncés précédemment n'en subsistent pas moins.

Il s'agit, maintenant, d'expliquer l'insolubilité, dans l'eau, des matières hydrauliques, et le durcissement qu'elles peuvent prendre dans ce liquide.

Supposons d'abord que, dans le résultat de la calcination, la silice soit assez abondante pour neutraliser toute la chaux. La matière réduite en pâte étant immergée, il se formera un silicate neutre de chaux, pouvant durcir presque instantanément dans l'eau, en s'hydratant. Ce silicate, intimement mélangé avec les molécules insolubles de l'alumine, de la magnésie, des oxydes métalliques, etc., formera gangue et enveloppera tous ces éléments dans un agrégat, dont la prise sera d'autant plus rapide, et la dureté définitive plus forte, que la gangue sera relativement plus considérable, et que les particules agglomérées seront elles-mêmes plus dures et adhéreront mieux à la gangue.

Si, maintenant, on suppose que la quantité de silice, renfermée dans le calcaire, soit moins considérable que dans le cas précédent, la chaux se combinant avec cette silice, il pourra se former encore un silicate neutre; mais ce sel ne se trouvera plus, comme ci-dessus, mélangé seulement avec des matières insolubles : il sera en présence d'une quantité notable d'hydrate de chaux, dont la solubilité semble exclure la possibilité d'un agrégat, et la matière ne fera plus prise, ainsi que cela se produit dans les chaux-limites. Si, pourtant, la quantité d'hydrate restée libre est assez grande, une combinaison nouvelle pourra se produire entre le sel neutre et l'hydrate de chaux, pour former un sous-silicate de chaux hydraté, insoluble dans l'eau, pouvant encore agir comme gangue et, par une sorte de cristallisation confuse plus ou moins rapide, agréger les autres éléments du calcaire. Si l'on suppose que la proportion de silice aille en diminuant, on aura des sous-silicates hydratés de plus en plus basiques, et, par suite, des gangues dont la force agrégeante ira en décroissant, au fur et à mesure que le principe solidifiant ou la silice ira en s'amoindrissant. Lorsque, enfin, le calcaire calciné ne contiendra plus que des quantités de silice inférieure à cinq ou six pour cent, le durcissement dans l'eau ne sera plus possible, et la matière se comportera comme la chaux grasse.

Il importe de remarquer, toutefois, que, généralement, les corps ne se combinent que dans des proportions définies, et, comme il arrivera rarement que ces proportions se retrouvent exactement dans le calcaire primitif, il y aura le plus souvent une fraction d'hydrate liquide, qui échappera à la combinaison et qui restera emprisonné dans les pores de la masse solidifiée, absolument comme l'eau de carrière, renfermée dans la plupart des pierres naturelles. C'est ce que confirme ce fait constaté par M. Vicat, à savoir que des fragments, pris dans l'intérieur des meilleures gangues, laissent toujours dissoudre une certaine quantité de chaux. On sait, d'ailleurs, que parmi les chaux riches en silice, ce ne sont pas toujours celles qui en contiennent le plus qui sont le plus hydrauliques : les meilleures doivent être celles, dans lesquelles les rapports entre la silice et la chaux, se rapprochent le plus des proportions propres à une combinaison définie.

Voyons actuellement ce qui pourra se présenter, lorsque la quantité de silice dépassera celle qui est nécessaire à la saturation de la chaux, ainsi que cela se produit pour les ciments.

Dans ce cas, il se formera du silicate neutre qui, se trouvant en présence d'une certaine quantité d'argile ou de silicate d'alumine (matière qui reste molle dans l'eau), ne pourra agir sur elle comme gangue, et il se produira alors une combinaison analogue à celle qui se présente dans les chaux hydrauliques ordinaires. Le silicate neutre se combinera avec le silicate d'alumine en excès, pour former un silicate double de chaux et d'alumine, lequel agrégera l'alumine, la magnésie et les autres matières insolubles contenues dans le calcaire. Seulement, de même que les sous-silicates de chaux diminuent d'énergie, au fur et à mesure que la chaux augmente par rapport à la silice, de même la force du silicate double de chaux et d'alumine deviendra de plus en plus faible, à mesure que l'argile en excès deviendra plus considérable, et, passé une certaine proportion, la solidification ne sera plus possible. Il arrive, en effet, que les calcaires ne peuvent plus donner de ciment, lorsqu'ils contiennent plus de 60 à 65 0/0 d'argile.

Chaux hydrauliques réduites en pâte et immergées dans l'eau. — Dans ces chaux, la silice entrant en proportion relativement faible, il se formera un sous-silicate hydraté de chaux, qui formera gangue, pour agréger les autres éléments insolubles du calcaire. Le durcissement se produira par cristallisation, et d'autant plus rapidement que la gangue sera plus énergique, et par conséquent contiendra une plus grande quantité de silice, ou bien que, dans le calcaire primitif, l'indice d'hydraulicité sera plus considérable.

Si, dans la pierre à chaux, la substance argileuse n'est pas constituée dans les proportions qui servent à établir l'indice d'hydraulicité, il arrivera qu'à égalité de matière argileuse, la prise sera d'autant plus prompte que l'alumine sera plus abondante relativement à la silice ; mais la dureté définitive sera au contraire d'autant plus grande que la proportion de silice l'emportera sur celle de l'alumine. Ces résultats, conséquences immédiates de la théorie exposée plus haut, sont complètement d'accord avec l'expérience.

Observations. — Nous ferons remarquer que le durcissement par cristallisation sera facilité par l'eau de la pâte, qui donnera plus de mobilité aux molécules et permettra de se placer dans la position la plus favorable à l'attraction; il ne faut donc pas que la pâte soit trop compacte. Mais il faut éviter, d'un autre côté, de délayer la chaux dans une trop grande quantité d'eau, car les molécules pourraient se trouver trop éloignées et en dehors de leur sphère d'attraction mutuelle, ce qui rendrait le durcissement fort difficile. Aussi remarque-t-on que, dans l'eau, la dureté au centre est toujours plus grande qu'à la surface, où la pâte a été ramollie; ce fait tient encore à l'action dissolvante de l'eau, qui vient lutter contre la force attractive du silicate. En effet, lorsque la pâte est immergée, l'hydrate se dissout en partie à l'extérieur, mais l'eau finissant par se saturer, l'action du silicate neutre cesse d'être contrariée et produit son effet sur l'hydrate de chaux. Si l'eau est renouvelée, l'action dissolvante continue, en marchant de la surface vers le centre, mais dans les couches intérieures, la prise a commencé, fait des progrès et devient assez forte pour résister, lorsque ces couches se trouvent à leur tour en contact avec l'eau. La cohésion de la matière arrivée à l'extérieur pouvant faire équilibre à la force dissolvante, la solidification continuera à l'intérieur, et s'étendra jusqu'à la surface, où pourtant la résistance restera moins grande qu'au centre de la masse.

Comme conséquence de ce qui précède, on devra, pour perdre le moins possible de matière par délavage, et arriver à une bonne solidification, laisser à la pâte une certaine consistance, éviter l'agitation du liquide et donner de suite une assez grande épaisseur au massif immergé. Ces conditions sont, comme nous le verrons plus tard, d'une grande importance pour les mortiers et les bétons employés dans l'établissement des fondations hydrauliques.

Ciments. — Les bons ciments ordinaires sont constitués de telle sorte que la silice et la chaux peuvent s'y neutraliser et donner un silicate neutre de chaux, qui se solidifie presque immédiatement, en s'hydratant, et agrège les particules insolubles des autres éléments du calcaire. La prise, très-rapide dans ce cas, présente beaucoup d'analogie avec celle du plâtre, de là le nom de plâtres-ciments donné à ces composés lors de leur découverte.

Si la proportion d'argile augmente de plus en plus, les ciments diminueront de qualité; la prise sera de moins en moins rapide, et la dureté définitive de plus en plus faible. C'est qu'en effet il se formera, dans ce cas, un silicate double de chaux et d'alumine, dont l'énergie, comme gangue, ira en diminuant, et, passé une certaine limite, la solidification ne sera plus possible; de sorte que la promptitude de la prise et la dureté définitive seront d'autant plus grandes, que, dans le calcaire primitif, la proportion d'argile dépassera moins celle qu'exige la saturation complète de la chaux.

Chaux-limites. — Dans les calcaires à chaux-limites, comme dans les ciments, la chaux disséminée et emprisonnée dans la masse ne peut plus, après la calcination, s'hydrater que très-difficilement; par suite, la pierre immergée ne se délite plus et ne présente plus le phénomène d'extinction qui caractérise les chaux. Si la matière est pulvérisée et réduite en pâte avec de l'eau, la silice n'étant pas assez considérable pour neutraliser toute la chaux, la masse ne pourra durcir à la manière des ciments. D'un autre côté, l'hydrate de chaux étant en trop faible proportion pour former un sous-silicate, dans lequel toute la silice serait absorbée, il restera une certaine quantité d'acide, qui réagira sur le sous-silicate qui aura pu se former, et le détruira. Cela peut expliquer comment la pâte, après avoir subi un commencement de durcissement, se ramollit ensuite, pour ne plus reprendre de consistance. Les chaux-limites ne peuvent donc se solidifier comme les ciments, ni faire prise comme les chaux hydrauliques.

Incuits ou produits d'une calcination incomplète.

Incuits des chaux hydrauliques. — La calcination incomplète ne rend libre qu'une partie de la chaux, et une certaine quantité de carbonate reste dans le résultat de la cuisson. La matière étant broyée, la dose d'hydrate soluble qu'elle contiendra variera avec le degré de calcination, et, suivant la proportion qui se trouvera dans la pâte, on aura une chaux hydraulique, une chaux-limite ou un ciment. De là la variété de produits que l'on obtient par la cuisson incomplète des chaux hydrauliques; aussi, en raison de la difficulté d'arriver juste au point le plus avantageux, et la chance de tomber sur une chaux-limite et sans valeur, doit-on regarder comme mauvais le procédé de calcination incomplète appliqué aux chaux hydrauliques.

Incuits des chaux-limites et des ciments. — Pour les chaux-limites et les ciments, la silice étant en proportion considérable, il est évident qu'en ne rendant libre qu'une partie de la chaux, cette partie sera neutralisée, et l'on n'aura pas d'hydrate de chaux en excès, à moins qu'ayant affaire à une chaux-limite, on ait poussé la calcination trop loin. On aura alors un ciment dont l'énergie dépendra du degré de cuisson. Dans tous les cas, on ne sera pas exposé, comme pour les chaux hydrauliques, à obtenir un produit sans valeur. Le carbonate de chaux non décomposé, broyé avec la masse, deviendra l'un des éléments de l'agrégat, dont le silicate de chaux formera la gangue.

Surcuits, ou produits de la surcalcination.

Surcuits des chaux hydrauliques. — Si l'on pousse la cuisson jusqu'à fritter la matière, une certaine quantité de chaux et de silice passera à l'état de silicate vitreux et donnera un produit chimiquement inerte, dans lequel la silice entrera en proportion beaucoup plus forte que la chaux.

Or, dans les chaux hydrauliques, la quantité de silice n'est que suffisante pour la solidification. La surcalcination diminuant plus la silice que la chaux, ne peut être que préjudiciable. Il est donc nécessaire de ne pas pousser la calcination trop loin, pour les chaux hydrauliques.

Surcuits des chaux-limites. — Les chaux-limites ne diffèrent des chaux hydrauliques qu'en ce qu'elles contiennent, relativement à ces dernières, un excès de silice. Si donc on pouvait diminuer le rapport de la quantité de silice à la quantité de chaux, on ramènerait les chaux-limites aux conditions des chaux éminemment hydrauliques. La scorification partielle du calcaire produira cet effet, et, par conséquent, pourra donner de bons résultats. Mais, passé une certaine limite de surcalcination, la qualité diminuera, et d'autant plus, évidemment, que le feu sera poussé plus loin.

Surcuits des ciments. — Dans les ciments, la scorification diminuant le rapport de la silice libre à la chaux, on pourra tomber sur une véritable chaux-limite, ce qui explique comment certains ciments peuvent, lorsqu'ils sont cuits jusqu'à fusion pâteuse, donner de mauvais produits; mais si la cuisson est poussée plus loin, on arrive à une proportion de silice libre, semblable à celle des chaux éminemment hydrauliques. La solidification s'opère alors comme pour ces chaux: c'est-à-dire, plus lentement que pour les ciments ordinaires, mais comme ici les éléments de l'agrégat ont acquis plus de dureté pour la calcination; que les parties vitrifiées et broyées en particules très-fines, agissent sur la gangue par adhérence, comme le sable dans les mortiers hydrauliques, (*) on conçoit que l'agrégat pourra acquérir une très-grande résistance.

Toutefois, il faut remarquer que, si l'on peut motiver et prévoir le résultat de la calcination pour un calcaire contenant de l'argile pure et chauffé avec un combustible brûlant, sans production de gaz, il n'est plus possible d'attendre un résultat certain de la scorification des calcaires à argiles impures, cuits avec les combustibles à longue flamme. Car le produit variera, non plus seulement avec la proportion de l'argile à la chaux et le degré de cuisson, mais encore avec le genre et les proportions des oxydes métalliques contenus dans l'argile, enfin, avec la nature des gaz provenant de la combustion et qui pourront prendre part à la combinaison.

La théorie ne peut donc prévoir et expliquer toutes les circonstances des phénomènes qui peuvent se produire sous l'influence de conditions aussi variables et aussi nombreuses.

(*) Voir plus loin, pour ce qui concerne la solidification des mortiers.

Solidification à l'air.

A l'air, la solidification des ciments et des chaux hydrauliques sera due encore à l'action du silicate de chaux. Mais en ce qui concerne les chaux hydrauliques, il faut remarquer que le durcissement sera plus prompt à l'air que dans l'eau, attendu que la force attractive ne sera plus combattue par l'action dissolvante de ce liquide. Il arrivera même que la chaux non silicatée se transformera, à la longue, en carbonate, et que la matière tendra à se reconstituer à l'état du calcaire primitif, en perdant, par l'évaporation, la plus grande partie de l'eau non combinée, et ne conservant que celle qu'elle contient à l'état de poudre hydratée. L'hydrate de chaux hydraulique devra durcir évidemment plus vite que l'hydrate de chaux grasse; mais, de même que les calcaires argileux à chaux hydrauliques sont plus tendres que les calcaires compactes qui donnent les chaux grasses, de même l'hydrate de chaux hydraulique acquerra moins de dureté à l'air que l'hydrate de chaux grasse.

Comparaison entre les différents modes d'extinction, suivant la nature de la chaux et suivant l'usage auquel elle est destinée.

Les expériences faites par M. Vicat l'ont conduit aux résultats consignés dans le tableau ci-dessous, dans lequel les modes d'extinction sont disposés suivant leur ordre de supériorité.

Pour les hydrates de chaux et pour les mortiers exposés à l'air :

	(A) *Chaux grasse.*		(B) *Chaux hydraulique.*
1°	Extinction ordinaire.	1°	Extinction ordinaire.
2°	— spontanée.	2°	— par aspersion.
3°	— par aspersion.	3°	— spontanée.

Si les chaux, au lieu d'être employées à l'air libre, doivent être immergées dans l'eau ou enfouies, hors du contact de l'air, l'ordre de préférence, à donner aux différents modes d'extinction, sera celui du tableau suivant :

	(A′) *Chaux grasse.*		(B′) *Chaux hydraulique.*
1°	Extinction spontanée.	1°	Extinction ordinaire.
2°	— par aspersion.	2°	— par aspersion.
3°	— ordinaire.	3°	— spontanée.

Dans le tableau (A), les procédés d'extinction occupent un rang d'autant plus élevé, qu'ils produisent un plus grand faisonnement ou une plus grande division de la chaux. Or, nous avons vu qu'à l'air libre, le durcissement de la chaux est dû principalement à l'absorbtion de l'acide carbonique, et il en est de même, comme nous le verrons plus tard, pour les mortiers; il est d'ailleurs évident que le durcissement ou l'absorption de l'acide seront d'autant plus faciles, que la chaux sera plus divisée; donc, l'ordre de préférence à donner aux modes d'extinction sera bien celui du tableau (A).

L'ordre dans lequel les différents procédés sont placés dans le tableau (A'), repose sur des conditions qui dépendent essentiellement du rôle que doit remplir la chaux grasse. Cette chaux ne peut durcir dans l'eau qu'à la condition d'être combinée avec certaines matières capables de la solidifier; elle doit donc entrer en combinaison avec ces matières : or, il est évident que la combinaison sera d'autant plus facile, que les molécules en présence seront plus pressées les unes contre les autres, condition qui sera nécessairement d'autant mieux remplie, que pour le même volume de pâte, la quantité d'eau absorbée sera plus considérable; donc, le mode d'extinction qui donnera la pâte capable, lorsqu'elle est immergée, d'absorber, sans changer de volume, la plus grande masse d'eau, sera le meilleur. Nous avons vu précédemment que, sous ce rapport, les procédés d'extinction doivent être rangés dans l'ordre indiqué par le tableau (A'). Le raisonnement justifie donc encore le rang de supériorité, fixé par l'expérience, pour les différentes méthodes d'extinction à employer avec la chaux grasse, lorsque cette matière doit être immergée.

Les tableaux concernant les chaux hydrauliques sont identiques, soit qu'on emploie ces chaux à l'air, soit qu'on les place dans l'eau. C'est qu'en effet, dans les deux cas, le durcissement est dû à peu près aux mêmes causes.

Nous ferons remarquer cependant, qu'à l'air, il n'y a pas une différence bien sensible entre les résultats donnés par le premier et le deuxième procédé d'extinction, et comme ce dernier est souvent d'une application plus commode et plus économique, on pourra en faire usage sans inconvénient.

Mais, pour les chaux hydrauliques immergées, il est important d'employer, autant que possible, le premier mode d'extinction.

Quant au troisième, on devra le proscrire, dans tous les cas, pour les chaux hydrauliques.

COMPOSITION DES MORTIERS

De toutes les substances calcaires que nous avons examinées, les ciments sont les seules qu'on emploie immédiatement et sans mélange d'autres matières dans la construction des maçonneries.

En général, les mortiers sont des agrégats formés par les hydrates de chaux mélangés avec les sables, ou combinés avec les pouzzolanes.

La condition essentielle de leur mise en œuvre et de leur utilité, c'est qu'après avoir été préparés en pâte de moyenne consistance et employés sous cette forme, ils puissent acquérir une dureté suffisante dans le milieu où ils sont placés.

La réduction en pâte s'obtiendra toujours facilement par des moyens mécaniques.

Quant à la solidification de l'agrégat, elle dépendra de l'assortiment et du dosage des matières mélangées, assortiment et dosage qui varieront évidemment eux-mêmes avec la nature du milieu où devront durcir les mortiers.

Nous allons nous occuper d'abord de l'assortiment des ingrédients.

ASSORTIMENT DES INGRÉDIENTS

Mortiers de chaux grasse.

Dans l'eau. — Nous avons vu que l'hydrate de chaux grasse se dissout dans l'eau ; si l'on mélangeait cet hydrate avec des matières chimiquement inertes, telles que les sables, il est évident que le mortier ne pourrait acquérir aucune consistance ; il faut donc adjoindre à la chaux grasse une matière qui puisse l'amener à l'état de gangue insoluble et durcissant dans l'eau ; c'est avec la pouzzolane qu'on obtiendra ce résultat ; donc, pour les maçonneries immergées, la chaux grasse devra être alliée à la pouzzolane. Quelquefois, et par économie, on adjoint à cet assortiment une certaine quantité de sable. Mais comme cette matière adhère mal à la gangue formée dans ce cas, elle ne peut qu'en diminuer la solidité, ainsi que l'ont prouvé les expériences de M. Noël. Le sable devra donc être exclu de tout mortier de chaux grasse et pouzzolane destiné à une construction de quelque importance.

Hors du contact de l'air. — Ici encore les sables ne pourraient donner que de mauvais résultats avec la chaux grasse, et, pour obtenir des mortiers de bonne qualité, il faudra réclamer le concours de la pouzzolane.

A l'air. — Nous savons que c'est à l'acide carbonique absorbé que l'hydrate de chaux grasse doit sa solidification à l'air libre, et que le durcissement très-lent ne pénètre qu'avec beaucoup de difficulté dans une masse un peu épaisse. La même cause produira des effets analogues dans les mortiers que l'on en pourra former avec le sable, et comme l'hydrate de chaux grasse adhère mal au sable, ce dernier ingrédient ne pourra qu'affaiblir l'agrégat, dont le durcissement ne sera guère sensible qu'à la surface. De plus, le mortier, s'il reçoit la pluie avant de s'être solidifié, sera délayé, et sera, d'un autre côté, très-accessible aux influences de la gelée. On voit donc que, même à l'air, les mortiers de chaux grasse et sable ne peuvent donner et ne donnent en effet que de très-médiocres résultats.

Mortier de chaux grasse et pouzzolane à l'air.

Pour que ce mortier, employé à l'air libre, réussisse bien, il ne faut pas perdre de vue que la présence de l'eau est indispensable au jeu des affinités et qu'une dessication trop rapide ne donnerait qu'un durcissement superficiel, en laissant l'intérieur pulvérulent, ou, du moins, friable et accessible à la gelée. Le mortier à mettre en œuvre doit être à l'état de pâte molle. La maçonnerie construite et l'enduit posé, on doit prévenir l'évaporation en recouvrant l'ouvrage de terre fraîche, ou de nattes mouillées. S'il s'agit de bassins, après avoir pris à l'extérieur les précautions précédentes, il faudra remplir les bassins dès que l'enduit aura fait prise.

Mortiers de chaux hydraulique.

La chaux hydraulique renferme en elle-même tous les éléments de sa solidification. Nous avons vu en effet que, réduits en pâte, les hydrates pouvaient durcir dans l'eau à l'abri du contact de l'air, ou dans ce milieu. Il n'est donc plus absolument nécessaire, comme pour la chaux grasse, d'avoir recours à d'autres substances pour les silicater. Cependant, le concours de la pouzzolane ne peut être qu'avantageux, ainsi que l'ont montré les expériences du général Treussart, pour les chaux faiblement et moyennement hydrauliques, en ce qu'il augmente la quantité de silice et, par suite, l'élément auquel la chaux doit surtout son durcissement. Pour les chaux éminemment hydrauliques non altérées, l'addition de la pouzzolane est inutile et pourrait même devenir nuisible. Mais si ces chaux sont éventées, ce qui provient, d'après les expériences de M. Petot, de ce qu'une portion de silice est devenue inerte, on conçoit que la pouzzolane pourra rendre à la chaux toute son énergie en lui restituant l'élément qu'elle a perdu.

Les chaux hydrauliques peuvent former immédiatement des agrégats résistants dans l'eau, comme dans l'air, par leur mélange avec les sables. De plus, la gangue jouit de la propriété remarquable d'adhérer au sable; de sorte que cette dernière substance, chimiquement inerte, exerce au contraire une influence physique assez énergique sur le durcissement de l'agrégat. Cette influence est surtout sensible dans les mortiers exposés à l'air, et augmente, d'une quantité très-considérable, la solidité que peut y acquérir l'hydrate seul, sans pourtant exclure l'action de l'acide carbonique, action lente et secondaire, mais favorable à la résistance qu'acquiert la couche extérieure, la plus exposée aux intempéries. La cohésion que peuvent prendre les mortiers de chaux hydraulique et sable à l'air, atteint celle des calcaires non compactes; elle est finalement par centimètre carré :

Pour les mortiers de chaux moyennement hydrauliques......... 9 kilogrammes.
   —   —   iminemment hydrauliques (argileuses) 15   —
   —   —   —   — lorsque la
silice domine dans la chaux, comme dans les chaux de l'Ardèche.... 17   — .

Placés dans l'eau ou enfouis dans un sol humide, les mêmes mortiers durcissent, mais n'atteignent pas la même solidité qu'à l'air. La dureté est réduite dans un sol humide, dans le rapport de 70 à 100, et dans l'eau, dans le rapport de 60 à 100.

En résumé, on pourra obtenir de bons mortiers en mélangeant les chaux hydrauliques avec le sable.

On améliorera les mortiers des chaux, faiblement et moyennement hydrauliques, par l'adjonction d'une certaine quantité de pouzzolane.

Influence de la grosseur du sable. — La grosseur du sable influe sensiblement sur la qualité des mortiers.

M. Vicat a reconnu, par l'expérience, que, pour les différentes espèces de chaux, les produits pouvaient être classés dans l'ordre de supériorité suivant :

Chaux grasse.	Sable gros. / — moyen. / — fin.	*Chaux faiblement hydraulique.*	Sable moyen. / — fin. / — gros.	*Chaux très-hydraulique.*	Sable fin. / — moyen. / — gros.

L'expérience a montré que la cohésion finale d'un mortier hydraulique à sable moyen, étant représentée par 100, descend :

Pour le gros sable, à 70.

Pour le menu gravier, à 50.

PROPORTIONS DES INGRÉDIENTS

Ces proportions doivent nécessairement varier avec la nature de la chaux et son mode d'extinction, avec les ingrédients, enfin, avec la destination des mortiers. Il est donc difficile, pour ne pas dire impossible, de poser des règles précises pour les dosages. Nous nous contenterons de donner quelques renseignements qui pourront guider dans la pratique.

Nous distinguerons trois cas, suivant que les mortiers doivent être immergés en eau douce, enfouis, ou exposés à l'air. Quant aux mortiers immergés en eau de mer, nous nous en occuperons plus tard.

Mortiers immergés en eau douce. — Nous supposerons, dans les dosages suivants, que la chaux est mesurée en pâte ferme, quel que soit le mode d'extinction. Il sera toujours facile, pour une chaux donnée, de reconnaître, par quelques essais préalables, à quel volume de chaux en poudre hydratée, correspond un volume de pâte dans chacun des trois modes d'extinction.

Pour un volume de chaux représenté par 1 :

NATURE DE LA CHAUX	MODE D'EXTINCTION	INGRÉDIENTS
1° Chaux grasse..........	Éteinte par immersion et réduite en pâte.	5 à 6 volumes de pouzzolane faible *ou* 2 à 3 1/2 de pouz. énergique.
2° Faiblement hydraulique.	.... Id.	4 à 5 volumes de pouzzolane faible *ou* 1 2/3 à 2 1/2 de pouz. énergique.
3° Éminemment hydraulique	.... Id.	1 volume 1/2 à 2 de sable fin.

Ces proportions, comme on le voit, sont très-variables, et l'on doit considérer les nombres précédents comme des limites. On devra nécessairement, pour des travaux importants, déterminer les dosages, par des expériences spéciales sur les matières dont on peut disposer.

Observations. — Lorsqu'à de la chaux grasse on allie de la pouzzolane énergique, il n'y a pas d'inconvénient à dépasser un peu la quantité strictement nécessaire pour neutraliser la chaux. Car on a la certitude d'avoir développé toute l'énergie de cette dernière substance, et, s'il reste dans le mortier un petit excès de pouzzolane, il agira comme matière inerte.

Dans les mortiers hydrauliques de chaux et sable, à immerger dans une eau profonde, on pourra forcer un peu la dose de chaux pour faciliter la première liaison, et compenser l'effet du délavage et de l'action dissolvante de l'eau. Sans cette précaution, les grains de sable pourraient se trouver en contact sans interposition de gangue; la solidification du mortier deviendrait plus difficile et la dureté moins grande.

Le même soin devra être pris lorsqu'on alliera de la pouzzolane faible avec de la chaux grasse ; il ne faudra pas forcer la dose de pouzzolane. Il est à remarquer, d'ailleurs, que cet assortiment donnera toujours des résultats très-médiocres, ainsi qu'il est facile de s'en rendre compte.

Mortiers enfouis. — Pour ce cas, nous avons vu qu'il fallait prendre des mortiers de chaux hydraulique, et que, si on employait de la chaux grasse, il fallait la combiner avec de la pouzzolane; on pourra, cependant, pour ce dernier mortier, ajouter, par économie, une certaine quantité de sable; mais ce sera au détriment de la qualité du mortier.

Dosage : Pour 1 de chaux moyennement hydraulique, de 1/2 à 2,40 de sable.
— Pour 1 de chaux grasse, 2 de pouzzolane, plus 1 de sable.

On voit que, pour les mortiers hydrauliques, on peut, dans les circonstances en question, faire varier, sans inconvénient, la quantité de sable entre des limites très-étendues ; par conséquent on devra, par économie, se rapprocher de la limite supérieure de 2,40 de sable pour 1 de chaux, en tenant compte, toutefois, du degré d'hydraulicité de la chaux.

Mortiers exposés à l'air. — *Dosage.*

PARTIES.

Chaux grasse en pâte.. ...	Quel que soit le mode d'extinction.	Chaux	100	
		Sable de 190 à 240		
Chaux hydraulique en pâte.	Extinction ordinaire..............	Chaux	100	
		Sable	180 à 240	
	Extinction par aspersion..........	Chaux	100	
		Sable	170 à 240	

Observations. — Il faut remarquer que les mortiers de chaux grasse éprouvent, à l'air, un retrait considérable qui les expose au fendillement ; ils sont aussi accessibles aux influences de la gelée ; on ne pourra parer à ces inconvénients qu'en augmentant la proportion de sable qu'on portera au maximum de 240 parties pour 100 de chaux, pourvu toutefois que le mortier ne devienne pas trop maigre et ne cesse pas d'adhérer aux matériaux.

Lorsque ces mortiers sont destinés à des maçonneries ou à des crépis placés dans l'intérieur des bâtiments, et, par conséquent, ne seront plus exposés à une dessication aussi rapide et à des gelées aussi fortes qu'à l'air libre, on pourra employer des quantités de sable moins considérables : les proportions qui, dans ce cas, donneront les meilleurs résultats pour des crépis, seront : *pour 100 de chaux grasse réduite en pâte.*

Pour le 1er procédé : 55 parties de sable.
Pour le 2e   —   125   —
Pour le 3e   —   175   —

C'est aussi en forçant la dose de sable qu'on empêche les mortiers hydrauliques de se fendiller sous l'influence d'une dessication trop rapide, ou de se déliter par l'action de la gelée, lorsqu'on les emploie pour faire des crépis. Plus le mortier sera maigre, pourvu pourtant qu'il adhère aux matériaux, plus il sera propre à résister à ces causes de destruction.

On ajoute enfin, pour le même motif, du sable aux ciments, ainsi que nous le verrons en parlant de l'emploi de ces produits.

SOLIDIFICATION DES MORTIERS

Mortiers de chaux et sable. — Les mortiers sont, comme nous l'avons vu, de véritables agrégats dont la chaux forme la gangue. Leur durcissement dépendra donc essentiellement de la manière dont se comportera cette dernière substance.

Pour que l'agrégation des corps enchassés puisse se faire dans les meilleures conditions, il faut :

1° Que la gangue n'éprouve pas de retrait sensible en durcissant;

2° Qu'en se solidifiant, sa faculté d'adhérence aux corps agglomérés soit plus grande que sa propre cohésion.

Pour que cette dernière condition se réalise, il faudra que le durcissement ne soit pas dû à une simple dessication, comme pour la chaux grasse privée du contact de l'air, ou à une prise trop rapide, comme dans le plâtre et les ciments. La solidification, au contraire, devra se produire par un travail assez lent de cristallisation. On sait, en effet, que dans ce cas, la pâte adhère fortement aux corps enchassés, et d'autant mieux, que, la cristallisation est plus parfaite. C'est ce qu'on remarque dans les incrustations naturelles, où la densité augmente très-rapidement à mesure qu'on se rapproche du noyau incrusté, au contact duquel, elle est à son maximum, et la force d'adhérence supérieure à la cohésion de la gangue.

Mortiers de chaux grasse. — Cela posé, si l'on considère les chaux grasses, on sait qu'elles adhèrent mal au sable, et qu'elles prennent, en durcissant, un retrait d'autant plus considérable, que leur foisonnement a été plus grand, que le mortier a été gâché plus clair et qu'il a été soumis à une dessication plus rapide. On conçoit que le retrait étant plus grand et la force d'adhérence faible, les grains de sable ne pourront suivre le mouvement de concentration de la masse sur elle-même, entraveront les progrès de sa cohésion et produiront la pulvérulence qu'on remarque dans la démolition de la plupart des murs construits en mortier de chaux grasse. L'acide carbonique pourra bien, sous l'influence d'un air sec, carbonater les parcelles de gangues, mais il ne pourra détruire la pulvérulence.

Pour diminuer, autant que possible, la mauvaise qualité de ces mortiers, on devra prendre de la chaux éteinte spontanément ou par aspersion, et gâcher à consistance ferme, c'est-à-dire, en employant le moins d'eau possible.

On voit aussi que l'adhérence étant moindre que la cohésion, il conviendra d'employer du gros sable, afin que, pour le même volume, la somme des vides restant entre les grains étant plus grande, la gangue soit moins diminuée et moins divisée.

Si le mortier de chaux grasse, au lieu d'être exposé à l'air sec, comme on le suppose dans ce qui précède, peut rester longtemps humide, sans pourtant que la chaux se dissolve, il ne prendra pas de retrait, et l'acide carbonique, tendant sans cesse à pénétrer la chaux pour la régénérer à l'état de carbonate, produira une cristallisation confuse, qui déterminera une forte adhérence au sable. Mais ce travail, excessivement lent, ne donne des résultats sensibles qu'après plusieurs siècles. On peut cependant se rendre compte par là de la dureté considérable de certains massifs de fondation, rencontrés dans la démolition d'édifices du moyen âge, massifs dont le mortier ne renfermait pas de silice.

Mortiers hydrauliques. — Pour les chaux hydrauliques, la solidification se produit par cristallisation et sans retrait sensible. La cristallisation est d'autant plus parfaite que la chaux est plus hydraulique; par conséquent, l'adhérence au sable sera d'autant plus grande, que le degré d'hydraulicité sera plus élevé, et dépassera la force de cohésion de la gangue. L'agrégat doit donc se produire dans les meilleures conditions, et cela explique la dureté considérable que peuvent acquérir les mortiers hydrauliques.

La force d'adhérence dépassant la cohésion, et la densité de la gangue étant d'autant plus grande qu'elle se rapproche plus du corps incrusté, il y aura avantage à diminuer la somme des vides restant entre les grains de sable, et par conséquent à employer du sable fin. Il est évident, d'ailleurs, que la rugosité et la pureté du sable augmenteront l'adhérence, et que la finesse des grains rendra plus facile le mouvement d'agrégation; ce mouvement moléculaire exigera une certaine quantité d'eau, nécessaire aussi pour la cristallisation. Le concours de toutes ces circonstances devra nécessairement donner à l'agrégat une très-grande solidité.

Ciments. — Les ciments auront, en raison de la rapidité de leur prise, peu d'adhérence pour le sable. Cet ingrédient ne peut donc qu'entraver la solidification de la gangue, et nuire à la cohésion. On devra donc, lorsqu'on ajoutera du sable au ciment, choisir du gros sable et n'en pas mettre en trop grande quantité.

Observation. — Nous avons vu que, pour soustraire les ciments au fendillement et à l'action de la gelée, il était convenable d'y ajouter du sable, et dans le même but, de forcer la dose de cet ingrédient dans les mortiers de chaux grasse et de chaux hydraulique. Cette prescription est motivée, en ce que la gangue seule subit l'influence des intempéries; par conséquent, plus, pour un même volume de mortier on diminuera la gangue et on la divisera, moins les variations de volume, causes de la désagrégation, seront sensibles et dangereuses.

Mortiers de pouzzolanes. — La pouzzolane, réduite à l'état de poudre impalpable, jouit de la propriété de dépouiller l'eau de chaux. Elle contient donc une certaine quantité de silice libre, et, mélangée avec de la chaux en pâte, il se produit un phénomène de solidification tout à fait analogue à celui des chaux hydrauliques; seulement, la masse des matières que la gangue doit agréger est beaucoup plus considérable, et probablement le mortier resterait médiocre, si, parmi ces corps inertes, quelques-uns n'agissaient par adhérence sur la gangue, comme le sable dans les mortiers hydrauliques. Le résultat définitif du mélange de la chaux et de la pouzzolane, dépendra des quantités de silice libre et de matières inertes, de là la grande variété de produits que donnent les substances pouzzolaniques, la difficulté d'en régler le dosage, et la nécessité de le déterminer par des essais.

On concevra facilement que la pouzzolane doit donner de meilleurs mortiers avec la chaux grasse qu'avec la chaux hydraulique. Dans le premier cas, en effet, on ajoute à la pouzzolane l'élément qui lui manque, pour former un ciment, tandis que, dans le second, on introduit de la chaux, à la vérité, mais on apporte en même temps dans le mélange une partie des éléments que contient la pouzzolane; la quantité de matières inertes peut donc se trouver hors de proportion avec la gangue, qui ne peut plus les agréger que faiblement.

L'expérience montre que le mortier, ou plutôt la gangue pouzzolanique, adhère très-mal aux corps durs, et par conséquent au sable. Il ne faudra donc faire usage de cet ingrédient qu'avec circonspection, et en agir comme avec les ciments, sous peine d'affaiblir considérablement le mortier.

La pouzzolane devant donner lieu, avec la chaux, à une combinaison chimique, il faudra, pour que cette combinaison puisse se produire dans les meilleures conditions :

1° Réduire, par des moyens mécaniques, la pouzzolane au plus grand degré de division possible ;

2° Employer le mode d'extinction qui divise le plus la chaux, par conséquent le procédé ordinaire ;

3° Rapprocher les parties par une bonne manipulation ;

4° Enfin, éviter une dessication rapide de la matière, et même l'entretenir dans un état prolongé d'humidité sans laquelle les affinités ne pourraient se développer.

BÉTONS

Les bétons sont des agrégats de petits matériaux, tels que graviers, cailloux, pierrailles, etc., réunis par des mortiers. Pour que ces bétons soient de bonne qualité, il faut :

1° Que les matériaux agrégés soient durs, inattaquables par la gelée, et que leur grosseur n'excède pas celle de la pierre concassée pour l'entretien des routes ;

2° Que le mortier soit de prise facile, adhère bien aux matériaux, et puisse atteindre une solidité aussi grande que possible. On emploiera, par conséquent, du mortier hydraulique en quantité au moins égale à la somme des vides restant entre les pierres et la blocaille entassée naturellement.

Dosage. — On a reconnu, d'après les expériences de M. Mary, que les bétons les meilleurs, et en même temps les plus économiques, étaient ceux dans lesquels il n'entrait qu'un peu plus que la quantité de mortier nécessaire pour combler les vides de la blocaille. Le volume de ces vides varie évidemment beaucoup avec la grosseur et la forme des matériaux, et il conviendrait dans chaque cas de la déterminer, ce qui est très-facile avec de l'eau versée dans un baquet contenant un volume déterminé de blocaille. En ne dépassant pas la limite de grosseur indiquée plus haut, la somme des vides serait, d'après M. Mary, pour un mètre cube :

Pour le gravier, d'environ . . . . $0^{m. cube},38$.

Pour la pierraille . . . . $0^{m. cube},40$.

M. Lebrun a trouvé pour le gravier un nombre un peu plus fort, et ne pense pas qu'il faille compter moins de $0^{m. cube},45$. Il suit de là que l'on ne devra pas, en général, prendre en mortier moins de la moitié du volume du gravier, et comme il ne suffit pas que les vides soient comblés, qu'il faut, en outre, que les matériaux soient complètement enveloppés de gangue et ne puissent pas se toucher sans interposition de mortier, nous admettrons, avec M. Lebrun, qu'en général on obtiendra un bon résultat en mélangeant avec un volume de gravier 0 mètre cube 60 de mortier hydraulique.

Dans le cas où l'on opérerait à sec, et avec la possibilité de massiver le béton, on pourrait réduire la dose de gangue et descendre jusqu'à la limite de 0 mètre cube 50 pour 1 de gravier.

Pour la pierraille, on comptera dix parties de mortier en sus de la proportion qui convient pour le gravier.

Solidification des bétons. — La solidification des bétons s'opère absolument comme celle des mortiers. La rapidité de la prise et la dureté définitive dépendront non-seulement de celle de la gangue, mais encore de la force d'adhérence de la gangue aux matériaux. Ainsi, les mortiers de chaux éminemment hydrauliques donneront de très-bons bétons pour les ouvrages immergés, et surtout pour les constructions à l'air libre. Le mortier de pouzzolane qui, sans mélange de sable, prend rapidement et acquiert une grande solidité dans l'eau, ne donne pas des bétons dont la qualité soit en rapport avec celle du mortier, à cause du défaut d'adhérence aux corps agrégés, de sorte qu'en employant les mortiers pouzzolaniques, il ne faut pas exagérer la proportion de blocaille qui diviserait trop la gangue et nuirait considérablement à la solidité du produit. Cependant, pour les bétons constamment immergés, et surtout pour les travaux à la mer, les gangues pouzzolaniques, et notamment celles d'Italie, donnent de très-bons résultats, bien que la cohésion de la masse reste inférieure à celle que donnerait l'emploi de la gangue prise isolément.

Il est inutile d'entrer dans des détails sur le phénomène de solidification de ces nouveaux agrégats, ce serait reproduire ce que nous avons dit à propos des mortiers. Plus loin, nous parlerons de leur préparation et de leur emploi.

FABRICATION DES MORTIERS·

L'extinction de la chaux, le dosage et la manipulation du mortier doivent se faire à couvert, pour prévenir une dessication trop rapide sous l'influence des rayons solaires ou le délayage qu'occasionnerait la pluie.

La manipulation pourra se faire, soit à bras d'homme, soit à l'aide de moyens mécaniques. La disposition de l'atelier sera différente dans ces deux cas.

Préparation du mortier à bras d'homme. — Dans le cas où la manipulation devra se faire à bras d'homme, on adoptera la disposition indiquée par les

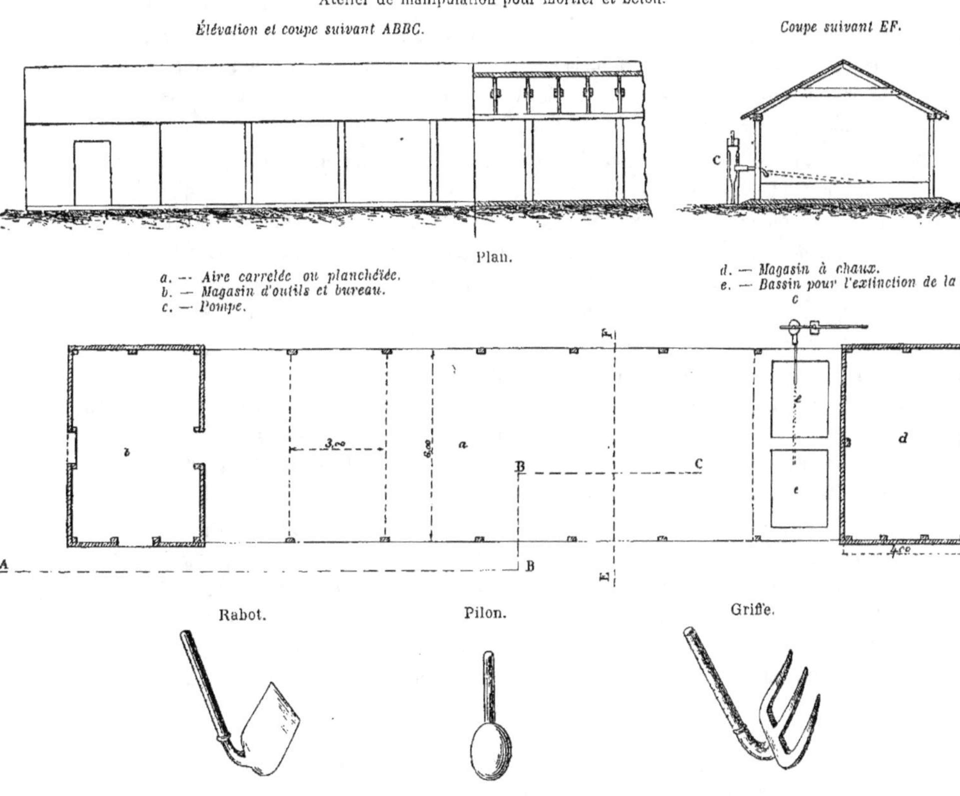

Atelier de manipulation pour mortier et béton.

croquis ci-dessus, pour celle de l'atelier de fabrication du mortier. Quant à la marche de l'opération, elle variera un peu avec le mode d'extinction employé pour la chaux.

Lorsque la chaux a été éteinte en pâte par le procédé ordinaire, on en extrait de la fosse une certaine quantité, ce qu'il faudra pour préparer environ un tiers de mètre cube de mortier. Après avoir déposé cette chaux en pâte ferme sur l'aire, on l'étend en la pressant soit à l'aide d'un rabot, soit à l'aide d'un pilon. Le rabot n'est autre chose qu'une sorte de houe en forme de truelle, le pilon est une petite masse ellipsoïdale en fonte, pesant environ 4 kilog. On bat la chaux de manière à faire regorger l'eau latente qu'elle contient, et à la ramener à l'état de bouillie claire, ce qui s'obtient sans addition d'eau, si l'extinction a été bien faite, et si la pâte n'a pas séjourné trop longtemps dans la fosse. Lorsque ce premier travail est terminé, sur la couche de chaux, on étend la quantité de sable proportionnée à la dose de chaux mise en œuvre, puis, on triture, jusqu'à ce que l'on arrive à un mélange aussi intime que possible, sans addition d'eau. En opérant ainsi, on obtient un mortier ferme, tenant bien sur la truelle, et assez mou cependant pour être employé facilement.

Nous ferons observer que l'emploi du rabot, bien qu'en usage encore dans beaucoup d'ateliers, ne saurait donner d'aussi bons résultats que le pilon quand il s'agit, surtout, de ramollir la chaux. Les ouvriers, malgré leurs efforts, ont beaucoup de peine à la ramener à un état de fluidité assez grand pour pouvoir ensuite opérer son mélange avec le sable, sans addition d'eau : ou bien, ils produisent un mortier trop dur et d'un mélange imparfait; ou bien, pour rendre le travail plus facile, ils arrosent la matière et en altèrent notablement la qualité.

En se servant du pilon, au contraire, les hommes parviennent assez vite et avec beaucoup moins d'efforts, à ramollir convenablement la chaux et à opérer la trituration dans les conditions indiquées ci-dessus. Il est donc indispensable d'avoir recours à ce dernier moyen de manipulation, si l'on veut obtenir de bons mortiers, et c'est celui qu'on doit prescrire sur tout chantier de quelque importance.

Si la chaux a été éteinte en poudre, par aspersion, on étend sur l'aire la chaux et le sable en proportions convenables, et on les triture à sec, soit avec le rabot, soit, ce qui est préférable, avec le pilon, en ayant soin, bien entendu, lorsque la matière s'est étendue en couches trop minces, de la remettre en tas à la pelle, puis de la rebattre, et ainsi de suite. On ajoute ensuite, avec un arrosoir, la quantité d'eau nécessaire pour former une pâte de bonne consistance; puis, on commence à triturer, jusqu'à ce qu'on arrive à un mélange parfaitement homogène. Il est convenable de doser à l'avance cette quantité d'eau, comme les autres éléments du mortier, car sans cela, les ouvriers, pour faciliter le travail, sont toujours portés à employer plus d'eau qu'il n'en faut, ce qu'il importe d'éviter avec le plus grand soin.

Il faut remarquer que si le sable était resté longtemps exposé à la pluie, il pourrait donner, avec la chaux éteinte en pâte, un mortier trop mou et même délavé. Dans ce cas, on diminuera la chaux en pâte, et on en complétera la dose avec de la chaux en poudre hydratée, en ayant soin d'avoir un produit plutôt trop ferme que trop mou. Si la pâte était trop consistante, on en serait quitte pour la ramener, à un état convenable, par l'addition d'une certaine quantité d'eau, ce qui, dans ce cas, serait sans inconvénient.

La préparation du mortier de pouzzolane se fera comme il a été dit ci-dessus, la pouzzolane remplaçant seulement le sable, il n'y a pas de motif pour opérer différemment. Si l'on devait ajouter du sable à la gangue pouzzolanique, on l'introduirait après avoir préalablement mélangé la pouzzolane et la chaux grasse, sauf à introduire une petite quantité d'eau, si la consistance était trop forte et gênait la manipulation.

Emploi de moyens mécaniques pour la préparation du mortier. — La méthode précédente peut donner de bons produits lorsqu'on n'emploie que des ouvriers exercés et consciencieux, comme cela peut se faire dans un chantier peu considérable. Pour de grands travaux, et lorsqu'on aura beaucoup d'ouvriers, on pourra bien encore, en les fractionnant en petits ateliers de trois ou quatre hommes, dirigés chacun par un chef sûr et intelligent, arriver à une bonne fabrication. Mais, pour peu qu'on manque de surveillance, la manipulation, et par suite la qualité du mortier, laisseront probablement beaucoup à désirer. Dans tous les cas, le prix de revient sera fort élevé.

C'est à la fois pour remédier à la maladresse ou au mauvais vouloir des ouvriers, et pour diminuer le prix de fabrication, qu'on a eu l'idée d'employer, sur de grands chantiers, des moyens mécaniques pour la préparation du mortier. La machine à manége de M. de Saint-Léger est la plus simple et le plus généralement employée, lorsqu'on a à sa disposition le terrain nécessaire à son installation.

Cette machine se compose de deux roues de voiture montées sur un essieu horizontal en bois, tournant autour d'un axe vertical solidement fixé dans un massif de maçonnerie. Le mouvement est produit par un cheval ou deux chevaux attelés aux extrémités de l'essieu. Les roues tournent dans une auge circulaire, dont le plus grand rayon au fond est de 2^m,40, et le plus petit 1^m,50; cette auge ayant par conséquent 0^m,60 de largeur, s'évase vers sa partie supérieure, de manière à atteindre 1 mètre de large. La profondeur varie de 0^m,40 à 0^m,50. La distance des roues à l'axe de rotation n'est pas la même, afin qu'elles ne roulent pas sur la même piste; elles ont 1^{m}80 de diamètre, et sont disposées de telle sorte que l'une d'elles cheminant près du talus intérieur de l'auge, l'autre marche près du talus extérieur.

En croix sur l'essieu et assemblée solidement avec lui, par un système moisé, une deuxième pièce porte à ses extrémités deux socs, rasant l'un le talus intérieur

Manége à fabriquer la chaux.

Coupe suivant CD.

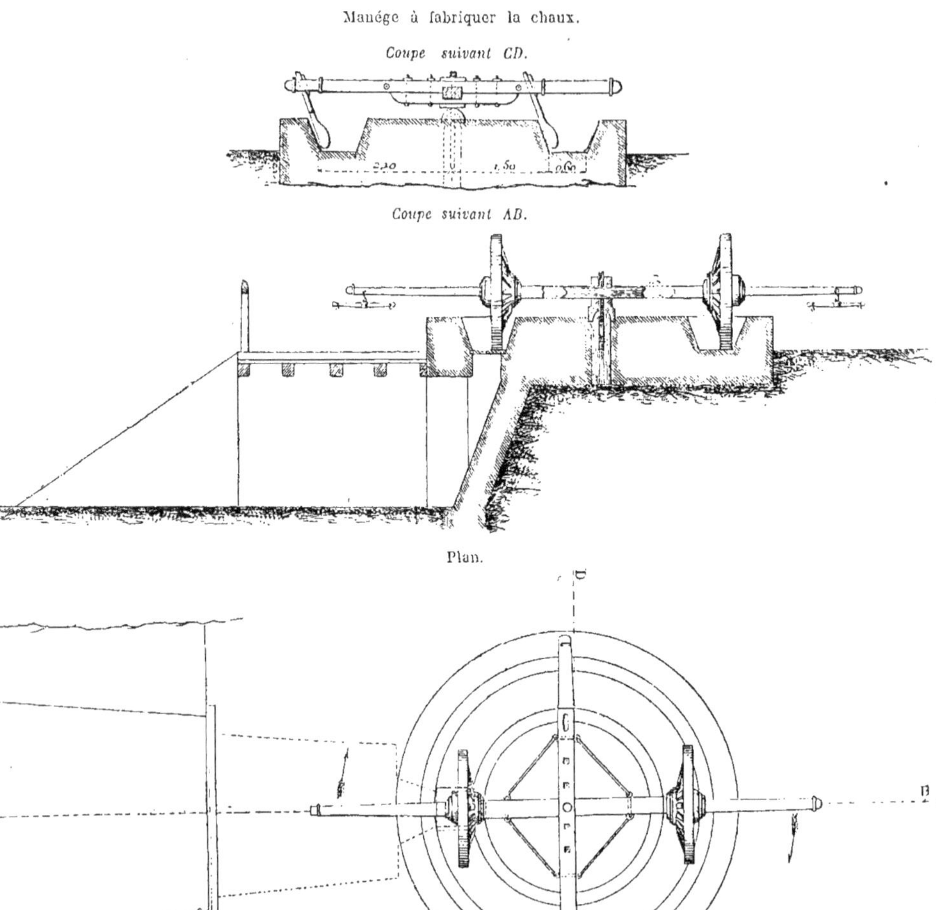

Coupe suivant AB.

Plan.

de l'auge, l'autre, le talus extérieur, de manière à ramener les éléments du mortier sur la voie que parcourent les roues (*).

(*) Souvent cette pièce est supprimée, et les socs sont adaptés au grand essieu.

Ordinairement, l'auge, construite en maçonnerie, est installée sur une plate-forme assez élevée, et un canal, dont l'orifice supérieur débouche au fond du bassin et reste fermé, à l'aide d'un volet, pendant la manipulation, permet de faire couler le mortier confectionné dans un réservoir inférieur, d'où on l'extrait pour le mettre en œuvre. Cette dernière disposition, si elle augmente la dépense d'installation, a l'avantage de diminuer les frais d'extraction et de transport de la matière. Les détails de la machine sont suffisamment indiqués dans les croquis donnés page **77**.

Quant à la marche à suivre dans la manipulation, elle ne diffère en rien de celle qu'exige le cas où le travail se fait à bras de l'homme.

Cette machine ne donnera pas d'aussi bons produits que l'emploi des pilons; mais si, cependant, le travail est conduit avec soin, la qualité du mortier sera très-satisfaisante, et, dans tous les cas, bien supérieure à celle qu'on obtient au rabot.

Il est d'ailleurs évident qu'on ne doit établir un manége qu'autant qu'on doit fournir de mortier un grand nombre d'ouvriers, et pendant au moins une campagne. Si la machine ne devait fonctionner que pendant peu de temps, l'économie de main-d'œuvre qu'elle procurerait ne compenserait pas les frais qu'exigerait son installation.

Pour mettre le mortier à l'abri du soleil et de la pluie, il conviendra de disposer au-dessus de la machine une tente circulaire. A proximité se trouvera un hangar analogue à celui que nous avons indiqué plus haut. Il contiendra un magasin à chaux, un magasin aux outils servant de bureau, enfin, des emplacements pour les fosses d'extinction et pour l'exécution du dosage.

Tonneaux broyeurs. — La machine de M. de Saint-Léger a l'inconvénient d'exiger beaucoup de place : lorsqu'on manquera de terrain, on pourra se servir d'un appareil imaginé par M. Bernard, inspecteur général des ponts et chaussées, et perfectionné par M. Roger, architecte.

La machine employée pour la première fois par M. Bernard, au port de Toulon, consiste dans un tonneau en bois, légèrement évasé et ouvert à sa partie supérieure. Posé debout et fermé à sa base, il est percé latéralement et au bas, d'une ouverture qu'on peut fermer à volonté par une porte à coulisse.

Aux parois du tonneau, et à des hauteurs différentes, sont fixés des croisillons en fonte à branches armés de dents en fer. Un arbre vertical, mu par une manivelle, porte trois croisillons, également armés de dents et disposés de façon à ce que, dans le mouvement, les dents des branches mobiles et celles des bras fixes s'entrecroisent.

Le tonneau a 1 mètre 30 de hauteur et 1 mètre 10 de largeur. La manivelle, l'arbre, les dents et le pivot sont en fer; les croisillons sont en fonte; enfin, le bordage du tonneau est en chêne.

La machine est mise en mouvement par dix hommes ou par deux chevaux. Dans ce dernier cas, il faut, en outre, deux manœuvres, pour le chargement du tonneau qu'on tient toujours plein, pour surveiller l'écoulement du mortier et dégorger la portière.

L'appareil précédent ne fait que mélanger les matières. De plus, le tonneau n'offre qu'une issue assez étroite, et les matières, très-peu fluides, ne pouvant s'échapper que par l'effet de la pression de la charge supérieure, se compriment du côté opposé à l'ouverture et le mouvement de l'arbre devient très-difficile.

Pour remédier à ces inconvénients, M. Roger a formé le fond de son tonneau d'un disque en fonte, avec rebord cylindrique pour maintenir le pied des douves. Ce disque est muni de stries analogues à celles des meules des moulins à grain. A la partie inférieure de l'arbre est fixé un second disque en fonte, décomposé en bras rayonnants en forme de socs. Une forte vis inférieure permet d'écarter ou de rapprocher à volonté les deux disques. Le reste est organisé comme dans l'appareil de M. Bernard.

Tonneau à mortier. (Système Roger.)

Élévation.

Coupe.

Fond du tonneau.

Couronne.

Broyeur.

On voit qu'avec ces dispositions, non-seulement les matières sont mélangées, mais encore broyées entre les socs et le fond du tonneau. De plus, en tournant, ces mêmes socs forcent le mortier à s'échapper par la portière ; l'engorgement n'est plus possible, et la force motrice à employer est de beaucoup diminuée. Seulement, on doit avoir soin, au commencement de l'opération, de tenir la portière fermée et de ne l'ouvrir qu'après la trituration complète de la couche inférieure. Après quoi elle reste ouverte et le tonneau toujours rempli.

En faisant varier la grandeur des tonneaux, on a pu obtenir des machines qui fonctionnent avec un, deux, trois et quatre hommes, d'autres qui exigent un cheval ou deux chevaux.

Il est évident d'ailleurs que, pour de grands ateliers, on pourrait employer la vapeur comme force motrice.

La machine de M. Roger a l'avantage d'être portative et d'exiger peu de place ; enfin, avec peu de dépense, de donner de bons produits.

Prix de revient. — Pour juger, au point de vue de l'économie, de la valeur relative des divers procédés de fabrication des mortiers que nous avons indiqués précédemment, on pourra consulter le tableau suivant, emprunté à M. Krantz, ingénieur des ponts et chaussées.

Pour la préparation d'un mètre cube de mortier.

	AVEC DES HOMMES	AVEC DES CHEVAUX
Rabot	2 fr. 320	»
Manège à roues.........................	1 105	0 fr. 605
Tonneau de M. Bernard.................	0 602	0 403
Tonneau de M. Roger...................	0 373	0 339

Ces prix, établis par M. Krantz au port d'Alger, n'ont rien d'absolu ; ils seraient différents dans une autre localité. Ils ne comprennent d'ailleurs que la dépense exigée par la manipulation du mortier, et ne tiennent compte ni du chargement des machines, ni de l'apport des matériaux à pied d'œuvre. Dans ce tableau ne figure pas le procédé de fabrication au pilon, attendu que, quoique supérieur à tous les autres pour le qualité qu'il donne au mortier, on ne peut l'employer que difficilement dans les grands ateliers, à cause des emplacements et des dépenses considérables qu'il exige.

FABRICATION DU BÉTON

Comme pour le mortier, nous indiquerons d'abord la méthode à suivre pour obtenir les meilleurs produits, puis, nous donnerons les procédés plus simples, plus expéditifs et, par suite, plus économiques, qu'on peut employer dans les grands ateliers.

Fabrication au pilon. — Le mortier fraîchement préparé étant étendu sur une aire, on le charge d'une certaine quantité de gravier ou de pierrailles. On relève le tout en tas et l'on pilonne jusqu'à parfait mélange. Sur la couche, provenant de ce premier travail, on répand une nouvelle dose de blocaille et l'on recommence à mettre en tas et à pilonner. On répète ces opérations jusqu'à ce qu'on ait épuisé la proportion de matériaux à mélanger au volume primitif du mortier. Pendant qu'on brocarde, un ouvrier, armé d'une griffe, retourne le béton dans tous les sens, afin d'obtenir un mélange complet des matières.

Le travail doit se faire sans ajouter d'eau au mortier. Dans le cas où les matériaux seraient trop secs ou d'une nature absorbante, il faudrait les mouiller en tas, à l'avance, et les laisser égoutter avant de les employer. En opérant comme nous venons de le dire, et avec une bonne manipulation faite à l'abri de la pluie ou du soleil, on obtient le béton au degré de consistance le plus avantageux pour toute espèce de construction, soit à l'air, soit dans l'eau. Quelquefois, pour avoir une prise plus rapide, on ajoute au mortier une certaine dose de ciment. Pour faire le mélange du mortier et du ciment, il sera nécessaire de l'arroser d'un volume d'eau, qu'on déterminera par expérience, en ayant soin de ne pas trop délayer la pâte.

Ce procédé de fabrication exigera des hangars analogues à ceux que nous avons indiqués pour la préparation du mortier au pilon ou au rabot. Il nécessitera l'emploi simultané d'un grand nombre d'hommes ; pour que le travail marche bien, il faudra, comme le conseille M. Beaudemoulin, diviser les ouvriers en groupes égaux et les réduire à une action régulière et presque mécanique. La surveillance deviendra plus facile, les pertes de temps diminueront, et le manœuvre apportera à son travail l'intelligence de l'homme sans y pouvoir joindre ses caprices. Chaque groupe se composera de quatre ouvriers : l'un d'eux sera chargé de l'approche des matériaux, un autre du pelletage, deux autres du pilonnage. Il sera convenable de n'opérer que sur un tiers de mètre cube à la fois.

Ce mode de fabrication donne de très-bons produits. Il a été employé sur quelques grands ateliers, notamment à la construction de l'écluse de Huningue ; mais le prix de revient est très-considérable. Il faut, en outre, pour l'installation des chantiers, des emplacements qui, pour des ouvrages importants et qu'on doit établir promptement, doivent être d'autant plus étendus que la manipulation est plus lente.

Dans ce dernier cas, il est convenable de recourir à des moyens de fabrication plus rapides, plus économiques et moins encombrants, à la condition, toutefois, d'obtenir des produits qui, sans être aussi parfaits que les bétons pilonnés, soient cependant d'assez bonne qualité pour assurer la solidité, la durée et, dans certaines circonstances, l'imperméabilité des constructions.

La méthode la plus simple et la plus fréquemment employée, consiste à faire le mélange à bras d'hommes. Pour cela, sur une aire, on étend le mortier et on le charge de blocaille dans les proportions convenables. Puis, avec des griffes et des rabots, on triture les matériaux pendant que des ouvriers les poussent à la pelle jusqu'au tas

6

d'approvisionnement, qui se trouve ordinairement à 5 ou 6 mètres du point de départ.

On se sert aussi, pour la préparation en grand du béton, de machines plus ou moins ingénieuses. Nous nous bornerons à indiquer celle dont on a fait usage au port d'Alger. Elle consiste dans une caisse prismatique verticale en bois de 3 mètres de hauteur, ouverte à ses deux extrémités et dont la section rectangulaire a 1 mètre sur sur $0^m,80$. Les parois sont en madriers de $0^m,075$ d'épaisseur, assemblés à rainures et languettes. Les quatre faces de la caisse sont fermées, à l'exception d'une seule, qui, à sa partie inférieure, est percée d'une ouverture de 1 mètre de largeur sur $0^m,60$ de hauteur pour laisser sortir le béton. A l'intérieur et contre les larges faces de la caisse sont disposés des plans inclinés à 45 degrés. Ces plans sont formés de madriers de $0^m,075$ d'épaisseur et revêtus en zinc ou en tôle à leur face supérieure. Ils sont au nombre de trois, sont placés à des hauteurs différentes et inversement inclinés, de manière à renvoyer de l'un à l'autre les matières qui sont versées dans la caisse par son orifice supérieur. Cet appareil porte le nom de couloir à béton.

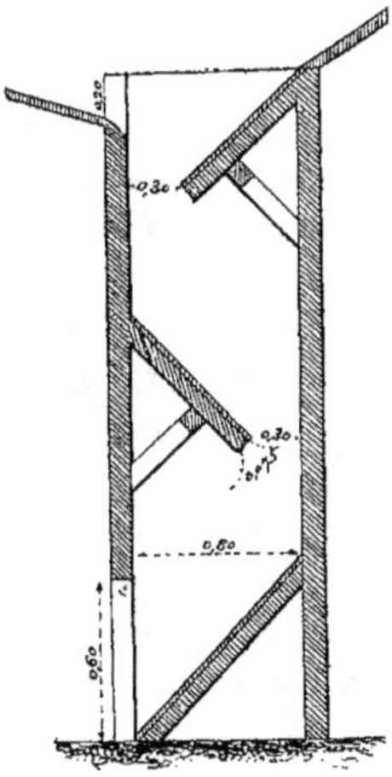

Les matériaux lancés successivement d'un plan contre l'autre, se bouleversent et se mélangent en descendant. L'expérience a montré que, pour une bonne fabrication, il faut que la caisse soit toujours remplie jusqu'à l'origine du plan incliné qui occupe le deuxième rang à partir du sommet. L'appareil, étant amené à cet état, on jette constamment dans l'ouverture supérieure les matières dans les proportions voulues, et ces matières, tombant du premier plan incliné sur le deuxième, s'écoulent ensuite, en se mélangeant au fur et à mesure que la vidange s'opère, et viennent enfin s'échapper, à leur tour, par l'orifice inférieur, en cédant à la pression de la masse à demi-fluide qui les surmonte.

Dans cette machine, la préparation du béton se fait par sa chute d'une hauteur d'au moins 3 mètres. Cette chute se présentera d'elle-même dans un grand nombre de cas, par suite de l'emploi fréquent du béton au-dessous du sol. Il sera toujours facile, d'ailleurs, de l'obtenir à l'aide d'une plate-forme et d'une rampe dont l'établissement sera peu coûteux. Seulement on aura, dans ce cas, à payer une surélévation de 3 mètres, équivalant à deux relais horizontaux, pour l'approche des matériaux à pied d'œuvre.

M. Krantz a trouvé qu'en ne tenant compte que des frais de mélange et en laissant de côté les dépenses de transport et de dosage, le prix de la fabrication de $1^{m.\ cube}$ de béton revient à Alger :

Couloir à béton.

Coupe perpendiculairement aux couloirs.

Avec la griffe, le rabot et la pelle à. . . . . 0 fr. 920
Avec le couloir. 0 fr. 307

EMPLOI DU MORTIER

Mortier de chaux grasse et sable. — D'après ce que nous connaissons des propriétés de ce mortier, nous pouvons dire qu'il devrait être exclu de toute construction de quelqu'importance. Si cependant on veut l'employer en plein air pour des murs minces et peu exposés à l'action de la pluie, il conviendra de choisir l'extinction spontanée ou par immersion, et de rebattre le mortier à plusieurs reprises; ou bien encore de laisser, comme on le fait à Lyon, la chaux éteinte exposée sous une enveloppe de sable à l'action de l'air pendant plusieurs mois; l'absorption de l'acide carbonique avancera d'autant le retour de la chaux à l'état de sous-carbonate, et améliorera beaucoup le mortier.

Ce produit ne peut évidemment pas être employé pour faire du béton, car la condition essentielle d'adhérence aux matériaux lui manque; d'un autre côté, il n'acquiert jamais qu'une faible cohésion ; il ne peut donc agir ni comme le mortier hydraulique, ni comme les gangues pouzzolaniques, soit en retenant par adhérence les matériaux, soit en les tenant emprisonnés dans une pâte susceptible d'acquérir une grande dureté.

Mortier de chaux hydraulique. — Nous avons dit déjà tout le parti que l'on peut tirer de ce produit pour la construction des maçonneries immergées et placées à l'air libre. La rapidité de sa prise et sa résistance à l'action des pluies le rendent aussi précieux pour l'exécution des enduits extérieurs. Enfin, sa force d'adhérence et la dureté qu'il peut acquérir, en rendent l'emploi très-avantageux pour la confection des bétons. Nous avons vu précédemment comment il convient de le préparer et de l'employer pour cette dernière destination. Plus tard, lorsque nous parlerons de la construction des maçonneries et des crépis, nous verrons quelles sont les précautions à prendre dans sa mise en œuvre pour obtenir, dans ces deux cas, les meilleurs résultats.

Contrairement à ce que nous avons prescrit pour le mortier de chaux grasse, il importe d'employer les mortiers hydrauliques immédiatement après leur préparation. Une fois durcis, un remaniement ne peut plus leur rendre leur qualité, ils restent définitivement altérés.

Mortier de pouzzolane. — Nous avons vu déjà que les gangues pouzzolaniques exigent, pour être employées à l'air libre, beaucoup de précautions, quelquefois difficiles à prendre, toujours coûteuses, souvent inefficaces, et sans lesquelles cependant le mortier se fendille, reste pulvérulent et sujet à la gelée. C'est donc dans l'eau, ou dans un sol frais et humide, qu'il convient d'employer ces substances.

Nous avons vu aussi qu'elles adhèrent mal au corps durs, et qu'elles atteignent leur maximum de cohésion lorsqu'on les emploie seules et dans un lieu où elles puissent conserver l'eau nécessaire au développement des affinités entre les principes qui les constituent. De sorte qu'en les mélangeant avec du sable, elles donnent un produit inférieur, même dans le cas de l'immersion, aux mortiers qu'on obtient avec les chaux hydrauliques.

En résumé, il conviendra d'employer les gangues pouzzolaniques pour des travaux immergés et de ne point y ajouter de sable. — En les prenant pures, elles pourront donner de bons bétons, malgré leur défaut d'adhérence, parce que si la proportion de blocaille n'est pas trop forte, la gangue pourra acquérir seule une grande dureté et tenir ces matériaux solidement emprisonnés.

De même que pour les mortiers hydrauliques, on devra les mettre en œuvre immédiatement après leur préparation (*).

EMPLOI DES CIMENTS

Les ciments jouent un rôle très-important dans la construction des grands ouvrages d'art, non-seulement par la solidité qu'ils permettent d'obtenir, mais encore et surtout par la rapidité avec laquelle on peut, par leur emploi, exécuter les travaux. Quand on songe au temps considérable qu'exigeait autrefois l'établissement des grands ponts, par exemple, ne doit-on pas être étonné de voir toutes les constructions du pont de l'Alma, à Paris, exécutées à partir des fondations, et ce pont livré à la circulation dans l'espace de cinq semaines? Ce résultat prodigieux, dû à M. Gariel, propriétaire des établissements où s'exploite le ciment de Vassy, et en même temps entrepreneur de grands travaux, tient sans doute aux immenses ressources dont ce constructeur dispose; mais surtout à l'emploi du ciment, dont la prise rapide dispense d'attendre, pour la continuation des parties supérieures des édifices, la solidification de la base sur laquelle elles doivent reposer. On sait d'ailleurs combien les ciments sont précieux pour toutes les constructions hydrauliques, particulièrement pour les travaux à la mer, enfin, pour obtenir les enduits imperméables dont sont revêtues les parois intérieures des bassins et des réservoirs.

(*) Cette manière de voir et plusieurs des opinions admises par les praticiens ont été, dans ces derniers temps, contestées par MM. Rivot et Chatoney; mais les théories émises par ces deux savants ingénieurs, étant vivement combattues par des hommes d'une grande autorité, tels que MM. Vicat et Noël, nous croyons, quant à présent, devoir nous en tenir aux idées et aux méthodes généralement adoptées dans la pratique.

Les ciments s'éventent facilement, et, pour leur conserver leur énergie, il convient de les garantir avec soin du contact de l'air et de l'humidité. Lorsqu'ils sont bien vifs, quelques-uns de ces produits peuvent faire prise en quelques minutes et même presqu'instantanément (*).

Cette rapidité excessive, fort utile dans certains cas, pourrait être souvent gênante. Mais l'expérience a montré que, sans être éventé, un ciment, après un certain temps d'embarillement, ne prenait plus aussi vite. On pourra donc utiliser ce moyen pour ralentir le durcissement, ou bien encore, pour obtenir ce résultat, se contenter d'exposer, pendant quelques jours, à l'air ou sous un hangar, le ciment étendu en couches minces.

Complètement éventés, les ciments se sont chargés d'eau et d'acide carbonique, et ne peuvent plus faire prise; mais ils constituent, dans cet état, des pouzzolanes donnant, avec la chaux grasse, de bons produits.

Les ciments peuvent être employés pour hydrauliser la chaux grasse, ou un mortier peu hydraulique.

Pour hydrauliser simplement la chaux grasse, sans rechercher une prise trop rapide, on mélange le ciment à la chaux amenée à l'état de bouillie claire, puis on ajoute le sable, sans se préoccuper de la prise du ciment, prise évidemment détruite par l'opération du gâchage. On obtient un mortier analogue à celui qu'on peut préparer, comme nous le dirons bientôt, avec la chaux grasse et les ciments éventés.

Si l'on veut, au contraire, avoir une prise rapide, on mélangera le ciment avec le mortier, préalablement gâché plus clair et avec moins de chaux qu'à l'ordinaire. Le degré d'hydraulicité, communiqué au mortier, dépendra de la quantité de ciment introduite. On voit que les ciments permettent de tirer un parti avantageux de certains mortiers, auxquels on serait forcé de renoncer dans beaucoup de circonstances.

Emploi à l'air libre. — Malgré l'emploi fréquent des ciments à l'air libre, il importe de remarquer que, dans ce milieu, ils sont exposés à se dégrader assez rapidement, si l'on n'a pas soin d'en diminuer le retrait, comme nous l'avons dit déjà, par l'addition d'une certaine quantité de sable. Ils contiennent en effet de 16 à 20 pour 100 d'eau, lors même que leur dessication paraît complète. Cette eau latente est susceptible de s'évaporer en partie, surtout sous l'action des fortes chaleurs d'été; alors la matière éprouve un retrait notable, et des gerçures profondes se déclarent. La gelée agit également sur cette eau dont la congélation entraine la désagrégation du ciment.

Si l'introduction d'une certaine quantité de sable peut empêcher ces accidents, elle

(*) On s'en sert aussi pour rejointoyer, pour restaurer d'anciens édifices dégradés, pour former les moulures et ornements architectoniques, pour dallages, pour chapes de voûtes, tuyaux de conduite d'eau et de gaz d'éclairage, etc.

a l'inconvénient de diminuer sensiblement la cohésion des ciments, non-seulement par suite du défaut d'adhérence, mais encore à cause de l'excès d'eau qu'exige ce nouvel ingrédient. En délavant trop les ciments, on les affaiblit, on doit éviter de dépasser sensiblement la dose de liquide nécessaire à l'hydratation du produit.

Le prix élevé des ciments ne permet guère de les employer purs; dans beaucoup de cas même, comme nous venons de le voir, il est indispensable de les mélanger avec du sable; il faut donc connaitre à priori dans quelle proportion il convient d'introduire cet ingrédient. Cela ne peut guère se faire que par des essais spéciaux sur le produit qu'on a à sa disposition. Comme ces essais seraient souvent difficiles, les fabricants ont maintenant la précaution d'indiquer eux-mêmes, dans leurs prospectus, les dosages qu'il convient d'adopter dans les différents cas d'emploi, dosages qu'ils ont déterminés avec soin, et dont il faut s'écarter le moins possible.

Les qualités des ciments n'atteignent leur maximum que dans l'eau, sous un sol frais ou humide. Dans ces conditions, ces produits peuvent acquérir, en quelques mois, une dureté qu'on ne peut attendre des meilleurs mortiers hydrauliques qu'au bout d'un an ou de dix-huit mois. Nous avons vu d'ailleurs que l'on peut, avec certains ciments scorifiés, obtenir une résistance comparable à celle des calcaires compactes.

Ciments éventés. — Nous avons dit que les ciments éventés ne faisaient plus prise, mais qu'on pouvait les utiliser comme pouzzolanes. Il conviendra, dans ce cas, de leur adjoindre de 10 à 30 pour 100 de chaux grasse, suivant le degré d'hydraulicité qu'on voudra obtenir. On pourra aussi, en mélangeant 100 à 120 parties de ciment éventé avec 100 parties de chaux grasse, composer une chaux éminemment hydraulique, qui donnera, avec le sable, des gangues à prise plus lente que le ciment vif, mais le surpassant généralement en dureté définitive.

Retrait. — Lorsqu'on emploie les ciments en tuyaux continus, l'expérience montre qu'après un jour ou deux, la continuité s'interrompt spontanément par des fissures transversales, et que la longueur se partage en parties de 8 à 12 mètres. On a reconnu qu'on pouvait évaluer à 1 millimètre la contraction produite sur 10 mètres de longueur. — Lorsqu'on emploiera le ciment moulé en tuyaux, il faudra s'attendre à voir des fissures se déclarer; mais lorsqu'elles se seront produites, on en sera quitte pour les fermer au moyen de bourrelets.

EMPLOI DES BÉTONS

Le béton, ou maçonnerie de blocaille, était déjà employé dans l'antiquité; dans les temps modernes, on s'en servait dans les fondations: mais ce n'est guère que depuis trente ou quarante ans que l'usage s'en est répandu, lorsque surtout on a trouvé le moyen d'avoir facilement et à bon marché des mortiers hydrauliques. Maintenant, on le substitue souvent à la maçonnerie de moellons. Non-seulement on s'en sert pour l'établissement des massifs de fondation des grands ouvrages hydrauliques tels que ponts, écluses, barrages, murs de quais, etc., mais encore pour les fondations à sec, pour remplacer la pierre et la maçonnerie ordinaire dans les murs et les voûtes des bâtiments; pour confectionner les bassins, les citernes, les fosses d'aisance; pour faire des carrelages aux rez-de-chaussées, des plates-formes de terrasses reposant sur voûte; enfin pour former, comme en Piémont, des pierres de taille artificielles, et les blocs énormes avec lesquels on exécute les môles et les jetées à la mer.

La composition du béton, la manière de l'employer et de le mettre en place varient suivant les destinations que nous venons d'énoncer. — Plus loin, lorsque nous parlerons des différentes constructions en maçonnerie, et lorsque, dans la quatrième partie du Cours, nous traiterons des fondations des grands ouvrages d'art, nous indiquerons avec détail les meilleurs procédés à suivre pour la mise en œuvre du béton dans les diverses circonstances qui peuvent se présenter.

Influence de la massivation sur les composés hydrauliques.

On peut augmenter notablement la densité, et par suite la résistance et l'imperméabilité des mortiers, gangues pouzzolaniques et bétons, en les soumettant à un battage, dans les encaissements ou les excavations dans lesquels on les entasse comme dans des espèces de moules. Il faut toutefois, pour que cette massivation soit possible, que la matière tienne un milieu entre l'état sec et l'état pâteux, consistance que l'on donne ordinairement à la terre du pisé. La massivation ne peut guère d'ailleurs être pratiquée dans l'eau, où elle produirait infailliblement un délavage du béton.

M. Vicat a trouvé que la massivation bien exécutée sur des mortiers hydrauliques peut leur faire acquérir en plein air une densité variant de 1930 à 2030 kilogrammes, tandis que sans massivation, ils ne peuvent atteindre :

1° Lorsqu'ils sont gâchés ferme, que 1747 à 1885 kilogrammes;

2° Lorsqu'ils sont gâchés mous, seulement 1260 à 1690 kilogrammes.

La porosité des mêmes mortiers, représentée par la quantité d'eau dont ils peuvent s'imbiber par unité de masse, est dans chacun des cas précédents de 0.095... 0.123... 0.219... — On voit donc combien la massivation accroîtra l'imperméabilité, et combien il sera important de l'employer, lorsqu'on voudra, à l'aide d'enduits en mortier hydraulique ou en gangues pouzzolaniques, et avec des corrois et des murs en béton, prévenir les infiltrations ou les pertes d'eau.

Temps après lequel les mortiers et les ciments atteignent leur cohésion finale.

Mortiers. — Nous avons vu que les mortiers de chaux grasse ne durcissent qu'avec une excessive lenteur; leur cohésion finale dans les parties des murs élevés au-dessus du sol et à couvert varie de 1 kilogramme 25 à 2 kilogrammes par centimètre carré.

Les mortiers hydrauliques durcissent assez rapidement à l'air. Immergés en eau douce ou en eau de mer, lorsqu'ils ne s'y détruisent pas, ils arrivent à leur dureté finale à peu près au bout de trois ans.

Les progrès de la solidification sont plus rapides du premier au sixième mois que du sixième au douzième, et, dans cette période, plus que du douzième au vingt-quatrième mois, et ainsi de suite; de sorte que l'accroissement de cohésion finit par devenir insensible au bout de deux ans. On fait ici abstraction de l'influence de l'acide carbonique, dont l'action extrêmement lente pourra cependant accroître encore la dureté du mortier, après l'époque fixée ci-dessus, en restituant, de proche en proche, à la gangue, l'acide qu'elle a perdu par la calcination.

Cohésion finale des mortiers hydrauliques exposés à l'air, par centimètre carré.

<pre>
1º Mortiers faiblement hydrauliques.......... de 3 à 7 kilog.
2º Mortiers moyennement hydrauliques....... de 7 à 9 —
3º Mortiers éminemment hydrauliques........ de 10 à 15 —
4º Mêmes mortiers lorsque la silice domine ... de 15 à 17 —
</pre>

Les gangues de chaux grasse et pouzzolane de première et deuxième qualité atteignent, au bout de deux mois d'immersion, la moitié de leur dureté finale, laquelle se produit du douzième au seizième mois en eau douce, et probablement aussi en eau de mer, bien que les expériences de M. Noël, à Toulon, tendent à établir que, dans ce dernier cas, la cohésion finale n'arrive que vers la fin de la troisième année d'immersion. M. Vicat pense que les progrès de la solidification, observés par cet ingénieur après la deuxième année, ne sont pas assez constants et assez sensibles pour qu'on puisse généraliser les résultats des observations de Toulon.

La dureté finale des gangues pouzzolaniques varie avec la qualité de la pouzzolane et les soins apportés à la manipulation. Elle peut n'être que de 5 kilog. par centimètre carré, et dépasse rarement 14 kilogrammes.

En substituant à la chaux grasse une chaux légèrement ou moyennement hydraulique, suivant la qualité de la pouzzolane, on accélère beaucoup le durcissement, qui, dans ce cas, peut, au bout de 15 jours, atteindre la moitié de la cohésion finale, laquelle arriverait du huitième au dixième mois. Ces gangues peuvent rendre de grands services dans le cas où l'on aurait à résister promptement contre les causes de destruction.

Ciments. — La prise des ciments est généralement très-rapide, et en vingt-quatre heures, ils atteignent le degré de solidité auquel les mortiers hydrauliques n'arrivent pas avant quinze jours.

Lorsqu'ils sont immergés, leur dureté, au bout de cinq mois, est très-voisine de leur dureté finale, laquelle, comme la rapidité de la prise, varie d'ailleurs avec la composition du ciment, la cuisson, la consistance du gâchage et le milieu dans lequel la gangue est placée. M. Vicat partage les ciments en trois classes, et les désigne ainsi : 1° Ciments communs; 2° ciments moyens; 3° ciments supérieurs. En les supposant gâchés en pâte assez molle pour s'affaisser d'elle-même dans un moule, on a les résultats suivants, en les immergeant quelques minutes après la prise.

ESPÈCE DES CIMENTS	COHÉSION PAR CENTIMÈTRE CARRÉ APRÈS UN MOIS	COHÉSION PAR CENTIMÈTRE CARRÉ APRÈS CINQ MOIS
Ciments communs..	3 à 4 kilog.	8 à 10 kilog.
— moyens....	4 à 5 —	10 à 16 —
— supérieurs	17 à 20 —	24 à 30 —

Ces ciments sont supposés employés purs, c'est-à-dire, sans mélange de sable. On ne tient pas compte de l'intervention de l'acide carbonique, dont l'action est très-lente et difficilement appréciable.

On doit remarquer, à propos des résistances finales que peuvent acquérir les ciments et, en général, les mortiers hydrauliques, qu'il est, sauf quelques cas assez rares, ordinairement inutile de chercher à se procurer à grands frais des produits jouissant d'une très-grande dureté, attendu que l'expérience a montré, dans plusieurs cas, et, notamment, à la digue de Cherbourg, que des bétons dont la cohésion par centimètre carré ne dépassait pas 6 kilog. ont pu résister pendant plus d'un demi-siècle et auraient probablement résisté indéfiniment aux plus violents coups de mer.

ACTION DE L'EAU DE MER, SUR LES COMPOSÉS HYDRAULIQUES

Des désastres considérables, arrivés dans les ports de Saint-Malo, de La Rochelle, du Havre, etc., ont mis en évidence l'action destructive exercée par l'eau de mer sur les composés hydrauliques à base de chaux. Cette action évidemment a dû exister de tous temps; mais les mortiers de pouzzolanes d'Italie, qu'on employait presque exclusivement autrefois, pour les travaux à la mer, subissant des altérations moins rapides, on pouvait attribuer leur destruction à une cause toute physique, le choc prolongé des vagues.

En examinant la composition de l'eau de mer, telle qu'elle résulte des nombreuses analyses qui en ont été faites, on y remarque une quantité notable de chlorhydrate et surtout de sulfate de magnésie; il doit, alors, arriver qu'en immergeant dans cette eau du mortier frais à base de chaux, cette base plus puissante que la magnésie s'allie aux acides chlorhydrique et sulfurique, pour former des sels solubles, et la magnésie se précipite ou se substitue en partie à la chaux. On a trouvé, en effet, en analysant les débris de mortiers détruits par l'action saline de l'eau de mer qu'ils contenaient :

1º Un résidu de sable ou de matières pouzzolaniques, suivant qu'on avait employé un mortier ou une gangue à pouzzolane;

2º Du carbonate de chaux;

3º De la magnésie libre ou carbonatée;

4º Enfin, quelques centièmes de sulfates de chaux et de magnésie, si l'on n'avait pas suffisamment lavé à l'eau pure les débris, avant de les analyser.

Si, pour rendre plus évidente l'action de la magnésie, on verse de l'eau de chaux dans de l'eau de mer, on remarque qu'il se forme immédiatement du sulfate et du chlorhydrate de chaux et un précipité de magnésie. On obtient le même résultat avec un composé hydraulique immergé en pâte. Ces expériences de laboratoire ne peuvent donc plus laisser de doute sur la cause de destruction des gangues immergées dans l'eau de mer.

Cependant, certains mortiers restent inattaquables; or, voici les résultats trouvés par M. Vicat sur cette dernière classe de composés calcaires.

1º Si l'on dégage certaines gangues de la croûte verdâtre qui les recouvre et s'y est déposée avec le temps, et qu'on les soumette à l'analyse, on y retrouve à peu près tous les éléments du composé primitif sans intervention de principes étrangers. Et, pourtant, ces mêmes mortiers, soumis dans un laboratoire à l'action de la même eau de mer, y sont attaqués et détruits en quelques jours. Si donc ils ont résisté dans leur état primitif à la mer libre, c'est qu'il s'est produit un enduit de végétaux sous-marins ou de madrépores, qui en a interdit l'accès à l'eau de mer.

En analysant d'autres produits hydrauliques restés intacts, on a trouvé qu'ils s'étaient transformés, sans désagrégation, en un produit nouveau, espèce de silicate dans lequel la magnésie se serait substituée à la chaux. Ces gangues soumises à l'eau de mer, dans un laboratoire, n'éprouvent pas plus d'altération qu'à la mer libre.

Il suit de là que, sous l'influence de l'action de l'eau de la mer, les composés hydrauliques peuvent donner des résultats compris dans les catégories suivantes :

1º Ceux qui résistent par l'effet d'un changement de constitution chimique intégral ou limité en profondeur, que la mer produit spontanément, et qui n'exige pas la protection d'un enduit préservateur;

2° Ceux qui résistent et ne peuvent résister que sous la protection de cet enduit ;

3° Enfin, ceux qui ne pouvant résister par eux-mêmes ne permettent pas l'adhérence ou la formation d'une croûte protectrice.

Il n'y a donc de réellement stables que les premiers composés ; car si les deuxièmes ont résisté, grâce à l'enduit préservateur qui les a recouverts dans le lieu où ils étaient immergés, rien ne prouve que cet enduit se formera dans une mer différente, ou dans d'autres circonstances locales.

Pour reconnaître, parmi les composés hydrauliques en usage jusqu'à présent, ou parmi les produits nouveaux qu'on pourrait découvrir, ceux qui sont réellement inaltérables, on doit les soumettre à l'action de l'eau de la mer, soit à la mer libre, soit dans un laboratoire.

Les expériences de laboratoire peuvent s'appliquer aux composés de la première catégorie ; mais elles ne peuvent rien apprendre sur la qualité des mortiers qui résistent par la formation d'une croûte préservatrice. Il semblerait donc naturel d'avoir recours dans tous les cas au premier mode d'expérimentation.

Malheureusement, ce moyen est fort long et fort incertain, et, malgré les nombreuses expériences entreprises jusqu'à présent, on n'a pu arriver à des résultats concluants ; car, telle gangue trouvée inaltérable dans la Méditerranée ne l'est point dans l'Océan, et la stabilité, même, varie d'un point à l'autre de ces deux mers. Si l'on considère, d'ailleurs, les conséquences désastreuses que peut avoir l'emploi d'un mauvais mortier, il semble prudent de n'admettre, dans les travaux à la mer, que les produits susceptibles de rester inaltérables, indépendamment des enduits qui peuvent les recouvrir. L'expérience du laboratoire devient, alors, suffisante et facile à faire, et il conviendra d'opérer en suivant la marche indiquée par M. Vicat dans son *Traité pratique et théorique des mortiers*, publié en 1856. Il résulte des expériences exécutées par M. Vicat, que, parmi les mortiers proprement dits, ceux dont les chaux naturelles étaient magnésieuses et contenaient, sous des indices variant de 0,30 à 0,44, cinq à six fois plus de silice que d'alumine, ont seuls résisté. Presque tous les ciments se sont altérés et, parmi les pouzzolanes volcaniques, la meilleure pouzzolane de Rome a pu seule donner, avec la chaux grasse et en apportant les plus grands soins dans la manipulation, des gangues inaltérables.

Il a trouvé que les pouzzolanes artificielles provenant des argiles blanches (terre de pipe), et de quelques argiles ocreuses, cuites à un feu très-modéré, donnaient au contraire, avec 15 p. 100 de chaux grasse pesée vive et éteinte en pâte, des silicates entièrement stables dans l'eau de mer ; c'est-à-dire, que ces composés se comportent comme la première catégorie des produits indiqués ci-dessus, et que, sans nuire à la résistance, la substitution de la magnésie à la chaux s'opère dans l'eau de mer.

M. Vicat fait remarquer, toutefois, que parmi les gangues qui n'ont pu résister au mode d'action auquel il les a soumises, quelques-unes jouissent d'une réputation bien constatée par l'usage, et qu'il ne prétend point en blâmer l'emploi; mais il conseille de ne les employer que dans les lieux et dans les circonstances où elles ont réussi; car les succès obtenus dans une localité ne sauraient garantir la bonté des résultats qu'on obtiendrait dans une localité différente.

On peut encore citer parmi les composés calcaires ayant pour eux la sanction de l'expérience :

1° Le mortier fait avec la chaux du Theil (Ardèche), qui a bien réussi à Toulon, Marseille, Port-Vendres et Alger;

2° Les ciments de Portland anglais et de Boulogne-sur-Mer, employés avec succès dans l'Océan;

3° Le trass gris-bleuâtre d'Andernach, notamment celui qu'exploite M. Laudau à Plaidt, près d'Andernach, qui a donné de bons résultats sur les côtes de Belgique, de Hollande et dans la Baltique;

4° Le ciment de San-Sébastien (Espagne), qui paraît résister très-bien dans les deux mers.

Matériaux non calcaires proposés pour les constructions à la mer.

Frappé des conséquences désastreuses occasionnées par la décomposition des mortiers et ciments calcaires employés dans les travaux maritimes, on a cherché à former des agrégats dans lesquels la chaux serait remplacée par une matière inaltérable dans l'eau de mer.

1° Silicates dans lesquels la magnésie est substituée à la chaux. — M. Vicat fils ayant examiné la composition des gangues qui avaient résisté tout en se transformant, a vu que la transformation consistait dans la substitution de la magnésie à la chaux. Il a eu l'idée de composer directement des gangues à base de magnésie, en les alliant à des pouzzolanes exemptes de chaux, susceptibles d'être attaquées par les sels magnésiens. Il a eu recours pour cela aux pouzzolanes artificielles obtenues par la cuisson modérée des argiles réfractaires, et des roches primitives décomposées, telles que granites et gneiss riches en feld-spath, et enfin des roches amphiboliques décomposées, signalées et employées par M. Avril.

Il fallait toutefois que ces composés fussent capables de faire prise et d'acquérir une dureté assez forte dans l'eau de mer, pour résister à l'action des vagues. Or, il résulte des expériences de M. Vicat fils, qu'en alliant 15 à 20 pour 100 de magnésie aux pouzzolanes indiquées ci-dessus, fabriqués à la cuisson normale, on obtient des gangues prenant aussi vite que les mortiers correspondants à base de chaux, et qui, au bout de 4 à 5 mois d'immersion, acquièrent des cohésions de 5 à 10 kilog. par centimètre carré.

Comme vérification des idées théoriques qui l'ont conduit à la composition de ces nouvelles gangues, M. Vicat les a soumises à l'action de l'eau de mer, et il a trouvé qu'elles restaient parfaitement intactes. Il suit de là que les composés à base d'alumine et de magnésie ont le grand avantage de résister indépendamment des encroûtements sous-marins et de la transformation par substitution de principes, et qu'on peut les employer à l'état pâteux et les immerger à des profondeurs quelconques à travers l'eau de mer.

Malheureusement, il n'existe en France aucun gisement connu de carbonate de magnésie. La magnésie du commerce s'obtient par le traitement des dolomies et des eaux-mères des marais salins, et coûte assez cher. La découverte de M. Vicat ne pourra évidemment s'appliquer en grand qu'autant qu'on trouvera le moyen de se procurer cette substance en grande quantité, et à des prix modérés.

Il existe à la vérité, dans certaines contrées, des gîtes importants de carbonate de magnésie et notamment au Canada, à Balton et à Sutton. Il est possible que le parti avantageux que l'on pourrait tirer de cette matière, engage à l'exploiter et à l'expédier en Europe comme lest, ce qui permettrait au commerce de la livrer à des prix acceptables pour les grands travaux à la mer.

2° Matériaux silicatés par voie sèche, ou par vitrification. — M. Bérard a eu l'idée de produire par vitrification des blocs d'immersion pour les môles et les jetées à la mer. Ces blocs, analogues aux scories des hauts-fourneaux, auraient pour bases principales l'oxyde de fer et la chaux. On pourrait les fabriquer avec les roches les plus fusibles qu'on rencontrerait à sa portée.

Il serait d'ailleurs inutile d'amener toute la masse à l'état de fusion ; on pourrait la composer de blocs réfractaires qui seraient agglomérés par la pâte de silicate fondu. Il faudrait toutefois que la gangue fût bien fusible et susceptible d'une grande cohésion : il faudrait aussi, pour prévenir le fendillement qu'on remarque dans les laitiers, soumettre les blocs à un refroidissement très-lent.

Ces matériaux seraient évidemment très-précieux pour les enrochements sous-marins ; car non-seulement ils seraient inaltérables, mais leur grande densité, qui serait environ de 3,000 kilog. et plus, les rendrait complètement immobiles sous le choc des vagues, en leur donnant le volume habituel, (15 mètres cubes) des blocs immergés à la mer. Peut-être aussi, en raison de la pesanteur spécifique qu'on pourrait donner à la matière, serait-il permis de réduire ce volume d'une quantité notable.

Il est à craindre que les prix de fabrication et de transport ne soient très-considérables, et l'expérience seule permettra de prononcer sur l'économie et la valeur pratique de l'idée de M. Bérard.

3° **Béton de Coltar**. — M. Bertren a proposé d'employer aux enrochements sous-marins des blocs formés par l'agglomération à chaud des pierrailles et du sable, au moyen des résidus du goudron de houille, matière à laquelle on donne le nom de Coltar.

La densité de ce composé est assez faible et peut se réduire à 1,80. Mais en choisissant, pour le mélange, des matériaux très-lourds, on peut arriver à une densité peu inférieure à celle des bétons ordinaires.

Des essais ont été faits dans le port d'Oran avec le coltar provenant des usines à gaz de Marseille, et jusqu'à présent ils ont donné de bons résultats. On a trouvé, d'ailleurs, que le prix de revient ne dépasse pas sensiblement celui des bétons employés au port d'Alger.

MM. Vical fils, Bérard et Bertren, viennent donc de donner trois procédés nouveaux pour fabriquer des matériaux inaltérables à la mer; mais on ne pourra juger d'une manière définitive, du mérite de leurs découvertes qu'après les avoir appliquées sur une grande échelle.

Influence de l'eau de mer employée à l'extinction de la chaux et à la préparation des mortiers.

L'emploi de l'eau de mer doit être évidemment exclu des mortiers destinés aux bâtiments d'habitation, sous peine de les rendre insalubres; mais pour les travaux à la mer, l'opinion des ingénieurs relativement à l'influence de l'eau de mer sur la qualité des mortiers ne semble pas encore bien arrêtée.

Il résulte cependant des expériences de M. Noël au port de Toulon, que l'eau salée diminue notablement le foisonnement de la chaux; et que, d'un autre côté, elle donne lieu à la formation d'une certaine quantité de sulfate de chaux: Ces faits ont été vérifiés par M. Vical. Ce célèbre ingénieur a de plus montré que la quantité de sulfate de chaux due à l'action de l'eau de mer, est très-faible même dans les cas les plus favorables à sa formation, (lorsque toutefois la chaux ne renferme pas d'acide sulfurique) et par conséquent, elle ne saurait avoir qu'une influence insignifiante sur la qualité du mortier.

Le seul fait bien constaté, c'est la diminution du foisonnement de la chaux, dont la conséquence est d'en introduire dans le mortier un certain excès, par suite de la quantité plus considérable qu'en contient le volume formant la proportion ordinaire de cet élément. On ne sait pas d'ailleurs quel pourrait être l'effet de cette proportion exagérée de chaux dans les gangues immergées à la mer, et dans le doute, M. Vical conseille, lorsqu'on aura le choix, de prendre, de préférence, de l'eau douce soit pour l'extinction de la chaux, soit pour le gâchage des matières.

TROISIÈME LEÇON

ENDUITS ET MASTICS

On désigne sous ce nom les substances employées pour fermer les joints existant entre les matériaux, sur les parements des maçonneries, pour couvrir les parois des murs, l'extrados des voûtes, l'aire des terrasses, etc., pour empêcher l'action des intempéries atmosphériques, ou rendre les constructions imperméables à l'eau. Souvent aussi les enduits ont pour but de régulariser les formes extérieures des murs et cloisons, et même de servir comme matière plastique à l'exécution des moulures et des ornements employés à la décoration architectonique.

Les mortiers et les ciments, en même temps qu'ils servent à la liaison des éléments des maçonneries, sont les enduits dont on fait le plus fréquemment usage. Deux autres matières, le plâtre et le mastic bitumineux, sont aussi d'une très-grande utilité; la première, pour l'ornementation intérieure des bâtiments, la deuxième, pour former des enduits hydrofuges et des dallages. Nous allons étudier ces deux derniereès substances.

PLATRE

Le plâtre s'extrait du gypse ou du sulfate de chaux hydraté, qu'on rencontre en grande abondance dans la nature.

Ce sel se compose :

    De une partie de sulfate anhydre,

    Et de quatre parties d'eau.

Ou bien en poids de. . . . .   32,90 de chaux.

  —   — de. . . . .   46,32 d'acide sulfurique.

  —   — de. . . . .   20,78 d'eau.

                    Total.   100,00

En le soumettant dans des fours à une température de 100 à 115 degrés, l'eau de cristallisation se dégage, et il ne reste que du sulfate anhydre; matière extrêmement avide d'eau, et qui, pulvérisée et gâchée avec ce liquide, se reconstitue à l'état de sel hydraté faisant prise presque instantanément, sans toutefois revenir à l'état de dureté du gypse primitif. Le produit obtenu par la cuisson du sulfate de chaux hydraté est le *plâtre*.

Cuisson du plâtre. — Cette opération importante doit, comme pour la chaux, être conduite avec précaution. Il faut expulser l'eau de cristallisation, et pour cela, une chaleur de 115 degrés est suffisante; il faut d'un autre côté éviter avec soin de provoquer par un feu trop violent la fusion de la matière, fusion qui la rendrait inerte; or, ce phénomène ne pouvant se produire qu'à la chaleur lumineuse, de beaucoup supérieure à celle qui suffit au grillage, il sera facile de rester dans les limites de température propres à une bonne opération.

Cependant, dans les fours à plâtre ordinaires, analogues aux fours à chaux à longue flamme, les morceaux de plâtre en contact avec le foyer sont souvent soumis à un feu trop vif et sont vitrifiés; de plus, la fumée traversant le plâtre lui donne une teinte plus ou moins grisâtre et lui enlève sa blancheur naturelle. Aussi, pour obtenir des plâtres bien uniformément cuits et blancs, comme ceux qui servent à la préparation du stuc, dont nous parlerons tout à l'heure, opérait-on habituellement la cuisson dans des fours semblables à ceux des boulangers.

Actuellement, on obtient ce résultat par l'intervention de la vapeur d'eau échauffée à une température supérieure à celle qu'exige la calcination.

Pour cela, la vapeur d'eau produite par un générateur ordinaire, à la température de 100 degrés, passe par un serpentin chauffé de 190 à 200 degrés, s'introduit dans le four où le plâtre est entassé, et vient le traverser à sec au degré de chaleur supérieur à celui qu'exige la cuisson. La masse s'échauffe graduellement et uniformément, jusqu'à ce que l'eau de cristallisation se dégage et soit entraînée par le courant continu qui ne cesse d'affluer, et passe à travers le tas de gypse pour se rendre dans l'atmosphère. Par ce procédé, la fusion ignée devient impossible, la cuisson est bien uniforme et le produit est parfaitement blanc. De plus, il donne sous le rapport du durcissement des résultats aussi avantageux que les meilleures parties des produits obtenus par les autres moyens de calcination.

On pourrait aussi employer l'air chaud au lieu de la vapeur; mais il faudrait opérer avec plus de précaution pour prévenir les effets d'une température trop élevée.

Pulvérisation du plâtre. — Après la cuisson, le plâtre est broyé sous des meules roulantes, puis tamisé. Le tamisage doit être fait avec soin, autrement il reste dans la masse de petits fragments que les ouvriers appellent mouchettes. Ces fragments, qu'il faut rejeter, sont autant de matière perdue. M. Dufailly évite cet inconvénient en employant une machine à laquelle il donne le nom de sas à cadre mobile. Cette machine consiste en un tamis à secousse, légèrement incliné; les vibrations imprimées au cadre font passer le plâtre au degré de finesse voulu et réglé par la toile du tamis, tandis que les mouchettes roulent sur le sas, viennent se rendre sous un cylindre broyeur, où on les pulvérise pour les tamiser ensuite. On obtient ainsi un plâtre qui foisonne de 1 dixième en plus que le plâtre obtenu par les moyens de fabrication ordinaire. Ainsi, 10 litres de plâtre passé à la machine de M. Dufailly, absorbent 11 litres d'eau, et peuvent suffire au crépissage de 1 mètre carré, tandis que 10 litres de plâtre ordinaire n'emploient que 10 litres d'eau et ne peuvent recouvrir qu'une surface de $0^m,84$. A volume égal, et sans compter le remploi des mouchettes, on obtient donc une économie de 16 pour 100.

On reconnaît que la cuisson est bonne, lorsque le plâtre, broyé et tamisé, étant gâché avec de l'eau, donne une pâte onctueuse et qui adhère bien aux doigts. Si le degré de calcination était exagéré ou insuffisant, on rencontrerait nécessairement des grains durs dans la pâte.

Gâchage du plâtre. — Le plâtre s'altère très-rapidement, par suite de sa forte tendance à s'hydrater; de sorte qu'il convient de l'employer immédiatement après sa

7

pulvérisation ; autrement, on risquerait de perdre la matière, attendu que le plâtre hydraté, broyé de nouveau et réduit en pâte, ne peut plus faire prise.

Pour gâcher le plâtre, on met de l'eau dans une auge en bois, puis on y verse, en le semant à la main, un volume de plâtre en poudre égal au volume d'eau ; avec une truelle, on brasse la matière, et l'on obtient une pâte qui durcit en quelques instants, si le plâtre est de bonne qualité et s'il n'est pas éventé.

Lorsque le volume d'eau est égal au volume de plâtre, on dit que la matière est *gâchée serré*. Dans ce cas, les ouvriers doivent l'employer rapidement pour n'en pas perdre. Lorsque le volume d'eau est plus grand que celui du plâtre, on dit que la matière est *gâchée clair*. Dans cet état, la pâte prend moins rapidement ; il reste plus de temps aux ouvriers pour la mettre en œuvre, ce qui est nécessaire pour l'exécution de certains détails d'ornementation, mais le plâtre acquiert moins de dureté que lorsqu'il est gâché serré.

Emploi du plâtre dans les constructions. — Le plâtre s'attache fortement aux pierres, aux briques et au fer ; mais il adhère mal au bois. On pourra donc l'employer avantageusement pour enduire les murs, les cloisons, et construire des plafonds sous les travures en fer. Quant aux plafonds appliqués sur des solivages en bois, nous verrons plus tard comment on remédie au défaut d'adhérence du plâtre aux matières ligneuses.

Le plâtre est soluble dans l'eau ; à l'air libre, il s'altère assez rapidement et finit par se détruire par l'action des pluies ; il ne faut donc l'employer que dans l'intérieur des bâtiments. Contrairement aux mortiers de chaux, il perd de sa dureté en vieillissant, ce qui tient probablement à l'influence hygrométrique de l'air, influence qui finit, à la longue, par altérer sa ténacité.

Gonflement du plâtre. — Le plâtre augmente de volume en durcissant ; cette propriété peut être utilisée pour le moulage, et l'on en tire parti, dans certains cas, pour les constructions ; mais souvent elle peut être dangereuse, et il est très-important de prévoir et de combattre, par des dispositions spéciales, les efforts considérables auxquels elle peut donner naissance.

Influence de la chaux sur le plâtre. — Depuis longtemps, M. Thénard a constaté que le gâchage à l'eau de chaux augmentait la dureté du plâtre. Le général Morin, puis M. Jacquelin, ont vérifié le même fait, qu'on peut regarder comme maintenant bien établi. On comprend, en effet, que la chaux hydratée introduite, se carbonate facilement dans les couches ordinairement très-minces des enduits en plâtre, et doit nécessairement en accroître la solidité, en provoquant la cristallisation des parties solubles renfermées dans la matière. On avait pensé expliquer par là la qualité supérieure des plâtres de Paris, et notamment de celui de Montmartre, qui contient jusqu'à

13 pour 0/0 de carbonate de chaux. Mais il faut remarquer que cette dernière substance n'est point décomposée à la température du grillage, et que, d'un autre côté, en mêlant au plâtre du carbonate pulvérisé, on n'en augmente pas la dureté. Si le plâtre de Montmartre doit réellement sa qualité au carbonate de chaux, ce ne serait donc point à l'action chimique de ce sel, mais à une influence toute physique dans la reconstitution du plâtre à l'état de sulfate hydraté. M. Gay-Lussac a, en effet, constaté que le plâtre acquiert d'autant plus de dureté, que la pierre, dont on l'a tiré, est elle-même plus résistante, et, si le carbonate de chaux augmente la dureté du gypse, cela pourrait expliquer comment il peut contribuer en même temps à accroître la solidité du plâtre.

M. Delesse a trouvé, d'un autre côté, que les plâtres de Paris contiennent une quantité très-appréciable de silice, soluble dans les alcalis et même dans les carbonates alcalins. Peut-être serait-ce à la formation d'une certaine quantité de silicate de chaux qu'il faudrait attribuer la supériorité du gypse de Montmartre.

Produits divers qu'on peut obtenir avec le plâtre.

Stuc. — On donne le nom de stuc à du plâtre gâché avec une dissolution de gélatine ou de colle forte ; la matière acquiert, par la dessication, une dureté assez grande pour recevoir un aussi beau poli que le marbre.

Pour fabriquer le stuc, on choisit le plâtre le plus pur et le plus blanc, et, pour cela, on le cuit, soit dans des fours de boulangerie, soit à la vapeur d'eau.

Pour colorer le stuc, on emploie des oxydes métalliques auxquels on mélange le plâtre. On peut, par une certaine habitude, arriver à une imitation parfaite des différents marbres. Les brèches s'obtiennent en introduisant dans la pâte des fragments de stuc coloré. Les granites et les porphyres s'imitent en opérant comme pour les brèches, puis en piquant, après coup, la masse pour introduire, dans les trous, de la pâte ayant la couleur des cristaux qu'on veut représenter. ·

On peut, au lieu de composer les objets entièrement en stuc, en former le corps en matériaux moins coûteux et quelquefois plus résistants ; puis, on applique le stuc liquide à la brosse. Pour obtenir une épaisseur assez grande et susceptible d'être polie, il faut superposer une vingtaine de couches.

Le stuc se polit au moyen de grès pilé et d'une molette en pierre dure. Lorsqu'on l'a dressé par ce moyen, on bouche les petites cavités avec du stuc plus liquide, on laisse sécher et on frotte avec la pierre ponce ; on rebouche les nouvelles cavités comme précédemment, on passe la pierre ponce et l'on répète cette opération jusqu'à ce qu'on arrive à une surface bien unie. On achève alors le polissage au moyen de la pierre de touche, et l'on donne au poli tout son éclat, en frottant les objets avec des chiffons imprégnés de cire vierge.

Le stuc ne peut pas se conserver exposé aux intempéries ; il n'est donc d'aucun secours pour la décoration extérieure des édifices ; mais à l'intérieur, il se conserve bien, et on en peut tirer un grand parti pour l'ornementation. Il imite le marbre au point de ne pouvoir l'en distinger à la vue, à moins d'une grande habitude ; mais on le reconnaît de suite au toucher ; car, étant mauvais conducteur de la chaleur, il ne produit point la sensation de fraîcheur qu'on éprouve en touchant le marbre.

Plâtre aluné. — Ce composé résulte de la combinaison du plâtre avec 2 pour 0/0 d'alun. La découverte en est due à M. Savoye, et, bien qu'elle remonte déjà à bon nombre d'années, l'usage du plâtre aluné n'est encore qu'assez peu répandu ; le prix élevé auquel on l'a vendu jusqu'à présent, prix quadruple de celui du stuc, est probablement la cause qui s'oppose au développement qu'aurait dû prendre l'emploi de cette matière.

Le plâtre aluné est en effet bien supérieur au plâtre ordinaire et au stuc ; en effet, sa prise est beaucoup plus lente, ce qui permet de le travailler plus facilement et sans perte ; il ne s'évente pas comme le plâtre, en vieillissant ; il acquiert une dureté et une résistance égale à celle des calcaires non compactes ; enfin, il peut donner, en le mélangeant avec une ou deux parties de sable, de bons mortiers, capables d'acquérir assez de dureté pour être employé à la fabrication des dallages. Cette matière ne paraît pas, toutefois, pouvoir résister aux intempéries, et doit être réservée, comme le plâtre et le stuc, aux travaux intérieurs des édifices.

Le plâtre aluné est susceptible de rendre les mêmes services que le stuc pour l'imitation des marbres ; de plus, il a l'avantage de donner plus de solidité et de durée.

On s'en est servi pour faire des mosaïques, qui ont, sur les mosaïques en pierre, l'avantage de se tailler plus facilement, tout en ayant des couleurs très-vives et très-durables. On a même eu l'idée de l'employer en incrustations dans les meubles et les parquets.

On a, par le mélange du plâtre avec d'autres substances, obtenu un grand nombre de produits, employés, soit comme matières plastiques, soit comme ciments, soit comme pierres.

Nous citerons d'abord le composé imaginé par M. Lemesle, qui a eu l'idée de tremper le plâtre cuit dans de l'acide stéarique. Il obtient, par ce moyen, une matière qui a l'éclat et la transparence de l'ivoire. En la coulant dans de la gélatine, cette matière peut, par le moulage, reproduire, avec une exactitude parfaite, les détails les plus délicats. M. Lemesle se sert, pour cette composition, du plâtre de Lagny, remarquable par sa pureté et sa blancheur.

En mélangeant le plâtre avec de la limaille de fer, on forme un ciment à prise rapide très-fréquemment employé pour les scellements.

Enfin, en ajoutant au plâtre une petite quantité de chaux, d'alun et de colle forte,

on obtient une composition qu'on peut colorer avec de l'ocre jaune, et qui, mélangée
avec une certaine quantité de sable et de gravier, donne un mortier susceptible d'acquérir une assez grande dureté. En moulant ce mortier, on peut en former des pierres
factices, pleines ou creuses, aussi solides et moins chères que la pierre ordinaire, et
dont on peut se servir avantageusement pour les constructions intérieures des édifices.

Bitume et mastics bitumineux.

On donne le nom de bitume à des carbures d'hydrogène qu'on rencontre dans
le sein de la terre, quelques fois isolés, mais, le plus souvent, mélangés entre eux et
avec des matières étrangères, telles que le sable et le carbonate de chaux. On distingue
particulièrement :

1° Le naphte ou l'huile de naphte, liquide incolore, transparent, d'une odeur
forte et désagréable, très-combustible et inflammable. On en trouve des sources assez
nombreuses en Italie, et on le purifie facilement par la distillation ;

2° Le pétrole, ou l'huile de pétrole, qui a beaucoup d'analogie avec le naphte, et
qu'on obtient en distillant certains calcaires ;

3° L'asphalte est une matière dure ayant à peu près l'apparence de la houille. Ce
corps est fusible à la température de l'eau bouillante, et s'enflamme facilement. Il se
dissout entièrement dans les carbures liquides, tels que l'essence de térébenthine,
l'huile de naphte, et surtout dans la benzine. C'est par l'emploi de cette dernière substance qu'on sépare ordinairement l'asphalte des mastics dans lesquels il entre, et qu'on
reconnaît la richesse et, par suite, la qualité de ces mastics.

Tous les bitumes qu'on rencontre dans le règne minéral paraissent se rapporter aux
trois corps précédents, ou simplement à l'asphalte et au naphte ; on sépare ces corps
par la distillation. C'est ce qui arrive pour la substance connue sous les noms de
bitume glatineux, de *malthe* et de *goudron minéral*. On l'exploite à Bastennes (Landes),
en Auvergne, en Alsace, etc. Cette matière n'est autre chose qu'une dissolution
d'asphalte dans de l'huile de naphte, ainsi qu'on s'en assure aisément par la distillation du goudron.

Le naphte et le pétrole servent à l'éclairage, à la confection des vernis et à d'autres
usages ; mais ils ne s'emploient pas dans les constructions ; c'est l'asphalte et le goudron minéral qu'on utilise pour la confection des mastics *bitumineux naturels*.

On emploie, indépendamment de l'asphalte, certains bitumes artificiels, qu'on
obtient par l'épuration des goudrons résultant de la distillation de la houille dans les
usines à gaz ; on améliore ensuite ce bitume par l'introduction d'une certaine quantité
de caoutchouc ou de guitta-percha en dissolution dans l'huile de pétrole. On donne le
nom de *lave fusible*, dans le commerce, aux mastics obtenus à l'aide de ces bitumes
artificiels.

Les mastics bitumineux s'obtiennent en mélangeant, à chaud, avec l'asphalte fondu dans une certaine quantité de naphte, autrement dit, dans du goudron minéral, des pierres ou des argiles bien sèches ou bien pulvérisées. On compose, de cette manière, une espèce de gangue qui, mélangée ensuite avec une certaine proportion de sable calcaire ou quartzeux, donne un enduit qui, posé à chaud, durcit rapidement par le refroidissement, et jouit de la propriété d'être imperméable. On en fait un grand usage pour protéger les maçonneries contre l'humidité et l'infiltration des eaux pluviales; on s'en sert aussi pour dallage dans l'intérieur des bâtiments, et surtout pour les trottoirs.

Le choix des matières qu'il convient d'allier au bitume, pour former le mastic, n'est pas indifférent. Il faut, autant que possible, rechercher celles qui se laissent facilement imprégner, et les calcaires tendres, absorbants, sont les meilleurs matériaux que l'on puisse choisir. L'argile jouit à peu près de la même propriété, mais à la condition d'être bien desséchée, ce qui souvent est difficile. Quant aux calcaires durs, aux grès, aux roches siliceuses, etc., pulvérisés, ils ne se laissent pas pénétrer par le bitume, et les mastics n'ont pas, à beaucoup près, la même qualité que ceux obtenus avec les calcaires tendres. En les chauffant dans de l'eau bouillante, le bitume se sépare de suite et vient surnager à la surface de l'eau, où on le recueille facilement.

La dose de bitume qui entre dans le mastic varie avec la nature des matières employées, comme nous le verrons plus loin. Nous pouvons, dès à présent, dire que lorsqu'on mélange du bitume naturel ou artificiel avec une roche pulvérisée non bitumineuse, de la craie, par exemple, il faut employer 25 pour 0/0 de bitume, ou mélanger 25 parties de bitume avec 75 de craie pulvérisée (*), le tout mesuré en poids. Mais, si le calcaire est déjà bitumeux, auquel cas le mélange opéré par la nature est beaucoup plus intime, on peut réduire à 19, et même, comme au Val-de-Travers, à 15,5 pour 0/0, la dose de bitume qui entre dans la gangue.

Quant à la quantité de sable qu'on allie ensuite à cette gangue, pour former les enduits, elle dépend essentiellement de la nature des ouvrages à exécuter et des variations de température auxquelles ces ouvrages sont exposés. Nous reviendrons sur ce sujet, lorsque nous traiterons ce qui est relatif à l'emploi des enduits bitumineux.

PRINCIPALES EXPLOITATIONS DES MASTICS BITUMINEUX EN FRANCE.

Les principales mines d'asphalte exploitées en France sont celles : 1° de Seyssel, dans le département de l'Ain; 2° de l'Obsann, en Alsace; 3° de Bastennes, dans les Landes; 4° de Roys, du Puy-la-Bourrière, de Chamaillère, de Lussel et de Malintrat, dont les produits sont travaillés à Clermont-Ferrand.

(*) La craie a pour but de diminuer la fusibilité de l'asphalte, d'en augmenter la consistance, et surtout de fixer les principes volatiles du bitume.

Parmi les établissements où l'on tire parti des résidus de la fabrication du gaz , le principal et le seul très-important est celui de Clichy, possédé par la Compagnie de la *Lave fusible.* .

Mastic de Seyssel.

Ces mines sont situées dans le bassin du Rhône; le bitume s'y rencontre mêlé à un sable des terrains tertiaires et à un calcaire jurassique. Le sable ne renferme que de 2 à 3 pour 0/0 de bitume , tandis que le calcaire en contient jusqu'à 10. Mais, en raison de la nature absorbante du carbonate de chaux, il serait difficile d'en séparer le bitume, aussi l'extrait-on de préférence du sable asphaltique, en réservant le calcaire pour l'employer comme il sera dit plus loin. Pour isoler le bitume du sable, on fait chauffer de l'eau dans une chaudière; lorsque le liquide est en ébullition, on y projette par petites parties le sable bitumineux, tandis que deux ouvriers, armés de spatules, brassent activement la matière, pour la bien diviser. Bientôt le bitume, liquéfié par la chaleur et plus léger que l'eau, arrive à la surface, tandis que le sable se précipite au fond de la chaudière. On recueille la matière surnageante , laquelle contient encore une quantité notable d'eau et de sable, mais une deuxième opération, semblable à la précédente, achève de l'épurer (*).

Composition du mastic de Seyssel. — Le mastic est ensuite formé par un mélange opéré à chaud, du bitume pur et du carbonate bitumineux réduit en poudre.

Le carbonate est pulvérisé au moyen de meules roulantes mises en mouvement par une machine à vapeur.

Le mélange s'opère dans des chaudières cylindriques en tôle , dans lesquelles on commence par faire fondre le bitume. La dose de bitume varie avec la qualité du calcaire, de 4 à 14 pour 0/0, de manière que, dans le mastic, il se trouve de 19 à 15 pour 0/0 de bitume, la proportion totale d'asphalte étant d'autant plus forte que le calcaire est moins riche. Lorsque le bitume est bien fondu, on y introduit ensuite, et peu à peu, la poudre dont le mélange s'opère à l'aide d'un agitateur à palettes mis en mouvement par la machine à vapeur ci-dessus, agitateur qui imprime un mouvement de torsion à la matière et l'empêche de rester trop longtemps en contact avec la surface de chauffe. La cuisson, pour être complète, exige environ six à sept heures. L'opération se fait en vase clos, afin de pouvoir recueillir les matières volatiles, substances qui, condensées par un appareil distillatoire adapté à la chaudière, donnent des huiles susceptibles d'être utilisées dans les arts.

La pâte obtenue par ce mélange est coulée dans des moules en pains de 40 à 50 kilog., et est livrée sous cette forme au commerce.

L'établissement de Seyssel expédie aussi du calcaire bitumineux en poudre, ce qui

(*) La quantité de bitume que l'on peut obtenir ainsi est insuffisante, et l'établissement est obligé d'emprunter une partie du bitume qu'il emploie aux mines de Bastennes,

permet de composer, avec du bitume pris dans d'autres établissements, le mastic sur les lieux mêmes où l'on doit l'employer.

Le sable bitumineux de Seyssel est beaucoup plus pauvre que celui des autres mines; aussi cet établissement ne doit-il sa propriété qu'à son calcaire, dont les gisements considérables s'étendent jusqu'en Suisse, où ils sont exploités sur une très-grande échelle par la Société du Val-de-Travers.

Mastic de Bastennes.

Le sable bitumineux de Bastennes, près de Dax, département des Landes, est très-riche et contient jusqu'à 16,75 pour 0/0 de bitume. Malheureusement, les mines commencent à s'épuiser, et cet établissement risque de tomber, si l'on ne découvre pas de nouveaux gisements.

Le bitume s'obtient comme nous l'avons expliqué précédemment, et, pour former le mastic, on le mélange à chaud avec 75 pour 0/0 de craie pulvérisée. A Bastennes, on fabrique aussi par la distallation, du bitume, du naphte et de l'asphalte raffiné, connu dans le commerce sous le nom de bitume de Judée.

Quant aux autres établissements, ils sont analogues à l'une ou l'autre des deux exploitations que nous venons d'examiner.

La fabrication la plus considérable en Europe est celle du Val-de-Travers, dans la principauté de Neufchâtel. Elle exploite non-seulement les mines du Val-de-Travers, mais encore celles de Chavaroche en Savoie, et celles de Rocca-Secca, près de Naples. Elle emploie aussi, pour la confection de ses mastics, les minerais bitumineux de l'île de la Trinité et de la Nouvelle-Grenade. Enfin, elle fabrique des bitumes artificiels qui paraissent ne le céder en rien aux bitumes naturels.

La préparation du mastic se fait, d'ailleurs, au Val-de-Travers comme à Seyssel, par un mélange de bitume et de calcaire asphaltique.

MASTICS ARTIFICIELS.

Depuis longtemps, l'idée d'utiliser les résidus de la fabrication du gaz d'éclairage à la préparation d'enduits hydrofuges, avait été appliquée. A l'hôpital Saint-Louis, à Paris, on préparait même ces produits sur une assez grande échelle, il y a déjà près de quarante ans; mais les services rendus à l'art des constructions par l'emploi de ces produits étaient bien faibles, comparativement à ce que l'on obtient depuis les perfectionnements apportés par la Compagnie de la Lave fusible dans l'épuration du goudron. En soumettant les résidus à l'évaporation et à la distillation, dans des appareils fermés dont on élève la température à l'aide de la vapeur d'eau surchauffée, on peut recueillir des huiles essentielles d'un prix élevé, tout en amenant le goudron, par l'introduction de certaines matières, telles que du caoutchouc ou de la gutta-percha, à un état peu différent de celui du goudron minéral naturel.

Le mastic se forme par le mélange à chaud de 25 parties de bitume artificiel avec 75 parties de craie de Meudon, bien desséchée et parfaitement broyée. La gangue ainsi obtenue donne d'aussi bons résultats que les meilleurs mastics naturels, ainsi que le prouvent les nombreux travaux exécutés à Paris et dans sa banlieue. On s'en sert surtout avec avantage pour revêtir le fond et les parois des bassins. C'est avec de la lave fusible qu'on a rendu imperméables les lacs du bois de Boulogne ; on l'a employée dans le même but pour plusieurs canaux de la Hollande ; on peut également l'utiliser pour les trottoirs et pour des dallages en mosaïque. On trouve dans le commerce un certain nombre de mastics artificiels, susceptibles de rendre d'assez grands services pour l'assainissement des lieux humides, et surtout pour la conservation des bois et des métaux employés dans les constructions. Nous allons citer quelques-uns de ces produits, dont les propriétés sont dues principalement aux matières bitumineuses et grasses qui entrent dans leur composition.

Mastic Machabée. — Cet enduit s'emploie à chaud et se pose à peu près comme le mastic bitumineux. Il convient aux usages suivants :

1° Pour assainir les murs humides ;

2° Pour la conservation des bois exposés aux alternatives de sécheresse et d'humidité ;

3° Pour conserver les bois dans l'eau de mer et les mettre à l'abri des ravages des vers tarets ;

4° Pour préserver de la rouille le fer, la fonte et la tôle employés dans l'eau ;

5° Il peut être substitué avantageusement au plomb pour les scellements où ce métal est employé.

Le prix de ce mastic est de 120 francs les 100 kilogrammes.

Bitume de Judée. — Cette matière est liquide et s'applique au pinceau, comme la peinture. Il est inodore et sèche promptement. Il n'est pas attaqué par le salpêtre, il convient à peu près aux mêmes usages que le mastic Machabée ; il semble surtout avantageux pour la conservation des bois de mine, qu'il préserve de la carie sèche.

Le bitume de Judée coûte 100 francs les 100 kilog.

Glu marine. — Cette matière, comme la précédente, est liquide et s'applique au pinceau. Elle est composée d'huile bitumineuse, de goudron et d'oxyde de zinc. Il en existe deux espèces : la première, de couleur noire, ne se vend que 50 centimes le kilog., et s'emploie pour enduire les murs ; la deuxième, de couleur blonde, coûte 1 fr. 70 le kilog., s'applique sur les bois auxquels elle conserve leur couleur. Il faut environ 1 kilog. pour recouvrir de deux couches un mètre carré de surface.

Du reste, les usages de la glu marine sont à peu près les mêmes que ceux des composés bitumineux précédents.

Ces matériaux sont supérieurs, sous le rapport de la qualité et de l'économie, aux composés analogues employés autrefois dans les constructions, et les remplacent avec avantage. On trouvera des détails sur les anciens mastics en usage, dans le numéro 5, page 184 du *Mémorial de l'Officier du génie*, et dans le numéro 9, page 179 et suivantes, du même *Mémorial*.

Mise en œuvre du mastic bitumineux.

Fusion du mastic. — La fusion s'opère dans des chaudières en tôle ou en fonte, montées sur des foyers portatifs en tôle. La matière est concassée en fragments de la grosseur d'un œuf, et avant de l'introduire dans la chaudière, on commence par faire fondre une certaine quantité de goudron minéral. Quand ce goudron est bien liquide, on y verse une certaine quantité de mastic concassé, qu'on remue avec une spatule en fer, pour éviter un contact trop prolongé des morceaux avec la surface de chauffe. On charge ensuite successivement la chaudière au fur et à mesure que la fusion du chargement précédent s'avance, et l'on chauffe finalement toute la masse jusqu'à l'ébullition, en ayant soin, pendant la durée de l'opération, de brasser la matière, pour en éviter la carbonisation, dont l'effet serait très-nuisible à la qualité du mastic. Il sera même convenable, pour prévenir cet accident, de recouvrir la chaudière d'un couvercle, afin de concentrer la chaleur, de faciliter la fusion, et d'éviter par conséquent de recourir à un feu trop violent.

Lorsque la matière est ainsi fondue, on y mêle les ingrédients en usage, pour modifier, suivant les cas, la qualité du mastic. Généralement, c'est du sable quartzeux ou calcaire bien sec et bien uniforme qu'on ajoute pour augmenter la dureté du produit et en diminuer la fusibilité.

Enduits hydrofuges.

Lorsqu'on aura pour but de former un enduit imperméable, on pourra employer le mastic tel qu'il est formé par les fabriques, en le faisant fondre dans environ 4 pour 0/0 de bitume. On le versera et on l'étendra bouillant sur les surfaces à revêtir, après les avoir préalablement desséchées avec le plus grand soin. Si l'on négligeait cette précaution, l'eau recouverte par le bitume chaud se transformerait instantanément en vapeur et produirait dans la couche une quantité de petites bulles qui finiraient, à la longue, par se faire jour à travers la matière ; l'enduit resterait criblé d'une infinité de petits trous et ne serait, par conséquent, plus imperméable. Disons, de suite, que le mastic ne peut être employé aussi gras, qu'à la condition d'être placé à l'abri de la chaleur atmosphérique, ou bien sur des surfaces entièrement horizontales et où l'on ne doit pas marcher, encore faudrait-il, dans ce cas, le saupoudrer de sable sec au moment de la pose, et lorsqu'il est encore mou, pour affaiblir l'action de la chaleur solaire. Les mastics, tels qu'ils sortent des fabriques, pourront être utilisés pour le fond des bassins constamment remplis d'eau, pour des chapes recouvertes de terres ; mais le plus habituellement, ne fut-ce que par économie, on ajoute, même dans ces cas, 20 à 25 pour 0/0 de sable.

S'il s'agit, au contraire, d'enduire des surfaces inclinées ou exposées à l'action du du soleil, il est indispensable d'amaigrir le mastic ; autrement, il se ramollirait, et, pour peu que la pente soit sensible et la couche un peu épaisse, il coulerait comme un liquide visqueux. Il ne faut pas, d'un autre côté, trop l'amaigrir, sous peine de le rendre friable et cassant pendant le temps froid, et, par suite, de provoquer par un un défaut de malléabilité des gerçures qui détruiraient l'imperméabilité. Pour les chapes de voûtes formant terrasses, on pourra prendre la pente de 1 centimètre par mètre (*), et former le mastic, fondu préalablement dans 4 p. 100 de bitume, de 25 de sable pour 75 de mastic tel qu'il sort des mines.

Aires en mastic bitumeux.

Lorsque l'imperméabilité n'est pas indispensable et qu'il importe d'avoir une assez grande résistance, même sous l'action de la chaleur solaire, il convient d'amaigrir notablement le bitume. Aussi, pour daller les pièces situées dans l'intérieur des appartements, pour les trottoirs et les places publiques, on pourra porter la proportion de sable à 50 p. 100, et aller même plus loin pour les parties exposées au midi. On aura soin de saupoudrer de sable pur et bien sec la couche lorsqu'elle est encore molle.

Quant aux aires à compartiments et en mosaïques, elles sont ordinairement exécutées par des ouvriers spéciaux et sous la surveillance d'agents au service des compagnies.

Pose du bitume. — Plus tard, lorsque nous parlerons des rejointements, des chapes des voûtes, des dallages et des terrasses, nous indiquerons les dispositions particulières à prendre pour recevoir les enduits en bitume. Nous supposerons ici la surface à enduire parfaitement dressée, bien desséchée et à l'abri de tout tassement et de toute déformation.

Le mastic se coule par bandes rectangulaires. La pâte, apportée dans un seau tenu toujours chaud, est versée, puis étendue avec une spatule en bois, et maintenue latéralement au moyen de règles plates en fer, ayant pour épaisseur celle de la couche augmentée du retrait que prend la matière par le refroidissement. La bande suivante s'appuie contre la première et est maintenue extérieurement par une règle en fer, et ainsi de suite. Ces différentes zones, accolées successivement à la suite les unes des autres, sont coulées très-chaudes et se soudent naturellement ; mais, pour remédier aux défauts de liaison, on emploie des fers chauds analogues aux fers à souder, et l'on a la précaution de ne les chauffer qu'à la température nécessaire pour fondre la matière,

---

(*) Cette pente peut varier, pour la composition indiquée ici, entre des limites assez étendues. Le commandant Soyer la fixe à 0m,05 : mais généralement on la prend beaucoup plus faible. A Paris on descend jusqu'à 0m.025.

autrement on risquerait de brûler le mastic et de l'exposer à une destruction rapide.

Si l'on construit une chape de voûte qu'on doit recouvrir de terre, il faut avoir soin, si la pente est raide, d'abriter le mastic contre l'action du soleil, et de placer la terre le plus tôt possible. On aura la précaution de ne mettre en contact avec la chape que des terres exemptes de gros graviers et de pierrailles, qui pourraient pénétrer dans le mastic et en rompre la continuité.

Si le bitume est employé pour former les parois imperméables d'un bassin, il faut encore préserver soigneusement l'enduit contre l'action de la chaleur et se hâter de faire arriver l'eau.

Pour les aires exposés à l'action de la chaleur atmosphérique, il faudra, comme nous l'avons dit déjà, saupoudrer la couche de sable chaud, lorsqu'elle est encore molle. Cette disposition a pour but de durcir la surface extérieure de l'enduit, de diminuer l'action de la chaleur solaire, et de ralentir l'altération du bitume, en s'opposant au dégagement de ses principes volatiles.

Épaisseur des couches. — L'épaisseur à donner à la couche est d'une assez grande importance pour le succès des enduits bitumineux.

L'économie prescrit de réduire autant que possible cette épaisseur, et, dans le principe, on ne lui donnait que 6 à 7 millimètres. Mais il faut remarquer que la surface en contact avec les matériaux qui portent l'enduit, leur cède ses principes gras et visqueux; que, d'un autre côté, la surface extérieure éprouve la même perte, soit au contact des matières qui les recouvre, soit par la dessication naturelle à l'air libre, de sorte que, si la couche est trop mince, elle devient bientôt extrêmement friable et se brise ou se gerce au premier choc ou au premier abaissement subit de température. Il faut donc prendre une épaisseur assez grande pour qu'il reste toujours, au centre de la couche, une zone qui conserve sa résistance et sa malléabilité naturelles.

Pour les enduits recouverts de terre ou immergés, une épaisseur de 8 à 10 millimètres est convenable.

Pour les aires exposés à l'air, l'expérience a montré qu'une épaisseur de 13 à 15 millimètres donnait généralement de bons résultats.

Les terrasses de grande étendue, telles que celles qui recouvrent les casernes, exigent quelques précautions que nous allons indiquer.

Dans ce cas, l'enduit, indépendamment de son imperméabilité, devra pouvoir résister à l'action du soleil et au piétinement des hommes. Pour cela, on le composera de deux couches formées de bandes, superposées plein sur joint, pour remédier aux défauts de soudure. On formera la couche inférieure de mastic ordinaire plus liant et plus imperméable, tandis que la couche supérieure, coulée en mastic beaucoup plus maigre, protégera la précédente contre l'action de la chaleur et contre la pression des pieds des hommes. Ces couches auront chacune de 7 à 8 millimètres d'épaisseur.

Lorsque l'étendue des aires est très-considérable, il est presque impossible qu'il ne se produise pas, par l'effet du retrait, des solutions de continuité qui livrent passage aux eaux pluviales. Il est vrai qu'on peut, après coup, boucher les lézardes avec du mastic à l'aide du fer à souder; mais il est rare que ces réparations réussissent entièrement. On devra, pour atténuer ces effets de contraction, partager la surface totale en un certain nombre de compartiments rectangulaires, au moyen de lignes de briques, posées de champ et enfoncées dans l'aire qui doit recevoir l'enduit. Le retrait, se produisant sur des surfaces plus petites, sera beaucoup moins sensible. Les lignes de briques seront ensuite recouvertes d'un bourrelet en mastic. Si, de plus, on interposait une toile grossière goudronnée entre l'enduit et l'aire à recouvrir, de manière à empêcher l'adhérence, il est probable qu'on préviendrait complètement les déchirements dus au retrait et aux dilatations de la matière bitumineuse.

Bien que le prix du mastic bitumineux soit moins élevé qu'autrefois, la cherté est encore une des causes pour lesquelles on ne l'emploie pas, dans beaucoup de localités éloignées des lieux de fabrication. En raison du poids de la matière, les frais de transport sont très-considérables ; mais on pourrait réaliser une économie notable, en faisant venir simplement le goudron minéral, au lieu du mastic confectionné. Ainsi, on pourrait demander à l'Obsann, à Bastennes ou même à la Compagnie de la lave fusible, du bitume, et composer le mastic sur place absolument comme on le fait dans les établissements.

On devra choisir, de préférence, pour la préparation du mastic, de la craie pulvérisée et bien desséchée. A défaut de craie, on emploiera de la brique bien cuite et réduite en poudre. Cette dernière matière donnera une gangue plus maigre, plus cassante et, par suite, moins imperméable, et il sera bon, si l'on ne peut introduire dans le mélange au moins 10 p. 100 de calcaire, de forcer un peu la dose de bitume en la portant de 25 ou 30 pour 75 ou 70 de tuileau broyé. Lorsqu'on emploiera de la craie, on pourra se contenter de 20 à 25 de goudron minéral pour 80 ou 75 de craie. La manipulation se fera dans les chaudières portatives ordinaires, en suivant la marche indiquée plus haut, pour la confection du mastic de Seyssel.

On pourra, sur l'emploi des mastics bitumineux, consulter un Mémoire du général Moreau, inséré à la page 163 du n° 9 du *Mémorial de l'Officier du génie*.

LIMITES DES CHARGES A FAIRE SUPPORTER AUX MATÉRIAUX PRÉCÉDEMMENT EXAMINÉS

Les matériaux passés en revue jusqu'à présent ne sont susceptibles que d'une résistance assez limitée. Il est important, dans les constructions, de ne les soumettre qu'à des efforts de beaucoup inférieurs à ceux qui pourraient les briser, afin de tenir compte des chocs, des surcharges accidentelles et des causes nombreuses d'altération et d'affaiblissement auxquels ils sont exposés.

Les pierres, les briques, les bétons et les mortiers ont généralement à résister à des efforts de compression. Quelquefois, mais rarement, il faut tenir compte de leur cohésion ; il faut donc savoir quelles sont les limites de charge permanente qu'on pourra leur faire supporter, soit par compression, soit par traction.

On prend ordinairement, pour les charges permanentes que nous désignerons par P', le $1/10^e$ de la charge qui produirait la rupture des corps.

Si l'on considère des supports isolés, le poids qu'on pourra leur faire porter sera d'autant plus grand pour la même section transversale, que cette section, ayant la forme d'un polygone régulier, se rapprochera plus du cercle. Ainsi, pour une section carrée, la résistance sera plus grande que pour une section rectangulaire, et, pour un cercle, plus grande que pour un carré.

D'un autre côté, la résistance diminue rapidement lorsque l'on augmente le rapport de la hauteur à la plus petite dimension de la section transversale, cette section restant constante. Il importe de tenir compte de ces circonstances lorsque l'on met en œuvre du bois ou des métaux, parce que ces matériaux s'emploient ordinairement en cylindres ou en prismes minces qui peuvent fléchir ; mais, pour les maçonneries, le rapport de la hauteur à la plus petite dimension de la section transversale est toujours assez faible pour que la flexion ne soit pas à craindre. En supposant la charge uniformément répartie, on pourra, quelle que soit la forme de la section, déterminer les dimensions transversales du support, par la condition de faire porter à la matière, par unité de surface, le $1/10^e$ de la charge de rupture d'un cube.

Ω étant la section du support (section supposée constante) P la pression qu'il doit supporter, et P' la charge permanente par mètre carré relative à la nature des matériaux employés, on aura

$$P'\Omega = P \text{ d'où } \Omega = \frac{P}{P'}$$

Si l'on veut tenir compte de la charge due au poids du support, on aura en désignant par H la hauteur et par p le poids du mètre cube de la maçonnerie.

$$P'\Omega + p\Omega H = P, \text{ d'où } \Omega = \frac{P}{P' + pH}$$

Ce qui précède suppose, comme le prouve l'expérience, que les résistances sont proportionnelles aux sections Ω ; il en est de même pour la cohésion.

Les questions relatives à la résistance des matériaux seront traitées avec détail dans la troisième partie du Cours ; nous nous contenterons dans celle-ci de donner ce qui est nécessaire à l'application des formules pratiques.

TABLE

DES DENSITÉS DES MATÉRIAUX

ET DES CHARGES PERMANENTES, QU'ON PEUT LEUR FAIRE SUPPORTER PAR CENTIMÈTRE CARRÉ

(par compression).

INDICATION DES MATÉRIAUX	POIDS du mètre cube.	Charge permanente P, par centimètre carré.	Auteurs des expériences.
	kilog.	kilog.	
Pierres volcaniques.			
Basalte d'Auvergne...........................	2880	207	Rondelet.
Pierres siliceuses............................	»	»	—
Granite vert des Vosges.......................	2854	62	—
Granite gris de Bretagne......................	2737	65	—
Granite de Normandie.............	2662	70	—
Granite gris des Vosges.......................	2640	42	—
Grès très-dur blanc roussâtre..................	2520	81	—
— blanc............................	2480	92	—
Grès très-tendre..............................	2490	» 40	—
Pierres argileuses.			
Pierre de pore, ou puante.....................	2660	68	—
Pierres calcaires.			
Marbre noir de Flandre........................	2721	79	—
Marbre blanc veiné. Statuaire. Bleu turquin......	2690	31	—
Pierre noire de Saint-Fortunat, près de Lyon.....	2649	63	—
Liais de Bagneux, près de Paris.................	2439	44	—
Roche dure de Châtillon, près de Paris..........	2294	17	—
Roche douce — —	2083	13	—
Roche d'Arcueil, près de Paris.................	2304	25	—
Pierre de Saillancourt, près de Pontoise. (1re qualité.)	2408	14	—
(2e qualité.)	2261	12	—
(3e qualité.)	2104	9	—
Pierre ferme de Conflans (Seine-et-Oise)..........	2067	9	—
Pierre tendre — —	1801	6	—
Pierre d'Écomois, près du Mans (Sarthe)..........	2571	47	—
Pierre de Fourneux, près de Saumur.............	2571	43	—
Pierre blanche de Tournus (Saône-et-Loire).......	2443	60	—
Pierre dure de Tours..........................	2314	20	—

INDICATION DES MATÉRIAUX	POIDS du mètre cube.	Charge permanente P', par centimètre carré.	Auteurs des expériences.
	kilog.	kilog.	
Pierre de Champigny (Maine-et-Loire)...............	2085	28	Rondelet.
Pierre tendre de Givry (Saône-et-Loire)..........	2071	26	—
Pierre de Crouy (Oise)............... 1re qualité.	1946	11	—
Pierre de Crouy (Oise)............... 2e qualité.	1874	9	—
Pierre de Chinon (Indre-et-Loire)...............	1943	13	—
Pierre de Tonnerre (Yonne)......... 1re qualité.	1856	12	—
Pierre de Tonnerre (Yonne)......... 2e qualité.	1785	11	—
Pierre de Tonnerre (Yonne)......... 3e qualité.	1759	10	—
Calcaire jaune oolitique, de Jaumont, 1re qualité.	2200	18	—
près de Metz............... 2e qualité.	2000	12	—
Roche vive de Sauny, (non rompue)...............	2350	30	—
Tuf crayeux de Saumur...............	1286	2 50	—
Briques.			
Brique dure très-cuite...............	1560	15	Poncelet.
Brique rouge...............	2170	6	Rennie.
Brique rouge pâle...............	2090	4	Rennie.
Brique jaune des environs d'Étaples (Pas-de-Calais).	»	4	Rigault de Beaupré.
Brique crue et pisé...............	»	3	Vicat.
Plâtres et mortiers.			
Plâtre gâché ferme...............	»	9	—
Plâtre gâché mou...............	»	4	—
Mortier de chaux grasse et sable...............	»	2	—
Mortier de chaux moyennem.t hydrauliq. } Après durcissement complet.	»	7	—
Mortier de chaux éminemm.t hydraulique } complet.	»	14	—
Béton de 18 mois, moyennement hydraulique.....	»	4	—

Les chiffres relatifs à la résistance des pierres de taille s'appliqueront aux maçonneries entièrement composées de ces matériaux; mais pour les maçonneries en moellons construites comme il sera dit plus loin, on devra multiplier les valeurs de P', par 0,50 ou 0,75, suivant le soin apporté dans la construction et suivant aussi la qualité du mortier employé.

TABLE

DONNANT LA MESURE DE LA COHÉSION DES CORPS

ET LES EFFORTS PERMANENTS DE TRACTION QU'ON PEUT LEUR FAIRE SUPPORTER AVEC SÉCURITÉ

INDICATION DES MATÉRIAUX	Cohésion ou effort de rupture par traction et par centimètre carré.		Effort permanent de traction par centimètre carré.		AUTEURS des expériences.
	kilog.		kilog.		
Basalte d'Auvergne......................	77		7		⎱Tredgole.
Calcaire de Portland.....................	60		7		⎰
Calcaire compacte	30	80	3	08	
Calcaire à tissu arénacé.................	22	90	2	29	⎱Vicat.
Calcaire à tissu oolithique...............	13	70	1	37	⎰
Briques de Provence très-bien cuites.......	19	50	1	95	⎱Coulomb.
Briques ordinaires......................	8		0	80	⎰
Plâtre gâché ferme......................	11	70	1	17	Vicat.
Plâtre gâché mou.......................	4		0	40	Rondelet.
Mortier de chaux grasse dans les murs de bâtiments (dureté finale)................	de 1 25 à 2		de 0 13 à 0 20		
Mortier de chaux faiblement hydraulique, à l'air, après 2 ans....................	de 3 à 7		de 0 30 à 0 70		
Mortier de chaux moyennement hydraulique, à l'air, après 2 ans.....................	de 7 à 9		de 0 70 à 0 90		
Mortier de chaux éminemment hydraulique, à l'air, après 2 ans	de 10 à 15		de 1 à 1 50		Vicat.
Mortier de chaux lorsque la silice domine, après 2 ans.........................	de 15 à 17		de 1 50 à 1 70		
Gangue pouzzolanique dans l'eau, après 16 mois.................................	de 5 à 14		de 0 50 à 1 40		
Ciments communs, immergés, après 5 mois.	de 8 à 10		de 0 80 à 1		
Ciments moyens, immergés, après 5 mois...	de 10 à 16		de 1 à 1 60		
Ciments supérieurs, immergés, après 5 mois.	de 24 à 30		de 2 40 à 3		

Il résulte des expériences de Rondelet et de Vicat que la force d'adhérence du mortier aux matériaux est plus grande et au moins égale à sa propre cohésion; par conséquent, on prendra pour mesure de la cohésion des maçonneries faites en petits matériaux et mortier, celle du mortier employé. On prendra également les nombres donnés dans la Table précédente relativement aux mortiers, pour les charges permanentes à faire supporter par traction à la maçonnerie de béton ou de moellons.

On pourra, au bout de six mois pour les bons mortiers hydrauliques, et au bout de deux mois pour les gangues pouzzolaniques sans sable, considérer la ténacité comme arrivée à la moitié de la cohésion finale. On sait d'ailleurs que, si l'on est pressé, il est possible de hâter le durcissement par l'introduction d'une certaine quantité de ciment dans les mortiers.

Quant au plâtre, son adhérence est plus faible que sa cohésion, et, d'après Rondelet, on ne doit pas prendre pour la force d'adhérence plus des deux tiers de la force de cohésion. Par conséquent, pour mesurer la ténacité d'une maçonnerie en pierres ou en briques reliées par du plâtre, il faudra prendre seulement les deux tiers de la cohésion de cette dernière substance.

Les nombres donnés dans les Tables ci-dessus ne doivent pas être considérés comme absolus. Ces nombres sont des moyennes dont on pourra faire usage pour les avant-projets; mais pour des travaux importants, il sera convenable de les déterminer par des expériences particulières, faites avec soin, sur les matériaux dont on peut disposer.

Après avoir étudié tout ce qui concerne les éléments des maçonneries, nous allons nous occuper de cette partie importante des constructions.

FONDATIONS

Toute construction en maçonnerie doit reposer sur une base solide, plus ou moins enfoncée dans le sol, à laquelle on donne le nom de fondation. L'établissement de cette fondation présente souvent beaucoup de difficultés et exige, dans tous les cas, les plus grands soins; un défaut de solidité, une disposition vicieuse, presque toujours irréparables, peuvent compromettre l'existence de l'édifice tout entier.

Conditions essentielles d'une bonne fondation. — 1° Il faudra que, sous l'action des efforts verticaux, la fondation ne puisse pas s'enfoncer dans le sol; ce qui exige que le poids de la construction soit inférieur à la résistance du terrain (ces pressions et ces résistances supposées mesurées par unité de surface);

2° Sous l'action des efforts obliques, auxquels elle peut être soumise, elle doit rester inébranlable, c'est-à-dire, ne prendre aucun mouvement de translation ou de renversement;

3° Immergée dans une eau courante et posée sur un terrain mobile, elle doit être à l'abri des affouillements qui pourraient la désagréger et la miner.

Les meilleures dispositions à prendre pour concilier la solidité et l'économie dépendront de la forme et du poids de l'édifice, mais surtout de la nature du terrain sur lequel on doit établir la construction. La présence de l'eau, sa profondeur plus ou moins considérable, ses variations de niveau, ses courants plus ou moins rapides, sont autant de circonstances qui peuvent exercer une grande influence sur le genre de la fondation et sur son exécution.

Les différents systèmes et les divers procédés de fondation seront examinés avec détail dans la quatrième partie du Cours. Nous nous bornerons à les indiquer ici d'une manière très-sommaire.

La première chose à faire, lorsqu'on veut établir un édifice sur un terrain, c'est de chercher, par un examen sérieux, quelle est la nature du sol, la composition et l'épaisseur de ses différentes couches ; si l'on rencontre un banc solide, il faut le sonder, voir jusqu'à quelle profondeur il pénètre, le traverser même, pour s'assurer qu'au-dessous il n'existe pas un terrain compressible, ou des excavations naturelles et artificielles, qui pourraient amener la rupture de la couche sous la pression du fardeau qu'on doit lui faire supporter.

On pourra, dans ces recherches, s'aider des travaux exécutés dans le voisinage, mais ces renseignements, bien qu'utiles, ne doivent être acceptés qu'avec prudence, attendu que souvent la nature du terrain change brusquement d'un point à un autre. Ils seront cependant avantageux pour guider dans les travaux de reconnaissance, travaux qu'on exécutera au moyen de puits et de sondages, suffisamment profonds et rapprochés, toutes les fois qu'il s'agira d'un édifice important.

Classification des terrains au point de vue des fondations.

Envisagés au point de vue des fondations, les terrains peuvent être partagés en quatre classes :

1° Les *terrains compressibles et inaffouillables;* tels sont le roc, les tufs, lorsqu'ils ne présentent pas de grandes failles ou lorsqu'ils n'alternent pas par couches assez minces avec des terrains peu résistants ;

2° Les *terrains incompressibles, mais affouillables;* tels sont les graviers, le sable, la pierraille, l'argile compacte, et en général tous les terrains qui, durs à l'état sec, sont susceptibles de se délayer dans l'eau ou d'être entraînés par des courants ;

3° Les *terrains compressibles et homogènes;* ces terrains sont généralement affouillables. Tels sont la tourbe, la vase ou l'argile molle, la terre végétale, les terres rapportées ;

4° Enfin, les *terrains inégalement compressibles;* tels sont le roc avec failles, la tourbe avec bancs de gravier, pointes de roche ou ruines d'anciennes constructions.

Fondations sur les terrains incompressibles et inaffouillables.

Si la roche affleure la surface du sol, on peut y asseoir immédiatement la construction, en se contentant d'araser le terrain horizontalement à $0^m,30$ de profondeur.

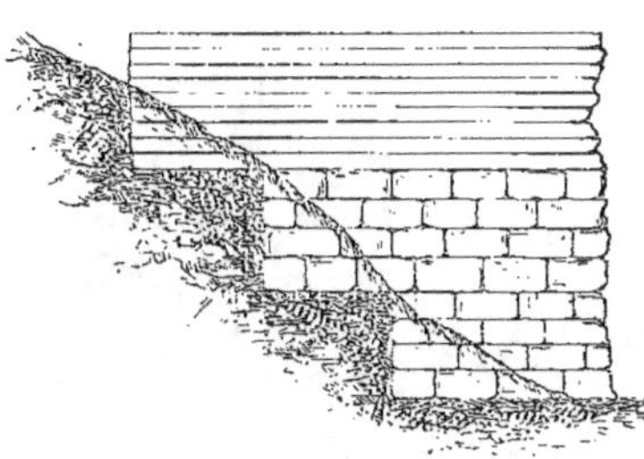

Si le rocher est en pente trop prononcée, on doit, pour éviter des déblais coûteux et inutiles, le retailler en gradins et fonder par ressauts, en ayant soin, pour prévenir les inégalités de tassement, de construire la fondation en pierre de taille à joints serrés, ou bien, si l'on emploie des moellons, de conduire le travail assez lentement pour que les différentes zones de maçonnerie, correspondant aux hauteurs des gradins, ne soient entreprises qu'après le durcissement et le tassement des couches inférieures.

Dans le cas où le massif de fondation serait soumis à des efforts obliques, il faudrait non-seulement engager la maçonnerie à une certaine profondeur dans le terrain résistant, mais encore retailler ce terrain normalement à la direction de la résultante générale des efforts. — Si, d'un autre côté, cette résultante venait passer trop près de la limite de la base de la construction et que la résistance du sol fût inférieure à celle de la maçonnerie on pourrait craindre que ce terrain vînt à céder sous la charge reportée vers la limite de la fondation. Il faudrait alors augmenter l'étendue de la surface d'appui sur le sol, de manière à en éloigner la limite du point d'application de la résultante des efforts; c'est ce qu'on appelle donner de l'empâtement à la fondation; cet empâtement sera tel que la charge reportée en A soit moindre que la résistance du sol.

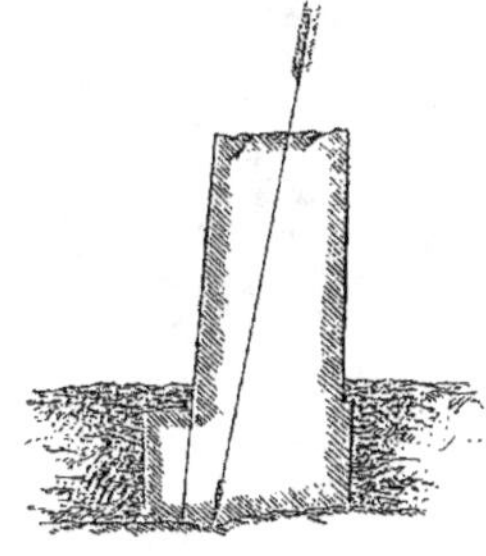

Si le roc ne se rencontre qu'à une certaine profondeur et se trouve recouvert d'un terrain peu solide, on enlèvera la couche supérieure et l'on fondera comme ci-dessus sur la roche mise à nu. Mais si l'épaisseur de cette couche était très-grande, il faudrait, pour éviter des déblais trop considérables, aller chercher, à travers le mauvais terrain, des points d'appui sur le sol résistant, au moyen de piliers en bois ou en maçonnerie.

Fondation sur pilotis. — Ainsi, l'on pourrait enfoncer des corps d'arbres

amincis à leur extrémité et garnis d'un sa-
bot en fonte ou en fer, jusqu'à ce qu'ils
viennent ficher dans le terrain solide. Après
les avoir recoupés de niveau à 0^m,50 0^m, 60
au-dessous du sol, on les relierait par un
grillage formé de pièces horizontales se recroisant entre elles ; sur ce grillage on établirait un plancher, et sur ce plancher on
élèverait la construction. Cette plate-forme
en charpente pourrait être remplacée par
une couche de maçonnerie hydraulique, ou
de béton, enveloppant la tête des pilotis ;
ordinairement même, ces deux moyens sont
combinés pour donner à la plate-forme une
plus grande solidité.

Par économie, au lieu de laisser les pilots dans le terrain, on les arrache avec
précaution et on les remplace par du sable
ou du béton ; sur ces piliers incompressibles on étend une plate-forme en maçonnerie hydraulique ou en béton, sur laquelle on asseoit l'édifice.

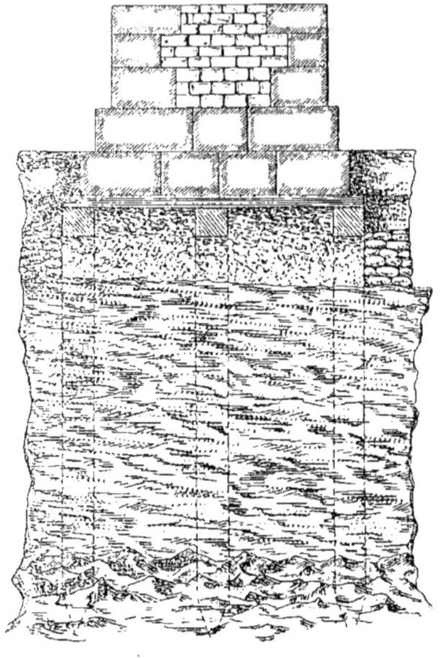

Fondation sur arceaux. — On
pourrait aussi creuser à travers le mauvais
terrain des puits descendant jusqu'au roc,
remplir ces puits avec de la maçonnerie,
ou, ce qui est préférable, avec du béton ;
sur ces piliers jeter des voûtes enfoncées
au-dessous de la surface du sol, et sur
ces voûtes, arasées de niveau, établir la
construction.

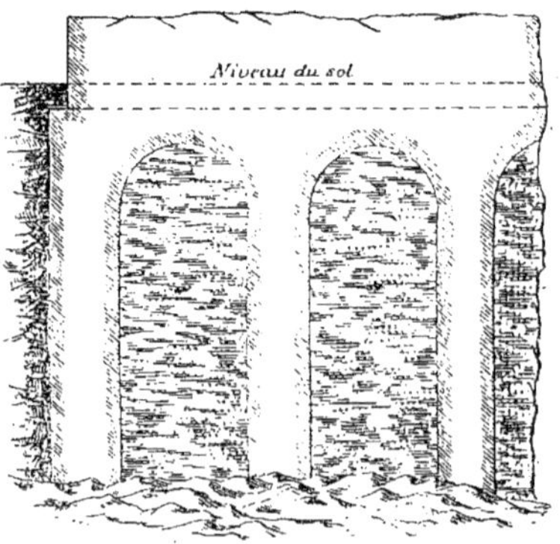

Fondations sur les terrains incompressibles mais affouillables.

On pourra fonder sur ces terrains comme dans le cas précédent ; mais si l'on avait à
craindre des érosions, il faudrait protéger la fondation par des parois solides en enro-.

chements, en charpente ou en maçonnerie, que l'on descendrait à la profondeur où les affouillements cessent d'être dangereux. Ces moyens de préservation portent le nom de parafouilles et de crèches.

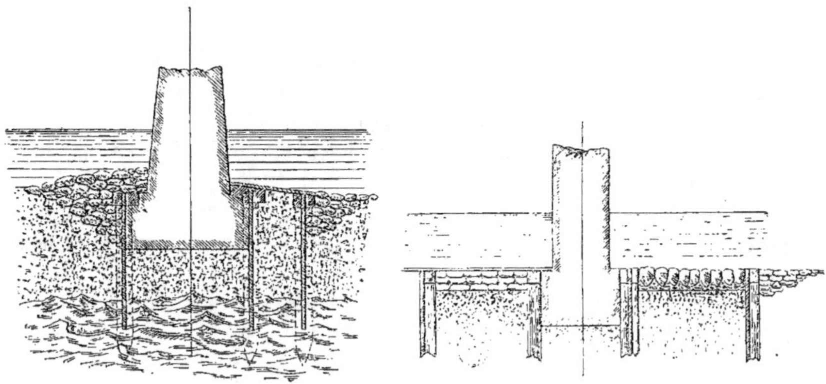

D'autres fois on protége le terrain, sur une étendue plus ou moins considérable, à l'aide d'une couche solide en charpente ou en maçonnerie, terminée par des enrochements ou des parois en bois, et disposée de manière à affleurer le sol. On donne à cette construction, suivant les cas, les noms de risbernes ou de radiers.

Fondations sur les terrains compressibles et homogènes.

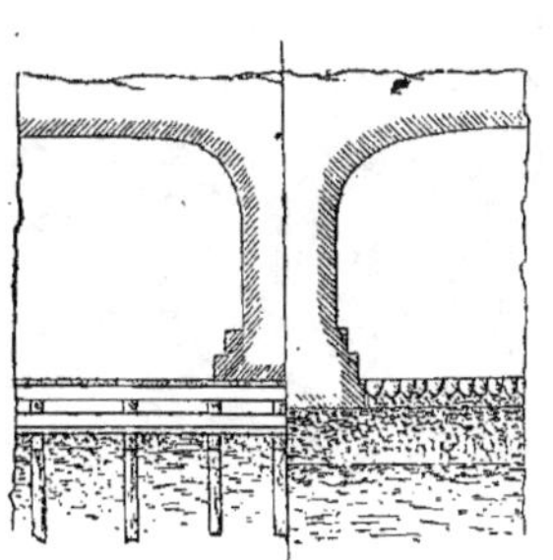

Si le terrain est assez consistant, on fondera sur pilotis, ou bien on s'établira sur le terrain même en donnant à la base des fondations assez d'étendue, pour que la pression reportée sur chaque unité de surface soit inférieure à la résistance du sol. Dans ce cas, le massif de fondation reposera sur une plate-forme en charpente ou en béton, assez solide pour ne pas se briser sous l'action combinée du poids de l'édifice et des réactions du terrain. De plus, pour éviter les déversements ou les lézardes que produiraient infailliblement des inégalités de tassement, il faudra faire en sorte que la charge se répartisse à peu près uniformément sur le sol, et pour cela, faire passer la résultante de tous les efforts par le centre de la figure de la base des fondations; résultat qu'on obtiendra par une disposition convenable des empâtements.

Si le terrain est peu consistant, on commencera par le raffermir, en y enfonçant de petits pilots, de longues pierres naturelles ou artificielles, et sur cette couche consolidée on établira une plate-forme, comme dans le cas précédent.

Si le terrain se composait d'une argile molle, l'opération que nous venons d'indiquer deviendrait difficile. En raison de l'élasticité de la terre, les pilots déjà enfoncés pourraient s'arracher par suite du battage des pilots voisins. On pourrait quelquefois prévenir cet effet en mettant le pieux en fiche par le gros bout taillé en pointe assez courte. Dans le cas où la consolidation du sol ne pourrait s'obtenir par ces moyens, il faudrait enlever une certaine épaisseur de terre et la remplacer par un enrochement en libage, qu'on rechargerait jusqu'à ce qu'il n'éprouve plus de tassement, sous un poids supérieur à celui de l'édifice; puis, sur ces pierres, on étendrait une couche de béton, et sur ce béton on élèverait la construction.

Ces terrains sont toujours assez mobiles; on les protégera contre les affouillements par les moyens décrits plus haut.

Terrains inégalement compressibles.

Si les points résistants sont suffisamment rapprochés, la fondation consistera en un système de voûtes enfouies dans le sol et jetées au-dessus des parties compressibles.

Si, au contraire, les points solides sont peu nombreux, on établira une plate-forme comme pour un terrain uniformément compressible, en isolant les parties résistantes au-dessus desquelles on construira des voûtes.

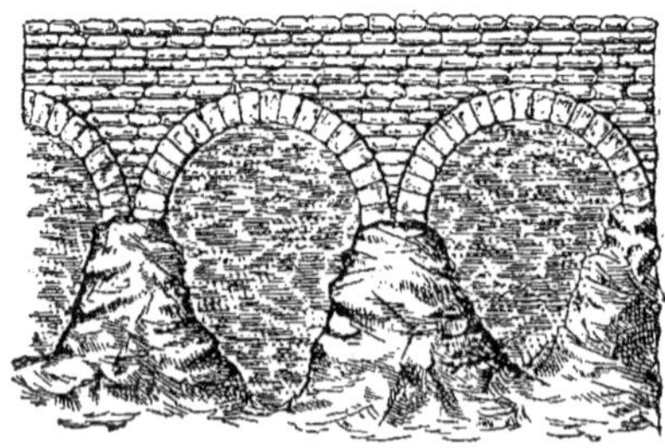 

Dans certains cas, on creusera le sol jusqu'à une certaine profondeur, en démo-

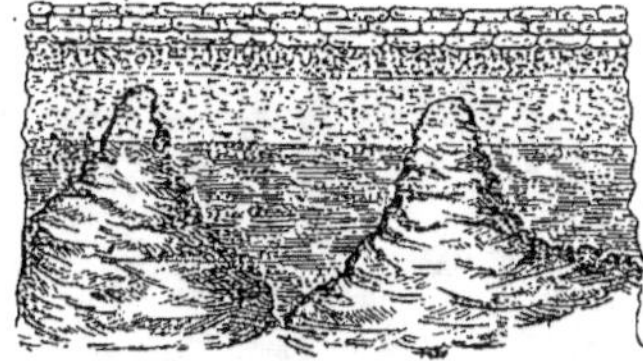

lissant les blocs solides que renferme le terrain. Dans l'excavation, remplie d'eau, on immergera du sable ou du gravier; sur ce remblai on étendra un couche de béton, et sur ce béton on élèvera l'édifice. C'est ce qu'on appelle fonder sur sable.

Fondations immergées.

Ce qui précède suppose qu'on opère à sec; mais la présence de l'eau exige des procédés particuliers, et souvent même un changement complet dans le système de fondation.

Si l'eau ne se rencontre que dans les excavations nécessitées par les fondations, après avoir enlevé le mauvais terrain, on le remplacera par du béton, et même, si l'on n'a pas à craindre des affouillements, simplement par une matière incompressible, telle que du sable ou du gravier. On aura soin seulement, dans ce dernier cas, de donner à la couche graveleuse un empâtement assez grand pour que l'éboulement latéral du sable ou du gravier n'atteigne pas la base de la maçonnerie, si, pour établir de nouvelles constructions on était forcé de déchausser la fondation sur quelques points.

Si l'on doit fonder sous une couche d'eau peu profonde; si, d'un autre côté, le terrain est imperméable, on entourera

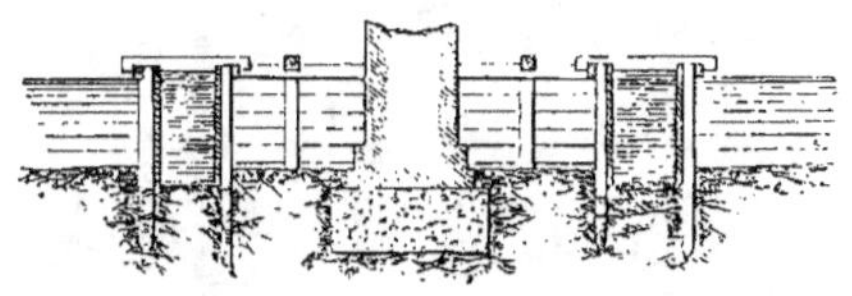

l'emplacement de l'ouvrage d'une enceinte étanche en terre retenue par des parois en charpente (autrement dit des bâtardeaux); on épuisera l'espace intérieur, dans lequel on pourra construire à sec, comme dans les cas précédents.

Si la profondeur d'eau est considérable, ou si le sol est perméable, les épuisements deviennent difficiles et très-coûteux. Dans ces circonstances, on pourra employer les procédés suivants :

Fondation par encaissement. — Après avoir déterminé l'emplacement de la fondation, on l'entourera d'une paroi en charpente s'élevant jusqu'à fleur d'eau. Si le terrain solide se rencontre à une petite profondeur, on enlèvera, par des moyens particuliers, la couche supérieure du sol, et l'on coulera dans l'enceinte du béton qu'on élèvera jusqu'à 0^m,30 au-dessous de la surface de l'eau. On laissera durcir le béton, et sur le bloc ainsi formé on élèvera la construction.

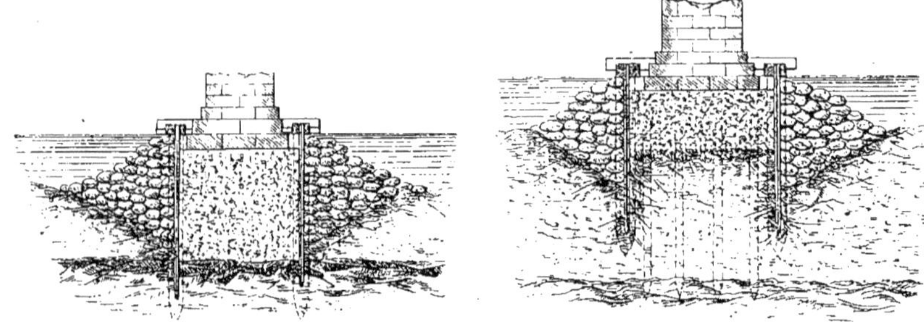

Si le fond solide ne se trouvait qu'à une grande profondeur, on enfoncerait un système de pilots, comme dans la fondation sur pilotis ; on les recèperait sous l'eau au niveau du terrain naturel ; on draguerait sur une épaisseur de 0^m.50, puis, on coulerait du béton entre les têtes des pilots et au-dessus, de manière à former encore une base solide sur laquelle on établirait l'édifice.

Fondation par encaissement et cuvette. — Si l'on veut établir la maçonnerie proprement dite au-dessous de l'eau, au niveau du sol par exemple, on pourra restreindre de beaucoup les frais d'épuisement, en opérant de la manière suivante :

Après avoir fixé l'emplacement de la fondation, on l'augmentera sur son pourtour d'une zone nécessaire à l'établissement ultérieur d'un bâtardeau. L'espace, ainsi déterminé, sera enveloppé d'une enceinte en charpente, et dans cette enceinte on draguera, ou l'on pilotera comme on l'a fait précédemment, en s'arrangeant seulement de manière à réserver, entre le fond de l'excavation et le niveau où doit commencer la nette maçonnerie, une épaisseur suffisante pour  une couche de béton, qu'on devra couler avec tout le soin possible pour en assurer l'imperméabilité. Après l'immersion de la couche de béton, on établira sur son pourtour un bâtardeau en terre ou en béton, et on laissera le tout se consolider. On épuisera une fois pour toutes la cuvette ainsi formée, et l'on pourra ensuite y bâtir à sec au-dessous du niveau de l'eau.

Fondation par caisson. — Si la profondeur d'eau devient plus grande, et si pendant la construction on a à redouter des variations de niveau, on est forcé d'employer un autre procédé.

On enfonce des pilots ayant des dimensions et un rapprochement suffisants pour supporter l'édifice. On recèpe ces pilots à 3 ou 4 mètres au-dessous du niveau le plus

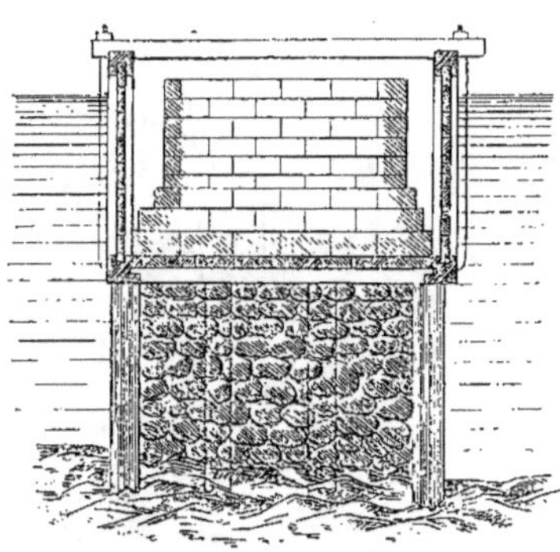

élevé qu'on pense devoir être pris par les eaux pendant le travail, mais cependant de manière à rester au-dessous du niveau des plus basses eaux. Entre les pilots on enlève le terrain vaseux, et on entasse des libages qu'on échoue dans l'eau. On pousse l'enrochement jusqu'à ce qu'il affleure la tête des pilots. Pendant ce temps, dans des bateaux dont le fond est découpé suivant la forme de l'ouvrage, et présente une grande solidité, on élève la base de l'édifice, sur une hauteur à peu près égale à la distance de la tête des pilots au niveau moyen des eaux.

Ce caisson, ainsi chargé, est conduit et échoué à l'emplacement que doit occuper la construction. Les parois peuvent ensuite s'enlever et s'adapter à un nouveau fond pour composer un nouveau caisson, avec lequel on opère comme avec le premier, et ainsi de suite. Le fond du caisson se trouve, comme on le voit, interposé entre la maçonnerie et la tête des pilots, et sert à répartir la charge de l'édifice sur le système des pilots.

Fondation sur enrochement. — Enfin, pour de très-grandes profondeurs, pour des variations de niveau considérables et lorsqu'on ne craint pas d'obstruer le fond de l'eau, on élève une espèce de monticule ayant à peu près la forme de la construction, en échouant dans l'eau des pierres d'un volume assez considérable pour résister à l'action des courants ou des vagues. Sur ces enrochements on étend une couche de béton et on établit l'édifice, après s'être assuré que le massif n'éprouve plus aucun tassement sous une pression supérieure au poids de la construction.

Tous ces procédés de fondation, dont nous ne pouvons donner, quant à présent, qu'une idée superficielle, peuvent se combiner entre eux dans un grand nombre de cas, et il est d'ailleurs facile de les modifier de manière à prévenir les affouillements.

Largeur des fondations.

Pour fixer les idées nous considèrerons un mur à profil constant, et nous supposerons que l'épaisseur de ce mur ait été déterminée de manière à ce qu'il résiste à tous les efforts qui lui sont transmis, ou, en d'autres termes, que sa stabilité soit assurée sur le plan supérieur de sa fondation.

Supposons d'abord que la résultante P de tous les efforts, y compris le poids du mur, soit dirigée suivant l'axe du mur; il est évident que si l'on désigne par x la base de la fondation, par h la hauteur, par p la densité de la maçonnerie, et par R la résistance permanente du sol AB par unité de surface (*), on devra avoir :

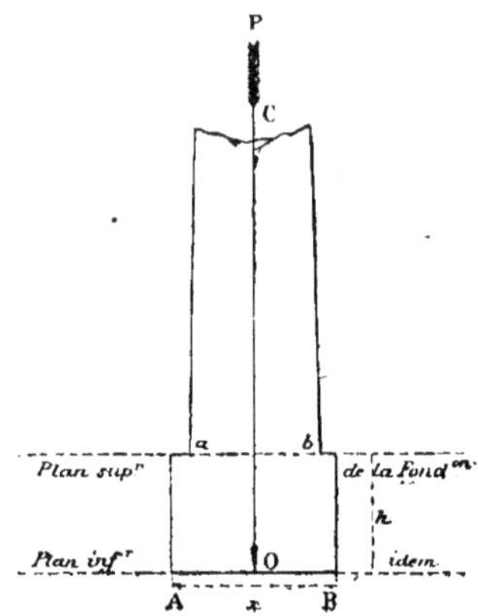

$$Rx = P + phx \text{ ou } x(R - ph) = P$$
$$\text{d'où } x = \frac{P}{R - ph}.$$

Et l'on portera à partir du point O, $OA = OB = \dfrac{x}{2}$

Si le sol était incompressible, ou présentait une résistance au moins égale à celle de la maçonnerie, il est évident qu'on pourrait prendre $x = ab$ ou supprimer les empâtements. Cependant, pour supprimer les irrégularités que peut présenter le tracé de la fondation, on conserverait encore de petites saillies de chaque côté, en les réduisant à 8 ou 10 centimètres.

Si la résultante P, supposée encore verticale, ne passe plus par l'axe cx du mur, et tombe en un point O tel que ses distances aux parements aa' et bb' soient inégales : il est évident que si par exemple $Oa' < Ob'$, la pression vers l'arête a' sera plus grande que vers b', et que si les empâtements Aa' et Bb' étaient égaux, la pression en A serait plus grande qu'en B. Il en résulterait nécessairement que dans le cas d'un terrain compressible, le mur tendrait à s'incliner ou à se renverser du côté du point A.

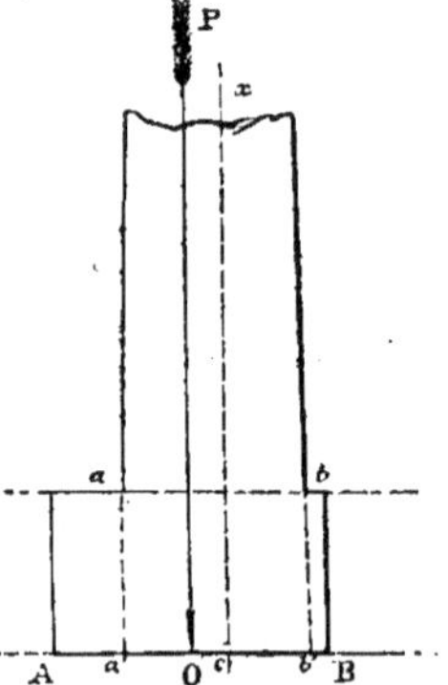

Ce renversement ne sera point à craindre si la résistance du sol est supérieure à la compression reportée au point A et *a fortiori* si le terrain est incompressible, et l'on pourra prendre $Aa' = Bb'$.

Si au contraire l'affaissement du sol est à craindre, on fixera les empâtements de la manière suivante : on se donnera $Bb' = 8$ ou 10 centimètres, puis, on fera varier l'empâtement $a'A$, jusqu'à ce qu'on trouve que la pression reportée en A ne soit que le dixième de la charge sous laquelle le sol s'affaisserait.

Ordinairement, on simplifie la question en prenant $AO = BO$. Le poids total passant par le centre O de la base; il n'y a pas de raison pour que le mur se déverse

____

(*) Résistance égale au 1/10e de la pression qui produirait l'affaissement du terrain.

d'un côté plutôt que de l'autre. S'il se produit un petit tassement, il se fait uniformément dans toute la longueur du mur.

Si la résultante P, au lieu d'être verticale, est inclinée, elle devra, avant tout, passer entre les limites de la base des fondations. Au point O, nous la décomposerons en deux forces, l'une verticale C, l'autre horizontale Q, et nous examinerons séparément l'effet de ces deux forces.

Tout ce que nous avons dit précédemment pour le cas où la résultante P était verticale, s'appliquera à la composante C.

Quant à la force horizontale Q, elle tendra à faire glisser le mur sur le plan inférieur de sa fondation. Pour empêcher ce mouvement, il faudra, en désignant par f le coefficient de frottement des maçonneries sur le terrain, qu'on ait :

$$Q < fC \ldots\ldots \text{ou bien que } f = \text{de } 1,80 \text{ à } 2 \text{ fois } Q.$$

Cette condition sera généralement satisfaite, à moins que le terrain ne soit très-glissant, auquel cas f serait très-petit. — Il faudrait alors enfoncer la fondation très-profondément dans le sol, pour accroître la résistance qui s'oppose au déplacement horizontal de tout le système. Dans la troisième partie du Cours, nous donnerons le moyen d'évaluer cette résistance et, par suite, de fixer la profondeur à laquelle il faut descendre la fondation pour rendre le glissement impossible ; en supposant d'ailleurs les empâtements réglés de façon à prévenir le déversement de la construction.

Un fait très-important à signaler, et sur lequel nous reviendrons dans la quatrième partie du Cours, est la propriété qu'ont les terrains argileux de se ramollir et de devenir très-glissants par le contact de l'eau. Or, souvent il arrive que les travaux de fondation viennent troubler l'écoulement naturel des eaux souterraines et les accumulent contre la construction. Ces eaux, n'ayant plus d'issues, détrempent la terre, la rendent onctueuse, en augmentent la pression contre les murs, et peuvent provoquer les accidents les plus graves. Il est donc indispensable d'assainir l'emplacement de l'édifice, et, par des canaux convenablement disposés, de détourner les eaux et de les conduire vers des points ou leur accumulation soit sans inconvénient.

Ce qui précède concerne les fondations d'un massif isolé ; mais s'il s'agit d'un ensemble de murs composant un édifice, il faut faire en sorte que tous les murs présentent la même stabilité, c'est-à-dire que si le sol est un peu compressible et qu'un faible tassement soit possible, ils s'abaissent tous de la même quantité ; autrement, il y aurait évidemment disjonction entre les différentes parties de la construction.

Si tous les murs étaient également chargés, on rentrerait dans le cas précédent, et les moyens employés pour assurer la stabilité de l'un d'eux s'appliquerait à tous les autres. Mais généralement cette uniformité de charge n'existe pas ; il faut alors, pour avoir le même tassement, faire varier les empâtements de telle sorte que la pression transmise au sol par unité de surface soit partout la même.

Considérons un bâtiment et supposons que les efforts horizontaux ne puissent produire ni le déplacement, ni le renversement des murs, ce qui a lieu en effet dans une construction bien entendue, nous pourrons nous borner à tenir compte des pressions verticales.

Soient P, P', P'' ces charges par unité de longueur, pour chacun des murs ;

Soient l, l', l'' les largeurs des fondations correspondantes ;

Les pressions par unité de surface reportées sur le terrain seront : $\dfrac{P}{l}, \dfrac{P'}{l'}, \dfrac{P''}{l''}$

Cela posé, si K représente la charge par unité de surface qui produirait l'affaissement du sol, $\dfrac{K}{10}$ serait la charge permanente que l'on pourrait faire supporter au terrain,

et en posant $\dfrac{P}{l} = \dfrac{K}{10}, \dfrac{P'}{l'} = \dfrac{K}{10}, \dfrac{P''}{l''} = \dfrac{K}{10}$, etc.

on aurait une série d'équations desquelles on déduirait les largeurs l, l', l'', pour lesquelles l'enfoncement des murs serait rendu impossible.

Mais ordinairement K n'est pas connu, et sans se préoccuper de sa valeur, qui toutefois doit être assez grande pour que l'affaissement général soit très-faible, on pose :

$$\frac{P}{l} = \frac{P'}{l'} = \frac{P''}{l''}, \text{ etc.}$$

On choisit ensuite le mur le moins chargé, dont on réduit l'empâtement au minimum, puis P et l étant la charge et la largeur de fondation de ce mur, on détermine l', l'', l''', etc., par les équations : $\dfrac{P'}{l'} = \dfrac{P}{l}, \dfrac{P''}{l''} = \dfrac{P}{l}, \dfrac{P'''}{l'''} = \dfrac{P}{l}$, etc.

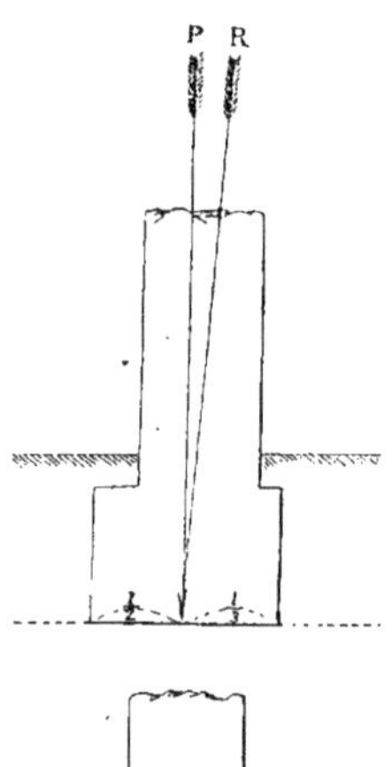

l', l'', l''' étant calculés, on les répartit également de chaque côté des points où la charge vient, dans le profil de chaque mur, rencontrer le plan de la fondation.

Il suit de là que les empâtements dans chaque mur ne seront égaux que dans le cas où les résultantes des efforts supportés par les murs viendront passer par les points où les axes de ces murs percent le sol de la fondation. Toutefois, l'égalité des saillies d'empâtement aura sensiblement lieu dans les bâtiments où il n'existe pas de voûtes.

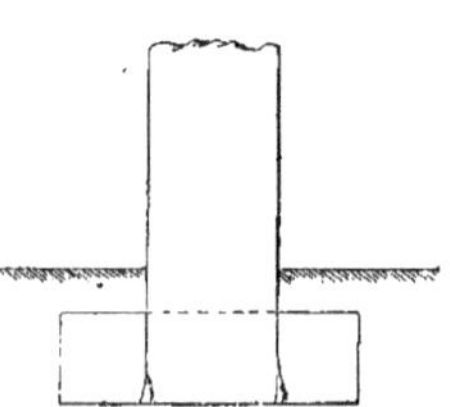

On a choisi pour point de départ le mur le moins chargé, pour ne pas être conduit, pour les autres, à des empâtements nuls ou même négatifs.

D'un autre côté, on a réduit l à son minimum pour ne pas avoir des empâtements exagérés. — Nous ferons d'ailleurs remarquer que ces saillies ne doivent pas être trop grandes relativement à la hauteur de la fondation, pour éviter la rupture qui tendrait à se produire dans la direction et à l'aplomb des parements.

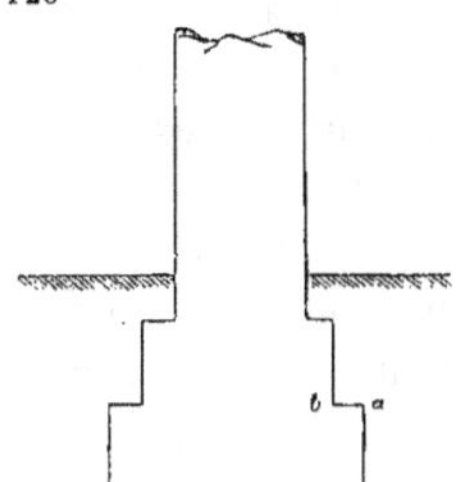

Souvent, par économie, on remplace les empâtements par des systèmes de gradins ; mais ici, comme précédemment, la saillie *ab* doit être assez limitée relativement à la hauteur *ac*. On pourra, pour la maçonnerie de moellons, prendre $ab = 1/4$ et même $1/3$ de *ac*. Pour la pierre de taille de bonne qualité, on pourra se contenter de faire $ab = 1/2\ ac$.

DISPOSITION DES MATÉRIAUX DANS LES MAÇONNERIES

On peut composer les maçonneries de matériaux de même nature et de dimensions à peu près égales ; ou bien employer des matériaux de nature et de volumes différents. Dans le premier cas, nous dirons que la construction est homogène ; dans le second cas, elle prendra le nom de construction mixte.

Quelle que soit la disposition adoptée, il faudra :

1° Assurer la liaison des pierres dans tous les sens et surtout perpendiculairement à la direction des efforts à supporter ;

2° Les parties de la construction les plus chargées et le plus exposées aux dégradations devront être formées des matériaux les plus résistants et les plus inaltérables ;

3° Dans les maçonneries mixtes, on devra, autant que possible, prévenir les inégalités de tassement dans la direction des pressions.

Les conditions de résistance et la liaison des différentes parties d'un massif varieront nécessairement avec la nature des matériaux employés.

S'il s'agit de pierres de petites dimensions, de moellons ou de blocailles, la solidité dépendra principalement de la qualité du mortier.

Pour les maçonneries mixtes, c'est-à-dire formées de matériaux de dimensions très-différentes, la résistance dépendra non-seulement de la bonté du mortier, mais encore de la disposition relative des différentes espèces de pierres.

Enfin, dans les massifs homogènes en pierre de taille, la solidité résultera principalement de l'appareil des matériaux, c'est-à-dire de la forme et de la direction de leurs surfaces de contact.

Dans les constructions anciennes de cette espèce, on n'employait point de mortier. Les fortes dimensions des blocs mis en œuvre, le soin qu'on apportait à rendre leur contact aussi parfait que possible, suffisaient pour en assurer la liaison, bien que les pierres fussent disposées par assises horizontales, même dans les cas où elles avaient à résister à des efforts obliques. Dans nos constructions modernes, on ne peut guère faire usage de pierres d'un volume aussi considérable, on se les procurerait difficilement et l'on ne pourrait les transporter et les mettre en place qu'avec une dépense excessive. La nécessité de n'employer que des matériaux de faible grosseur impose de nouvelles conditions. Entre les pierres on interpose du mortier pour substituer au frottement la force de cohésion et d'adhérence de cette matière, tandis qu'en même temps on rend plus parfait le contact des matériaux, sans qu'il soit nécessaire d'apporter une aussi grande précision dans la taille des lits et des joints. — De plus, dans le cas d'efforts obliques considérables, contre lesquels la cohésion des mortiers serait insuffisante, on donne aux surfaces de contact des formes et des directions particulières, de façon à garantir la stabilité, indépendamment de la liaison due au mortier. La taille et la disposition relative des pierres doivent se régler d'après les principes suivants, considérés comme des axiomes par les constructeurs :

1° Les assises, dressées suivant les lits de carrière, doivent être normales aux efforts à supporter ;

2° Pour la facilité de l'exécution, les surfaces de contact doivent être des surfaces planes ou développables, ou au moins réglées ;

3° Les angles formés par les faces adjacentes doivent être droits ou obtus ;

4° Les assises doivent former des surfaces continues, tandis que les joints seront discontinus ;

5° Quand le massif présente des formes courbes, les intersections des assises et des joints avec les parements seront dirigées suivant les lignes de plus grande et de plus petite courbure des surfaces extérieures.

Plus loin, nous montrerons par quelques exemples comment il convient d'appliquer ces règles dans l'organisation d'un massif de maçonnerie.

Mais, auparavant, nous allons indiquer les diverses manières de combiner entre eux les matériaux de même nature ou de natures différentes, pour en former des constructions solides. Ces combinaisons portent le nom d'*appareils ;* nous ferons connaître, dans chaque cas, les dispositions usitées de nos jours, et celles qu'on employait dans l'antiquité. Nous supposerons, dans ce qui va suivre, que les pressions à supporter sont à peu près verticales.

Constructions homogènes en pierre de taille.

La maçonnerie se compose d'une série de couches horizontales formées de pierres dont les joints se recroisent, soit dans une même couche, soit d'une couche à l'autre. On donne ordinairement le nom d'*assises* à ces différentes zones.

L'épaisseur de chaque assise est uniforme ; les lits forment des plans horizontaux

continus, tandis que les joints verticaux sont discontinus, soit dans une même assise,
soit d'une assise à la suivante.

Ainsi, en supposant des pierres à peu près de mêmes dimensions, on a soin de
mettre alternativement le grand et le petit côté en parement. De plus, quand l'épaisseur
du mur n'est pas très-considérable, on dispose des parpaings de distance en distance.

Les pierres dont le plus grand côté est en parement prennent le nom de *carreaux*

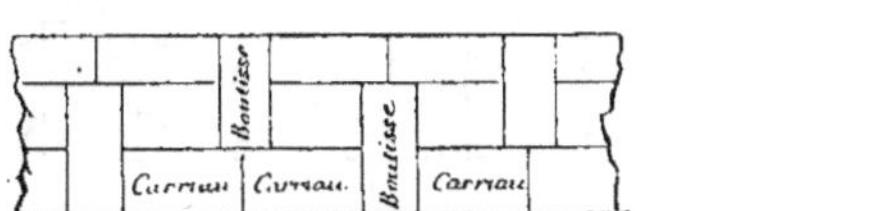

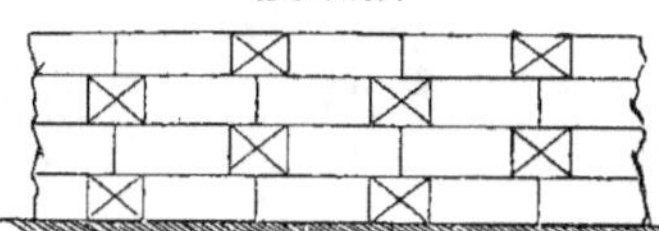

ou *panneresses*. Celles dont la longueur est dans le sens de l'épaisseur du mur, s'appellent *boutisses*.

Tel est le mode de construction suivi de nos jours, et qu'on trouve appliqué avec
beaucoup de soin dans les édifices qui nous restent de l'antiquité, avec cette différence,
seulement, que les pierres y ont des dimensions souvent colossales et se superposent
sans interposition de mortier. Les joints, et surtout les assises, en sont dressés avec
tant de précision, qu'ils sont, pour ainsi dire, insensibles. On a supposé qu'un contact aussi parfait n'avait pu s'obtenir qu'en frottant les pierres les unes contre les
autres, pour en détruire les aspérités.

Lorsque, dans ces maçonneries anciennes, les pierres n'étaient pas assez grosses
pour que la liaison en fût assurée dans le sens horizontal par la résistance due au frot-

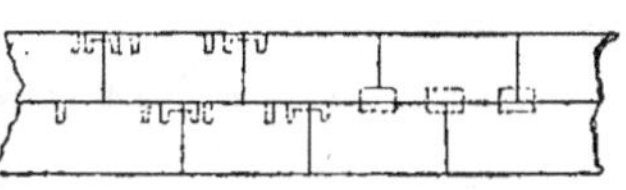

tement, on les reliait à l'aide de crampons en fer, et souvent au moyen de clefs ou de
queues d'hironde en bois durci au feu.

Nous allons passer en revue quelques-unes des dispositions employées dans l'antiquité.

Appareil simple. — ἰσόδομος des Grecs. — *Opus isodomum* des Romains. —
Toutes les pierres ont les mêmes dimensions, la largeur forme l'épaisseur du mur. Cet

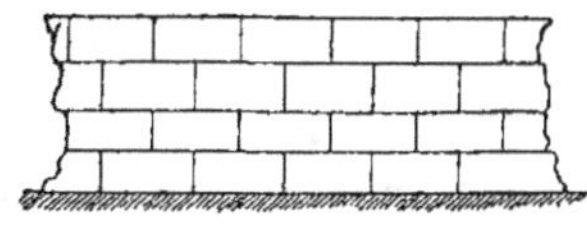

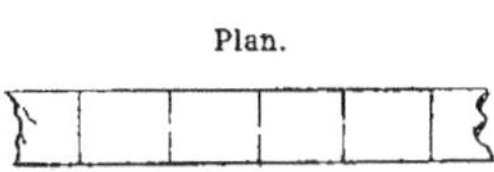

appareil, souvent employé dans la construction des temples, était exécuté avec une régularité parfaite et donnait des maçonneries d'une très-grande solidité.

Appareil double. — Dans ce cas, les pierres ont encore toutes les mêmes dimensions. La section est carrée, la longueur double de la largeur forme l'épaisseur du mur.

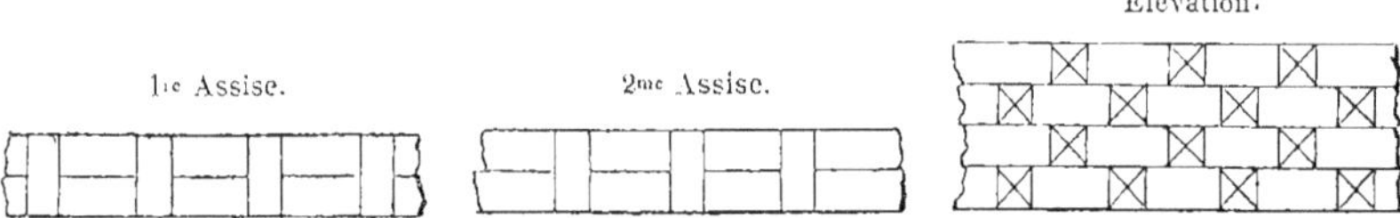

Dans chaque assise, on en place alternativement deux en long et une en travers ; autrement dit, on a alternativement deux carreaux accolés à un parpaing.

Appareil triple. — Les pierres de même échantillon et à section carrée, ont encore pour longueur l'épaisseur du mur. La largeur de chaque pierre est égale au tiers de sa longueur.

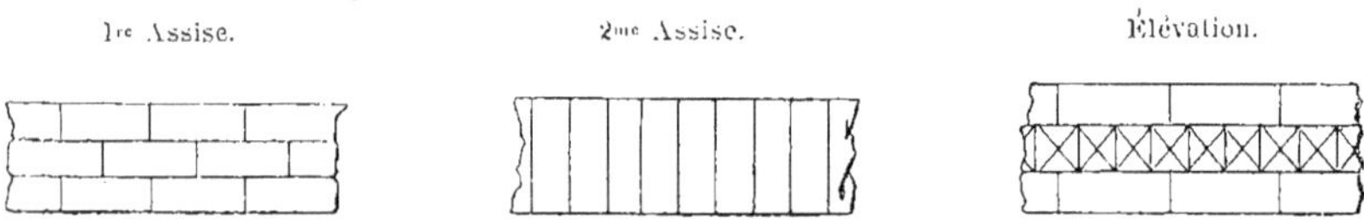

Dans une même assise, toutes les pierres font parpaing dans l'assise suivante, elles sont toutes placées en long.

Les joints se recoupent, d'ailleurs, soit dans le sens horizontal, soit dans le sens vertical.

Cet appareil, très-solide, se retrouve dans les plus anciens édifices de Rome.

Appareil composé. — Opus pseudo-sodomum. — Les Romains employaient d'autres dispositions dans lesquelles les pierres n'avaient plus les mêmes

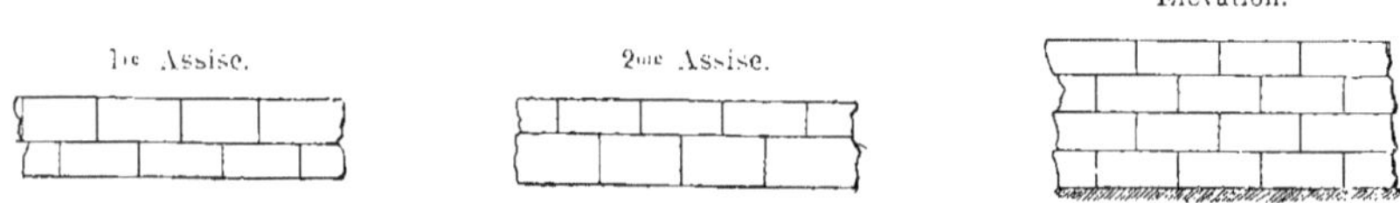

dimensions. Elles étaient de hauteur et de largeur différentes : toutefois, les proportions étaient combinées de manière à donner à la construction une certaine régularité, tout en assurant le recroisement des joints. Ce système était avantageux en ce qu'il per-

9

mettait d'utiliser, dans un même ouvrage, les pierres d'inégales dimensions fournies par une même localité. Nous indiquons ici deux appareils de ce genre.

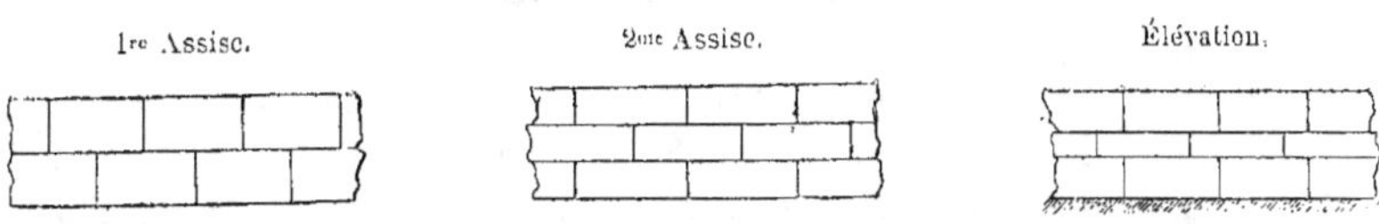

Dans nos constructions modernes, on ne s'astreint pas à une aussi grande régularité, cependant on se rapproche beaucoup de l'appareil simple et de l'appareil double. On s'impose aussi ordinairement, comme condition, l'égalité dans la hauteur des assises.

Constructions homogènes en petits matériaux.

Maçonneries en moellons. — Les constructions en moellons s'exécutent d'après les mêmes principes que les maçonneries en pierre de taille; seulement, les

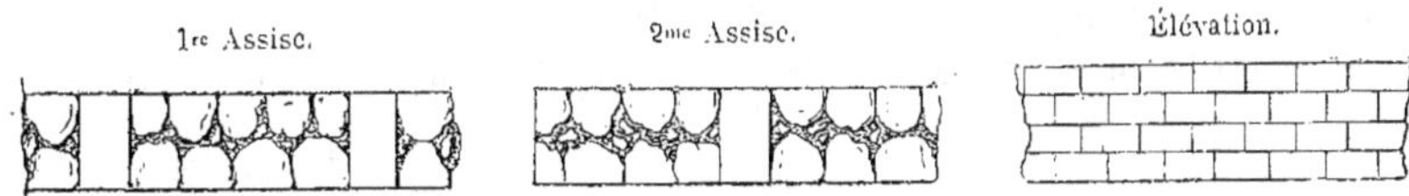

petites dimensions des matériaux et leur irrégularité exigent l'intervention d'un mortier de bonne qualité.

Lorsqu'on emploie des moellons smillés ou piqués, leur disposition peut être très-régulière; mais en raison de leur faible longueur, il est difficile de les recroiser suffisamment, et il devient nécessaire de placer des parpaings de distance en distance. Les pierres étant démaigries vers la queue, on remplit les interstices qu'elles laissent entre elles au moyen d'éclats ou de petits moellons.

Lorsqu'on emploie des matériaux bruts, l'intervention du mortier et des parpaings acquiert encore plus d'importance. Lorsque les murs doivent, comme nous le supposons ici, résister à des pressions sensiblement verticales, il faut procéder par assises aussi régulières que le comporte la nature des pierres, et araser la maçonnerie de 0^m,50 en 0^m,50 de hauteur, suivant des plans horizontaux. Mais, lorsque la construction doit supporter des efforts obliques, ces arasements successifs auraient l'inconvénient de favoriser les glissements; il est préférable, dans ce cas, d'enchevêtrer les assises dans le sens de la hauteur, et pour cela d'employer des moellons d'épaisseurs différentes, ou de les prendre à peu près au hasard, comme ils se présentent sous la main du maçon.

La liaison dans tous les sens s'obtient naturellement, lorsqu'au lieu de moellons on emploie du béton. Cette maçonnerie, construite en effet comme nous l'expliquerons dans une des leçons prochaines, constitue de véritables monolithes. Mais il reste, après l'exécution de la maçonnerie, à régulariser les parements et à protéger le tout contre les actions atmosphériques. Ce résultat s'obtient à l'aide des crépis et des enduits. Nous connaissons déjà les matières propres à ce genre d'ouvrage ; plus loin, nous indiquerons la manière de l'exécuter.

Il est rare que les petits matériaux s'emploient seuls ; souvent, en effet, on fait les parements en matériaux plus réguliers et plus inaltérables, pour éviter l'emploi des enduits, lorsqu'on n'a pas à sa disposition ce qu'il faut pour en assurer la solidité et la durée. Souvent, aussi, certaines parties de la construction, telles que la base de l'édifice, les angles, le pourtour des ouvertures. etc., étant plus fortement chargées. plus exposées aux actions atmosphériques, aux chocs, etc., exigent des matériaux plus réguliers et plus résistants. Mais ces différents cas rentrent dans la catégorie des maçonneries mixtes, dont nous parlerons tout à l'heure.

Constructions en briques. — Les briques, malgré leur faible dimension, permettent, en raison de la régularité de leur forme et de leur adhérence au mortier. d'obtenir de très-bonnes maçonneries.

Le petit côté se place ordinairement en parement. L'épaisseur du mur se compte en

prenant pour unité la longueur d'une brique, c'est-à-dire, environ 0^m,22. Ainsi, on dit qu'un mur a une brique, une brique et demie, deux briques, etc., d'épaisseur; lorsque cette dimension peut s'obtenir avec une longueur, une longueur et demie. deux longueurs, etc., de briques.

Dans les murs minces d'une brique d'épaisseur, toutes les pierres font parpaing.

Lorsqu'on a plus d'une brique d'épaisseur, on met alternativement en parement une

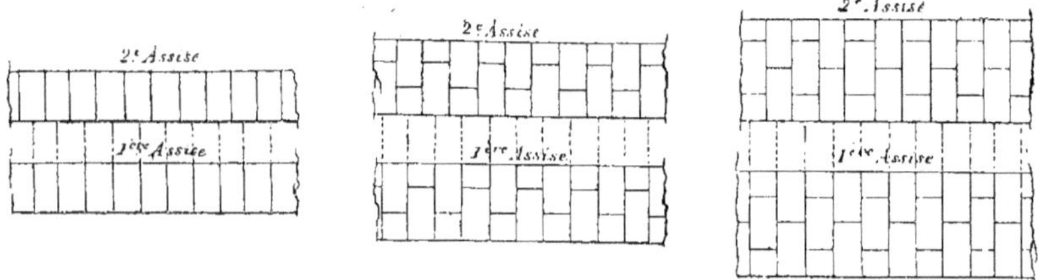

brique et une demi-brique, de sorte que les joints se trouvent recroisés dans une même assise. On a, d'ailleurs, soin de les recouper d'une assise à l'autre.

Pour des murs très-épais, on peut faire usage de la disposition suivante, usitée en Hollande.

Dans une assise, les briques ont leur long côté dirigé obliquement et à 45 degrés sur l'alignement du parement.

Dans l'assise suivante, les briques forment le même angle avec cet alignement, mais s'inclinent à gauche si les premières sont inclinées à droite, de sorte que dans deux assises consécutives les matériaux se recroisent à angle droit. Le bout de chaque brique est taillé convenablement, et l'on régularise ensuite le parement général en le frottant avec une pierre de grès.

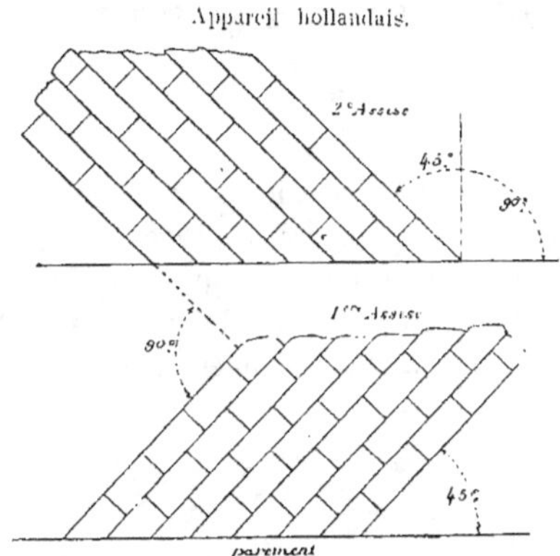

Dans les maçonneries homogènes en briques des constructions antiques, on employait des matériaux de deux dimensions. L'épaisseur était la même, mais à côté de briques de dimensions moyennes, on en avait de plus larges et de plus longues, qu'on réservait pour les parties les plus fatiguées de la construction, et dont on se servait pour parpaings. Cette disposition était préférable à celle qu'on emploie maintenant, en ce qu'elle assurait mieux la liaison des matériaux et permettait de proportionner la résistance des différentes parties du mur aux charges à supporter.

On fait en briques des murs très-minces, auxquels on donne le nom de cloisons ; nous en parlerons plus tard.

Constructions mixtes. — Toutes les parties d'une construction ne sont pas également chargées et exposées aux dégradations, l'homogénéité de la maçonnerie et l'uniformité de résistance ne sont donc point nécessaires et doivent, par conséquent, occasionner une dépense inutile. Les constructions mixtes permettent, par une répartition convenable des matériaux, de mettre la solidité des différentes parties d'un mur en rapport avec les charges et les causes de destruction auxquelles elles sont exposées. De plus, elles procurent une économie notable en facilitant l'emploi de matériaux communs.

Les anciens faisaient un fréquent usage de ce genre de construction. Sous le nom d'ἐμπλεκτον, les Grecs désignaient une maçonnerie dont les parements étaient en pierre de taille, tandis que l'intérieur était construit en moellons ou en blocailles. De distance en distance, les parements étaient réunis par des parpaings ou par des chaînes verticales en pierre de taille embrassant toute l'épaisseur du mur. De nos jours, le

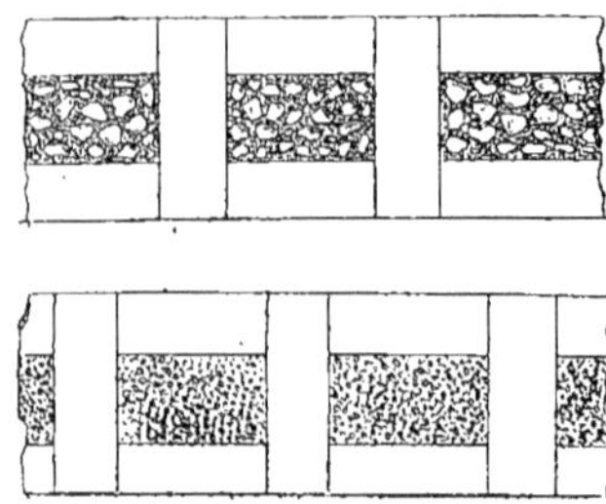 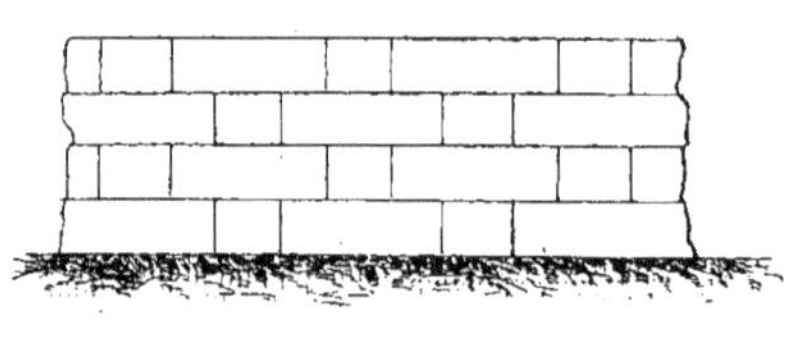

même système est très-souvent employé pour les grosses maçonneries, telles que : les murs de fortification, les murs de quai et de terrasse, les digues, les jetées et la plupart des travaux à la mer. Pour mieux résister aux agents atmosphériques, aux chocs, à l'action des vagues et des corps flottants, on met en parement : des briques, des moellons smillés ou piqués, des pierres de taille, tandis que le noyau intérieur se fait en maçonnerie de moellon ou en béton. Dans ce cas, la grande épaisseur des murs ne permet pas d'employer des parpaings pour relier le parement au massif intérieur. On y supplée en donnant des longueurs de queue inégales aux pierres de parement, ou bien en disposant en quinconce de longues boutisses qu'on enfonce profondément dans le mur.

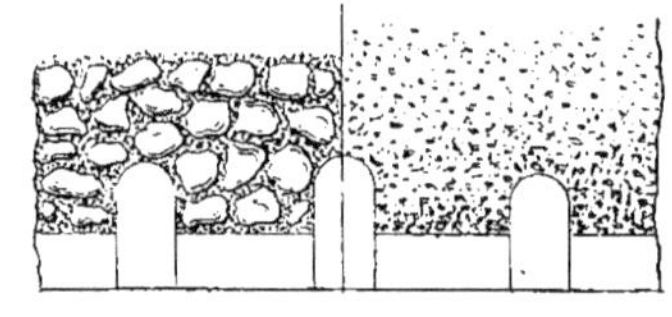

Ces précautions sont souvent insuffisantes pour empêcher la séparation du parement, séparation occasionnée par les inégalités de tassement. Pour prévenir ces inégalités et les accidents qui en résultent, il faut avoir soin, lors de l'exécution de la maçonnerie, de comprimer fortement la masse intérieure et d'augmenter l'épaisseur de la couche de mortier interposée entre les assises du parement.

Lorsque les maçonneries mixtes doivent supporter des efforts considérables, il est très-important de calculer les dimensions du massif en faisant abstraction du parement; afin que dans le cas où le parement viendrait à se détacher ou à se détruire, la maçonnerie restée intacte puisse résister seule aux pressions extérieures.

Dans leurs constructions mixtes, les Romains employaient les dispositions suivantes :

Opus incertum. — Cet appareil consistait en moellons de toutes formes et de toutes dimensions, placés irrégulièrement, tant sur le parement que dans le corps de la maçonnerie. Les moellons, se pressant suivant des faces inclinées, serraient fortement

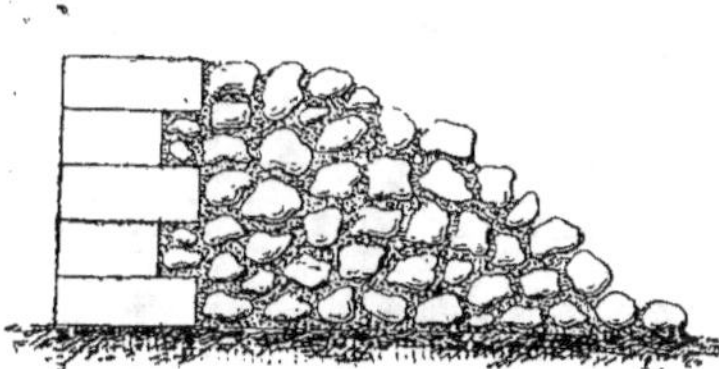

le mortier dans les joints, et il en résultait une liaison très-intime entre les différentes parties du massif. Mais par suite aussi de cette inclinaison des joints, des tassements notables se produisaient, et des pressions assez énergiques se développaient dans le sens de la longueur du mur ; ce qui exigeait, vers les angles, et même de distance en distance, des chaînes solides formées d'assises horizontales en briques, en moellons smillés, et quelquefois en pierre de taille.

Cet appareil est employé dans les environs de Paris. On y consacre les moellons de pierre meulière qui donnent des maçonneries d'une grande solidité, et, au parement, une apparence rustique d'un effet agréable.

Opus reticulatum. — Cette disposition consistait à faire le parement en moellons à tête carrée, et tous d'égale grosseur. Ces moellons formaient des lignes d'assises continues et inclinées à 45 degrés. Il en résultait une sorte de réseau ressemblant aux mailles d'un filet. Cet appareil était très-usité vers la fin de la république romaine. L'intérieur du mur était construit en maçonnerie de blocaille analogue au béton. Les moellons du parement, taillés avec soin sur leur parement, avaient 0,08 de côté et de 0,13 à 0,16 de queue. Ils se terminaient en pointe pour faciliter leur liaison avec le remplissage en béton. Tout le succès de cette construction gisait dans la qualité du mortier. Elle s'exécutait dans des coffrages, en procédant, comme nous l'expliquerons plus loin en parlant de l'établissement des murs en béton.

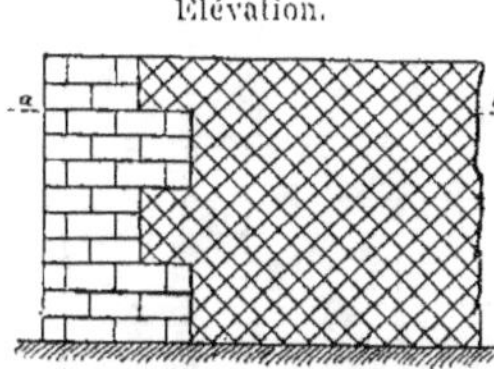

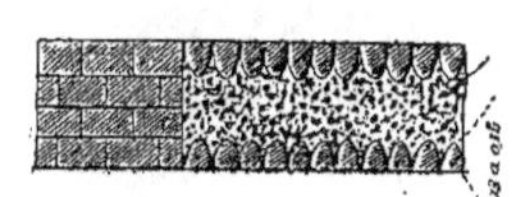

Ici, plus encore que dans le cas précédent, on avait à redouter des poussées latérales dues à l'inclinaison des joints et au massivage du béton. Aussi avait-on, comme ci-dessus, la précaution d'encadrer cette maçonnerie dans des chaînes solides, faites avec des briques ou des moellons de 0,20 de longueur sur 0,11 à 0,16 de largeur et 0,10 d'épaisseur.

Nous citerons encore une disposition fréquemment employée par les Romains. C'est une maçonnerie mixte formée de briques et de béton, que l'on construisait, comme la précédente, à l'aide de coffrages.

Le parement était formé de briques triangulaires isocèles dont l'angle compris entre les côtés égaux était droit. Cet angle pénétrait dans le béton, tandis que l'hypothénuse

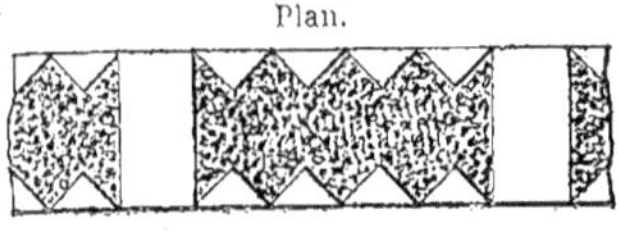

Plan.

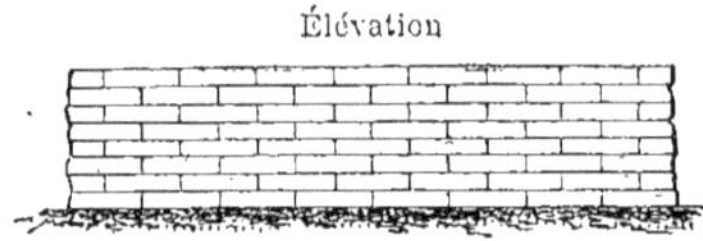

Élévation

était en parement. Dans chaque assise, de distance en distance, on plaçait en parpaing de longues briques.

De 1,50 en 1,50 dans le sens de la hauteur, on arasait la maçonnerie de remplissage et l'on battait fortement le béton pour en diminuer le tassement. De plus, pour éviter des affaissements inégaux dans le parement et le massif intérieur, on donnait 2 à 3 centimètres d'épaisseur à la couche de mortier interposée entre les assises de briques. Le remplissage se faisait d'ailleurs en matériaux d'autant plus petits que l'épaisseur du mur était plus faible. Quelquefois on faisait alterner des assises en moellons ou en pierre de taille de bas appareil avec un certain nombre d'assises en briques et béton, comme l'indique la figure ci-dessous.

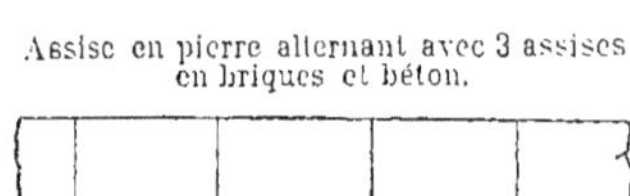

Assise en pierre alternant avec 3 assises
en briques et béton.

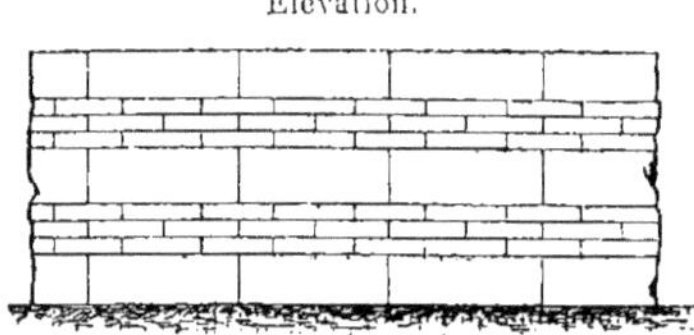

Élévation.

Un appareil du même genre s'emploie pour la construction des murs de revêtement en moellons bruts de peu d'épaisseur, parementés en briques. Voici comment on organise le parement pour le relier solidement au noyau intérieur de la maçonnerie.

On procède par séries de cinq assises de briques ; ces assises sont en retraite d'une demi-brique les unes sur les autres, et chaque série porte le nom de plombée.

Voici la composition des diverses assises de plombée :

```
1re assise......  1 rang de 5 briques,   alternant avec 1 rang de 4 briques 1/2.
2e assise......   1    —    4    —  1/2       —        1    —    4    —
3e assise......   1    —    4    —            —        1    —    3    —  1/2.
4o assise......   1    —    3    —  1/2       —        1    —    3    —
5o assise......   1    —    3    —            —        1    —    2    —  1/2.
```

Lorsqu'une plombée est terminée, on arase à son niveau la maçonnerie de moellons. Il est évident qu'à cette maçonnerie on pourrait substituer, avec avantage, un remplissage en béton. On pourra, d'ailleurs, réduire chacune des assises d'une brique ou même d'une brique et demie et faire varier aussi le nombre des assises d'une plombée. (*Voir les figures ci-dessous.*)

L'emploi de matériaux différents dans chaque assise de la construction suppose des épaisseurs que n'ont pas généralement les murs des bâtiments. Mais, dans ce cas, il importe de remarquer que toutes les parties ne sont pas également chargées, ni exposées aux dégradations, et qu'alors on peut, comme nous l'avons déjà fait observer plus haut, répartir les matériaux de manière à réserver les plus gros et les plus résistants pour les points les plus fatigués de l'édifice. Il en résultera une véritable maçonnerie mixte, dans laquelle on pourra satisfaire à la fois aux conditions de solidité et d'économie.

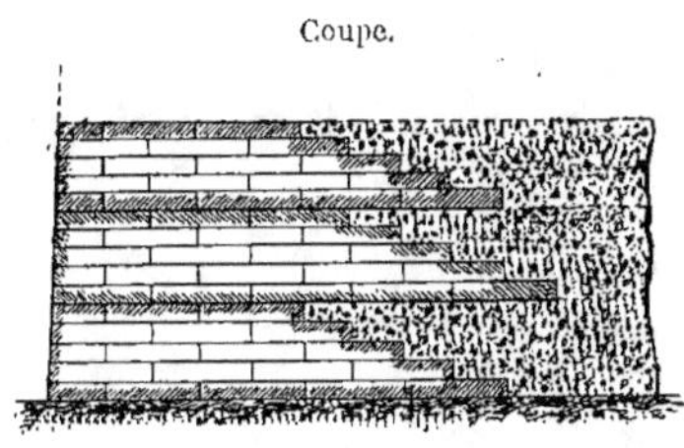

Ainsi, à l'aplomb des poutres des planchers et des fermes portant la couverture, à la retombée des arcs doubleaux et des voûtes d'arête, on disposera des chaînes en pierre de taille. La même pierre s'emploiera pour la construction des soubassements, des angles du bâtiment et des encadrements des portes et des fenêtres.

De plus, pour mieux répartir la pression des parties supérieures sur celles qui les supportent, il conviendra de disposer, de distance en distance, des bandeaux horizontaux formés de larges pierres. Enfin, pour couronner l'édifice et servir d'appui à la toiture, on couvrira le sommet des murs extérieurs d'une tablette, qu'on fera saillir hors du parement pour rejeter les eaux pluviales loin de la base de la construction. Par ces diverses dispositions, l'ossature du bâtiment se trouvera solidement établie, et, pour le reste, il sera possible d'employer des matériaux plus communs et, par cela même, beaucoup plus économiques. En agissant ainsi, on aura, il est vrai, dans un même mur, des parties construites en moellons et d'autres en pierre de taille et, par suite, des affaissements inégaux à redouter. Mais, comme les parties qui ont le moins de tendance à l'affaissement, toutes choses égales d'ailleurs, se trouveront les plus chargées, les inégalités de tassement seront, en définitive, peu sensibles.

Ce qui précède montre toutefois que, dans le cas où des murs en moellons supportent des pressions uniformes, il n'est pas convenable d'y placer des chaines verticales en matériaux réguliers ; et que, si l'on en met aux angles pour mieux résister aux chocs, ou à la jonction des murs afin de les mieux relier, il faut, pour avoir un tassement uniforme, ou bien adopter partout la même hauteur d'assise, ou bien, si les hauteurs d'assises sont différentes, proportionner à l'épaisseur des pierres, celle de la couche de mortier qui les sépare.

APPLICATION DES RÈGLES GÉNÉRALES DE L'APPAREIL A QUELQUES CAS TRÈS-SIMPLES QU'ON RENCONTRE SOUVENT DANS LA PRATIQUE.

Massif à parements plans verticaux, ou d'une inclinaison plus raide que 5/1, la charge étant verticale.

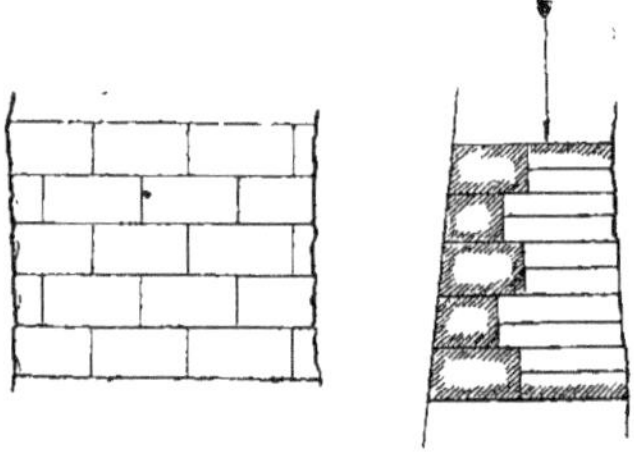

Les assises sont des surfaces horizontales continues, les joints sont des plans verticaux discontinus. Les lignes apparentes sur le parement sont des horizontales continues pour les assises, et pour les joints ce sont des portions discontinues des lignes de plus grande pente du plan du parement. L'angle dièdre de l'assise et du parement diffère peu d'un angle droit.

Mêmes hypothèses que précédemment, mais en supposant que la résultante des efforts exercés sur la maçonnerie est inclinée relativement à la verticale.

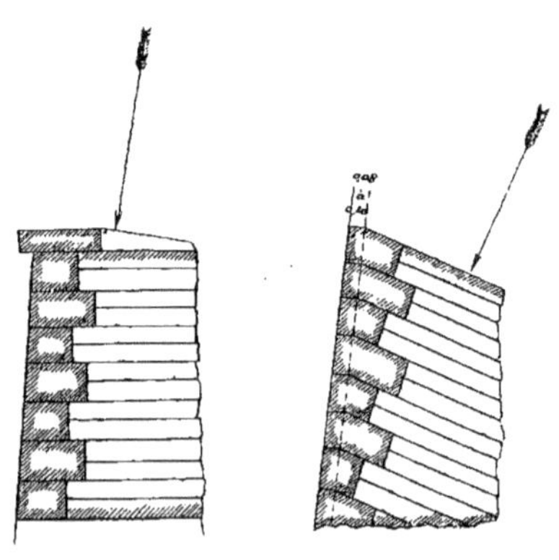

Les assises doivent être normales à la direction de la résultante ; pour éviter les angles aigus vers le parement; on retourne les assises sur une épaisseur de 0,08 à 0,10 normalement à la direction du parement.

Quand la résultante n'est pas très-inclinée, comme cela se présente pour les murs de soutènement, on laisse les assises horizontales, cela facilite la construction. Le frottement suffit, dans ce cas, pour s'opposer au glissement de la partie supérieure du mur sur une assise quelconque ; l'adhérence du mortier aux matériaux s'ajoute encore au frottement pour empêcher complètement ce mouvement.

Massif à parement plan incliné, suivant une pente plus douce que 5/1, avec des pressions verticales.

Les assises seront des plans horizontaux qu'on retournera normalement au parement sur une épaisseur de 0,10.

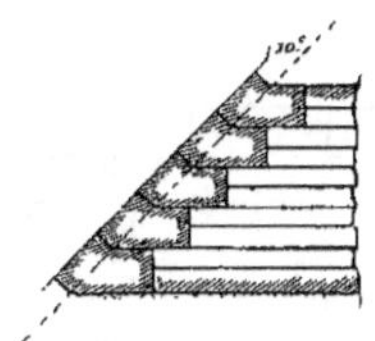
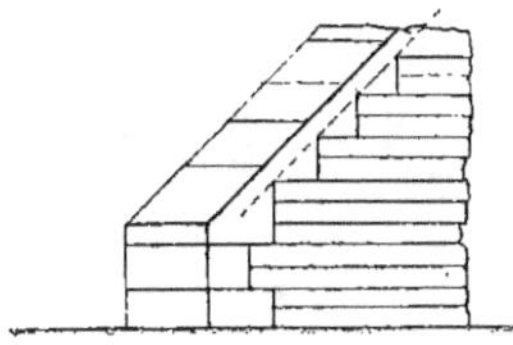

On pourra aussi prolonger horizontalement les assises jusqu'au talus, et l'on fera disparaître l'angle aigu en terminant le parement par une série de ressauts formés d'une petite partie verticale de 5 centimètres de hauteur et d'un plan plus doux que le parement primitif.

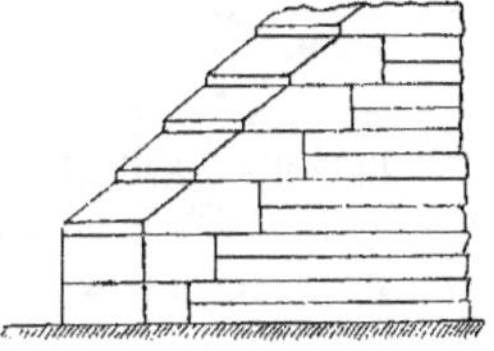

La surface extérieure n'est plus plane, mais souvent cela présente peu d'inconvénients, et l'on a l'avantage d'éviter, par cette disposition, l'infiltration des eaux pluviales dans les joints, et les dégradations qui en sont la conséquence.

Ces appareils, ainsi que le suivant, s'emploient fréquemment dans la fortification.

Parement à pente très-douce, se rapprochant d'un plan horizontal.

Ce cas se présente pour le sommet d'un mur d'escarpe dont la magistrale serait inclinée, pour un mur soutenant une rampe, etc.

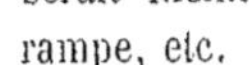
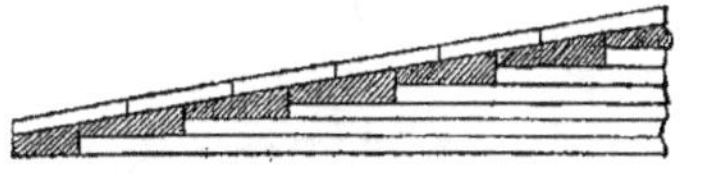

Les assises sont horizontales, et l'on évite l'angle aigu sur le parement en faisant participer à deux hauteurs d'assise la queue de chaque pierre. Les faces supérieures sont taillées suivant la pente donnée. Ordinairement cet appareil est recouvert, pour les pentes très-douces, d'une tablette dont les joints sont normaux au parement.

Cylindre droit vertical. — Les assises seront des plans horizontaux et seront continues.

Les joints seront des plans verticaux méridiens ou perpendiculaires à la directrice et seront discontinus.

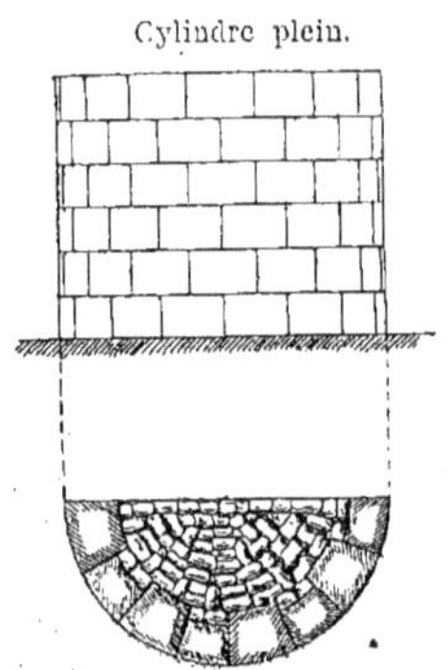
Cylindre plein.

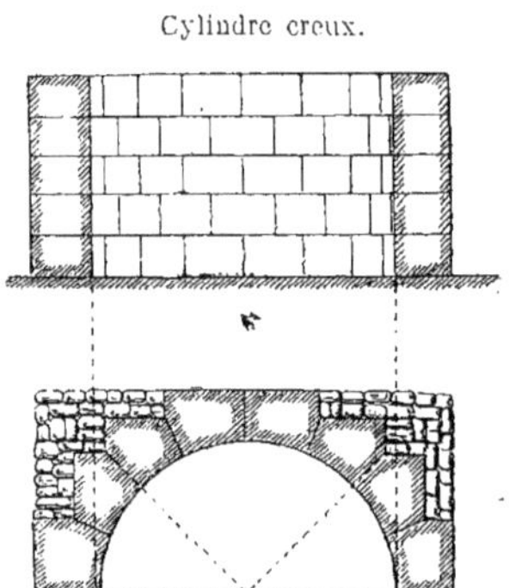
Cylindre creux.

Les lignes de joints apparentes seront, pour les assises, des cercles continus égaux à la directrice du cylindre et, pour les joints, on aura des portions de génératrices. Ce seront, par conséquent, les lignes de plus grande et de plus petite courbure de la surface.

L'appareil sera d'ailleurs le même, que le cylindre soit plein ou creux.

Cône droit plein. — Les assises sont horizontales et retournées normalement aux génératrices sur une épaisseur de 7 à 8 centimètres, suivant des surfaces coniques, dont le sommet est sur l'axe du cône.

Les joints sont des portions de plans méridiens, alternant d'une assise à l'autre.

Les lignes apparentes sur le parement devant être de plus grande et de plus petite courbure seront, pour les assises, des parallèles du cône, et pour les joints, des portions de génératrices.

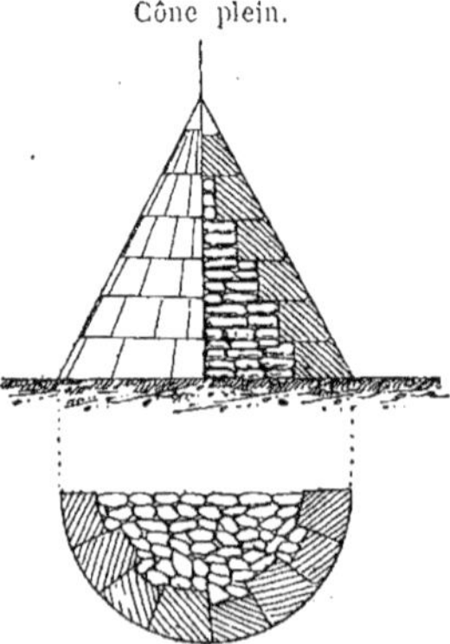
Cône plein.

Demi-sphère pleine. — Les assises, comme dans le cas précédent, seront horizontales et se retournent

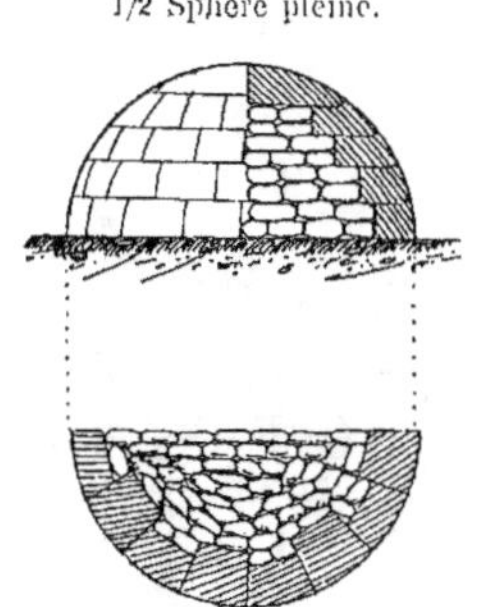

1/2 Sphère pleine.

normalement à la surface sur une épaisseur de 7 à 8 centimètres, pour faire disparaître l'angle aigu qu'elles formeraient avec le parement. Ces surfaces, en retour, seront des cônes droits dont les bases seront des parallèles de la sphère et dont le sommet sera au centre de ce corps.

Les lignes apparentes sur le parement seront, pour les assises, des parallèles de la surface de la sphère et, pour les joints, des portions de méridiens.

L'appareil des massifs à parements sphériques intérieurs sera donné lorsque nous parlerons des voûtes en dôme.

Les exemples précédents suffisent pour montrer comment on devrait appliquer les principes généraux de l'appareil à des massifs de formes plus compliquées.

Nous ajouterons quelques mots relativement à l'appareil des angles saillants, des angles rentrants et des chaînes verticales.

Angles saillants. — Ces angles, surtout lorsqu'ils sont aigus, doivent être construits avec soin et en grosses pierres. On ne doit point mettre de joint dans l'angle, et chaque pierre placée au sommet comprend une partie des deux parements adjacents.

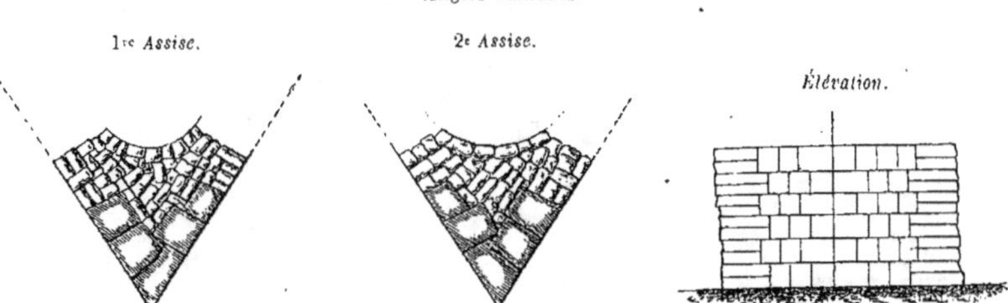

Angles saillants.

1re *Assise.*   2e *Assise.*   *Élévation.*

Les joints doivent se recroiser d'une assise à l'autre, et l'on doit régler la longueur et la largeur des pierres de manière à les bien relier avec le reste de la maçonnerie, ce qui s'obtient en mettant les pierres alternativement en saillie et en retraite les unes sur les autres, non-seulement dans le sens de la longueur des parements, mais aussi dans le sens de l'épaisseur du mur. Cette disposition porte le nom d'appareil en *harpe*.

Angles rentrants. — Ces angles présentent beaucoup de solidité; on peut, par conséquent, les construire en pierres moins volumineuses et moins dures que celles des saillants. On pourrait, sans inconvénient pour la résistance, mettre un joint dans

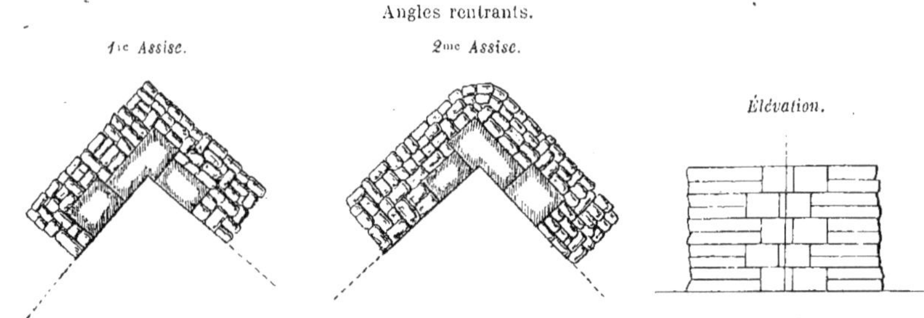

l'angle; mais on ne le fait pas parce que d'abord le rejointement en serait difficile et que, si le joint venait à se dégarnir, des végétaux s'y développeraient rapidement, surtout dans le cas de parements inclinés; ensuite, en découpant l'angle dans une même pierre de chaque assise on peut le dresser avec beaucoup plus de précision et amorcer très-exactement la direction de la face en retour. Cette disposition exige à la vérité un refouillement dans les pierres d'angle; mais ce refouillement est peu profond et ne dépasse guère 0,10.

Chaînes verticales. — Les chaînes verticales doivent se composer de pierres alternativement longues et courtes; si on leur donne la même longueur, elles doivent

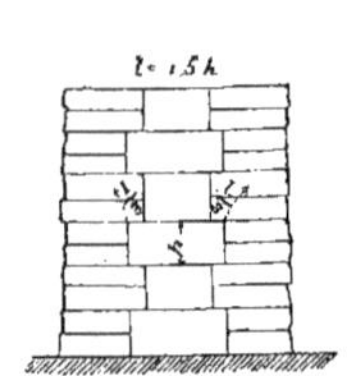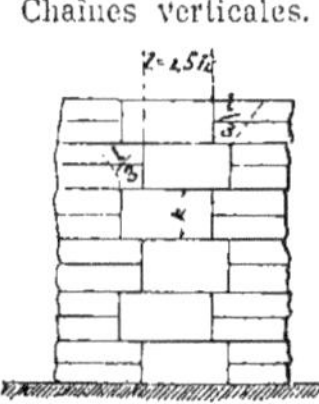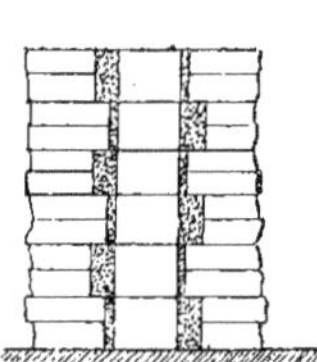

se déborder alternativement, à droite et à gauche, pour que la chaîne se relie bien au reste de la maçonnerie.

h étant la hauteur d'assise; la partie l sera égale à 1,50 h, les saillies seront égales à un tiers de l.

La liaison des chaînes verticales avec le reste du mur n'est pas toujours apparente; mais elle doit exister en réalité. Après avoir fait la construction, comme nous venons de le dire, on refouille grossièrement une partie des pierres, et sur cette partie refouillée on fait arriver l'enduit en mortier de manière à laisser sur le parement une largeur uniforme à la chaîne.

QUATRIÈME LEÇON

MURS

On donne le nom de *murs* aux maçonneries dont l'épaisseur est faible comparativement aux autres dimensions. Ils prennent différents noms suivant leur destination. On en distingue trois espèces principales que nous étudierons successivement, savoir : 1° les murs de clôture ; 2° les murs de bâtiment ; 3° les murs de soutènement.

MURS DE CLOTURE

On désigne ainsi ceux qui limitent une cour, un jardin, un enclos quelconque.

Pour les constructions rurales, ces murs se construisent assez grossièrement; on les fait : 1° en pierres sèches sans enduit; 2° en pierres sèches avec enduit en mortier de chaux et sable; 3° en moellons avec mortier en terre argileuse et enduit en mortier ordinaire de chaux de sable; 4° en pisé; 5° enfin, quand on veut leur donner plus de solidité, on les construit en maçonnerie de moellons, avec enduit en bon mortier sur tous les parements apparents.

Les murs de clôture se construisent rarement en pierre de taille, même dans l'intérieur des villes. Ceux que l'on construit avec le plus de soin sont parementés en moellons d'assise, rejointoyés; on es renforce de 4 en 4 mètres, dans le sens de la longueur, à l'aide de chaînes verticales en pierre de taille faisant parpaing. Ces pierres ont alternativement, pour des hauteurs de mur de 3 à 4 mètres, 0,45 et 0,75 de longueur; pour des hauteurs plus grandes, 0,50 et 0,90.

Le mur repose sur un soubassement s'élevant de 0,50 au dessus du sol, et formé de deux assises dont la plus basse est enfouie d'une dizaine de centimètres. Il est couronné d'une tablette en pierre de taille de 0.20 à 0,30 d'épaisseur, avec une saillie de 0,05 à 0,10 sur le parement du mur. Cette tablette porte le nom de *chaperon;* elle peut être arrondie ou taillée suivant un ou deux plans inclinés, pour faciliter l'écoulement des eaux pluviales. Ces plans, auxquels on donne le nom *d'égouts,* sont souvent un indice de possession. Le mur fait ordinairement partie de la propriété dans laquelle les eaux se déversent. Un chaperon à deux égouts indique souvent un mur mitoyen.

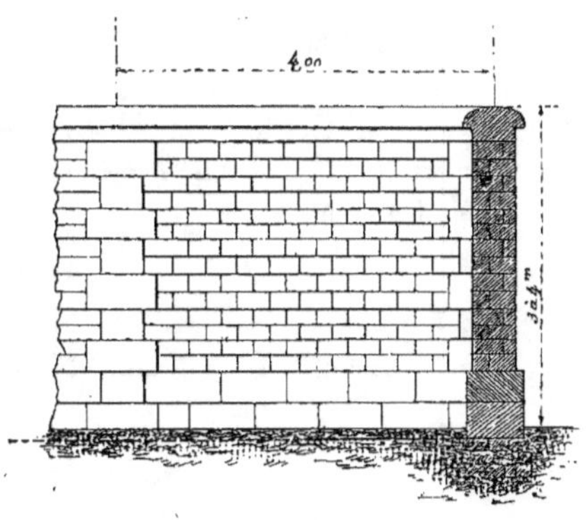

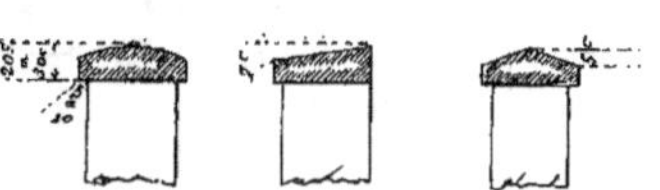

La conservation du mur exige que le chaperon soit solidement construit et présente à l'extérieur un parement bien imperméable.

Pour les murs de clôture en pierres sèches, avec enduit en mortier, on fait le chaperon en maçonnerie. Pour les murs en maçonnerie de moellons, on les fait en pierre de taille. Souvent on remplace le chaperon en pierre de taille par une petite couverture en tuiles maçonnées sur le sommet du mur. Enfin, par économie, on se contente quelquefois de faire le couronnement en maçonnerie de moellons, comme le reste de la construction; mais il est essentiel, dans ce cas, d'avoir des enduits de bonne qualité, et de donner aux égouts une pente d'environ 45°, ou bien de terminer le mur par un arrondissement demi-circulaire.

Épaisseur des murs de clôture. — Les murs n'ont que leur propre poids à supporter; mais ils doivent résister à l'action des pluies, des gelées, aux chocs accidentels et surtout à la pression horizontale du vent, qui, dans certaines localités, peut avoir une très-grande intensité.

Si l'on considère un mur en ligne droite, d'une grande ou d'une faible longueur, mais sans appuis à ses extrémités, on déterminera son épaisseur par la formule suivante :

$$c = \sqrt{\frac{PH}{p'}}$$

dans laquelle c désigne l'épaisseur cherchée, P la pression par mètre carré exercée par le vent, H la hauteur du mur, p' le poids du mètre cube de la maçonnerie (*).

Il faut évidemment prendre dans cette formule pour P, la pression qui correspond aux vents les plus violents qu'on ait à craindre dans la localité. Sur les côtes on pourra $P = 144$ kilog.; mais dans l'intérieur des terres, il suffira de faire $P = 100$ kilog. et en supposant que p' soit moyennement de 2,000 kilogrammes.

On aura : dans le premier cas. . . . . $c = 0{,}27 \sqrt{H}$

et dans le deuxième cas. . . . . . . $c = 0{,}22 \sqrt{H}$

ou bien, quel que soit p' : 1° $c = 12\sqrt{\dfrac{H}{p'}}$ 2° $c = 10\sqrt{\dfrac{H}{p'}}$

(*) Si l'on fait abstraction de l'adhérence du mur avec sa fondation suivant la base AB, le vent agissant sur la face BC tendra à renverser le mur en le faisant tourner autour de l'arête A, tandis que ce mur résistera par son poids seulement; le moment de la pression P par rapport à A sera $PH\dfrac{H}{2} = \dfrac{PH^2}{2}$; le moment du poids du mur sera $Hep' \times \dfrac{e}{2}$ ou bien $\dfrac{p'He^2}{2}$. On devra donc, pour l'équilibre, avoir $\dfrac{p'He^2}{2} = \dfrac{PH^2}{2}$ ou $p'e^2 = PH$, d'où l'on tire $e = \sqrt{\dfrac{PH}{p'}}$. Cette formule est déduite de l'hypothèse d'un équilibre strict; mais, comme on a négligé la cohésion des

Si l'on avait à redouter de forts coups de vent, P étant considérable, on devrait donner au mur une assez grande épaisseur; on pourrait alors, pour économiser la maçonnerie, placer de distance en distance de 10 en 10 mètres par exemple, des contreforts sur la face opposée à celle qui reçoit la pression des vents dangereux. Ces contreforts seraient des murs en retour, auxquels on donnerait perpendiculairement à l'alignement général, une saillie de 1 à 2 mètres, suivant que leur hauteur et leur espacement seraient plus grands. On rentrerait, dès lors, dans le cas suivant, où l'on suppose que chaque mur fait partie d'une enceinte fermée.

Il est évident que si une portion de clôture telle que AB s'appuie à deux murs en retour AC et BD, avec lesquels elle soit solidement reliée, elle opposera au renversement une résistance beaucoup plus grande que si elle était complètement isolée. Il est donc convenable de tenir compte de cette circonstance et d'introduire dans la formule, qui donnera dans ce cas l'épaisseur du mur, la longueur L, ou l'écartement des deux angles A et B.

Cas d'une enceinte fermée; règle de Rondelet.

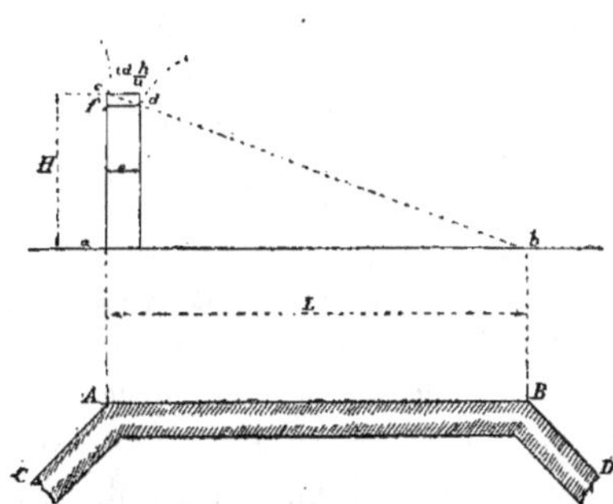

— Rondelet, architecte et écrivain d'une grande autorité dans l'art des constructions, en comparant entre elles les dimensions d'un grand nombre de murs anciens, d'une solidité bien constatée, est arrivé à la règle empirique suivante, pour déterminer l'épaisseur à donner aux différentes parties d'une enceinte polygonale.

Soit H la hauteur et L la longueur d'un pan de mur entre deux sommets consécutifs A et B. Sur une horizontale on portera $ab = L$, et sur la verticale Ac, on prendra $ac = H$, puis, l'on joindra le point c au point b, de manière à former le triangle rectangle abc. Sur l'hypothénuse on prendra $cd = \dfrac{1}{u} H$ (u étant un nombre dont nous allons fixer la valeur), enfin, on mènera l'horizontale df qui donnera l'épaisseur cherchée.

Rondelet fait varier le nombre u ou la fraction $\dfrac{1}{u}$, suivant la qualité des matériaux et surtout suivant celle du mortier. Pour de bons matériaux, il fait $\dfrac{1}{u} = \dfrac{1}{12}$; pour des

mortiers, cohésion dont la résistance s'oppose au renversement, on peut regarder la stabilité comme suffisamment assurée.

matériaux de moyenne qualité $\dfrac{1}{u} = \dfrac{1}{10}$; enfin, pour des maçonneries médiocres, il prend $\dfrac{1}{u} = \dfrac{1}{8}$. Cette règle peut se traduire en une formule assez simple ; en effet, on voit qu'on a : $c^2 = \overline{cd}^2 - \overline{cf}^2 = \dfrac{H^2}{u^2} - \overline{cf}^2$; d'un autre côté, $cf : c :: H : L$, d'où $cf = \dfrac{cH}{L}$ et $\overline{cf}^2 = \dfrac{c^2 H^2}{L^2}$ en substituant $c^2 = \dfrac{H^2}{u^2} - \dfrac{c^2 H^2}{L^2}$ ou $c^2 \left(1 + \dfrac{H^2}{L^2} \right) = \dfrac{H^2}{u^2}$; d'où

$$c = \frac{1}{u}\, \frac{H}{\sqrt{1 + \left(\dfrac{H}{L} \right)^2}}$$

Observations. — Cette formule, comme toutes les règles empiriques, n'est applicable qu'entre certaines limites. On ne l'emploiera que pour des hauteurs moindres que 10 mètres et pour des longueurs comprises entre une fois et demie et cinq fois la hauteur.

Dès que la longueur L augmente sensiblement, relativement à H, la quantité $\left(\dfrac{H}{L} \right)^2$, devient négligeable devant l'unité, et la valeur de c se réduit à $c = \dfrac{H}{u}$; ce qui doit être, puisque les angles d'épaulement sont trop éloignés pour prêter appui au pan de mur considéré. Mais alors, les épaisseurs données par la formule de Rondelet, pourraient devenir insuffisantes pour des murs exposés à de violents coups de vent et l'on devrait avoir recours à l'une ou l'autre des relations $c = 10 \sqrt{\dfrac{H}{p'}} \ldots\ldots c = 12 \sqrt{\dfrac{H}{P'}}$ données plus haut.

La règle de Rondelet s'applique au côté d'un polygone quelconque, pourvu que le nombre des côtés ne dépasse pas douze. S'il était plus grand, il faudrait prendre pour L la longueur du côté du dodécagone régulier dont le périmètre serait égal au développement total du mur. Il suit de là que, dans une enceinte circulaire, on devra prendre pour L le côté du dodécagone inscrit ou circonscrit ; ou bien, simplement, avec une approximation suffisante, la moitié du rayon de l'enceinte.

Application. — Si l'on considère un mur ancien, par exemple, le mur qui entoure l'église de Saint-Étienne-le-Rond, à Rome, le diamètre étant 65,20 on prendra $L = \dfrac{65,20}{4} = 16,30$; la hauteur est d'ailleurs de 7,32, en faisant $u = 10$, on aura $c = 0,68$, tandis que le mur existant a 0,659 d'épaisseur. On voit donc que la formule s'accorde sensiblement avec la pratique.

Dans les méthodes précédentes, on ne tient pas compte de la nature des matériaux, attendu que c'est surtout par leur poids qu'ils résistent, et que les différentes espèces de maçonneries ne diffèrent pas beaucoup de densité.

Pour les murs en pisé, on pourra prendre les six cinquièmes des épaisseurs indiquées par les formules et cinq quarts pour les murs en pierres sèches.

MURS DE BATIMENT

On distingue ces murs en murs de façade et murs de refend. Les murs de façade sont ceux qui limitent le bâtiment sur les rues, les cours, ou les jardins. Dans les anciennes constructions, ces murs se terminaient en pointe sur la rue et on leur donnait le nom de pignons; nous désignerons ainsi dans nos constructions modernes le petit côté des édifices dont la forme en plan est rectangulaire.

Forme du profil des murs de façade et de refend.

Dans les murs des bâtiments, l'épaisseur n'est pas constante; elle va en diminuant de la base au sommet, afin que les parties les plus chargées offrent plus de résistance.

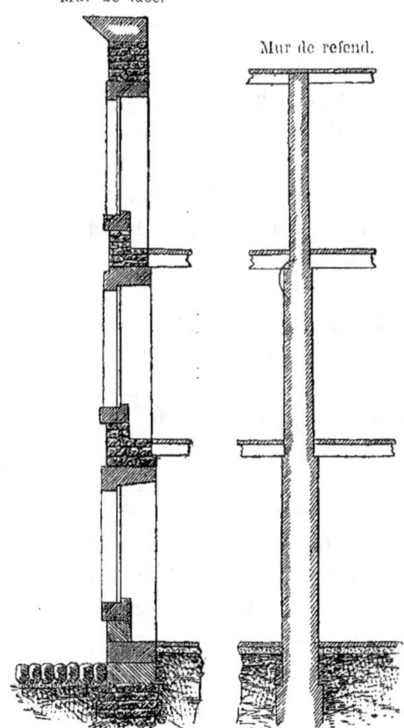

Dans les murs de façade, la diminution d'épaisseur se fait aux divers étages, savoir : à *l'intérieur* au moyen de retraites successives opérées au niveau des planchers; à *l'extérieur* soit au moyen d'un talus continu sur toute la hauteur; soit au moyen de retraites que l'on pratique à la hauteur des bandeaux horizontaux, lorsqu'il en existe dans la décoration de la façade. Dans ce cas, les deux parements sont formés de parties verticales en saillie les unes sur les autres. On donne le nom de *fruit* à la tangente de l'angle formé par le talus extérieur avec la verticale. Ce fruit est compris entre $1/80$ et $1/250$.

A l'intérieur tous les parements sont verticaux, ou sans fruit : des parements inclinés seraient d'un effet désagréable et très-gênants pour l'ameublement.

Il y aura toujours avantage, sous le rapport de la stabilité, à réserver sur les parements extérieurs des façades soit un fruit, soit des retraites successives; car cette disposition reportant le centre de gravité du mur vers l'intérieur, augmentera le moment de son poids par rapport à l'arête extérieure de la base. Le mur, par conséquent, résistera mieux à la poussée du plâtre des plafonds, et aux effets de renversement que tendent à produire les mouvements vibratoires imprimés aux combles par la pression du vent, et aux planchers par des chocs, ou des charges accidentelles. Il sera même convenable, surtout pour des bâtiments isolés, de maintenir le parement intérieur vertical sur toute la hauteur, et de reporter entièrement sur le parement extérieur les diminutions d'épaisseur à faire subir aux murs de façade de la base au sommet.

Les parois des murs de refend seront verticales et la diminution d'épaisseur s'opérera au moyen de retraites égales et symétriques, ménagées à la hauteur des planchers. Dans les murs encadrant les cages d'escalier, on ne fera pas de retraites du côté de l'escalier, attendu qu'elles seraient d'un très-mauvais effet si elles étaient apparentes, et que, si on voulait les dissimuler en leur faisant suivre le plafond des rampes, elles nuiraient à la stabilité du mur. Ainsi, dans les cages d'escalier, les parements seront verticaux sur toute la hauteur des murs, et les retraites seront ménagées sur les parois opposées ou extérieures à la cage.

Épaisseur des murs de bâtiment. — Lorsque les murs ont à résister à des efforts obliques provenant des voûtes, ou de certaines charpentes, leur épaisseur se détermine d'après des conditions particulières, ainsi que nous le verrons plus loin. Nous ne nous occuperons, quant à présent, que des bâtiments ordinaires, non voûtés, dans lesquels les charpentes des combles et des planchers, ne doivent reporter sur les murs que des pressions verticales, et servent même, dans les constructions faites avec soin, à les maintenir dans leur aplomb, en agissant soit comme tirants, soit comme arcboutants.

Dans ces conditions, il semblerait que, pour déterminer l'épaisseur des murs, on devrait la calculer de manière à résister à l'écrasement; de sorte que, P étant la charge à supporter par unité de longueur au niveau du sol d'un étage, e l'épaisseur cherchée, et P' la résistance permanente à la compression pour la maçonnerie employée, on aurait $e = \dfrac{P}{P'}$.

Mais, en opérant ainsi, on trouverait, même pour des matériaux de qualité médiocre, des dimensions bien inférieures à celles de la pratique. C'est qu'en effet, ce qui précède suppose que la charge est uniformément répartie sur l'étendue de la section du mur, ce qui n'arrive que très-rarement, attendu que l'action des vents sur les combles, les charges accidentelles, qui peuvent agir inégalement sur les planchers de chaque côté du mur, les chocs, les vibrations, la dilatation des plâtres, etc., sont autant de causes qui, faisant dévier la direction de la charge, peuvent la faire passer près de la limite de la base, et reporter vers cette limite des pressions supérieures à la résistance des maçonneries.

Comme il est presqu'impossible de tenir compte, dans le calcul, d'un aussi grand nombre de conditions, l'expérience est le guide le plus sûr à consulter pour fixer l'épaisseur des murs des bâtiments. Heureusement, dans chaque localité, les exemples d'édifices solides construits avec les matériaux du pays, abondent et peuvent être imités dans les constructions nouvelles. Il existe même des dimensions consacrées par l'usage, et dont il est prudent de s'écarter le moins possible.

Dans le cas où ces renseignements manqueraient et, en général, pour les avant-projets, on pourra se servir des règles empiriques suivantes, dues à Rondelet.

Bâtiments sans étage, recouverts d'un simple toit. — Pour ces bâtiments, on emploiera la formule donnée plus haut :

$$e = \frac{H}{12 \sqrt{1 + \left(\dfrac{H}{L}\right)^2}}$$

dans laquelle H représentera la hauteur du mur jusqu'au plafond, et L, la largeur hors-œuvre.

Dans le cas où des appentis s'appuiraient contre les murs, comme dans les anciennes basiliques, on ne porterait plus de c en d, le 1/12 de H, mais le 1/24 de $H + h$; h étant la hauteur du mur principal, au-dessus du point d'appui du sommet de l'appentis. La formule deviendrait

$$e = \frac{H + h}{24 \sqrt{1 + \left(\dfrac{H + h}{L}\right)^2}}$$

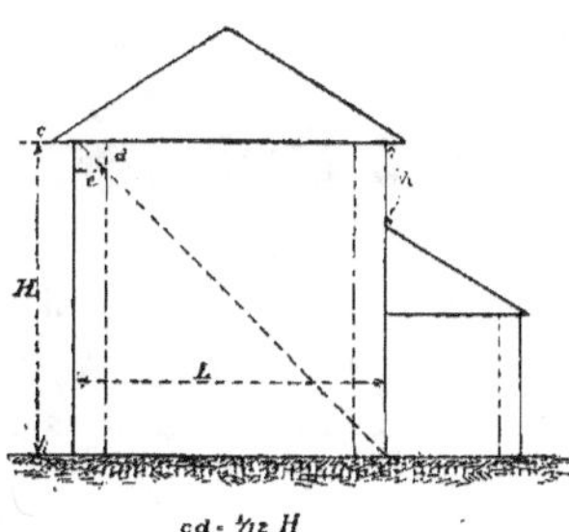

Bâtiments à plusieurs étages. — Murs de façade. — On distinguera deux cas : 1° Celui où le bâtiment ne contient pas de murs de refend longitudinaux; 2° celui où le bâtiment est double.

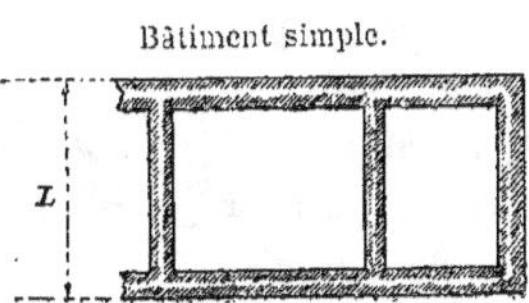
Bâtiment simple.

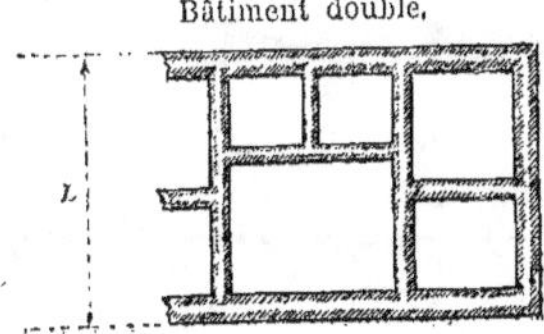
Bâtiment double.

En désignant par L la largeur hors œuvre de l'édifice, et par H la hauteur, comptée depuis le sol de l'étage que l'on considère jusqu'au sommet du mur, on prendra, pour déterminer l'épaisseur au niveau du plafond des différents étages, les formules suivantes ;

$$\text{Bâtiments simples : } c = \frac{2L + H}{48} + \left\{ \begin{array}{c} 1 \text{ ou } 2 \text{ pouces} \\ \text{ou bien de } 0,027 \\ \text{à } 0,054 \end{array} \right\} \begin{array}{l} \text{Suivant que les matériaux} \\ \text{seront de bonne ou de} \\ \text{médiocre qualité.} \end{array}$$

$$\text{Bâtiments doubles : } c = \frac{L + H}{48} +$$

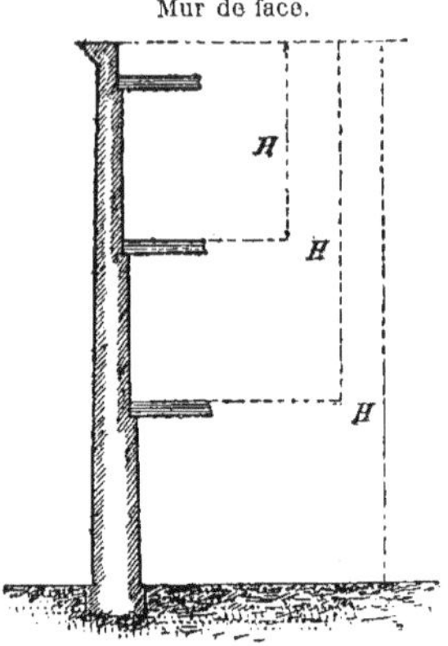

Mur de face.

Les murs de refend longitudinaux consolident évidemment l'ensemble de la construction et, toutes choses égales d'ailleurs, on conçoit que c doit être plus grand pour les bâtiments simples que pour les bâtiments doubles.

Ces formules sont relatives aux façades principales. Pour les pignons dont le développement est moins considérable, on devrait prendre des épaisseurs plus petites ; mais ordinairement on adopte les mêmes dimensions.

Murs de refend. — Leur épaisseur se déterminera, comme précédemment, au niveau du plafond de chaque étage. En désignant par l la largeur que doit partager en deux le mur de refend, par h la hauteur de l'étage, et par u le nombre des étages au-dessus de celui qu'on considère, on aura $c = \dfrac{l + h}{36} + u \left\{ \begin{array}{c} 1/2 \text{ ou } 1 \text{ pouce} \\ \text{ou bien} \\ 0,013 \text{ ou } 0,027 \end{array} \right\}$ la quan-

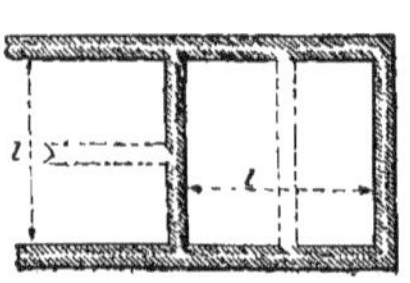

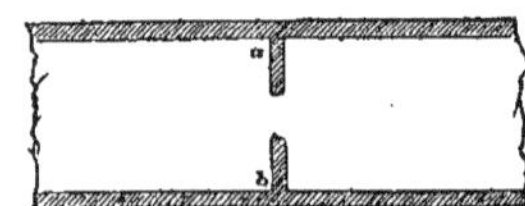

tité entre accolades devant être d'autant plus grande que les matériaux sont moins solides.

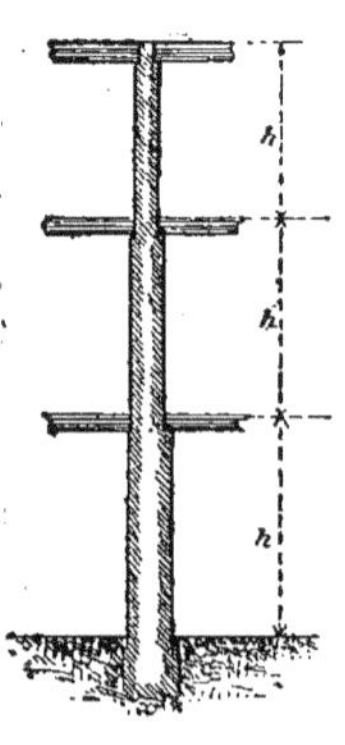

Il faut remarquer que cette dernière formule ne s'applique qu'à des bâtiments ordinaires, et pour des pièces dont les dimensions ne dépassent guère 8 à 10 mètres. Il est évident qu'elle ne pourrait pas convenir pour un mur de refend isolé, qui partagerait en deux une longue galerie, un magasin ou un atelier. Ce mur, dans ce cas, ne portant point de plancher, ne serait plus qu'une simple séparation. On pourrait déterminer encore son épaisseur par la formule ci-dessus, en prenant pour L la distance ab.

Rondelet ajoute que, pour les pans de bois, dont il sera question plus loin, on peut prendre la moitié des épaisseurs données par les formules précédentes, et le quart seulement pour les cloisons construites en briques.

Les règles empiriques assignent aux murs de face des épaisseurs plus grandes qu'aux murs de refend; c'est qu'en effet les premiers sont plus exposés aux intempéries, et sont affaiblis par les nombreuses ouvertures dont ils sont percés. Leur épaisseur devrait même être augmentée, dans le cas d'un bâtiment isolé, comme serait, par exemple, une maison de campagne, parce que, indépendamment des chances plus nombreuses de dégradation auxquels ils sont exposés, ils auraient l'avantage de rendre moins sensibles, pour l'intérieur des appartements, les variations de température.

On pourra consulter, pour fixer les épaisseurs des murs et contrôler les résultats fournis par les formules, les données pratiques suivantes :

TABLE DES ÉPAISSEURS

RELATIVES AUX MURS DES BATIMENTS ORDINAIRES NON VOUTÉS

DÉSIGNATION des ÉTAGES	LIMITES D'ÉPAISSEUR	
	MURS DE FAÇADE	MURS DE REFEND
3e étage...........	0,35 à 0,45	0,25 à 0,33
2e étage..........	0,40 à 0,50	0,30 à 0,40
1er étage.........	0,45 à 0,55	0,35 à 0,45
Rez-de-chaussée...	0,50 à 0,65	0,40 à 0,50
Caves.............	0,65 à 0,85	0,60 à 0,70

LIMITES D'ÉPAISSEUR

DES MURS AU REZ-DE-CHAUSSÉE POUR DES BATIMENTS PLUS IMPORTANTS (*d'après Rondelet*).

ESPÈCE DE BATIMENTS	MURS DE FACE	MURS MITOYENS	MURS DE REFEND
Grands hôtels................	0,65 à 1,00	0,54 à 0,65	0,40 à 0,54
Palais et grands édifices voutés au rez-de-chaussée	1,30 à 3,00	1,00 à 1,30	0,64 à 2,00

A Paris, pour des bâtiments ayant jusqu'à 18 mètres de hauteur, mais dont les refends ne sont guère espacés que de 4 mètres, on donne, au rez-de-chaussée :

Aux murs de façade 0m,50, aux murs de refend 0m,45.

Pour les grands hôtels, dont les pièces ont de plus grandes dimensions, on donne, au rez-de-chaussée :

Aux murs de façade de 0^m,60 à 0^m,80, aux murs de refend de 0^m,45 à 0^m,50.

Lorsqu'on a fixé les épaisseurs au rez-de-chaussée, on en conclut d'ailleurs celles des autres étages, par la condition de diminuer l'épaisseur de 0^m,05 à 0^m,10, en passant d'un étage à l'étage supérieur.

Quelquefois, on fixe l'épaisseur des murs de refend par la condition d'y pouvoir dissimuler entièrement les tuyaux de cheminée, mais cela n'est pas nécessaire.

Tracé du profil d'un mur de face, d'après le commandant Solairal. — Ayant déterminé l'épaisseur à donner au mur, au rez-de-chaussée et à l'étage supérieur, on tracera les horizontales correspondant au niveau des planchers des divers étages.

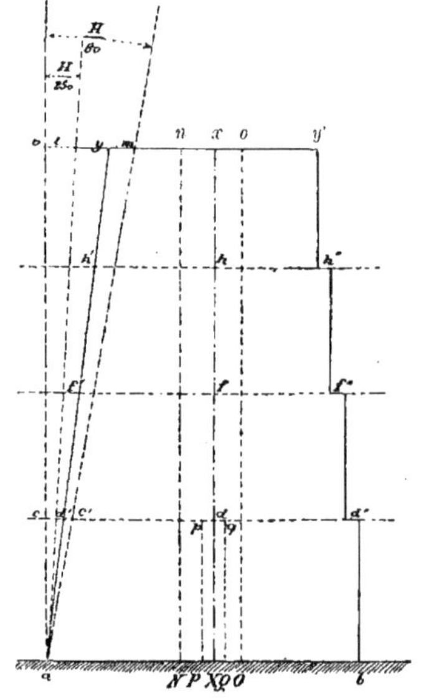

Par l'arête extérieure a de la base du mur, on mènera les droites al et am, formant, avec la verticale av, des angles dont les tangentes soient égales à 1/80 et 1/250 (limites du fruit).

Sur l'horizontale supérieure, on portera ln et mo, égales entr'elles et à la moitié de l'épaisseur trouvée pour le mur à l'étage supérieur; sur l'horizontale $d'd''$, on portera de même cp et $c'q$ égales entr'elles et à la moitié de l'épaisseur trouvée pour le mur au rez-de-chaussée.

On abaissera les quatre verticales nN, oO, pP et qQ. Sur la base ab, on choisira un point X, laissant d'un même côté une grande et une petite verticale, et l'on mènera Xx, qu'on prendra pour l'axe du mur.

Cela fait, sur l'horizontale supérieure on portera $xy = ln$, puis, on mènera ay qui sera le parement extérieur du mur. Enfin, à partir de Xx, on prendra sur les diverses horizontales....

$xy' = xy$, $hh'' = hh'$, $ff'' = ff'$, $dd'' = dd'$ et les verticales successives abaissées des points y', h'', f'', d'' donneront les parements intérieurs du mur aux différents étages.

Cette construction conduit à ce double résultat :

1° On est certain d'avoir un fruit convenable, c'est-à-dire, compris entre les limites 1/80 et 1/250 ;

2° On fait coïncider le mieux possible la projection du milieu du sommet du mur avec le milieu de la base.

Ordinairement, pour faire ce tracé, on adopte, pour les dimensions horizontales, une échelle plus grande que pour les dimensions verticales.

Il peut arriver que les grandes perpendiculaires nN et oO tombent toutes les deux entre le parement extérieur et les petites verticales pP et qQ ; dans ce cas, on adoptera *a priori*, pour le parement extérieur, le fruit maximum 1/80, et l'on prendra oO pour l'axe du mur. Si, au contraire, les deux grandes verticales se trouvaient au delà des deux petites, par rapport au parement extérieur, on prendrait l'inclinaison qui correspond au fruit minimum 1/250, et nN serait l'axe du mur.

MURS DE SOUTÈNEMENT

On appelle murs de soutènement, ceux qui soutiennent des massifs de terre, tels que des terrasses, les parapets de la fortification, etc. On les nomme aussi murs de revêtement et murs de terrasse.

Effets de la poussée des terres contre les murs. — On doit considérer, en général, comme meubles, les terres amoncelées derrière le mur, soit parce qu'elles le sont naturellement, comme les sables, soit parce qu'elles peuvent le devenir par l'effet des pluies et les alternatives de gel et de dégel. Sans le mur, ces terres meubles s'ébouleraient ; elles exercent donc, contre le mur, une certaine pression à laquelle on donne le nom de poussée des terres. Plus tard, nous apprendrons à déterminer la direction, l'intensité et le point d'application de cette force.

La poussée, agissant sur le revêtement, tendra à produire les effets suivants :

Si l'on suppose que la fondation soit inébranlable, le mur pourra se séparer de sa fondation, soit en tournant vers l'extérieur autour de l'arête extérieure de sa base, soit en glissant sur cette base. Ce dernier mouvement est toutefois peu probable.

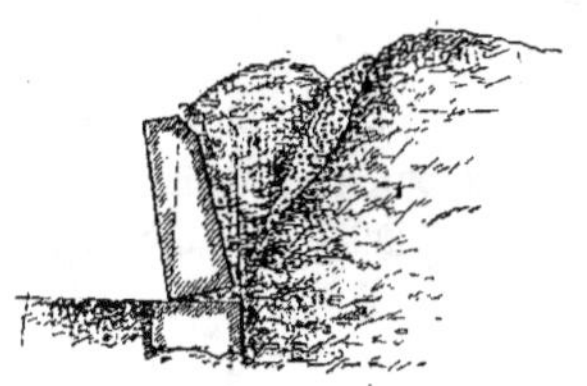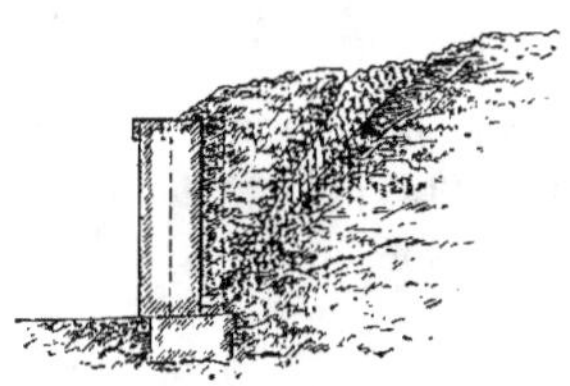

Si l'on suppose que le mur fasse corps avec la fondation, deux cas analogues aux précédents pourront se présenter :

1° Si le terrain sur lequel s'appuie l'ensemble du mur et de la fondation n'est pas incompressible, et si la résultante de la poussée et du poids du mur ne passe pas par le centre de figure de la base des fondations, la construction pourra se renverser vers l'extérieur ou s'incliner vers le remblai ;

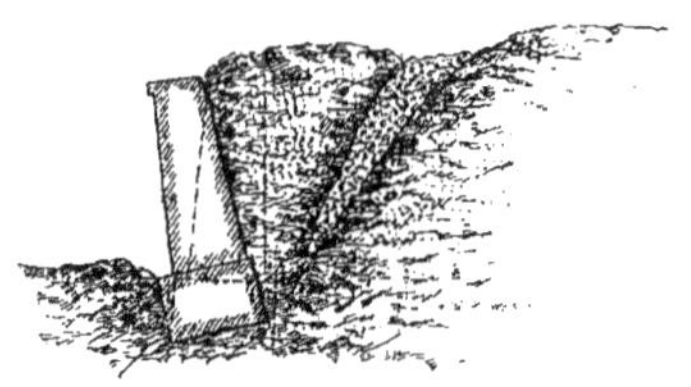 

2° Si le terrain qui porte la maçonnerie est très-glissant, si la fondation ne pénètre pas assez profondément pour que le terrain en avant oppose une résistance assez grande, le mur pourra glisser en entier vers l'extérieur, puis s'incliner en se couchant sur les terres.

Pour assurer la stabilité du mur, il faudra déterminer les dimensions de la partie extérieure et de la partie enfouie, de manière à rendre impossible l'un quelconque des mouvements que nous venons d'indiquer. Cette question sera traitée avec détail dans la troisième partie du Cours.

Quant à présent, nous nous bornerons à faire connaître les méthodes pratiques en usage, pour fixer les dimensions qui assurent la stabilité d'un mur de soutènement, sur le plan supérieur de la fondation supposée inébranlable.

Jusque vers la fin du dix-septième siècle, on ne connait pas d'auteurs qui aient formulé une règle de quelque valeur. La forme et les dimensions à donner aux murs de revêtement étaient abandonnées à l'expérience et en quelque sorte à l'instinct de chaque ingénieur. C'est Vauban qui, le premier, a fait sortir la pratique de cet arbitraire, en publiant, en 1604, sa règle empirique, connue sous le nom de profil de Vauban.

Profil de Vauban.

Dans les profils de Vauban, la crête intérieure est placée à 6 ou 7 pieds au-dessus du sommet du mur. Le parement intérieur est vertical, et le parement extérieur incliné à 5 de hauteur pour 1 de base. Il suppose, d'ailleurs, que la hauteur du mur peut varier de 10 à 80 pieds.

Dans ces conditions, il donne au sommet du mur une épaisseur de 5 pieds ou de 1 mètre 624 ; de sorte que, si l'on désigne par H la hauteur du revêtement, et par E son épaisseur à la base, on a $E = 5$ pieds $+ 1/5\ H$.

Ou bien, en mesures nouvelles, $E = 1$ mètre $624 + 0^m,20\ H$.

Contreforts. — Vauban fortifiait son mur au moyen de contreforts dont la section horizontale était un trapèze se reliant avec le revêtement par sa plus grande base. Cette section était constante, c'est-à-dire, que les parements des contreforts étaient verticaux. Ils devaient s'élever à la même hauteur que le mur.

Profil de Vauban.

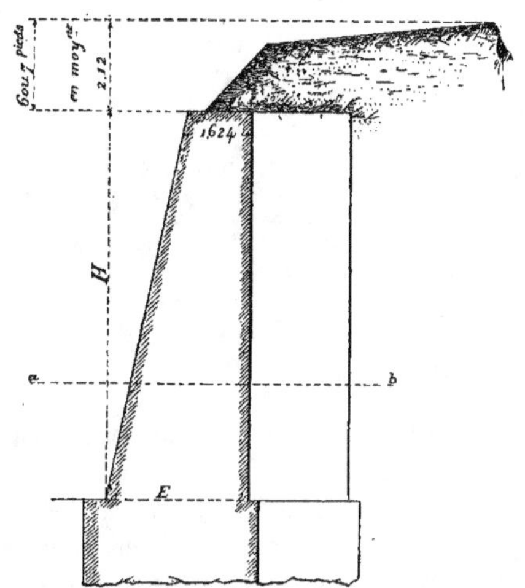

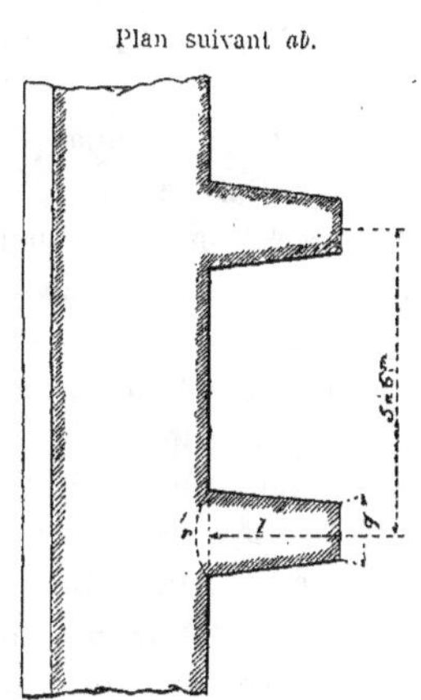

Plan suivant ab.

En considérant la section horizontale faite dans un contrefort, on donne le nom de *racine* à la base du trapèze par laquelle le contrefort se relie au mur.

On appelle *queue*, le côté opposé à la racine. Enfin, on entend par *longueur de contrefort*, sa saillie en arrière du parement du mur, ou la longueur de la perpendiculaire commune à la racine et à la queue.

Voici comment Vauban réglait les dimensions de ses contreforts.

En désignant par H la hauteur du revêtement, par l la longueur du contrefort, par r la racine, et par q la queue, il faisait :

Pour $H = 10^{\,pieds}$ $l = 4^{\,pieds}$.   Pour chaque $10^{\,pieds}$ en sus, il ajoutait à l $2^{\,pieds}$.

   Idem. $r = 3^{\,pieds}$.   Idem.   idem. r $1^{\,pied}$.

   Idem. $q = 2^{\,pieds}$.   Idem.   idem. q $8^{\,pouces}$.

Ces règles peuvent facilement se traduire en formules :

<table>
<tr><td align="center">EN MESURES ANCIENNES</td><td align="center">EN MESURES NOUVELLES</td></tr>
<tr><td>

$$l = 4^{\,pieds} + \frac{1}{5}\,(H - 10^{\,pieds})$$

</td><td>

$$l = 0,65 + 0,20\,H.$$

</td></tr>
<tr><td>

$$r = 3^{\,pieds} + \frac{1}{10}\,(H - 10^{\,pieds})$$

</td><td>

$$r = 0,65 + 0,10\,H.$$

</td></tr>
<tr><td>

$$q = 2^{\,pieds} + \frac{1}{15}\,(H - 10^{\,pieds})$$

</td><td>

$$q = 0,43 + 0,067\,H = \frac{2}{3}\,r.$$

</td></tr>
</table>

Les contreforts devaient être espacés de 15 à 18 pieds, d'axe en axe, ou bien de cinq à six mètres.

A sa règle, Vauban avait joint une instruction à l'usage des ingénieurs, qui devaient l'appliquer. Voici quelles étaient ses principales recommandations :

1° Dans le pays où la maçonnerie est de bonne qualité, on pourra réduire l'épaisseur à quatre pieds et demi (1 mètre 46); mais, si la maçonnerie est mauvaise, il faudra porter cette épaisseur à cinq pieds et demi (1 mètre 79) et même plus;

2° Les contreforts aux angles saillants seront redoublés et ébrasés parallèlement aux lignes qui forment les angles; conditions qu'on peut interpréter, comme l'indique la figure ci-contre;

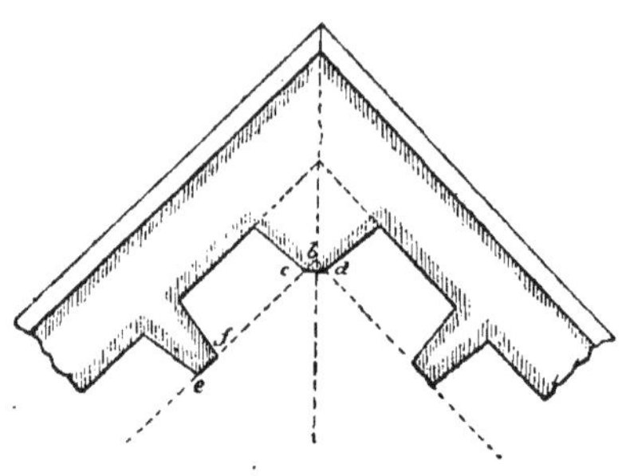

3° Ils seront toujours élevés d'aplomb, aux extrémités et sur les côtés (parements verticaux), et bien liés au corps de la muraille;

4° Les contreforts seront élevés aussi haut que le cordon. Ils seraient encore meilleurs, pour le soutien du parapet, si on leur donnait deux pieds de plus en hauteur;

5° Dans les ouvrages où le revêtement n'est élevé qu'à moitié ou aux trois quarts de la hauteur du rempart, et le reste en gazon, il faudra régler son épaisseur comme s'il devait être élevé en maçonnerie jusqu'au sommet du rempart;

6° Dans la même hypothèse, on donnera aux contreforts les mêmes dimensions que s'ils appartenaient à un revêtement dont la hauteur serait prise depuis le sol jusqu'à la hauteur du rempart.

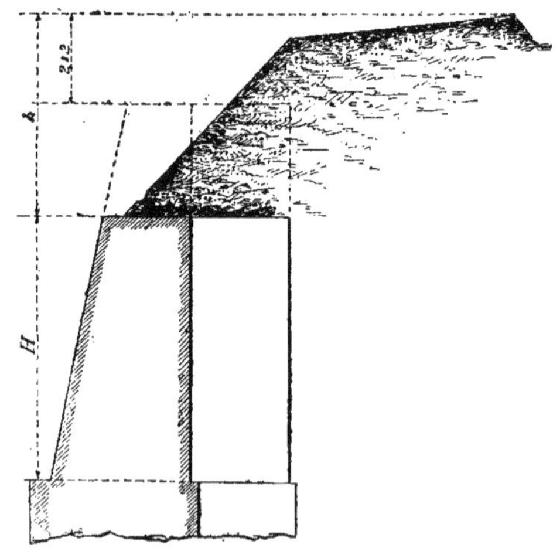

Les observations 5 et 6 sont relatives aux demi-revêtements. Pour avoir l'épaisseur du mur dans ce cas, on prolongera le parement extérieur du mur jusqu'à l'horizontale, menée à 2 mètres 12 au-dessus de la crête intérieure, et l'on construira le profil du mur et les contreforts comme s'ils s'élevaient jusqu'à cette horizontale;

puis, l'on coupera le tout par un plan horizontal à la hauteur H, que doit avoir le revêtement.

Cette règle peut se traduire encore en formules, que l'on déduira de celles que nous avons données précédemment en y remplaçant H par $H + h = 2$ mètres 12.

On aura :

$$\text{Mur.} \quad\ldots\ldots\ldots\ldots\quad E = 1,20 + 0,20\,(H + h)$$

$$\text{Contreforts} \quad\ldots\ldots\quad \begin{cases} l = 0,23 + 0,20\,(H + h) \\ r = 0,44 + 0,10\,(H + h) \\ q = \dfrac{2}{3}\,r. \end{cases}$$

7° Dans les endroits où l'on fera des cavaliers, on augmentera le sommet du profil d'un demi-pied d'épaisseur pour chaque cinq pieds dont le cavalier sera élevé au-dessus du revêtement de la place, et seulement lorsque le pied du cavalier approche de trois à quatre toises du parapet (de la crête intérieure) ;

8° Sans intérêt. — (Relative à une table d'épaisseur) ;

9° Ces profils ne sont proposés que pour la maçonnerie qui doit soutenir de grands poids de terre nouvellement remuée, et non pas pour celle que l'on adosse contre de la terre vierge, ou qui n'a pas été encore remuée, comme sont la plupart des revêtements des fossés.

Du temps de Vauban et par suite de la neuvième observation, on avait supprimé déjà les contreforts aux contrescarpes, et réduit l'épaisseur au sommet à trois pieds et demi (1 mètre 14), au lieu de cinq pieds. Mais cela n'est admissible que dans les termes de l'observation précitée, c'est-à-dire, lorsqu'on a en arrière du mur des terres vierges, et non des terres sablonneuses ou fraîchement remuées.

Plus tard, on a raidi le talus extérieur, dont on a porté l'inclinaison de 5/1 à 6/1 ; cette modification, introduite par M. Châtillon, commandant l'École de Mézières, a été adoptée par Cormontaingne. Nous verrons plus loin qu'on a, depuis, pris un talus extérieur beaucoup plus raide.

Formules pratiques le plus en usage.

On a fait à la règle de Vauban plusieurs reproches ; le seul bien fondé, c'est de ne tenir compte ni de la densité et de la mobilité des terres, ni du poids de la maçonnerie. Cependant, tout en restant dans les limites de la pratique, il peut se présenter des cas où le profil de Vauban donne des épaisseurs à peine suffisantes, tandis que dans d'autres il conduit à des dimensions exagérées, et, par conséquent, à une dépense inutile. Ces motifs ont engagé un grand nombre de savants et d'ingénieurs à rechercher par des théories, basées sur l'observation des faits, quelle pouvait être, avec une approximation suffisante pour la pratique, l'action ou la poussée des terres contre un massif de maçonnerie. Connaissant l'intensité, la direction et le point d'application de cette force ;

il était facile d'en conclure ensuite l'épaisseur à donner au revêtement pour résister
à cette force.

Déjà du temps de Vauban, Bullet (*)
avait donné des règles pour déterminer l'é-
paisseur des murs de soutènement; mais,
basées sur l'hypothèse du glissement, mode
de rupture le moins probable, elles inspi-
rèrent peu de confiance, et l'on préféra s'en
rapporter au profil de Vauban.

En 1771, Coulomb, alors officier du génie, publia sa théorie de la poussée des
terres. Bien qu'elle ne soit pas entièrement
à l'abri de la critique, on la considère encore comme celle qui tient le mieux compte

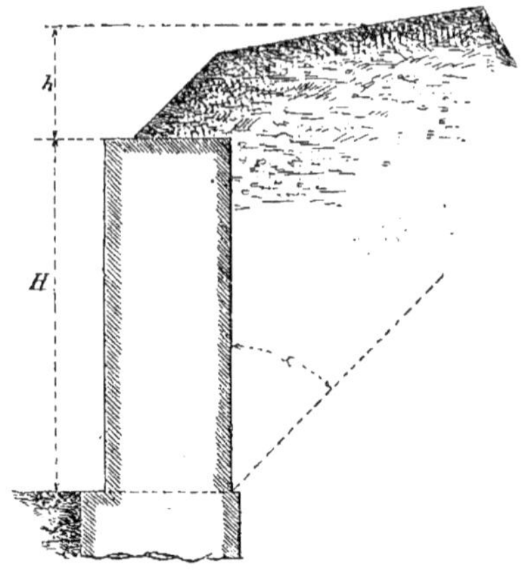

des diverses circonstances qui peuvent influer sur la poussée, tout en ramenant le
problème à des conditions assez simples pour qu'on puisse le traiter soit par l'analyse,
soit par la géométrie; aussi cette théorie a-t-elle servi de point de départ aux auteurs
qui, depuis Coulomb, se sont occupés de cette question importante. Parmi ces savants,
nous citerons principalement Français, de Prony, Navier, Audoy et Poncelet.

Lorsqu'on suppose la fondation inébranlable, l'on a surtout à redouter pour la stabilité un renversement du mur vers l'extérieur. Pour rendre ce mouvement impossible
et assurer la résistance du mur, il faudra et il suffira d'exprimer que toutes les forces
qui agissent sur le mur se font équilibre par rapport à l'arête extérieure A, considérée
comme axe de rotation. Si l'on désigne par M le moment du poids du mur par rapport
à A, par M' le moment de la poussée des terres par rapport au même point; il faudra,
pour l'équilibre strict, poser $M = M'$, et pour l'équilibre stable avoir $\dfrac{M}{M'} = \sigma$, σ étant > 1.

Pour avoir σ, on a considéré le profil de Vauban de 10 mètres de hauteur avec un
parapet de $2^m,12$; on a supposé le talus naturel des terres égal à 45°, et le rapport
$\dfrac{p}{p'}$ de la densité des terres à celle de la maçonnerie égal à $\dfrac{2}{3}$. On a, dans ces hypothèses, calculé M et M' et le rapport $\dfrac{M}{M'}$, qui mesure la stabilité, a été trouvé égal à 1,91.

C'est ce nombre qu'on a pris pour la valeur de σ, et qu'on désigne sous le nom de
coefficient de stabilité. L'équation d'équilibre stable est donc $M = \sigma M''$

En supposant, pour simplifier, les deux parements du mur verticaux, le moment M

(*) Bullet, architecte, élève de Blondin, a construit la porte Saint-Martin et l'église de Saint-
Thomas d'Aquin.

pourra s'exprimer immédiatement en fonction de la hauteur H et de l'épaisseur e du du mur. La théorie de la poussée des terres donne le moyen de calculer M' en fonction des quantités données par la question. — L'équation [1] ne renfermant plus que H et e, avec des quantités connues, on peut, pour chaque valeur de H, obtenir l'épaisseur e qui assure la stabilité du mur.

Telles sont les considérations d'après lesquelles ont été établies les formules suivantes :

Formule de Français. — Dans la formule de Français, on suppose les deux parements verticaux. Nous verrons qu'il est très-facile de passer de ce cas à celui d'un mur de même stabilité, à parement extérieur incliné.

Soit e l'épaisseur du mur, H la hauteur, h la hauteur de la surcharge que l'on compte ordinairement depuis le sommet du mur jusqu'à l'horizontale qui passe par le milieu de la plongée ; soit α le complément de l'angle du talus naturel des terres ; p et p' le poids du mètre cube de terre et du mètre cube de maçonnerie, on a :

$$e = 0{,}775\,(H+h)\,\mathrm{Tg}.\,\frac{1}{2}\alpha\,\sqrt{\frac{p}{p'}\left(1+\frac{h}{H}\right)} \qquad [\mathrm{A}]$$

Si l'on suppose que h soit assez petit relativement à H, pour que $\frac{h}{H}$ puisse être négligé près de l'unité ; si de plus on pose $\alpha = 45°$ et $\frac{p}{p'} = \frac{2}{3}$, on trouve

$$e = 0{,}27\,(H+h)$$

formule très-connue et souvent employée ainsi que [A]. Elle donne la même stabilité que le profil de Vauban de 10 mètres de hauteur, sans contreforts.

Formule de Navier. — Dans ses *Leçons sur l'application de la mécanique à la stabilité des constructions*, page 117, Navier donne la formule suivante, dans laquelle nous adopterons les mêmes notations que ci-dessus :

$$e = 0{,}59\,(H+h)\,\mathrm{Tg}.\,\frac{1}{2}\alpha\,\sqrt{\frac{p}{p'}}.$$

Cette formule correspond à la condition d'équilibre strict ; pour avoir l'équilibre stable, il faudra multiplier le deuxième membre par le coefficient $\sqrt{1{,}91} = 1{,}38$, et l'équation dont on devra faire usage dans la pratique sera :

$$e = 0{,}81\,(H+h)\,\mathrm{Tg}.\,\frac{1}{2}\alpha\,\sqrt{\frac{p}{p'}}.$$

Formule de Poncelet. — En adoptant toujours les mêmes notations, M. Poncelet a trouvé qu'en prenant :

$$e = 0{,}86\,(H+h)\,\mathrm{Tg}.\,\frac{1}{2}\alpha\,\sqrt{\frac{p}{p'}}$$

on obtenait pour les murs de soutènement une stabilité approchée à $\frac{1}{14°}$ près de celle du mur de Vauban de 10 mètres de hauteur, pour les valeurs :

de h comprises entre O et H, et pour des longueurs de berme comprises entre 0 et 0,20 H.

$$c = 0,285\ (H + h).$$

équation qui donne des résultats un peu plus forts que la formule analogue de Français. — On l'emploie assez ordinairement dans l'exécution des avant-projets.

Influence de l'angle α. — Les quantités α et p exercent une influence notable sur les résultats donnés par les formules, et doivent être déterminées avec d'autant plus de soin, que, pour la même terre, elles peuvent varier très-sensiblement avec le degré de tassement de la terre et la quantité d'eau dont elle est imbibée.

Les matériaux secs et de grosseur uniforme, tels que débris de roche, pierres concassées, galets, sables, terres sèches ameublies, prennent un talus naturel d'environ 35°.

Si l'on ajoute un peu d'eau aux terres pulvérulentes et aux sables, leur talus se raidit et va jusqu'à 37 et 39°.

Mais si la quantité d'eau ajoutée devient considérable, on remarque que, pour les sables fins, les marnes, les argiles, le talus s'adoucit et descend à 30° et même jusqu'à 22°.

Il est donc nécessaire de prévoir dans quel état d'humidité pourra se trouver le remblai après son achèvement, et l'on s'en convaincra par l'exemple suivant :

Les terres marneuses, suivant les circonstances, sont susceptibles de quatre talus différents :

1° *Vertical*, pour une excavation faite dans un terrain vierge et sec ;

2° 45° si, après avoir été ameublies, elles sont légèremeut humectées et damées ;

3° 35° si elles sont sèches et amoncelées à la pelle ;

4° 27 à 22° et au-dessous, lorsqu'elles sont détrempées par une grande quantité d'eau.

Dans les trois derniers cas, voici les résultats qu'on obtient relativement à l'angle α, en supposant p à peu près constant :

Talus naturels.	45°	35°	22°
Valeurs correspondantes de α.	45°	55°	68°
Valeurs de tangente 1/2 α.	0,444	0,521	0,687
Rapports des valeurs correspondantes de e.	1	1,25	1,68

On voit combien il est important de bien apprécier le talus naturel des terres, de tenir compte des circonstances locales dans lesquelles le remblai sera placé, et de prévoir les causes qui pourront, après son établissement, modifier son talus naturel. Ce n'est que par des expériences minutieuses et souvent répétées qu'on parviendra à se fixer sur ces divers objets.

11

Murs à parement intérieur incliné vers le dehors.

Indépendamment des murs à parement intérieur vertical, on emploie aussi, dans les constructions civiles, des murs à parement intérieur incliné vers le dehors, dont le profil est réglé de la manière suivante : On se donne l'épaisseur e au sommet, et l'on calcule l'épaisseur E à la base, par la formule $E = 0,34 (H+h) - e$; (on doit choisir e de manière que l'inclinaison de CD ne soit pas trop douce;) puis, par une série de gradins, on raccorde le sommet avec la base du côté des terres. On voit facilement que l'épaisseur moyenne est $\frac{e+E}{2} = 0,27 (H+h)$, formule qui n'est autre que celle de Français, donnée plus haut.

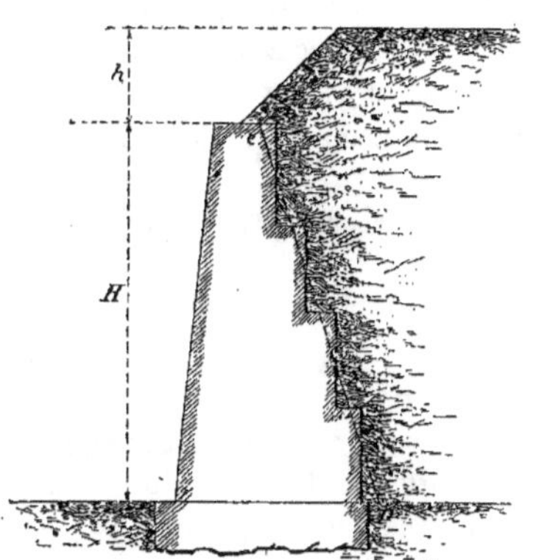

En 1806, le Comité du génie recommanda ce profil à l'attention des chefs du génie, et l'on construisit dans plusieurs places, notamment à Granville, des murs de revêtement qui donnèrent de bons résultats. Néanmoins, ce profil fut abandonné pour revenir aux murs à parement intérieur vertical, qui semblaient presque exclusivement employés dans les constructions militaires, lorsque le général Ardant entreprit de faire ressortir les avantages qu'il présente contre le renversement par rotation, en tenant compte du frottement des terres contre la maçonnerie.

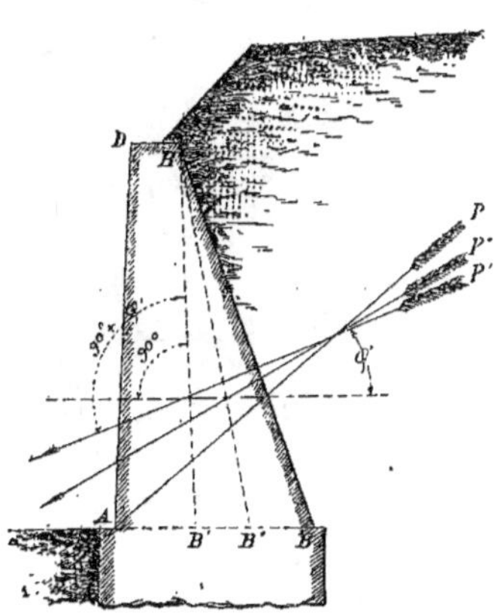

Déjà, dans sa théorie géométrique de la poussée des terres, le général Poncelet avait montré l'influence que pouvait exercer le frottement des terres contre le parement intérieur sur la direction et l'intensité de la poussée. M. Ardant, par des expériences ingénieuses, vérifia complètement les résultats de la théorie, et fut conduit à déterminer le profil, par une construction géométrique très-simple, ainsi que nous allons l'indiquer.

En tenant compte du frottement des terres contre le mur, on a trouvé qu'en désignant par φ' l'angle de frottement, la direction de la force fait avec la normale au parement intérieur un angle égal à φ', ou bien un angle égal à $90° + \varphi'$

avec ce parement lui-même. Il suit de là que si, sans changer la direction du parement extérieur, ni l'épaisseur au sommet, on fait varier l'inclinaison du parement $B'H$, à mesure que $B'H$ s'éloigne de la verticale, la direction de la poussée se rapproche du point A, et, par suite, le bras de levier et le moment de cette force par rapport à A vont en diminuant. De sorte que, pour une certaine inclinaison HB du parement intérieur, la poussée vient passer par le point A, son moment devient nul, et alors le mur se trouve en équilibre, quelle que soit la hauteur de la surcharge.

En partant de ces considérations, on pourra tracer un mur en équilibre sous l'action des terres de la manière suivante :

On se donnera *a priori* l'inclinaison du parement extérieur AC, qu'on prendra entre $\frac{10}{1}$ et $\frac{20}{1}$. On tracera ce parement, la berme, qu'on fera égale à 0,50 ou 0,60, et enfin le profil donné du parapet. On donnera au mur, à son sommet, une épaisseur égale à la largeur de la berme, et l'on tracera la droite AH.

Cela posé, nous avons vu que la poussée devait faire avec le parement intérieur un angle égal à $90^\circ+\varphi'$, et que le parement devait être dirigé de façon que cette poussée vînt passer par le point A. D'un autre côté, le général Poncelet a trouvé que, dans tous les cas de la pratique, on pouvait supposer cette force appliquée aux 0,35 de la ligne BH à partir de la base. En conséquence, on mènera la ligne HO, formant avec AH un angle égal à φ'; sur le milieu de AH on élèvera une perpendiculaire qui coupera HO au point o; de ce point comme centre, on décrira un arc de cercle passant par les points A et H, de sorte que le segment HIA sera capable de l'angle $90^\circ+\varphi'$ que forme la direction de la poussée avec le parement intérieur. On prendra l'intersection de cet arc de cercle avec l'horizontale menée à 0,35 de la hauteur h du mur, et par le point d'intersection I on mènera la droite HIB, qui donnera la position du parement intérieur; car si l'on mène la droite AI, cette droite formera avec HB l'angle $HIA=90^\circ+\varphi'$; elle passera aux 35/100 de la longueur de BH; elle coïncidera donc avec la poussée des terres, et enfin le parement HB sera bien déterminé, de

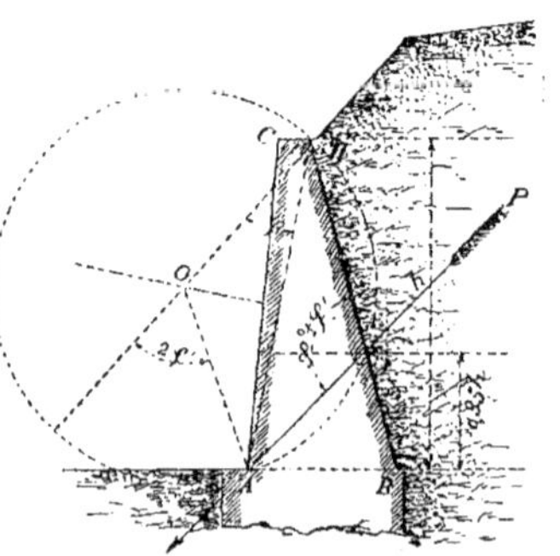

manière à faire passer par le point A la direction de la poussée. Le moment de cette force par rapport au point A sera donc nul, et le moment du poids du mur, par rapport à ce point, agissant seul, le mur sera nécessairement à l'abri de toute chance de renversement vers l'extérieur. On remarquera qu'on aurait pu réduire la berme ou l'épaisseur au sommet à zéro, de sorte que le profil triangulaire AHB suffirait à la rigueur pour empêcher le renversement.

On voit que ce tracé ne tient compte ni de la densité de la maçonnerie, ni du poids des terres, ni de la hauteur de la surcharge, de sorte qu'avec le même mur on pourrait soutenir un massif indéfini de terres. Ce résultat singulier repose évidemment sur une abstraction, et ne pourrait être vrai qu'autant que la maçonnerie serait douée d'une résistance indéfinie, comme on le suppose en effet dans la théorie mathématique de la poussée des terres. Mais en réalité, la résistance à l'écrasement et la ténacité des maçonneries sont limitées et même assez faibles pour certains matériaux. Le profil précédent ne peut donc être employé avec sécurité pour de fortes surcharges, qu'autant qu'on a vérifié que, sous l'action des forces qui la sollicitent, la maçonnerie ne peut point s'écraser vers le point A, ni se briser par déchirement suivant la ligne AI, ni se rompre par glissement suivant l'une quelconque de ses assises. Nous verrons dans la troisième partie du Cours que ces vérifications sont faciles à faire.

Disons toutefois que, dans les cas ordinaires de la pratique (pour de faibles surcharges), lorsqu'on emploie de bons matériaux, et surtout de bons mortiers, ce profil peut offrir toute garantie de solidité. Si les essais qu'on en a fait n'ont pas toujours réussi, cela tient sans doute à ce qu'on a employé de mauvais mortier, ou bien qu'on a chargé le mur avant le durcissement de la maçonnerie.

Il est bien évident que tout le succès de ce genre de revêtement gît dans la ténacité de la maçonnerie, et que, si l'on n'a que de mauvais mortier à sa disposition, ou si l'on n'a pas le temps d'attendre que le massif ait acquis la dureté naturelle, avant d'effectuer les remblais, il ne faut point l'employer. Mais il est rare qu'on soit placé dans des circonstances aussi défavorables, et l'on ne peut d'ailleurs guère admettre, avec la facilité de transport dont on jouit maintenant, qu'on ne puisse se procurer des mortiers à prise assez rapide pour permettre, dans un temps assez court, de charger les maçonneries, si cela est absolument indispensable.

Nous signalerons ici un défaut de précaution assez fréquent dans l'érection des remparts de la fortification. Sous prétexte que, dans la théorie de la poussée des terres, on fait abstraction de l'adhérence et de la cohésion du mortier interposé entre les assises, lorsqu'on considère la résistance d'une portion du mur au glissement sur la base, on se croit autorisé à élever le remblai en même temps que le mur. Cela ne peut se faire sans danger, qu'autant qu'on emploie du bon mortier et qu'on attend pour remblayer, que ce mortier ait au moins fait prise, autrement la muraille offre moins de solidité qu'un revêtement en pierres sèches, car le mortier encore mou peut faciliter le glissement des pierres les unes sur les autres, et nul doute que dans ce cas une faible surcharge, ne fut-ce que le passage de tombereaux chargés, roulant sur le remblai, ne soit capable de faire souffler le mur.

Toutes les formules employées pour calculer les épaisseurs des murs de soutènement, supposent que le mur doit se comporter comme un monolithe, ce qui ne peut évidemment avoir lieu qu'autant que la maçonnerie a acquis la plus grande partie de sa tenacité finale. Ce n'est donc aussi qu'à cette condition qu'on pourra la surcharger impunément, à moins de donner aux revêtements des épaisseurs exagérées. Mais alors, il y aurait certainement économie à prendre des épaisseurs plus faibles, en employant de meilleurs mortiers, quand même ils devraient coûter plus cher.

En résumé, si après avoir déterminé le profil proposé par le général Ardant, on fait les vérifications indiquées plus haut, si dans la construction on tient compte des observations précédentes, en employant des matériaux de choix, on pourra, dans la plupart des cas de la pratique, et même pour les demi-revêtements, obtenir de très-bons résultats, tout en réalisant des économies notables. On peut juger, en effet, de l'économie que l'on obtiendrait, malgré le prix plus élevé des matières adoptées pour la construction, par le tableau comparatif suivant.

Soit un profil dans lequel on aurait $H = 8^m$, $h = 5^m$, $\varphi' = 35°$ (en prenant pour φ' l'angle du talus naturel des terres, ce qui est sensiblement vrai),

$\alpha = 55°$, $\dfrac{P}{P'} = \dfrac{2}{3}$; la largeur de la berme étant 0,60 et le parement extérieur supposé vertical, on trouve :

INDICATION DES DIVERS PROFILS	ÉPAISSEUR MOYENNE	VOLUME DE MAÇONNERIE PAR MÈTRE COURANT
Profil à parement intérieur incliné.	1,85	14,80
Profil de Vauban..................	2,96	23,68
D'après la formule de M. Poncelet.	4,71	37,68

Talus naturels des terres. — Densités des terres et des maçonneries.

Bien qu'il faille, dans chaque cas particulier, déterminer comme nous l'avons dit plus haut, le talus naturel, le poids du mètre cube de terre et le poids du mètre cube de maçonnerie, nous donnerons dans les tableaux suivants quelques résultats d'expériences, qu'on devra regarder comme des limites, mais dont on pourra se servir pour les avant-projets.

TALUS NATURELS DE QUELQUES TERRES

ESPÈCE OU NATURE DES TERRES	ANGLE DU TALUS NATUREL	AUTEURS DES EXPÉRIENCES
Sable très-fin...................................	30° à 33°	Huber-Burnand.
Sable de rivière très-fin .:....................	33°	Delanges.
Sable fin bien sec et grès pulvérisé..............	34°	Rondelet.
Terre incohérente et parfaitement sèche..........	39°	Pasley.
Terre de l'espèce la plus dense et la plus compacte.	53°	Barlow.

Ces deux derniers chiffres sont un peu exagérés, on ne devra guère compter, pour les terres ordinaires, sur un talus plus raide que 35 à 40°.

POIDS DU MÈTRE CUBE DE QUELQUES TERRES ET MAÇONNERIES

	KILOG.
Terre végétale	1,400
Terre dite franche	1,500
Terre argileuse	1,600
Glaise	1,900
Sable terreux	1,700
Sable pur	1,900
Maçonneries en moellons de pierres cal- { depuis 1,700 jusqu'à	2,300
caires et siliceuses { moyennement	2,000
Maçonnerie de moellons, fraîche	2,240
Maçonnerie de briques, fraîche	1,870
Maçonnerie en moellons de granite	2,300
Maçonnerie en moellons de basalte	2,300

Épaisseur des murs ayant à résister à la pression de l'eau.

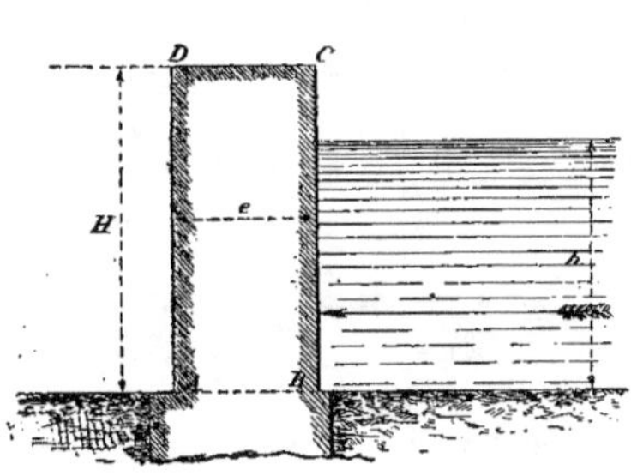

En supposant les deux parements verticaux, il faudra, pour que le mur résiste, que le moment du poids du mur, pris par rapport à l'arête extérieure A de sa base, soit au moins égal au moment de la pression de l'eau, pris par rapport au même point.

Soit H la hauteur du mur, h celle de l'eau, soit e l'épaisseur de la maçonnerie, p' le poids du mètre cube de cette maçonnerie, 1,000 kilog. étant celui du mètre cube d'eau.

Le moment du poids du mur sera $eHp' \times \dfrac{e}{2} = \dfrac{p'H}{2} e^2$. — Le moment de la pression de l'eau s'obtiendra, en remarquant que la pression a pour mesure $1,000^k \cdot \dfrac{h^2}{2}$, autrement dit le poids d'un triangle isocèle rectangle dont la hauteur $= h$.

Cette pression agit d'ailleurs au $\dfrac{1}{3}$ de h; le moment sera donc $1,000 \dfrac{h^2}{2} \times \dfrac{h}{3} = \dfrac{1,000}{6} h^3$.

On aura donc pour l'équilibre strict : $\dfrac{p'H}{2} e^2 = \dfrac{1,000}{6} h^3$ et pour l'équilibre stable $\dfrac{p'H}{2} e^2 = c \dfrac{1,000}{6} h^3$.

Quant au coefficient σ, on le prendra au moins égal à 2, pour tenir compte des causes de dégradation provenant de l'action dissolvante de l'eau, et encore faut-il supposer qu'on emploie des mortiers hydrauliques pour la construction du mur; il faut aussi que le mur s'oppose aux filtrations, et c'est sans doute pour ce motif qu'autrefois on portait ce coefficient jusqu'à 9. Nous aurons :

$$e = h \sqrt{\frac{\sigma\,1000\,h}{3p'}\,H} \qquad\qquad \text{et pour } \sigma = 2.$$

$$[1] \quad e = h \sqrt{\frac{2000\,h}{3p'}\,H}.$$

Si l'on suppose $h = H$, et $p' =$ moyennement 2000 kilog. On aura

$$[2] \quad e = 0,57\,H.$$

En rapprochant cette dernière formule de celle donnée plus haut $e = 0,285$ de H, on voit que l'épaisseur du mur devant résister à la pression de l'eau serait double de celle qu'il faudrait pour résister à la même hauteur de terre.

Si le parement extérieur était incliné, on déduirait son profil de celui du mur à parement extérieur vertical, par la règle de transformation générale que nous donnerons plus loin.

Bâtardeaux. — Pour les digues en maçonneries employées fréquemment dans la fortification, et qu'on désigne sous le nom de bâtardeaux, on donne un certain talus aux deux parements; ce talus, le même des deux côtés, pourra varier entre $\frac{10}{1}$ et $\frac{20}{1}$. Dans ce cas, on déterminera l'épaisseur au sommet, en faisant abstraction du chaperon, au moyen de la formule [1] ou de la formule [2], suivant les cas;

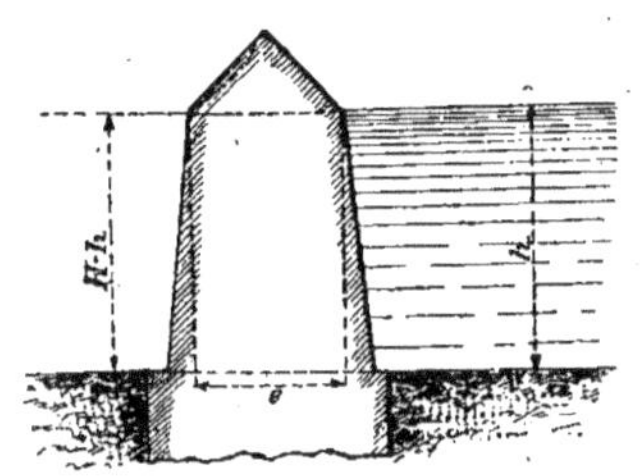

puis, on tracera les deux parements à l'inclinaison voulue, en partant de l'épaisseur donnée au sommet. On ajoutera de cette manière deux petits prismes qui, non-seulement augmenteront la stabilité, mais qui auront surtout pour but de parer aux effets de filtration, effets d'autant plus à craindre pour la maçonnerie, qu'elle est plus enfoncée au-dessous du niveau de l'eau.

Épaisseur des murs ayant à soutenir des terres demi-fluantes, ou exposées à être délayées par les eaux.

Pour ce cas particulier, dont on rencontre assez souvent des exemples dans les ouvrages hydrauliques, on détermine ordinairement l'épaisseur du mur par la formule $e = 0,40\,(H+h)$, et comme le plus souvent la surcharge h est nulle, on prend $e = 0,40\,H$.

H étant la hauteur commune du mur et des terres. Le coefficient 0,40 est à peu près une moyenne entre celui qui correspond à la pression de l'eau et celui qui est relatif aux terres ordinaires.

Transformation d'un profil à parement extérieur vertical, en un autre de même stabilité, à parement extérieur incliné.

Nous supposerons, pour opérer cette transformation, que, dans le profil transformé, le parement intérieur reste disposé relativement aux terres, comme dans le profil primitif, de sorte que l'action des terres contre les deux murs soit la même. Il faudra, par conséquent, dans le profil primitif, donner à la berme des dimensions telles, qu'après la transformation, elle reste comprise entre les limites 30 et 70 centimètres.

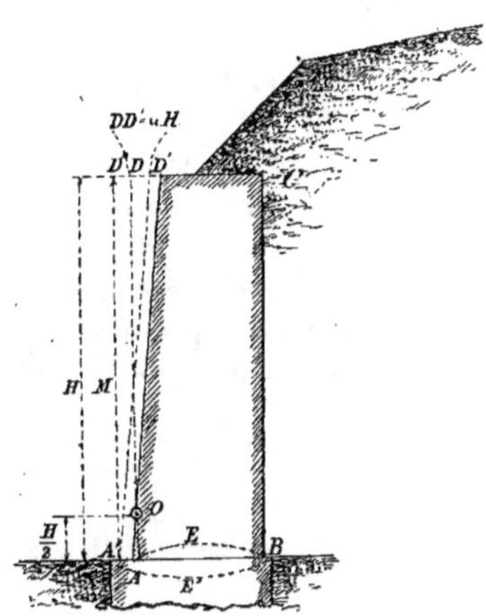

L'inclinaison du nouveau parement extérieur étant donnée par sa tangente u, il faut déterminer la position du parement, de manière que le nouveau mur présente la même stabilité que le premier.

Si l'on n'avait à considérer que le mouvement de glissement, il est évident qu'il suffirait par le point M, milieu de AD, de mener une droite à l'inclinaison voulue pour avoir le nouveau parement ; mais c'est surtout du mouvement de rotation qu'il faut s'occuper et nous allons chercher quelle sera la longueur de la base $E' = A'B$, telle qu'en menant par A' une droite à l'inclinaison donnée, le revêtement $A'BCD'$ présente, contre la rotation, la même résistance que le mur $ABCD$.

Le moment du poids du mur primitif par rapport à l'arête A, sera $\dfrac{p'E^2H}{2}$, p' étant le poids du mètre cube de maçonnerie.

Le moment du nouveau mur $A'BCD'$, sera à $p'\dfrac{E'^2H}{2} - \dfrac{p'uH.H}{2} \times \dfrac{1}{3}uH = \dfrac{p'E'^2H}{2} - \dfrac{p'u^2H^3}{6}$

On devra donc avoir :

$$\frac{p'E'^2H}{2} - \frac{p'u^2H^3}{6} = \frac{p'E^2H}{2} \text{ ou bien } E'^2 = E^2 + \frac{u^2H^2}{3}$$

$$\text{et par suite } E' = \sqrt{E^2 + \frac{u^2H^2}{3}}$$

Pour chaque valeur de u, il sera donc facile de calculer E', et, en menant $A'D'$, d'avoir le nouveau parement du profil transformé. M. Poncelet a reconnu que, dans les limites ordinaires de la pratique, on peut prendre, avec une approximation suffisante, quelle que soit la valeur de u,

$$E' = E + \frac{1}{9}\, uN.$$

ou, en d'autres termes, que, si le parement intérieur restant le même, on prend de nouveaux parements extérieurs, de manière à ce que les différents profils aient la même stabilité, l'épaisseur de ces différents murs, mesurée à partir du parement intérieur sur une horizontale menée au 1/9 de la hauteur de H, reste sensiblement constante.

Il suit de là que, dans la pratique, il suffira, pour faire la transformation, de prendre, sur le parement donné AD, un point situé au 1/9 de la ligne AD, à partir de la base, et de mener par ce point une droite à l'inclinaison voulue, cette droite sera le nouveau parement.

MURS AVEC CONTREFORTS

Lorsqu'on emploie des contreforts en arrière du mur de revêtement, on les construit en se conformant aux prescriptions données par Vauban.

Mais nous ferons observer que tous les profils des murs, donnés par les méthodes précédentes, y compris celui de Vauban, sont stables sans le concours des contreforts. En les ajoutant au revêtement, Vauban a sans doute voulu :

1° Remédier aux vices de construction, conséquence trop fréquente des défauts de surveillance, de la maladresse des ouvriers et de la cupidité des entrepreneurs;

2° Suppléer à la mauvaise qualité des matériaux, et notamment des mortiers, qu'on était souvent forcé d'employer de son temps;

3° Se réserver, par un surcroît de stabilité, la possibilité de remanier les parapets et d'augmenter, sans danger, la surcharge des revêtements.

Voyons si les contreforts atteignent bien le but qu'on se propose en les établissant, et si leur utilité justifie la dépense qu'ils exigent.

Pour qu'ils puissent accroître la stabilité du revêtement, il faut, évidemment, qu'ils fassent corps avec lui. Il faut, par conséquent, que, fondés à la même profondeur que le mur, ils soient formés des mêmes matériaux et construits avec soin et lentement, pour prévenir les inégalités de tassement qui les séparaient de la maçonnerie principale; il faut, enfin, pour que la liaison soit bien établie, employer de bons matériaux et surtout de bons mortiers. On voit donc, en définitive, que pour agir efficacement sur la stabilité, les contreforts exigent, pour leur construction, l'emploi de bons ouvriers et de bons matériaux. Or, si l'on a ces ressources à sa disposition, le mur pourra être exécuté dans de bonnes conditions, et l'emploi des contreforts devient inutile en ce qui concerne du moins les deux premiers motifs de leur établissement, énoncés précédemment.

Si l'on ne peut disposer que de mauvais ouvriers et de mauvais matériaux, il est très-probable que les contreforts seront mal reliés au mur, seront, par conséquent, dans l'impossibilité d'ajouter à sa stabilité, et, par suite, construits en pure perte.

Nous avons dit plus haut qu'avec de bons matériaux et des soins dans l'exécution, le mur de revêtement pouvait se passer de contreforts. Cela est évident lorsque les murs n'ont à supporter que leur charge normale ; mais il est facile de voir qu'ils suf-firont aussi dans les éventualités prévues dans le troisième motif énoncé ci-dessus. En effet, indépendamment du coefficient considérable introduit dans l'équation d'équilibre, dont sont déduites les formules, on suppose, dans l'évaluation de la poussée ou de son moment, que les terres sont complètement meubles, tandis qu'au bout de quelques années, elles acquièrent, par le tassement, une compacité telle, qu'elles pourraient se soutenir d'elles-mêmes.

Les influences atmosphériques ne se font, d'ailleurs, guère sentir à plus d'un mètre de profondeur ; enfin, la solidité de la maçonnerie s'accroît de plus en plus, et, par le concours de toutes ces circonstances, la stabilité générale du système augmente rapidement. Il n'est, par conséquent, pas douteux que, dans les conditions où nous nous sommes placés, les murs de revêtement déterminés par les méthodes précédentes, présenteront une stabilité suffisante contre toutes les éventualités de la pratique. Si la terre est sablonneuse ou susceptible de se ramollir par le contact de l'eau, si des sources existent en arrière du revêtement, l'ingénieur saura tenir compte de ces cir-constances dans la détermination de l'épaisseur du mur, et dans les dispositions par-ticulières à prendre pour parer à l'effet des eaux. En un mot, les contreforts, tels que les employait Vauban, exigent une dépense assez considérable, et qui ne paraît pas suffisamment motivée.

Contreforts extérieurs. — Si les contreforts, au lieu d'être placés du côté des terres, étaient à l'extérieur, leur effet, sur la résistance, serait beaucoup plus efficace. Ils permettraient alors de réduire notablement l'épaisseur du mur principal, surtout si on l'organisait en voûte en lui donnant d'un contrefort à l'autre, la forme d'un cylindre concave vers l'extérieur.

Cette disposition, d'ailleurs très-favorable à la décoration, s'emploie souvent dans la construction des terrasses des grands édifices ; on s'en sert aussi dans plusieurs ouvrages d'art, et notamment pour les digues de réservoir.

Disons toutefois qu'elle a l'inconvénient d'exposer aux actions destructives de l'atmosphère les parties sur lesquelles repose principalement la stabilité du système.

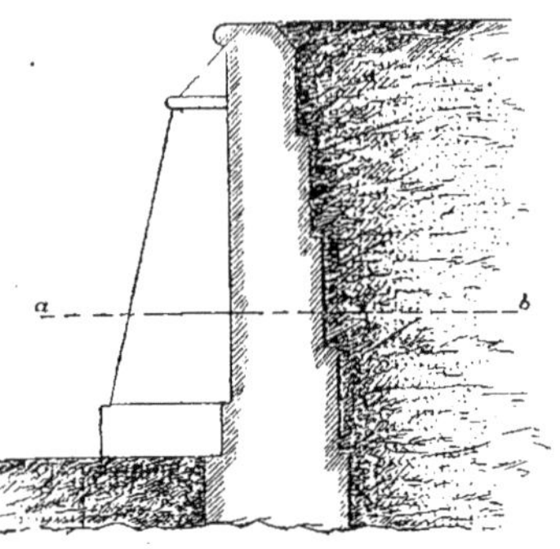

Coupe à l'échelle double du plan.

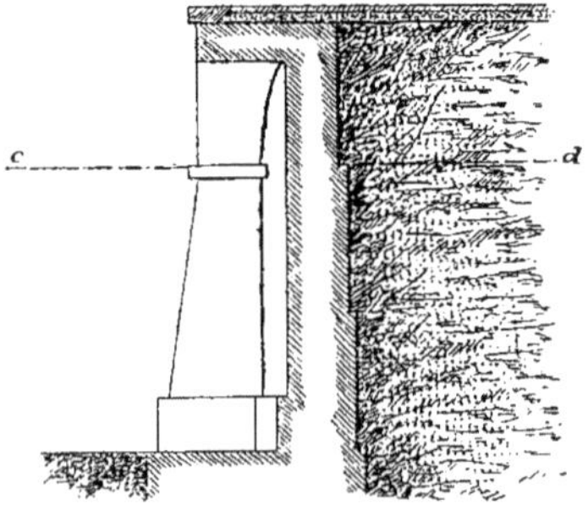

Plan suivant *ab.*

Coupe suivant *ab.*

Élévation.

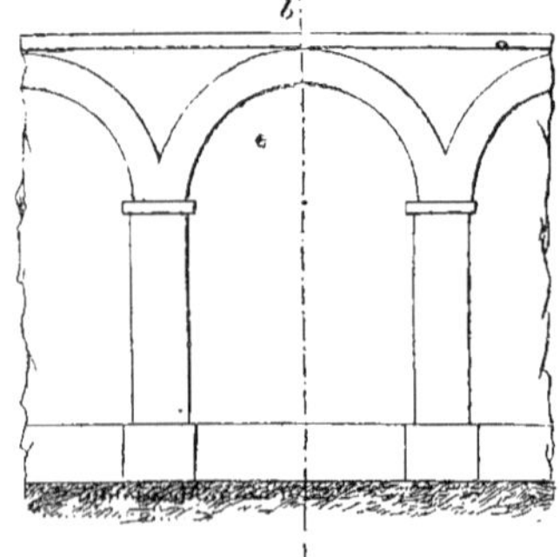

Plan suivant *cd.*

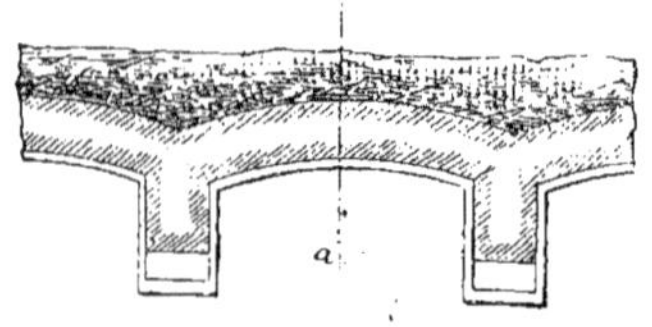

Revêtements avec voûtes en décharge.

Dans la fortification on ne peut, évidemment, pas laisser les contreforts en saillie,

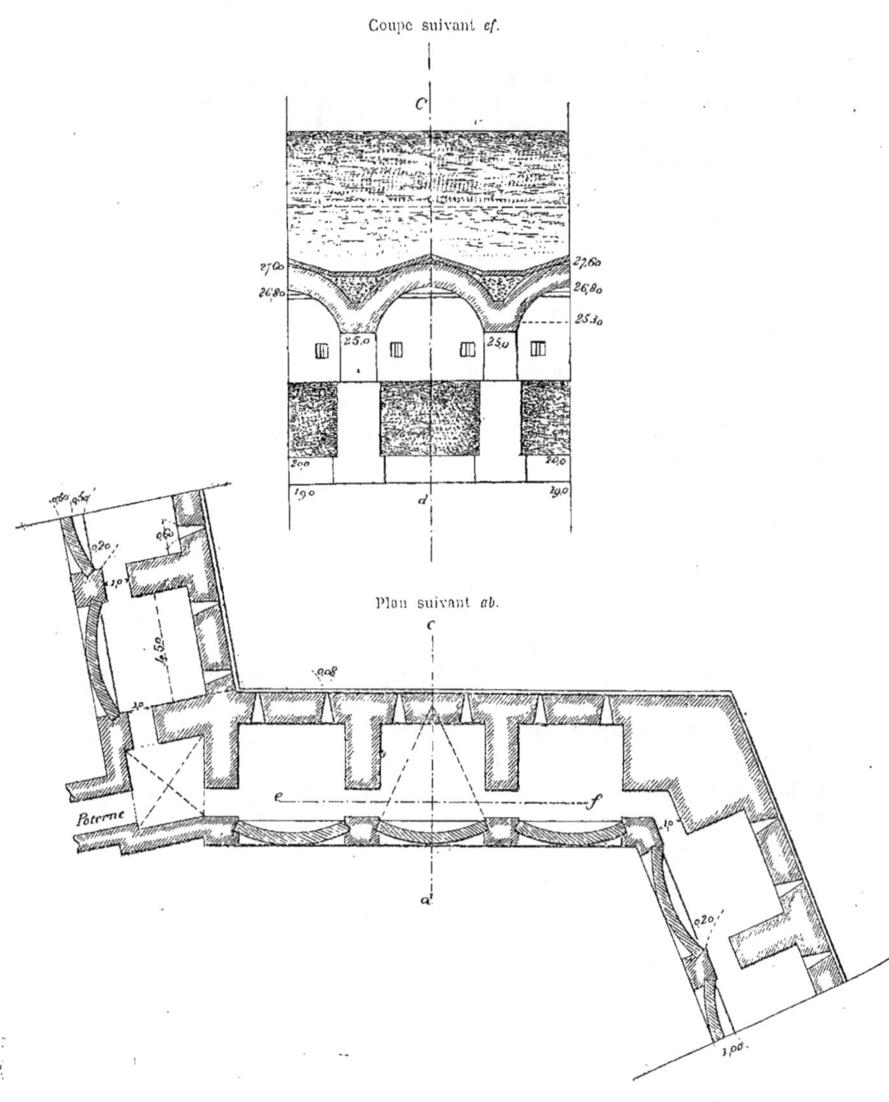

mais la disposition précédente a été néanmoins adoptée, en la modifiant de la manière suivante : D'un contrefort à l'autre, on a jeté des voûtes sur lesquelles s'appuie une partie du parapet, dont le poids contribue à la stabilité de l'ensemble du revêtement. Puis, pour détruire les angles morts et dissimiler les contreforts, on a construit un simple mur de masque. Entre ce mur, les piédroits des voûtes et le mur de fond, on s'est procuré une série d'abris voûtés, qui, reliés entre eux par des ouvertures pratiquées dans les contreforts, éclairés et aérés par des créneaux et des évents, forment des galeries défensives pouvant, au besoin, servir de magasins. Cette disposition porte le nom de *revêtement avec voûtes en décharge*. L'étendue du parement exposé à l'air

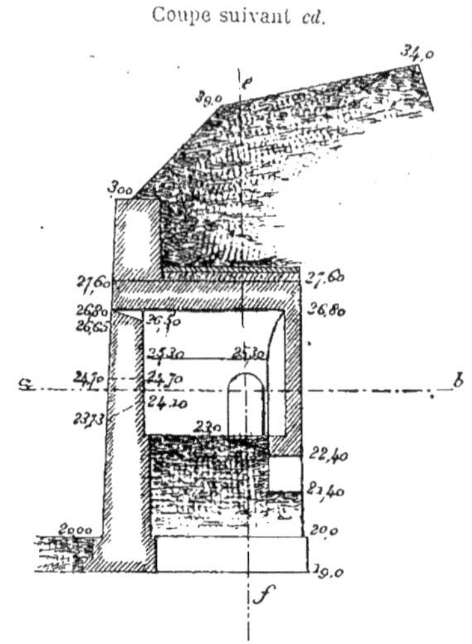

extérieur n'y est pas plus considérable que dans le mur de soutènement ordinaire.

Ce genre de revêtement, essayé, pour la première fois, vers le commencement du siècle, n'a pas toujours donné des résultats satisfaisants ; aussi n'a-t-il été que rarement employé en France, tandis que, dans d'autres pays, et notamment en Allemagne, les systèmes de fortification en usage ont conduit à en faire de nombreuses applications.

L'organisation intérieure des souterrains ou casemates, bien qu'elle n'ait pas sensiblement varié, a cependant subi quelques modifications ; mais on semble s'être arrêté à celle que nous donnons ci-contre, et que nous extrayons du N° 17 du *Mémorial de l'officier du Génie*. Nous n'entrerons pas dans le détail des motifs sur lesquels est basée cette disposition : on trouvera, sur ce sujet, tous les renseignements désirables dans un Mémoire fort intéressant de M. le lieutenant-colonel de la Gréverie, inséré au numéro précité du *Mémorial*, page 127.

Dans ces conditions de tracé, on pourra déterminer l'épaisseur totale du revêtement, c'est-à-dire, la distance horizontale entre le pied de l'escarpe au niveau du sol du fossé et l'extrémité des piédroits des voûtes du côté des terres, par la formule suivante, dans laquelle on a cherché à donner au revêtement la même stabilité qu'au mur plein de Vauban, pour une hauteur d'escarpe de 10 mètres et pour une surcharge de $2^m,50$.

[A] $E = 2^m,4175 + 0,355 H + 0,46 (h - 2,50) + 0,10 (h - 4) - 0,18 (5 - h')$

dans laquelle H est la hauteur du mur d'escarpe, h la hauteur de la crête intérieure, au-dessus de la magistrale, et h' la hauteur du sol des casemates au-dessus du fond du fossé.

Cette formule conviendra pour les terres et les maçonneries moyennes, et même pour le cas où le poids des terres différerait peu de celui des maçonneries. Elle s'appliquera à des hauteurs d'escarpe d'environ 10 mètres et à des valeurs de h, variant de 2^m,50 à 5 mètres, et même au delà ; à la condition, toutefois, d'exclure les valeurs de l'un ou l'autre des trois derniers termes, dans le cas où la quantité entre parenthèses y deviendrait négative.

Après avoir fixé l'épaisseur d'ensemble du revêtement, nous allons indiquer rapidement les dimensions à donner aux différentes parties dont il se compose.

Épaisseur du mur d'escarpe au-dessus des voûtes. — Cette épaisseur se déterminera, comme celle d'un mur de revêtement plein ordinaire, en comptant sa hauteur, à partir du point le plus bas de l'extrados des voûtes sur lesquelles il reposera, et dont les têtes seront dans le parement général de l'escarpe.

Épaisseur du mur de masque au-dessous des voûtes. — Entre l'intrados des voûtes et le sol des casemates, ce mur n'a que son propre poids à supporter ; on pourrait, par conséquent, se contenter d'une faible épaisseur ; mais, pour qu'il ne soit pas trop facilement détruit par les coups plongeants de l'ennemi, on lui donnera 1 mètre au sommet ; son parement intérieur sera vertical, et le parement extérieur aura l'inclinaison ordinaire des escarpes, c'est-à-dire, $\frac{20}{1}$. Au-dessous du sol de la galerie, la maçonnerie éprouvera une certaine poussée ; mais, en raison de la charge qu'elle reçoit de la portion du mur qui la surmonte, la stabilité sera suffisamment assurée en ajoutant à l'intérieur, à partir du sol du souterrain, une surépaisseur ou un empâtement de 20 centimètres.

Épaisseur des voûtes en décharge. — La portée des voûtes sera de 4^m,50 ; leur intrados sera un arc de cercle surbaissé au tiers, dont la flèche, pour une portée de 4^m,50, sera, par conséquent, de 1^m,50. La voûte primitive sera extradossée parallèlement, et son épaisseur sera de 0^m,70, quand elle sera enfoncée au moins de 2^m,70 dans le remblai (*) ; mais si la hauteur minimum du remblai, au-dessus de l'extrados, est moindre que 2^m,70, on déterminera l'épaisseur de la voûte par la formule :

$$e = 0,10 + 0,12\,r,$$

dans laquelle r représente le rayon du cercle, passant par les naissances et le sommet, et par conséquent, dans le cas particulier en question, le rayon du cercle d'intrados.

Dans le premier cas, la voûte n'aura qu'une charge morte à supporter, et une épaisseur de 0^m,70 suffira ; dans le second cas, au contraire, on aura à redouter l'effet des

---

(*) La bombe de 0^m,32 pénètre lorsqu'elle tombe avec sa plus grande vitesse, de 0^m,90 dans un massif de terres rassises, et les effets de son explosion ne se font sentir qu'à une profondeur égale à une fois et demie ou deux fois l'enfoncement, par conséquent au delà de 2^m,70, l'effet d'une bombe de 0^m,32 n'est plus sensible.

bombes, et l'on devra prendre des dimensions plus fortes, qui seront données par la formule ci-dessus.

Les voûtes primitives seront ensuite recouvertes de chapes inclinées à 15°, dont les gouttières, au-dessus des piédroits, seront recouvertes par des plans inclinés qui ramèneront les eaux d'infiltration vers le remblai. Ces chapes, ainsi organisées, augmenteront la stabilité de la construction.

Épaisseur des piédroits. — Cette épaisseur se calculera par la condition de résister à la charge transmise par les parties supérieures au point le plus comprimé de l'assise, située au niveau du sol des casemates. On pourra, dans ce calcul, adopter pour résistance permanente 50,000 kilogr. par mètre carré, laquelle convient à la maçonnerie ordinaire en moellons ou en briques. Pour une hauteur d'escarpe de 10 mètres, M. le lieutenant-colonel de la Gréverie a trouvé, en faisant varier la hauteur de la surcharge de $2^m,50$ à 5 mètres, et l'enfoncement du sol des casemates au-dessous de la magistrale de 5 à 8 mètres, qu'on pouvait déterminer l'épaisseur des piédroits au niveau du fond du souterrain par la formule :

$$e = 0^m,75 + 0,10\ (h - 2,50) + 0,26\ (h' - 5),$$

dans laquelle h représente la hauteur de la crête intérieure au-dessus de la magistrale, h' la différence du niveau entre le sol des casemates et la magistrale. Cette formule suppose, d'ailleurs, que l'épaisseur totale du revêtement a été fixée à l'aide de la formule (a) et en prenant 50,000 kilogr. par mètre carré pour la résistance permanente de la maçonnerie.

Au-dessous du sol de la galerie, des empâtements, de $0^m,05$ à $0^m,10$ de chaque côté, suffiront pour assurer la solidité des piédroits, même pour l'assise la plus chargée, située au niveau du plan supérieur des fondations.

Hauteur des piédroits. — Cette hauteur est ordinairement de $2^m,30$; elle est nécessaire pour permettre la circulation le long des murs et laisser entre les naissances des voûtes des galeries et le sommet des baies de communication un espace assez grand pour que l'arceau, qui surmonte ces baies, n'empiète pas dans les voûtes des casemates. On ne doit pas, d'un autre côté, exagérer cette hauteur, pour que la paroi extérieure des abris voûtés ne soit pas trop en prise au tir plongeant de l'ennemi.

Baies dans les piédroits. — On leur donne 1 mètre de largeur et 2 mètres de hauteur. L'arceau, qui les recouvre, est en plein cintre ; on les place vers le fond de la galerie et à 1 mètre environ de l'extrémité du piédroit qu'elles traversent.

Paroi postérieure des casemates. — Ces parois sont formées de cylindres verticaux ayant leur convexité tournée vers le remblai, de sorte qu'elles forment des voûtes, reportant contre les piédroits la poussée des terres.

Le profil horizontal de ces voûtes, lorsqu'elles seront en briques, aura une épaisseur uniforme de 0ᵐ,50, avec intrados en arc de cercle, dont la flèche sera de 0ᵐ,50. L'extrados aura son sommet dans le plan des extrémités des piédroits.

Si les voûtes sont en moellons, on pourra les extradosser suivant le plan précédent ; le cercle d'intrados aura 0ᵐ,30 de flèche, l'épaisseur, au sommet, sera de 0ᵐ,50, et celle des naissances sera, par suite, de 0ᵐ,80. Dans l'un et l'autre des cas précédents, la paroi du fond sera portée par un arceau, reposant sur les piédroits de la casemate. Cet arceau aura pour intrados un arc de cercle de 1 mètre de flèche ; il sera extradossé de niveau et aura 0ᵐ,60 d'épaisseur au sommet. Quant à sa dimension transversale dans le sens de la profondeur de la galerie, elle sera la somme de celles qu'on a prises pour la flèche et pour l'épaisseur minimum de la paroi postérieure de la casemate.

Créneaux du mur de masque. — Il n'est pas nécessaire d'avoir un grand nombre de créneaux ; deux par casemates suffiront. On les répartira de façon qu'à l'extérieur ils soient également espacés : ils seront à 1ᵐ,10 ou 1ᵐ,20 au-dessus du sol de la galerie ; la plongée sera inclinée au tiers, et le plafond sera horizontal ; enfin, l'ouverture intérieure sera un carré de 0ᵐ,60 de côtés, tandis que l'ouverture extérieure sera un rectangle très-allongé de 0ᵐ,08 de largeur.

Events. — Pour aérer les casemates autrement que par les créneaux, on placera un évent à la partie supérieure de chaque compartiment ; le plafond de ces évents sera formé par l'intrados de la voûte ; les ouvertures seront sur chaque parement un segment de cercle ; celui du dehors aura 0ᵐ,15 de flèche, celui de l'intérieur en aura 0ᵐ,30. De cette manière, l'appui sera incliné vers l'intérieur, et l'évent évasé de dehors en dedans.

Extrados des voûtes. — Nous avons déjà indiqué la forme à donner à cet extrados, et comment, à l'aide de plans convenablement inclinés, on rejetait les eaux d'infiltration du côté des terres ; mais pour que ces eaux, et celles qui pourraient provenir du terrain, qui s'appuie contre le mur de fond, ne rendent pas les galeries humides, il conviendra de prendre, en arrière du revêtement, les dispositions qui seront détaillées plus loin.

Quant à l'organisation des casemates dans les angles saillants et rentrants, on pourra imiter celles que représentent les croquis page 172.

Fondations. — Les pressions reportées sur le sol par les différentes parties du revêtement, sont très-inégales, et s'il arrive que ce sol soit compressible, il se produira infailliblement des inégalités de tassement fort dangereuses pour la solidité de la construction, si l'on n'a pas la précaution de faire varier les empâtements, de façon à répartir uniformément la pression sur le terrain de la fondation. Cette condition importante n'a pas toujours été observée, et c'est à cette négligence que l'on doit attribuer la plupart des accidents survenus dans les voûtes en décharge, accidents qui, pour un moment, avaient fortement ébranlé la confiance des ingénieurs dans ce genre de revêtement. Sur un terrain très-résistant, sur du roc, par exemple, il sera inutile de se préoccuper de l'égale répartition des pressions ; mais il faudra nécessairement chercher à l'établir, pour peu que le terrain puisse se déprimer. On ne doit pas se dissimuler, toutefois, que ce but n'est pas facile à atteindre ; aussi conviendra-t-il, dans ce cas, de faire reposer la construction sur une plate-forme continue et assez étendue pour que la charge, par mètre carré, reportée sur le sol de la fondation, soit plus faible que la résistance de ce sol ; cette plate-forme devra d'ailleurs être assez épaisse pour ne pas se rompre par suite de l'inégalité des pressions à supporter. Cette épaisseur dépendra du degré de compressibilité du terrain, des inégalités de charge et de la résistance de la maçonnerie. En employant du béton, fait avec du bon mortier hydraulique, on pourra se contenter, pour les dispositions adoptées précédemment, d'une épaisseur de 1 mètre à $1^m,50$ au plus : cette dernière dimension s'appliquerait au cas d'une forte surcharge et d'un sol sensiblement compressible. Il est bien évident, du reste, que si l'on avait à fonder sur un banc de terre peu consistante, il faudrait, comme nous l'avons recommandé d'une manière générale en parlant des fondations, commencer par raffermir les terres, et même, dans certains cas, aller, à l'aide de pilotis, chercher un point d'appui sur une couche inférieure plus solide.

Indépendamment des considérations que nous venons d'exposer relativement aux fondations, il faudra s'efforcer d'avoir un tassement uniforme dans la maçonnerie des diverses parties du revêtement, et, pour cela, on devra n'employer, autant que possible, que des matériaux homogènes, et procéder par assises générales à peu près de même hauteur. On aura soin de construire lentement et de n'établir les voûtes qu'après la solidification de la maçonnerie des piédroits. De plus, il faudra, si l'on élève le mur de masque en même temps que les piédroits, les arrêter au niveau des naissances des voûtes et ne les terminer qu'autant que les tassements provenant du poids de la maçonnerie des arceaux et de leur surcharge en terre se seront complètement effectués ; peut-être même serait-il prudent de n'élever d'abord le mur de masque qu'à la hauteur du sol des galeries, en laissant, dans l'extrémité extérieure des piédroits, des pierres d'attente pour assurer plus tard leur liaison avec la maçonnerie, qui viendrait après compléter le mur d'escarpe.

Observation. — Bien que les méthodes exposées précédemment pour déterminer les dimensions des murs de revêtement soient habituellement employées dans la pratique, nous ferons observer : que de la nécessité de pouvoir les appliquer, même dans les conditions les plus défavorables, il résulte que, pour les cas ordinaires, elles conduisent à des proportions exagérées ; de sorte qu'il conviendra de les réserver pour les avant-projets et de recourir, pour l'exécution définitive, à des procédés plus rigoureux pour obtenir les épaisseurs qui assurent la stabilité. Ces procédés seront examinés dans la troisième partie du Cours, en même temps que la marche à suivre pour fixer la forme et les dimensions à donner aux fondations, suivant la nature du terrain sur lequel on doit asseoir la construction.

Comparaison des formes des profils en usage.

1° Les anciens ingénieurs donnaient au parement extérieur de leurs murs un talus de

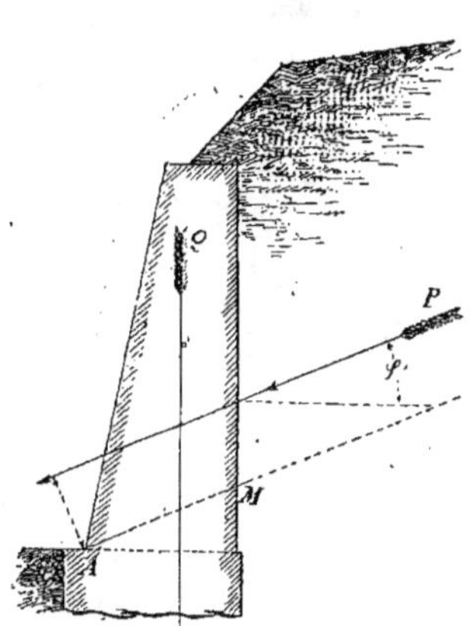

$\dfrac{5}{1}$ ou $\dfrac{6}{1}$, le parement intérieur restant vertical.

Par cette forme, le centre de gravité se trouvait reporté vers l'intérieur, le moment de la résistance était accru, ce qui permettait de réduire la surface du profil. Ces murs, dont celui de Vauban peut être considéré comme le type, étaient, par conséquent, économiques ; mais la pente douce donnée au parement extérieur était une cause puissante de dégradation ; les joints, par l'effet de la pluie et de la gelée, se dégarnissaient rapidement ; la terre du parapet, la poussière, puis les graines de végétaux s'arrêtaient dans ces joints, des plantes s'y développaient, et leurs racines, s'infiltrant dans la maçonnerie, amenaient promptement la destruction du parement.

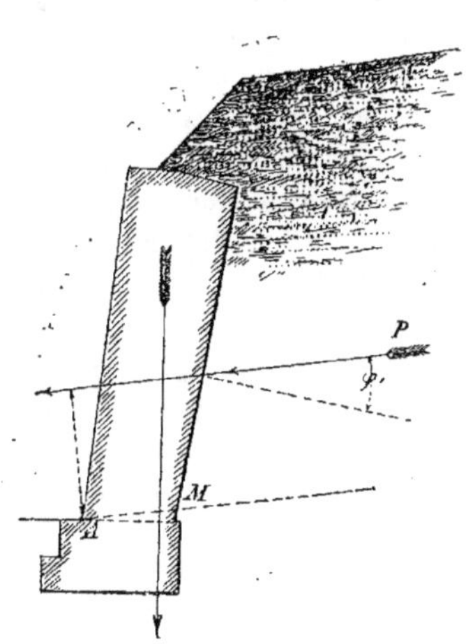

Ces murs se construisaient ordinairement en gros matériaux, c'est-à-dire, que les parements se faisaient en pierres de taille toutes les fois que l'on pouvait se procurer ces pierres avec facilité et à bon marché ;

2° En laissant le parement extérieur incliné, on donnait quelquefois un talus en surplomb au parement intérieur. Cette disposition, bien que recommandée par Vauban, est peu usitée en France, tandis qu'elle est très-employée en Angleterre, et surtout en Hollande.

Dans ce profil, le moment de la résistance augmente ; mais le moment de la poussée augmente aussi ; on ne voit pas, *a priori*, s'il est avantageux, ou non, au point de vue de la stabilité. Dans tous les cas, le bras de levier de la poussée étant très-grand, la moindre erreur commise dans l'appréciation de la nature des terres, et par suite dans l'évaluation de la poussée, devient bien plus sensible et plus dangereuse que pour les autres formes de profil. On voit de plus que la direction de la poussée est presque horizontale, et que par suite sa composante, suivant cette direction, est beaucoup plus forte que dans le cas où le parement intérieur est vertical ou incliné vers l'extérieur. Cette forme de revêtement n'est donc pas sans inconvénient lorsqu'on construit sur des terrains glissants ;

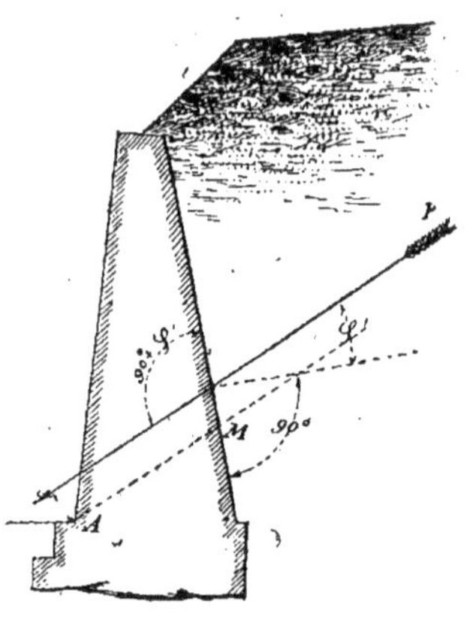

3° Enfin, le mur à parement extérieur, presque vertical, avec talus intérieur penché vers le dehors, favorise le frottement contre la maçonnerie et diminue beaucoup le bras de levier de la poussée : de sorte qu'une erreur commise dans l'estimation du talus naturel et de la poussée n'est pas très-sensible pour la stabilité. Le moment de la pression des terres étant peu considérable, la masse de maçonnerie, dont le poids doit équilibrer la poussée, n'a pas besoin d'être très-grande ; par suite, cette forme est avantageuse sous le rapport de l'économie.

Il faut remarquer cependant que le centre de gravité du mur se rapproche du parement extérieur, et que la résultante de la poussée et du poids du mur, bien qu'elle passe à droite du point A, se rapproche beaucoup de ce point et y produit une compression considérable. De là la nécessité de réserver, pour cette partie du mur, des matériaux très-résistants et de mettre un grand soin dans l'exécution des maçonneries. Si, par l'arête de rotation A, on mène la droite AM, parallèle à la direction de la poussée, ligne qui sépare les pressions qui tendent à faire tourner vers l'extérieur, de celles qui tendent à produire un mouvement en sens inverse, on voit que cette droite est beaucoup plus relevée au-dessus de la base que dans les autres murs, et que la rupture suivant AM est en même temps plus à craindre : cette circonstance exigera, par conséquent, l'emploi de mortiers de très-bonne qualité.

Au point de vue des fondations. — Le premier profil conviendra pour des terrains résistant moyennement, soit à la compression, soit au glissement.

Le deuxième, avantageux pour un sol compressible, sera tout à fait défavorable pour un terrain glissant.

Le contraire aura lieu pour le troisième mur, qui conviendra très-bien pour s'opposer au glissement, mais qu'on ne saurait employer avec avantage que sur un sol à peu près incompressible.

Quel que soit le genre de revêtement que l'on adopte, on devra prendre un talus assez raide pour le parement extérieur. La pente adoptée maintenant est ordinairement de $\frac{20}{1}$; elle ne doit pas descendre au-dessous de $\frac{10}{1}$.

Détails de construction.

Les murs de soutènement se construisent ordinairement en moellons bruts, en

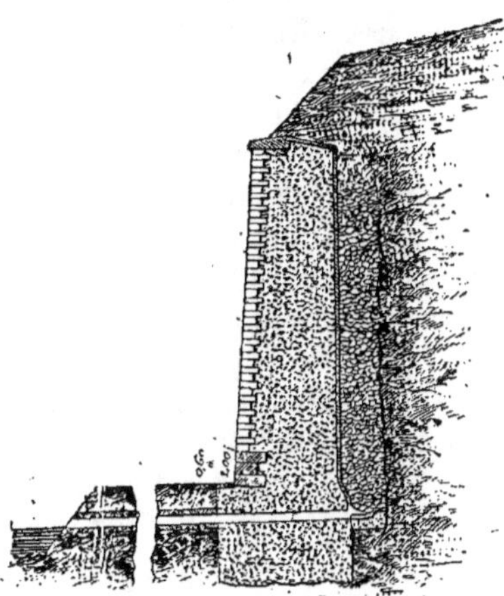

briques ou en béton; ils sont parementés à l'extérieur en briques, en moellons d'assise, en moellons smillés, en moellons piqués, et quelquefois en pierre de taille.

Les fondations se font en gros libages ; sur cette fondation, et vers la base du parement extérieur, on établit un certain nombre d'assises en pierres de taille, de manière à former un soubassement enfoui de $0^m,10$ à $0^m,20$, et s'élevant à $0^m,60$ ou 1 mètre au-dessus du sol ; ce soubassement, dont l'épaisseur moyenne pourra varier de $0^m,40$ à $0^m,50$, étant la partie la plus chargée du mur, devra se construire en matériaux très-résistants et inaltérables à l'humidité, à laquelle ils sont très-exposés.

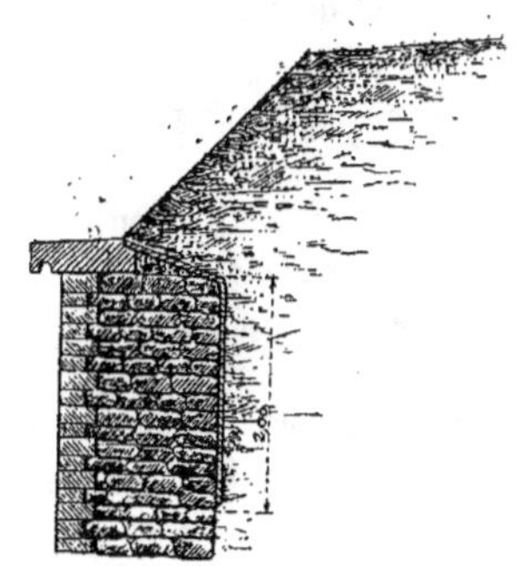

Cordon ou tablette. — Pour maintenir la partie supérieure de la construction, la protéger contre les eaux qui coulent le long du talus extérieur du parapet, et empêcher les racines des végétaux de pénétrer dans la maçonnerie, on couronne le mur d'un cordon ou d'une tablette formée de larges pierres rejointoyées avec le plus grand soin. La face supérieure de la tablette forme la berme qui règne au pied du talus extérieur, et s'avance d'une dizaine de centimètres sous ce talus.

Lorsque le parement du mur est incliné, on ne donne à la tablette qu'une saillie de $0^m,15$ à $0^m,20$ en dehors de ce parement; mais, s'il est vertical ou assez raide pour qu'on puisse, sans employer des pierres de trop grandes dimensions, rejeter au delà du pied du mur les eaux découlant du parapet, on augmente la saillie, et on la règle de manière à obtenir ce résultat ; on pratique alors au-dessous de la saillie une rainure en forme de larmier. L'épaisseur de la tablette varie de 0^m,30 à 0^m,40.

Précautions à prendre contre l'action des eaux.

Ce qu'on a le plus à redouter contre la conservation des murs de soutènement, ce sont les eaux qui, s'infiltrant dans les terres du parapet, viennent s'accumuler en arrière du mur ; ce sont surtout les eaux, provenant de sources naturelles, qui, par la disposition des couches du terrain, prennent leur écoulement du côté du revêtement. Ces causes puissantes de dégradation tendent à produire les effets suivants :

1° Les eaux, en pénétrant dans la maçonnerie, dissolvent le mortier, se créent une multitude de petits canaux, et, par un travail lent et incessant, finissent par suinter sur le parement extérieur. L'hiver, ces eaux se congèlent, augmentent de volume en se solidifiant, brisent la maçonnerie, amènent la destruction du parement d'abord, et bientôt aussi du noyau intérieur du mur ;

2° Faute d'écoulement, les eaux accumulées en arrière du revêtement détrempent les terres et les transforment en une vase presque fluante, si elles sont marneuses ou argileuses ; et si on n'a pas prévu cette circonstance, la poussée, augmentant considérablement, pourra surpasser celle dont on a tenu compte dans la détermination de l'épaisseur du profil ;

3° Si le terrain sur lequel repose la fondation est marneux ou argileux, il finira par se ramollir et devenir glissant sous l'influence de l'eau ; cet effet, joint à l'augmentation de la poussée, pourra, si le mur n'est pas suffisamment enfoncé dans le sol, en déterminer le glissement en masse sur le plan inférieur de la fondation.

Voyons maintenant les dispositions qu'il conviendra de prendre pour parer à ces diverses causes de dégradation.

Si l'on n'a pas à craindre les sources naturelles, si les terres du remblai sont compactes, et par suite peu perméables, on se contentera de couvrir le sommet du mur d'une chape en ciment ou en asphalte, se raccordant avec la tablette et se repliant le long du parement intérieur sur une hauteur de 1^m,50 à 2 mètres.

Mais si le remblai est formé de terres perméables, si, de plus, il existe en arrière du revêtement des sources dont les eaux arrivent contre le mur, il faudra nécessairement ménager à ces eaux une issue facile vers l'extérieur, et les empêcher de pénétrer dans le massif de la maçonnerie. Pour cela, indépendamment de la chape indiquée précédemment, on appliquera sur toute l'étendue du parement intérieur un enduit parfaitement imperméable ; puis en arrière, on construira un mur en pierres sèches de 0^m,50 à 0^m,70 d'épaisseur, qu'on fondera à 0^m,60 ou 0^m,80, en contre-bas du niveau du fossé ou du sol extérieur. Ce mur, en pierres sèches, reposera sur un caniveau en béton qui ramènera les eaux vers des canaux, ménagés de distance en distance dans l'épaisseur de la fondation ; ces canaux seront prolongés au-dessous du sol extérieur jusqu'à la cunette, ou jusqu'au lieu où les eaux trouveront un écoulement naturel. Hors du mur, ces conduits seront en pierres sèches ou en maçonnerie, et seront enfoncés assez profondément pour être à l'abri de la gelée. Par ces dispositions, on parviendra généralement à préserver le mur de l'action des eaux.

Si les sources se manifestaient au-dessous du fond de la cunette, contre la fondation, il faudrait prendre, dans l'organisation de cette partie du revêtement, certaines précautions dont il sera question dans la quatrième partie du Cours.

Quant aux *barbacanes* qu'on pratiquait autrefois à travers le mur, et qui venaient déboucher dans le parement extérieur, on doit les proscrire d'une manière absolue, attendu que l'hiver, l'eau qui sort par ces ouvertures se congèle et amène bientôt la ruine de la maçonnerie.

CONSTRUCTION DES MURS

La première chose à faire pour l'établissement d'une construction, c'est de tracer exactement sur le terrain la position des diverses parties dont elle se compose, en se conformant aux dispositions arrêtées dans le projet.

Pour faire ce tracé, on fixe la direction des différents murs en prenant pour lignes de repère, dans le cas des bâtiments, les axes des murs, et pour les ouvrages de fortification, les lignes d'intersection des parements extérieurs des murs avec le plan supérieur de la fondation.

Les alignements sont déterminés sur le sol, à l'aide de piquets solidement enfoncés, en dehors de la construction ; sur les têtes de ces piquets sont fixées des pointes exac-

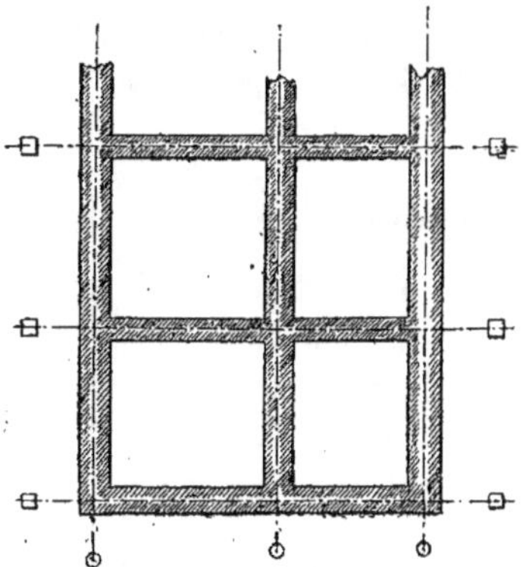

tement dans les directions voulues ; de sorte qu'en tendant des cordeaux d'une pointe à l'autre, on puisse représenter matériellement les divers alignements et vérifier s'ils sont bien conformes au projet. Pour peu que la construction doive durer longtemps, il conviendra de remplacer les piquets par des dés en pierre de taille, et les pointes par des rainures pratiquées sur le parement supérieur de ces dés.

Ce tracé exécuté, on pourra commencer à déblayer pour atteindre le niveau auquel on doit asseoir la fondation. Les limites de l'excavation seront rapportées exactement aux lignes de repère, afin d'avoir un espace suffisant pour la construction, sans faire de déblai inutile. Les fouilles, dont les parois seront aussi raides que possible, seront exécutées suivant certaines règles économiques enseignées dans le Cours de fortification permanente. Quant à la profondeur du déblai, elle dépendra de la nature du terrain et du mode de fondation adopté, objets sur lesquels on se sera fixé d'avance, en se guidant d'après les principes énoncés dans la dernière leçon.

Construction de la maçonnerie de fondation.

Après avoir réglé convenablement le sol sur lequel on doit asseoir la construction, au moyen de piquets et de cordeaux, on tracera l'alignement des parements de la fondation, conformément au projet, en rapportant ces parements aux lignes de repère du tracé primitif, et l'on pourra commencer la maçonnerie.

Lorsque le terrain est compacte et peut se couper à pic, on donne à l'excavation exactement les dimensions nécessaires pour contenir la maçonnerie de fondation, et l'on tient par conséquent les parois verticales. Cette méthode est gênante pour les ouvriers; elle les oblige à se placer sur les parties fraîchement construites, et doit nuire nécessairement à la bonne exécution et à la qualité de la maçonnerie; elle n'a d'autre avantage que de procurer quelques économies sur les déblais; elle devient, au contraire, nécessaire lorsqu'au lieu de maçonnerie en moellons on emploie du béton. Il faut, en effet, dans ce cas, maintenir la matière latéralement pendant le temps nécessaire à la prise du mortier, et il est alors naturel de se servir pour cela des parois mêmes de l'excavation. Si le terrain est susceptible d'éboulement, on le retient à l'aide de planches de coffrage solidement étançonnées, et ces coffrages servent en même temps à contenir la masse de béton. On n'a pas à craindre, comme dans le cas précédent, en marchant sur la maçonnerie exécutée, de déranger les pierres déjà posées; d'ailleurs, l'emploi du béton n'exige plus que les ouvriers descendent et séjournent dans l'excavation pendant l'exécution du travail.

Construction de la maçonnerie en moellons.

La maçonnerie s'exécute généralement par assises à peu près horizontales, et on l'arase de niveau par zones de 0,40 à 0,50 de hauteur. Cette manière d'opérer convient pour les piliers et pour les murs qui doivent supporter de fortes charges permanentes ou accidentelles, mais nous avons déjà dit que, pour des murs devant résister comme monolithes, tels que les murs de soutènement, il convient de bâtir d'une manière continue et non par assises arasées.

Quelle que soit la manière d'opérer, il est important de n'employer que du mortier ferme et préparé, comme nous l'avons expliqué dans la deuxième leçon. Il faut qu'il tienne bien sur les truelles, sans trop s'y affaisser. En prenant du mortier noyé et sous forme de coulis clair, on peut, d'après M. Vicat, perdre 50 0/0 de solidité pour la maçonnerie exposée à l'air, et 3 0/0 pour les maçonneries immergées. Il est important, en même temps, de ne rien perdre de l'eau nécessaire au durcissement du mortier, et qui doit fonctionner comme eau de cristallisation. Il faut donc, si les matériaux sont absorbants, comme les briques par exemple, avoir soin de les entretenir dans un état complet d'imbibition jusqu'au moment de leur mise en œuvre. Il faut, en un mot, ne pas perdre de vue ce principe essentiel : *Mortier ferme, matériaux mouillés*. Maxime dont l'application est souvent rendue bien difficile par la routine et le mauvais vouloir des ouvriers. Il est vrai qu'en employant des matériaux mouillés, la peau se ramollit et les mains des maçons résistent difficilement au contact forcé de la chaux. Le moyen de parer à cet inconvénient serait de donner aux maçons des gants enduits de goudron liquide ou rendus imperméables par certaines préparations de caoutchouc ou de gutta-percha. Mais ces précautions ne sont nécessaires que dans la mise en œuvre des pierres absorbantes.

Employé dans de bonnes conditions, le mortier adhèrera aux matériaux avec une force au moins égale à sa propre cohésion. Il ne faut, d'ailleurs, pas épargner le mortier et, si l'on veut que la maçonnerie, composée de moellons irréguliers, soit bien pleine et bien liée en tous sens, on doit consommer au moins $0^{m.\ cube},400$ de mortier par mètre cube.

Voyons maintenant comment on devra conduire le travail, et considérons le cas où l'on opère par assises arasées ; il sera facile d'en conclure ce qu'il faudrait faire dans le cas contraire.

Supposons d'abord que le terrain, par sa nature, adhère mal au mortier. — La première assise de la fondation se pose à sec. Les libages en moellons bruts sont placés à plat, c'est-à-dire, sur leur lit de carrière, en réservant les plus gros et les plus réguliers pour les parements, et en ayant soin, pour ces derniers, d'en placer alternativement de longs et de courts, pour les mieux relier avec le massif intérieur de la maçonnerie. Ces pierres sont, d'ailleurs, fortement frappées avec une dame en bois, de façon à bien fixer leur position et à prévenir des tassements ultérieurs. On remplit ensuite, avec des éclats de pierre, les intervalles restant entre les libages, et, sur ce lit en pierres sèches, on coule un mortier clair pour combler tous les vides et former, de cette première assise, une masse compacte.

Sur cette première assise ainsi disposée, on étend une couche de mortier ordinaire de 2 à 3 centimètres d'épaisseur, sur laquelle on pose les pierres de la deuxième assise. On commence par les parements, en ayant soin de recroiser ou de recouvrir les joints de l'assise précédente, puis, entre ces parements, on pose d'autres libages et l'on a soin de frapper les pierres au marteau, de manière à bien les assujetir et à faire arriver le mortier dans les joints latéraux. On lance ensuite avec force du mortier entre ces libages et on y enfonce au marteau des éclats de pierre, afin de forcer le mortier à refluer dans tous les sens, à venir remplir tous les vides et à former une masse bien compacte. On continue ainsi la construction jusqu'à ce qu'on approche de la surface du sol, et l'on arase la maçonnerie de niveau à 0,30 ou 0,35 au-dessous de la surface supérieure du terrain.

Si le fond de l'excavation est susceptible d'adhérer au mortier, comme le roc, la pierraille, le gravier, etc., on construit immédiatement, comme on l'a fait sur l'assise en pierres sèches du cas précédent, c'est-à-dire, en étendant sur le sol de la fondation une couche de mortier ordinaire.

Construction de la nette maçonnerie en moellons.

La fondation étant arasée de niveau, soit suivant un seul plan horizontal, soit par ressauts, si le sol extérieur a une pente prononcée, on commence l'exécution de la maçonnerie supérieure, à laquelle on donne le nom de nette maçonnerie. S'il existait un soubassement en pierre de taille, on le construirait comme on l'expliquera plus loin.

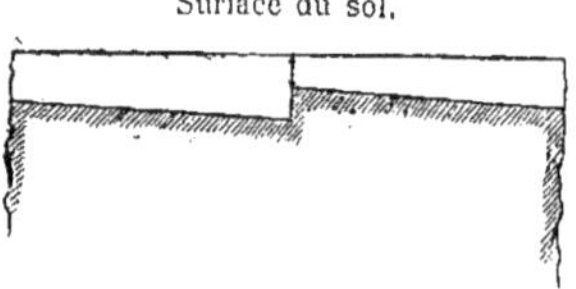

La nette maçonnerie, devant avoir des parements apparents et moins d'épaisseur que la fondation, exigera plus de soin dans son exécution.

Au moyen de profils arrêtés dans le projet et en s'aidant des lignes de repère, on marquera, sur la surface supérieure de la fondation, les traces des plans de parement, puis, de 2 en 2, de 3 en 3 mètres, on fixera des lattes, se présentant de champ vers le mur et profilant les deux parements. Sur ces lattes on enfoncera de 0,50 en 0,50 des pointes disposées par cours horizontaux, de manière qu'en tendant des cordeaux entre ces pointes, on ait des lignes situées dans les plans des parements, et ces lignes, étant à peu près horizontales, guideront les maçons dans l'arasement de la maçonnerie.

Ces dispositions prises, on exécutera la construction par assises successives, dont chacune se composera de pierres à peu près d'égale hauteur. Après avoir étendu sur la fondation une couche de mortier de 2 à 3 centimètres d'épaisseur, on commencera par poser les moellons des parements, on les choisira parmi les pierres les plus grandes et les plus régulières, et on les parera grossièrement sur la tête et les joints. Ils devront reposer au moins par trois points sur l'assise inférieure, ce qui aura lieu lorsqu'en les frappant, ils ne balloteront plus sous le choc du marteau. Pour les assujetir, on pourra les caler, vers la queue, avec de petites pierres plates, mais il ne faudra point mettre de cales vers le parement. L'ouvrier s'assurera que la tête du moellon est dans le plan

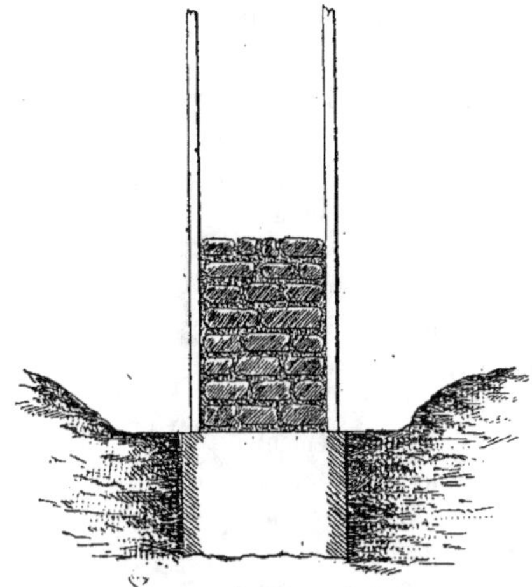

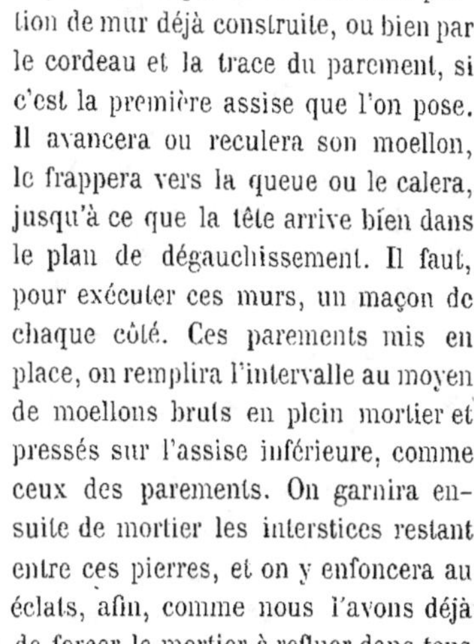

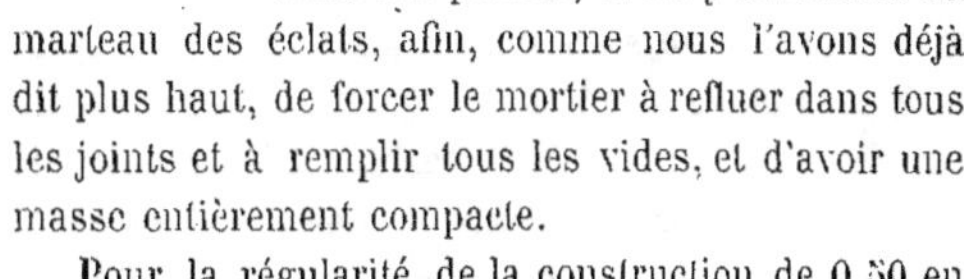

du parement, en plaçant son œil dans le plan formé par le cordeau et la portion de mur déjà construite, ou bien par le cordeau et la trace du parement, si c'est la première assise que l'on pose. Il avancera ou reculera son moellon, le frappera vers la queue ou le calera, jusqu'à ce que la tête arrive bien dans le plan de dégauchissement. Il faut, pour exécuter ces murs, un maçon de chaque côté. Ces parements mis en place, on remplira l'intervalle au moyen de moellons bruts en plein mortier et pressés sur l'assise inférieure, comme ceux des parements. On garnira ensuite de mortier les interstices restant entre ces pierres, et on y enfoncera au marteau des éclats, afin, comme nous l'avons déjà dit plus haut, de forcer le mortier à refluer dans tous les joints et à remplir tous les vides, et d'avoir une masse entièrement compacte.

Pour la régularité de la construction de 0,50 en 0,50 de hauteur, on arasera toute la maçonnerie et l'on aura soin d'humecter l'assise précédente si elle a eu le temps de sécher. La même précaution sera prise lorsqu'on commencera la nette maçonnerie, relativement au plan supérieur de la fondation.

Les maçons ont souvent l'habitude, pour économiser le mortier et aller plus vite, après avoir posé les parements, de faire le remplissage intérieur à sec, et d'étendre ensuite une couche générale de mortier sur le tout pour y établir l'assise suivante. Il en résulte que les pierres ne sont reliées que dans le sens horizontal, que les joints verticaux sont dégarnis de mortier et, qu'en raison du peu de fluidité de cette matière, il reste un grand nombre de vides dans l'intérieur de la masse. Une maçonnerie ainsi construite est, évidemment, de mauvaise qualité, et n'est susceptible ni d'une grande résistance, ni d'une grande durée.

Construction de la maçonnerie de pierre de taille.

Avant de commencer une maçonnerie en pierre de taille, il est bon de s'assurer que les pierres ont été bien taillées. On vérifiera surtout si les différents angles dièdres sont bien ce qu'ils doivent être, et si les faces sont conformes aux panneaux d'appareil.

Souvent, pour ne pas s'assujettir à tailler exactement les angles dièdres, les ouvriers démaigrissent, vers la queue, les pierres qui doivent former parement dans les maçonneries mixtes. Quand ce démaigrissement atteint 4 à 5 millimètres sur chaque face, il peut occasionner l'écrasement de la pierre vers les arêtes du parement, attendu que la couche épaisse de mortier interposée entre les lits du côté de l'intérieur détermine, vers cette partie, un tassement assez grand, et toute la charge des parties supérieures vient alors se reporter sur les arêtes du parement. Il est donc important d'em- 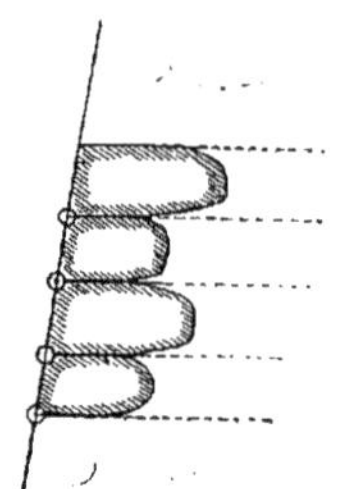
pêcher ce démaigrissement, il serait même à désirer qu'on mit le plus grand soin à dresser les lits et les joints, afin que le contact des pierres fût bien assuré et que les pressions au lieu de se porter, comme cela se présente souvent pour les pierres mal taillées, sur quelques points seulement, se répartissent sur toute l'étendue des assises. On préviendrait par là les inégalités de tassement, les lézardes et les écrasements qu'on remarque dans la plupart des constructions où ces précautions ont été négligées. On attribue, avec raison, en grande partie la solidité et la durée des édifices qui nous restent de l'antiquité au contact parfait qu'on a su donner aux pierres, suivant leurs surfaces d'assise.

Pose des pierres de taille. — La pose des pierres exige surtout des soins par-ticuliers. Pour obtenir de bons résultats, on étendra sur l'assise déjà posée une couche bien uniforme de mortier, en sable fin, de 0ᵐ,005 à 1 centimètre d'épaisseur, puis, on y déposera la pierre dans la place qu'elle doit occuper, et on la frappera avec une dame ou une masse en bois, jusqu'à ce que le plan supérieur en soit bien de niveau, et le joint horizontal également serré dans toutes ses parties. Les précautions à prendre con-sistent à employer du mortier ayant toujours à peu près la même consistance, ce que des maçons exercés obtiennent facilement; puis à donner à la couche de mortier une épaisseur uniforme; on y parviendra aisément à l'aide d'un
rouleau à main, portant sur sa surface des ner- 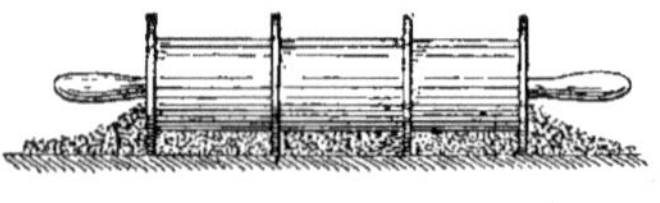
vures en tôle forte, nervures concentriques à l'axe du cylindre et en saillie de 0ᵐ,005 à 0ᵐ,01, sui-vant la hauteur qu'on veut laisser au joint. Enfin,
il faut mettre la pierre en place, sans la faire glisser sur l'assise inférieure, ce qui

pourra se faire facilement en employant la *louve*, instrument dont nous parlerons plus loin. Quand la pierre sera posée, on garnira les joints verticaux avec du mortier un peu clair, en se servant d'une espèce de scie en fer appelée *fiche*, et en empêchant le mortier de s'échapper latéralement au moyen de lattes appuyées contre le parement.

Il existe un procédé de pose, encore trop souvent employé, que nous décrirons pour en montrer les inconvénients. Il consiste à mettre les pierres en place, à sec, en les faisant reposer sur des cales, puis à garnir non-seulement les joints verticaux, mais les assises avec du mortier clair et à l'aide de la fiche, comme nous l'avons indiqué précédemment. On comprend combien il est difficile de remplir convenablement le joint d'assise, et y parviendrait-on même, que le mortier délayé qu'on emploie ne saurait offrir de résistance, de sorte que les pierres ne reposeraient, en réalité, que par l'intermédiaire des cales et en quelques points de la surface d'assise : inconvénient grave et qui peut amener la rupture des pierres, si elles ne sont pas très-résistantes et si les charges sont considérables. Ce mode de pose doit donc être proscrit d'une manière absolue de toute construction de quelque importance.

Lorsque la pierre de taille devra former revêtement dans une maçonnerie mixte, on commencera par poser les pierres du parement par boutisses et panneresses, et quand une assise sera construite, on élèvera en arrière la maçonnerie en moellons, de manière à araser le plan supérieur de l'assise du parement. On aura soin de serrer fortement les moellons dans le sens vertical, tandis que l'on augmentera un peu l'épaisseur de la couche de mortier, interposée entre les pierres de taille. On prendra cette précaution pour obtenir, autant que possible, l'uniformité de tassement ; on procèdera de la même manière pour chaque assise. Ce qui précède se rapporte à une maçonnerie construite par assises de niveau ; mais, pour toute autre direction des joints, on opérerait d'une manière analogue, en employant la fiche pour les joints trop inclinés, pour que le mortier puisse s'y maintenir par son adhérence seule.

Construction de la maçonnerie de moellons taillés ou de briques.

La maçonnerie de briques ou de moellons taillés, se construira comme nous l'avons expliqué pour les parements des murs en moellons bruts ; seulement, la régularité des matériaux rendra la construction plus facile et permettra d'obtenir des joints plus serrés et plus réguliers. On devra tenir compte aussi des précautions indiquées relativement à la maçonnerie de pierre de taille.

Constructions en pisé et en béton.

Les murs en pisé et les murs en béton se construisent absolument de la même manière ; nous ne nous occuperons que de ces derniers.

Nous avons vu déjà comment il fallait préparer la fouille pour exécuter la fondation. Cette fouille exécutée, on y descendra le béton avec précaution, en évitant de le projeter, pour que les pierrailles et le mortier restent bien mélangés, comme ils ont dû l'être conformément aux procédés indiqués dans la deuxième leçon. Ce béton, gâché très-

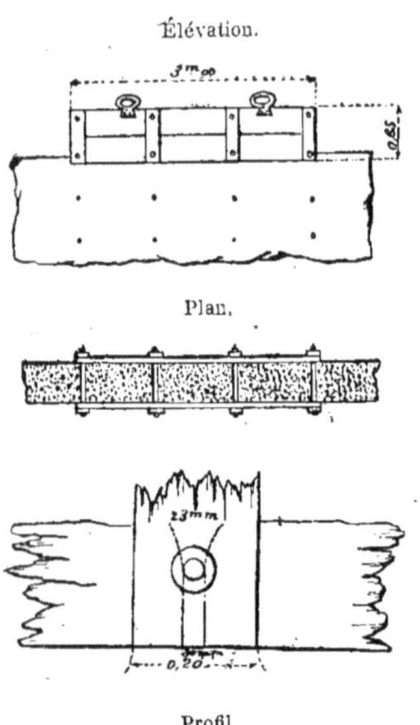

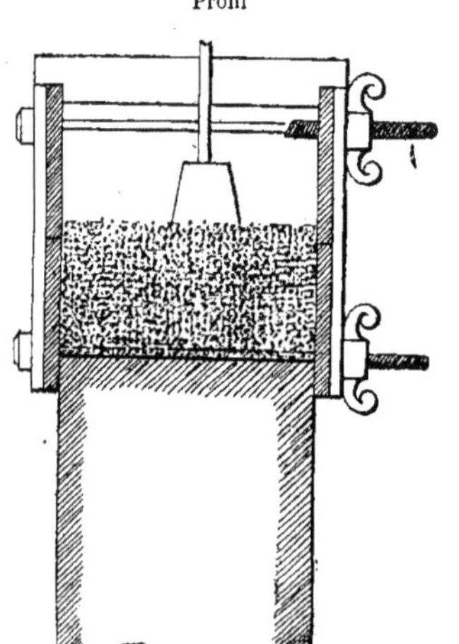

ferme, et même un peu sec, sera étendu par couches de 0ᵐ,20 à 0ᵐ,25, et fortement massivé, si l'on opère à sec. S'il y a de l'eau dans l'excavation, on ne sera pas forcé d'épuiser, comme il faudrait nécessairement le faire, si l'on employait de la maçonnerie de moellons. On se contentera, dans ce cas, de descendre le béton à travers la masse d'eau, à l'aide de moyens et avec les précautions qui seront indiquées dans la quatrième partie du Cours. Il va sans dire qu'on emploiera, pour ce système de fondation, du béton fait avec du mortier très-hydraulique. La fondation étant élevée jusqu'à 0ᵐ,30 ou 0ᵐ,35 au-dessous du terrain naturel, et arasée de niveau, on procèdera à l'exécution de la partie supérieure.

Sans entrer dans le détail des anciennes méthodes indiquées par Cointereau, professeur d'architecture rurale, et par Rondelet, nous donnerons de suite les procédés que M. Lebrun, architecte, a proposés, et dont il a fait de nombreuses applications.

On emploiera un système de coffrage composé de deux parois réunies par des boulons ; ces parois, qu'on appelle *banches*, sont formées de planches de sapin, ou de peuplier, de 3 centimètres d'épaisseur et de 3 mètres de longueur. De mètre en mètre, et perpendiculairement à leur longueur, ces cloisons sont renforcées au moyen d'autres planches simplement clouées ; elles ont 0ᵐ,65 de hauteur et sont reliées par des boulons en fer de 0ᵐ,023 de diamètre, à large tête, et portant à leur extrémité un pas de vis assez long pour pouvoir rapprocher à volonté les banches, suivant l'épaisseur qu'on veut donner au mur ; ce rapprochement se fait à l'aide d'écrous à ailettes ayant un mouve ment très-doux ; ces boulons se placent à l'endroit des barres verticales, l'un en haut et l'autre en bas, et pénètrent dans les cloisons à l'aide de deux petites rainures de 7 à 8 centimètres de profondeur, sur $0^m,025$ à $0^m,030$ de large.

Chaque système de banches porte quatre barres par cloison, et par conséquent exige huit boulons ; les banches sont manœuvrées avec des poignées en fer fixées à leur bord supérieur.

Pour faire la construction, on dispose sur l'assise, déjà faite et convenablement arasée, les boulons horizontalement, et à la place qu'ils doivent occuper ; puis, l'on place les banches sur ces boulons, à une distance l'une de l'autre, égale à l'épaisseur du mur ; enfin, on pose les boulons supérieurs et l'on serre les écrous de manière à bien fixer les banches, en mettant à la partie supérieure de petits étançons en bois, si cela est nécessaire pour maintenir l'écartement. Les banches ainsi disposées, on verse le béton dans l'encaissement par couches de $0^m,15$ à $0^m,25$ d'épaisseur, et, à l'aide d'une spatule, on massive chaque couche, en serrant bien le béton le long du coffrage : le massivage est nécessaire pour obtenir une maçonnerie bien compacte. Pour le faire dans de bonnes conditions, il faut employer le béton lorsqu'il est arrivé à un état de siccité analogue à celui de la terre humide. Plus sec, sa qualité serait altérée, plus mou, il adhérerait à la spatule, et le massivage serait difficile. On arrête le remplissage à la hauteur des boulons supérieurs ; de sorte que, d'après les dimensions admises, la hauteur de l'assise est d'environ $0^m,50$.

Il est convenable d'exécuter chaque assise sur tout le développement des murs à la fois, afin de mieux assurer la liaison de la maçonnerie dans le sens horizontal. Cette condition exigera un assez grand nombre de banches ; mais il faut remarquer que le matériel nécessaire pour une assise servira pour tout le reste de la construction, et pourra être employé pour tous les ouvrages du genre de celui que l'on construit.

Lorsqu'une assise sera terminée, et que le béton aura pris une consistance convenable, on démontera le coffrage ; pour cela, on enlèvera d'abord les boulons supérieurs, ce qui sera facile, puis les baches ; enfin, on arrachera les boulons inférieurs en les frappant à la pointe et en les tirant par la tête ; les trous de boulons seront bouchés après coup avec du mortier. On exécutera l'assise suivante de la même manière, en ayant soin, dans la pose du coffrage, de bien s'aligner dans tous les sens, et de conserver aux parements la direction et l'inclinaison qu'ils doivent avoir. Avec un peu de soin, il ne sera pas difficile d'obtenir des parois bien unies, d'autant plus que les ouvriers auront, pour se guider, les angles, les jambages des ouvertures, etc., que l'on fait ordinairement en briques ou en pierre de taille, et que l'on élève à l'avance, en se réglant sur la hauteur des assises en béton.

L'inconvénient de ce genre de maçonnerie, c'est que, par suite du retrait que prend la matière en durcissant, il se déclare des fissures dans le sens vertical. Dans les maçonneries ordinaires, ces fissures existent également ; mais, réparties sur un grand

nombre de joints, elles sont peu sensibles ; on
pourrait les diminuer en partageant la longueur
des murs en un certain nombre de compartiments, à l'aide de chaines verticales espacées
de 10 en 10, ou de 12 en 12 mètres, qui contri-
bueraient en même temps à la décoration. Le retrait se manifesterait le long de ces chaines, et,
une fois produit, on le ferait disparaître au moyen
d'un bon rejointement.

M. Lebrun a pensé que la meilleure manière
de remédier à l'inconvénient précédent, serait de
restreindre, autant que possible, l'étendue des masses
sur lesquelles se produit le retrait. Ce résultat ne
s'obtient qu'incomplètement au moyen de chaines
verticales, dont l'emploi n'est, d'ailleurs, pas toujours suffisamment motivé. Le procédé suivant, qu'il
a imaginé, a de plus l'avantage de dispenser de l'emploi des banches. Sur une assise déjà construite, ou
sur le plan supérieur de la fondation, on pose, en
forme de carrelage horizontal, une couche de briques
de plat, maçonnées en mortier ordinaire débordant les
parements de 5 à 6 centimètres ; puis, on divise la
longueur du mur en un certain nombre de compartiments, à l'aide de cloisons verticales faites de briques
de champ et reliées par du plâtre de bonne qualité ;
ces cloisons débordent encore le parement de 5 à
6 centimètres. Enfin, pour maintenir le béton dans
le sens de l'épaisseur du mur, on construit entre les
saillies du carrelage et des cloisons des parois en briques de champ et en plâtre ; on forme de cette manière une série de cases qu'on remplit de béton massivé, comme dans le cas des banches. L'assise suivante s'exécute de la même façon, en ayant la précaution de faire correspondre les nouvelles cloisons verticales au milieu des cases de l'assise précédente. On
peut utiliser les briques des parements des assises
déjà exécutées, en les démontant avec précaution.
Celles des carrelages et des cloisons resteront noyées
dans le massif du mur, qu'elles diviseront en petites

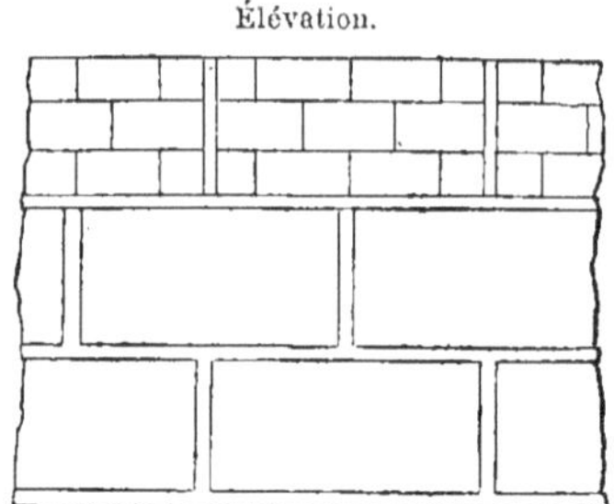

Élévation.

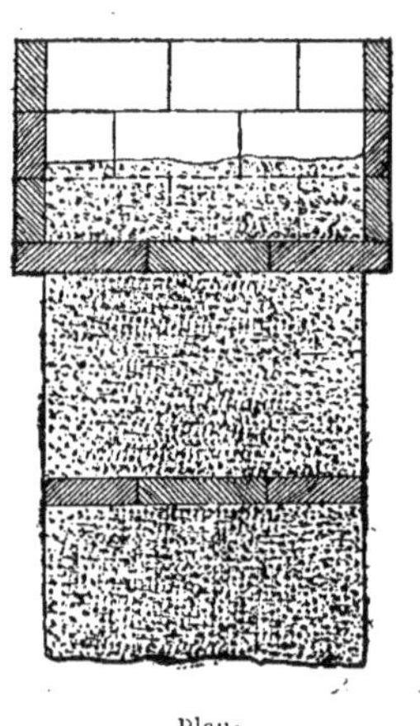

Profil.

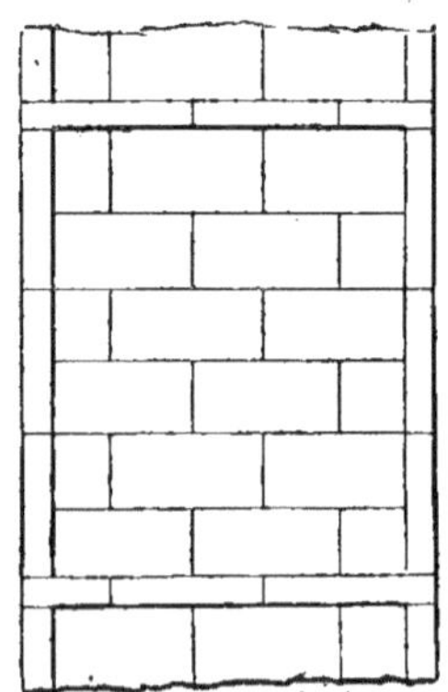

Plan.

portions ressemblant à de véritables pierres de taille artificielles. Les retraits se produiront alors le long des parois, et répartis sur un grand nombre de joints, ils cesseront d'être apparents. On donnera à l'assise une hauteur à peu près égale à l'épaisseur du mur, et la longueur de chaque compartiment sera double de la hauteur.

Le bétonnage terminé, on enlèvera au ciseau les parties saillantes des briques ; on pourra recouvrir le mur d'un enduit général, ou bien tailler et polir les briques dans le plan du parement, ou bien encore refouiller les briques et dessiner ainsi, soit un appareil en pierres de taille, soit un système de refends.

Ce procédé de construction pourra s'employer avantageusement pour l'exécution des murs de soutènement en béton. Il sera seulement inutile, dans ce cas, de prolonger les carrelages et les cloisons dans toute l'épaisseur du revêtement, deux ou trois longueurs de briques suffiront. Sur le parement apparent, on établira un coffrage en briques ; sur le parement intérieur, le béton sera maintenu à l'aide d'un coffrage en planches verticales que l'on élèvera au fur et à mesure de l'avancement de la construction.

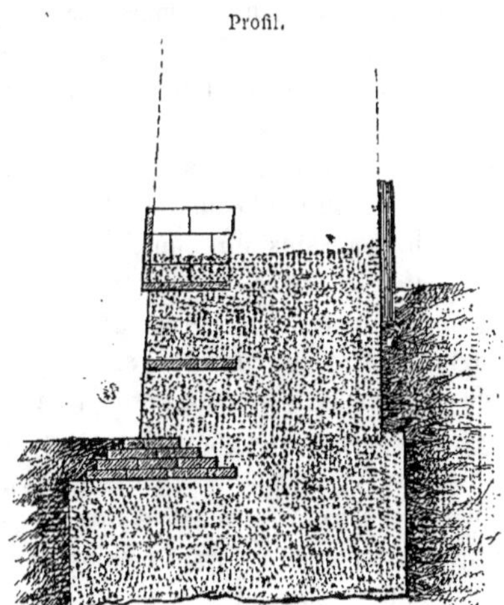

Lorsqu'on fera un parement en moellons taillés, ou en pierres de taille, après la pose de chaque assise du parement on arasera, en la massivant, la maçonnerie de béton, qui se construira ainsi par couches successives de même épaisseur que les assises du parement. La massivation est essentielle dans ce cas pour diminuer les différences de tassement et assurer la liaison du parement et de la maçonnerie. Pour que la pression du béton ne dérange pas les pierres du parement, on pourra, si l'on veut aller vite et ne pas attendre la prise trop lente du mortier ordinaire, mêler à ce mortier une certaine quantité de ciment.

Il serait préférable, pour ces murs en béton, de supprimer les parements en moellons taillés, ou en pierre de taille, qui coûtent fort cher et exigent beaucoup d'entretien.

Il faut avoir soin, pendant l'exécution de ce genre de maçonnerie, de la garantir, lorsqu'elle est encore fraîche, des trop fortes chaleurs et des pluies. Pour cela, on la recouvre de paillassons qu'on arrose lorsque la température est trop chaude. Ce qu'il faut surtout éviter, ce sont les gelées qui feraient tomber les parements, si elles survenaient avant la dessication du béton. En construisant dans nos climats depuis la fin du mois de mars, jusqu'au commencement de septembre, on n'a guère à redouter les gelées.

pour peu que le mortier soit hydraulique et bien confectionné. Si la maçonnerie résiste au premier hiver, elle pourra supporter ensuite, sans altération, les froids les plus rigoureux.

Observations relatives à l'emploi du mortier hydraulique et du béton pour la construction des murs de soutènement.

Il faut remarquer d'abord que, d'après les propriétés, maintenant bien connues de la chaux grasse, cette matière ne devrait plus être employée dans les murs épais de la fortification. Nous avons vu, en effet, que les mortiers ordinaires de chaux grasse mettent un temps très-long à durcir, et que, de plus, ils sont très-facilement attaqués par l'eau, qui dissout la chaux. Or, comme on ne peut pas toujours soustraire les revêtements à l'action des eaux, ces maçonneries, faites en mortier de chaux grasse, risquent beaucoup d'être promptement détruites. Aussi remarque-t-on que, dans tous les anciens murs de cette nature qu'on a réparés, il ne restait, pour ainsi dire, que du sable pur entre les pierres. Avec la facilité qu'on a maintenant de se procurer des mortiers hydrauliques, on devrait donc proscrire des constructions militaires, qui, par leur destination, exigent beaucoup de solidité et de durée, l'emploi de la chaux grasse, à moins qu'elle ne soit mélangée avec une certaine quantité de pouzzolane naturelle ou artificielle. Ces mortiers, fussent-ils notablement plus chers que les mortiers de chaux grasse, qu'une économie bien entendue conseillerait encore de les employer, pour épargner à l'État des frais d'entretien onéreux, et peut-être même une reconstruction complète au bout d'un temps assez court. Les exemples qu'on pourrait citer à l'appui de cette opinion sont si nombreux, qu'il nous semble inutile d'insister davantage sur cette question.

Le général Treussart et M. Vicat (*) regardent le béton comme l'un des meilleurs matériaux qu'on puisse adopter pour les massifs épais devant résister, comme les murs de soutènement, à la manière des monolithes. L'opinion de ces deux célèbres ingénieurs est la conséquence naturelle de ce que nous avons dit des propriétés du béton et des conditions de stabilité des murs de revêtement. De plus, il faut remarquer que, dans beaucoup de contrées dépourvues de pierre de bonne qualité, on peut se procurer à bas prix des pierrailles et des graviers ; et n'eut-on que de la chaux grasse, qu'on pourrait

---

(*) M. Vicat, dans son *Traité théorique et pratique des mortiers*, s'exprime ainsi : Il existe entre les espaces occupés par la gangue (le mortier), et les matériaux qu'elle enchâsse dans toute maçonnerie monolithe, une relation qui donne le maximum de résistance uniforme en tous sens; l'exemple des meilleurs blocages, tant antiques que modernes, semble établir que la force d'agrégation dépend à la fois de l'égalité, de la grosseur et de l'uniforme distribution de ce que l'on pourrait appeler les noyaux de l'agrégat; elle paraît être à son maximum dans le cas particulier d'un mélange en masse, avec possibilité de massivation; *c'est celui des bétons jetés et battus dans des tranchées de fondation ou dans des encaissements quelconques.*

13

toujours fabriquer aisément de la pouzzolane artificielle avec les argiles qu'on rencontre presque partout ; de sorte qu'il n'existe, pour ainsi dire, pas de localité où l'on ne trouve, en abondance et à bon marché, tous les éléments d'un béton de bonne qualité. Si, enfin, on tient compte de ce fait, que, même dans les places les mieux partagées en matériaux de construction, le prix du béton est de beaucoup inférieur à celui de la maçonnerie de moellons, on conclura que la solidité et l'économie sont d'accord pour conseiller l'emploi du béton dans l'établissement des murs de soutènement. Les résultats avantageux obtenus dans un grand nombre de places, et surtout dans les travaux civils, achèveront sans doute de détruire les préventions qui, jusqu'à présent, ont entravé l'essor qu'aurait dû prendre depuis longtemps ce genre de construction.

CINQUIÈME LEÇON

CRÉPIS ET ENDUITS

On donne le nom de crépis et d'enduits à la couche dont on recouvre extérieurement les maçonneries pour les mettre à l'abri des influences atmosphériques et pour les rendre imperméables à l'eau. En raison du rôle qu'ils doivent remplir dans la construction, les enduits sont exposés à beaucoup de causes de destruction, et doivent, par conséquent, exiger un soin tout particulier, soit dans leur exécution, soit dans le choix des matériaux à employer. Malheureusement, ces soins sont trop souvent négligés, et c'est à cela qu'il faut, sans doute, attribuer le peu de succès des crépis en général et le discrédit dans lequel ils sont tombés. On y a même entièrement renoncé pour un certain nombre d'ouvrages, et notamment pour les revêtements. On a formé le parement de ces derniers murs en moellons taillés, de manière à réduire l'étendue de la surface extérieure à faire au mortier, à un simple rejointoiement. Cette substitution n'est pas sans inconvénient ; elle est coûteuse d'abord, et, de plus, n'offre pas beaucoup de garantie de durée. Ce placage en petits matériaux se détache, en effet, souvent du massif intérieur de la maçonnerie, et, comme d'un autre côté, les pierres, pour être facilement taillées, sont souvent choisies parmi les matériaux tendres, elles se détruisent assez promptement. Dans certaines contrées, comme en Flandre, on emploie, au lieu de moellons, des briques pour former les parements ; pour peu que ces briques ne soient pas de bonne qualité et bien cuites, elles ne durent pas (*). Du reste, parmi les murs paramentés en moellons taillés ou en briques, exécutés dans le dernier siècle, il en existe bien peu qui n'aient exigé une reconstruction complète de leur surface extérieure. Ce fait, joint à l'amélioration sensible apportée dans la qualité des mortiers, engagera certainement à revenir à l'emploi des crépis, qui n'exigent, sur le parement, que les matériaux qui entrent dans le reste de la maçonnerie, procurent, par conséquent, une économie considérable et peuvent, lorsqu'ils sont bien faits, durer autant que le mur.

Pour assurer la réussite des crépis et des enduits, il faut :

1° Choisir de bons mortiers hydrauliques, qu'on fera aussi maigres que possible;

2° Exécuter le travail pendant la belle saison, c'est-à-dire, du commencement d'avril à la fin d'août, afin que les mortiers soient durcis avant les gelées ; avoir soin de mettre les enduits à l'abri d'une dessication trop rapide pendant les fortes chaleurs de l'été, en les recouvrant de paillassons mouillés ;

3° Enfin, suivre, dans l'exécution, la marche que nous allons indiquer.

Nous ajouterons que, pour le cas particulier des murs de revêtement, il faut éviter, avant tout, les infiltrations d'eau provenant des terres, à travers la maçonnerie, car, autrement, ces eaux arrivant en arrière des crépis, s'y accumulent et, se congelant pendant l'hiver, rejettent à l'extérieur l'enduit par grandes plaques. La même cause produirait les mêmes effets sur les parements en briques ou en moellons taillés, elle les détacherait du noyau de la maçonnerie ou les ferait souffler, suivant l'expression des maçons. Les enduits intérieurs empêchant les infiltrations à travers la maçonnerie, sont donc une condition essentielle de la conservation des enduits et des parements extérieurs.

Exécution des crépis et des enduits.

Dans les constructions mixtes, où l'on a des inégalités de tassement à redouter, il

---

(*) Voir au n° 7 du *Mémorial*, page 65, une notice du général Bergère sur les causes de destruction des revêtements des maçonneries en briques et sur le moyen d'y remédier.

est convenable de n'exécuter les enduits qu'après l'achèvement de la maçonnerie et lorsque les tassements se sont produits. Mais pour les constructions homogènes, on pourra faire, en même temps, la maçonnerie et les enduits.

Dans le premier cas, qui sera aussi celui du recrépissage d'une ancienne maçonnerie, on commencera par dégarnir les joints, puis, on les lavera à grande eau pour enlever la poussière et les parcelles de mortier désagrégé. La maçonnerie mise au vif, on appliquera une première couche de mortier de gros sable fortement fouetté à la truelle, qu'on régularisera avec le tranchant de cet instrument, en évitant de le recouper, de l'étendre, ou de le comprimer. Sur cette première couche on en appliquera une deuxième, de la même manière, et l'on continuera jusqu'à ce qu'on soit arrivé à former une surface bien réglée, et ne présentant que quelques aspérités causées par les grains de sable. Ce premier travail constitue ce qu'on appelle un crépi proprement dit. Pour les murs de bâtiment, on applique en outre sur ce crépi une couche de mortier plus fin, qu'on pose comme précédemment, puis, à l'aide d'un polissoir en bois qu'on promène légèrement sur le mortier, on enlève les aspérités et l'on achève de régler la surface. On obtient ainsi ce qu'on appelle un enduit.

En opérant de cette manière, un maçon un peu exercé, parvient à former un parement bien uni, à pores très-ouverts et très-accessibles à l'acide carbonique. On peut ensuite y figurer un appareil en pierre de taille, en y traçant des lignes d'assises et de joints. Enfin, on peut, si l'on veut, à l'aide d'un badigeon, imiter la couleur de la pierre du pays.

Pour les murs communs, pour les murs de soutènement et, en général, pour les grosses maçonneries, on se contentera d'un crépi auquel on pourra donner une apparence rustique, en y projetant, avec un balai, du mortier ferme composé avec du gros sable. Ces crépis rustiques sont très-solides et s'emploient quelquefois pour former des panneaux entre des encadrements en pierre de taille, sur les façades des bâtiments.

Il est certain que les crépis et les enduits, exécutés comme nous venons de le dire, et en tenant compte des conditions énoncées ci-dessus, donneront de bons résultats.

Épaisseur. — On donne ordinairement aux crépis une épaisseur telle qu'ils recouvrent de 1 centimètre les parties les plus saillantes des pierres du parement. Dans le cas d'un enduit, on donne 7 à 8 millimètres d'épaisseur à la couche de mortier fin qui recouvre le crépi.

Crépis et enduits dans les maçonneries homogènes.

Sur les maçonneries homogènes en moellons ou en béton, les enduits peuvent s'appliquer immédiatement, ils durcissent alors avec la maçonnerie, font corps avec elle, et leur liaison doit, par cela même, être bien mieux assurée. Ce mode d'exécution conviendra surtout pour la maçonnerie en béton, et l'on devra suivre le procédé indiqué par le général Treussart, c'est-à-dire, qu'en construisant les murs en blocage, comme nous l'avons indiqué dans la leçon précédente, soit avec les banches de Rondelet, soit avec les cases de M. Lebrun, on aura soin d'appliquer contre le coffrage le mortier de l'enduit, en même temps que le béton, de sorte que, par le massivage, ce mortier pénétrera dans la maçonnerie et fera corps avec elle, en même temps qu'il se moulera et prendra la forme unie ou à refend donnée à la paroi de l'encoffrement. Une pareille construction laisse peu à désirer et on peut la considérer, dans son ensemble, comme offrant toutes les conditions de solidité, de durée et d'économie.

M. le capitaine Frossard, dans une note insérée à la fin du n° 14 du *Mémorial*, indique, pour assurer l'adhérence des enduits aux murs en pisé, un moyen pratiqué par les indigènes en Algérie. Il consiste à interposer, entre les différentes assises du pisé, une couche de mortier en chaux et sable de 3 à 4 centimètres d'épaisseur, à relever, à la truelle, cette couche contre les parois du coffrage, comme nous l'avons indiqué plus haut, puis à pilonner la terre dans l'espèce de vase formé par le mortier. On voit que, par ce procédé, les enduits des deux parements se trouvent reliés par les couches de mortier interposées entre les assises successives du pisé, et que le massif formé ressemble à une maçonnerie ordinaire dans laquelle les pierres seraient remplacées par de la terre. Ce genre de construction, employé depuis longtemps à Blidah, paraît donner de très-bons résultats.

Il faut remarquer, toutefois, que l'emploi du mortier augmente de suite la dépense d'une quantité très-notable et la rapproche beaucoup de celle du béton. Ce genre de construction sera, néanmoins, avantageux dans tous les cas où l'on manquera de pierres, et lorsqu'au contraire, on pourra se procurer aisément et à bas prix, des terres propres à la confection du pisé.

Enduits hydrofuges

Pour bassins, citernes, fosses d'aisance, chapes de voûtes, etc.

Nous avons indiqué déjà le parti qu'on pouvait tirer, pour cette destination, des mastics bitumineux. Mais ordinairement on emploie des enduits calcaires composés de chaux, sable et pouzzolanes artificielles (tuileaux broyés), ou bien des ciments naturels tels que ceux de Vassy, de Pouilly, etc., mélangés avec une certaine proportion de sable, lorsqu'ils doivent être exposés à l'air. Nous avons, dans la deuxième et la troisième leçon, donné tout ce qui concerne la préparation de ces mortiers; il nous reste à parler ici de leur mise en œuvre pour la confection des enduits.

Les mortiers hydrauliques et les ciments sont, par leur nature même, susceptibles d'un durcissement assez rapide, non-seulement à l'air, mais dans l'eau douce où ils se conservent très-bien ; ils conviennent donc parfaitement à la composition des enduits hydrofuges. Le seul inconvénient qu'ils présentent et qui demande de grandes précautions dans l'exécution, est le retrait assez considérable qu'ils subissent par suite de l'évaporation de la grande quantité d'eau non combinée qu'ils renferment.

Terrasses, chapes, etc. Exécution du travail. — On commencera par gratter et nettoyer soigneusement tous les joints de la maçonnerie, puis, on la lavera à grande eau, pour la mettre au vif. Cela fait, on fouettera avec force sur la surface à revêtir, une couche de ciment de 3 centimètres environ, qu'on réglera avec le tranchant de la truelle, en cherchant à rendre l'aire aussi rugueuse que possible. Avant la prise du mortier, on sèmera, à la main, sur sa surface, de petits graviers qu'on y fera pénétrer de la moitié de leur grosseur, à l'aide d'une petite spatule en bois. Puis, lorsque la matière aura fait prise, on la recouvrira d'une deuxième couche qu'on comprimera, en la posant, avec le plat de la truelle, de manière à la régler à peu près suivant la surface voulue. On la frappera ensuite à petits coups, avec une batte en bois, afin de massiver la masse, tout en achevant d'en dresser définitivement le parement. A partir de ce moment, on suivra le travail avec beaucoup d'attention, et dès que, par la dessication et l'évaporation, des gerçures se déclareront, on s'empressera de battre le ciment de chaque côté, de façon à resouder les parties qui tendent à se séparer. Par ce moyen, on facilitera le dégagement de l'eau non combinée, et l'on empêchera les fentes. Lorsque la matière deviendra assez dure et sèche, on risquerait de la désagréger en continuant le battage; on remplacera cette opération par une autre moins énergique, mais qui tendra au même but. On frottera la surface avec de gros cailloux, et lorsque, par suite de ces manipulations réitérées, le ciment bien desséché présentera une surface lisse et sans gerçures, on couvrira l'enduit d'une couche d'huile de lin bouillante, appliquée au pinceau, et l'on recommencera le polissage au caillou. Enfin, on appliquera une deuxième couche d'huile de lin et on lissera pour la dernière fois. L'ensemble des deux couches de ciment, ainsi travaillées, se réduira à une épaisseur d'environ 5 centimètres.

Il est indispensable, pour assurer le succès de cette opération, d'éviter une température élevée qui, amenant une évaporation trop rapide, provoquerait des gerçures trop profondes et annihilerait l'effet du massivage et du recirage. De plus, une partie de l'eau de combinaison nécessaire au durcissement du ciment pourrait être enlevée, et l'enduit resterait friable, peut-être même pulvérulent. On devra donc opérer, autant que possible, au printemps, avant les fortes chaleurs, et, si l'on est forcé de travailler pendant l'été, on aura soin de couvrir l'enduit avec des paillassons humides ou de l'herbe fraîche. Il faut, d'un autre côté, que le mortier ait acquis la plus grande partie de sa dureté définitive avant l'hiver, autrement, l'eau restée dans la masse n'étant pas encore combinée, pourrait se congeler et rejeter à l'extérieur la croûte supérieure déjà solidifiée.

Il va sans dire que le ciment sera protégé, jusqu'à ce qu'il ait fait prise, contre les eaux pluviales qui pourraient le délaver.

L'utilité des diverses opérations indiquées précédemment, et l'ordre dans lequel elles se succèdent, se comprennent aisément ; malheureusement, il est difficile d'assigner le moment précis où chacune d'elles doit commencer et finir, fait d'autant plus fâcheux que la durée de chaque travail doit varier avec la nature du ciment, la température et l'état hygrométrique de l'air. La confection des enduits exige donc des ouvriers très-expérimentés, et l'on conçoit comment, dans des conditions en apparence identiques, on obtient souvent des résultats si différents.

Avec les mastics bitumineux, ces soins minutieux ne sont plus nécessaires, et l'on a rarement à redouter de mauvais résultats. Nous ferons, d'ailleurs, remarquer avec le colonel Delage, que les chapes en ciment se rapprochent, par leur nature, des poteries, et qu'elles en ont, par conséquent, la fragilité, de sorte qu'elles sont exposées à se fendre toutes les fois qu'elles sont soumises à des chocs, à des variations brusques de température, enfin, aux vibrations produites par le tir des bouches à feu, tandis que les aires en bitume, en raison de l'élasticité de la matière dont elles sont formées, sont à l'abri de cet accident. L'emploi du mastic bitumineux pour les terrasses et les chapes, est donc, en général, préférable à celui des ciments calcaires.

Assainissement des murs humides ou salpêtrés. — On commencera par enlever le crépis du mur, en refouillant les joints, de manière à mettre les pierres entièrement à nu. On nettoiera avec soin, au balai, la maçonnerie, puis, on la couvrira avec un pinceau de trois couches de goudron minéral ordinaire, de bitume de Judée ou de glu marine ; quelle que soit la matière employée, on la posera à chaud. On laissera sécher cet enduit qui n'aura que 3 à 4 millimètres d'épaisseur, et par dessus on appliquera un crépi en mortier. Ce moyen, recommandé par le Comité du Génie (*Mémorial* n° 14, page 235), a toujours très-bien réussi.

Bassins, citernes, etc. — Les enduits calcaires conviennent surtout à ce genre d'ouvrages ; l'application s'en fait comme pour les chapes, si ce n'est qu'on se dispense d'employer l'huile de lin. Les ciments naturels seront, dans ce cas, très-avantageux. La rapidité de leur prise dispensera de toutes les précautions qu'exige le ciment ordinaire de chaux, sable et pouzzolane artificielle. On se contentera de régler et de lisser la couche supérieure, avec le plat de la truelle. Si, cependant, pour en faciliter l'emploi et retarder la prise, on leur ajoute une certaine quantité de sable, il sera convenable de les lisser encore au caillou.

Dans les bassins, on devrait proportionner l'épaisseur de l'enduit imperméable à la profondeur de l'eau à contenir ; généralement, 5 à 6 centimètres suffiront, et cette épaisseur pourra même se réduire à 4 à 5 centimètres pour les ciments naturels, matière qu'on réservera surtout pour la confection des enduits immergés ou enfouis dans un sol humide.

Dès que les ciments calcaires ont été exécutés, comme nous l'avons indiqué, il est bon de les immerger ou de les recouvrir de terre, suivant le cas. On arrêtera, par ce moyen, l'évaporation, on préviendra le retrait et les gerçures qui en sont la consé-quence, enfin, on placera les enduits dans les conditions les plus favorables pour atteindre, par un travail uniforme et progressif, leur dureté définitive.

Rejointoiements.

Les rejointoiements ont pour but de fermer toutes les fissures existant entre les pierres des parements, pour empêcher que l'eau, la poussière et les graines des végé-taux puissent s'y introduire. Ce travail, exécuté avec soin, est une cause puissante de conservation pour les maçonneries.

On ne l'entreprendra, comme dans le cas précédent, qu'après le tassement complet de la construction. On commencera par dégarnir, avec soin, les joints sur une profon-deur dé 3 centimètres. On lavera fortement, pour enlever la poussière et le mortier désagrégé. Cela fait, on remplira le joint de mortier que l'on comprimera avec un lissoir en fer légèrement courbe, et dont l'épaisseur est un peu moindre que la largeur du joint. En pressant le mor-tier encore mou, on le forcera à pénétrer dans tous les replis des évidements et à remplir tous les vides. On assu-rera donc, par ce moyen, la fermeture complète des joints et l'adhérence du mortier.

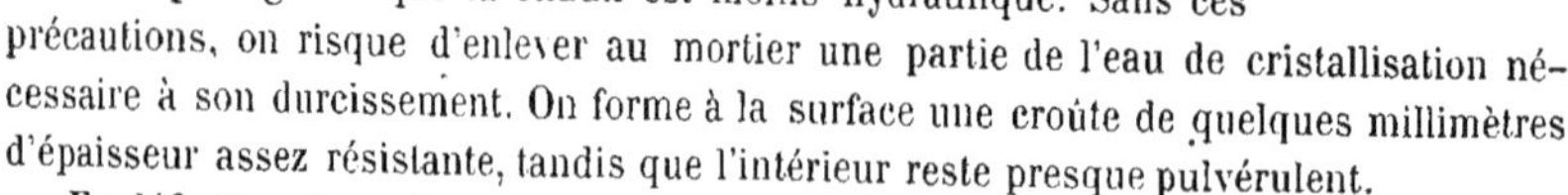

Lissoir,

Pour hâter le dégagement de l'eau non combinée et empêcher le fendillement, on recire ordinairement les joints avec le lissoir, jusqu'à ce que la surface devienne duré et bien polie. On a soin, dans cette opération, de repousser la partie supérieure du mortier, de manière à la mettre en retraite sur le pa-rement, et de la terminer en glacis vers l'arête de la pierre inférieure. Le recirage, tel qu'on le pratique habituellement, peut donner de bons résultats avec les ciments et les mortiers très-hydrauliques, lorsqu'on l'exécute après la prise en comprimant légèrement, en s'y prenant à trois ou quatre fois, et en laissant entre chaque recirage un intervalle d'autant plus grand que la chaux est moins hydraulique. Sans ces précautions, on risque d'enlever au mortier une partie de l'eau de cristallisation né-cessaire à son durcissement. On forme à la surface une croûte de quelques millimètres d'épaisseur assez résistante, tandis que l'intérieur reste presque pulvérulent.

En définitive, le recirage qui, s'il n'est pas nuisible, est à peu près inutile pour les mortiers à prise rapide, peut être dangereux pour les autres, de sorte qu'il sera généralement prudent de n'employer le lissoir que pour comprimer le mortier, le bien refouler dans le joint et lui donner à l'extérieur la forme indiquée ci-dessus.

Les rejointoiements se feront en mortier hydraulique, en ciment de chaux, sable et pouzzolane artificielle, ou bien en ciment naturel. On n'oubliera pas, dans ce dernier cas, de mélanger le ciment avec une forte proportion de sable, lorsque les maçonneries seront exposées à l'air.

Pour les dallages des terrasses, les caniveaux, les tablettes des murs de revêtement, les parois, etc., on emploiera, soit des ciments calcaires, soit certains mastics et particulièrement celui que l'on prépare avec de la limaille de fer et du vinaigre, mais le mortier le plus convenable sera le mastic bitumineux. Avant d'appliquer le bitume, on desséchera parfaitement les joints avec un feu léger de paille ou de copeaux, on y coulera ensuite le mastic bouillant et on le recirera avec un lissoir assez chaud pour faire fondre la matière, mais pas assez pour la brûler.

De même que pour les enduits, on devra exécuter les rejointoiements en mortiers ou ciments calcaires, dans une saison convenable, et, dans tous les cas, n'en plus faire après le 1er septembre.

ÉCHAFAUDAGES

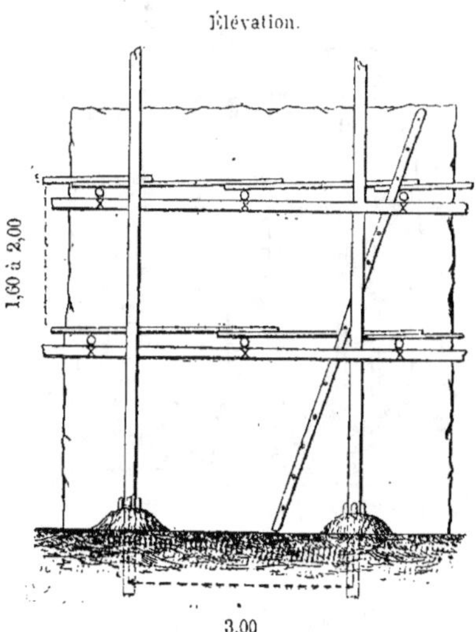

Les échafaudages sont des constructions provisoires en bois, qui ont pour but d'élever les ouvriers à la hauteur des travaux à exécuter et de recevoir les matériaux, outils, agrès, etc. ; ils ont aussi pour but de donner des points d'appui à une construction jusqu'à son achèvement.

On les distingue en échafauds fixes et en échafauds mobiles.

Échafauds fixes.

Ce sont ceux qui restent à demeure jusqu'à la fin de la construction pour laquelle ils ont été spécialement établis. Leur solidité et leur complication dépendent des fardeaux à porter, de l'importance et de la hauteur des édifices à élever ou à réparer.

Les plus simples, dont nous nous bornerons à donner le détail, sont ceux qu'emploient les maçons pour la construction des murs des bâtiments ordinaires. Ils se

composent de longues perches de 12 à 15
centimètres de diamètre, fichées dans le sol
où elles sont maintenues à l'aide d'une maçonnerie provisoire, faite en mortier à prise
rapide ou en plâtre. Ces perches sont placées sur une même ligne, à 1^m,50 ou 2 mètres des murs, vers lesquels elles sont légèrement inclinées. Elles sont espacées à 3 mètres environ les unes des autres. Elles sont
reliées entre elles par des pièces horizontales, parallèles aux murs, pièces qu'on
nomme *tendières*. Ces tendières ont de
0,10 à 0,12 de diamètre ; elles sont fixées
aux perches à l'aide de clameaux et de cordages. En travers, on dispose de petits quartiers de bois de 0,08 à 0,10 d'équarrissage,
appelés *boulins*, qui, par une extrémité,
s'appuient sur les tendières, auxquelles ils
sont attachés avec des cordes, tandis que,
par l'autre, ils pénètrent dans la maçonnerie déjà faite, au moyen de trous qu'on bouche en faisant les enduits.

Les boulins sont distants de 2 mètres
et portent les madriers mobiles de 4 à 5 centimètres d'épaisseur, qui forment l'aire sur
laquelle sont placés les ouvriers et les matériaux de construction.

Lorsqu'on ne peut pas laisser de trous
dans le mur, comme dans le cas d'une maçonnerie en pierre de taille, ou lorsqu'il s'a-
git de réparer un ancien mur, on dispose, le
long des parements un deuxième système
de perches et de tendières. Des échelles
mettent en communication les divers étages de cette construction, étages qui sont séparés
dans le sens vertical d'environ 2 mètres.

Ces échafaudages s'élèvent progressivement, au fur et à mesure de l'avancement du
travail. Les mêmes madriers servent pour les planchers successifs, à l'exception de
ceux qui sont nécessaires pour former de petits paliers de repos. Lorsque la maçonnerie est terminée, on exécute les enduits, en commençant par la partie supérieure,

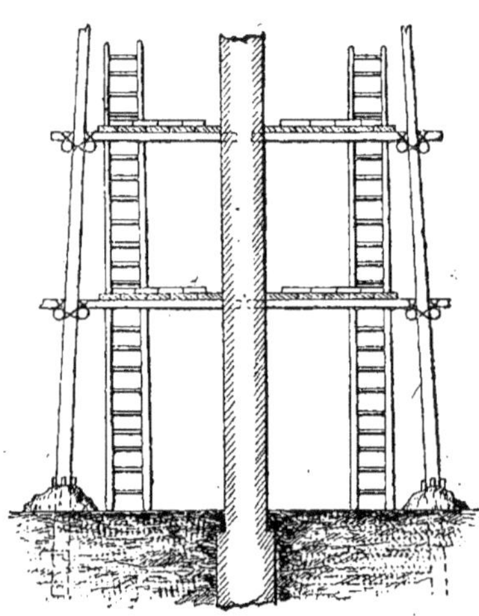

on ragrée la pierre de taille et l'on démonte, en descendant les différents étages d'écha-fauds, en ayant soin de boucher les trous des boulins.

Pour des édifices plus importants, il faut établir des systèmes de charpente plus compliqués et plus solides. Ils se composent toujours d'un certain nombre de planchers superposés, portés par des solivages s'appuyant eux-mêmes sur des poutres verticales. Ces poutres et les solives des planchers sont, d'ailleurs, reliées par d'autres pièces qui assurent l'invariabilité de figure. Les étages communiquent entre eux, soit par des échelles, soit par des escaliers, soit par des rampes. Nous ne pouvons entrer dans le détail de ces appareils, dont la place est marquée parmi les ouvrages en bois dont il sera question plus loin. Ces grands échafauds seront, d'ailleurs, faciles à comprendre et à composer lorsque les principes de la charpente auront été exposés. (Voir le *Traité de charpenterie* du colonel Emy, tome 2, page 348 et suivantes.)

Échafaudages mobiles.

On désigne sous ce nom les échafauds qui, une fois construits, peuvent se déplacer et servir pour plusieurs travaux. Ordinairement, ils sont organisés de manière à pou-voir être démontés et reconstruits aisément ; les différentes pièces en sont étiquetées et on peut, après l'exécution d'un ouvrage, les établir sur un autre chantier ou les rentrer en magasin. Quelquefois, ce sont de simples plates-formes mobiles et pouvant, par un système convenable de suspension et par le jeu de quelques machines simples, telles que treuils, poulies, palans, etc., prendre, à volonté, un mouvement soit vertical, soit horizontal. Le programme de nos leçons ne nous permet pas de décrire ces écha-faudages, nous renverrons encore à l'ouvrage du colonel Emy et au n° 8 du *Mémorial de l'officier du Génie*, page 194, où l'on trouvera la description d'un échafaud mobile, imaginé par le commandant Marcelot, et dont il a fait usage pour la réparation des escarpes de la place de Montmédy.

Les appareils mobiles sont plus particulièrement employés pour la restauration d'anciens édifices, pour les travaux de ragréage, de sculpture et de peinture qu'on n'exécute souvent que longtemps après l'achèvement des grosses constructions, enfin encore, lorsqu'on ne veut pas, au moins pendant un temps assez long, obstruer la voie publique.

Transport des matériaux.

Transport horizontal. — Les matériaux de petites dimensions n'exigent, pour leur déplacement sur le chantier, que l'emploi de brouettes ou de civières. Si le parcours est court, on se contente quelquefois de se les passer de la main à la main. Quand ils sont de fortes dimensions, on fait usage de civières simples ou doubles, portées par six ou huit hommes, ou bien on emploie de petites voitures basses appelées *diablotins*. Lorsque certaines circonstances obligent d'avoir les chantiers loin de l'ouvrage à construire, on emploie des voitures et des chevaux, en un mot, le mode de transport usité dans la localité. Souvent aussi, sur de grands ateliers et pour des travaux considérables, on établit, lorsqu'on peut disposer du terrain, de petits chemins de fer provisoires, sur lesquels les transports s'effectuent à l'aide de wagonets qu'un ou deux hommes manœuvrent facilement, avec des charges de 500 à 1000 kilos.

Transport vertical. — Le transport vertical des petits matériaux se fait souvent de la main à la main, par les ouvriers placés sur des échelles; mais il est plus avantageux, surtout pour de grandes hauteurs, de les placer dans des caisses et de les enlever à l'aide des machines qu'on emploie pour les gros matériaux.

Pour élever les pierres de grandes dimensions, on se sert de grues, de chèvres, de treuils, etc.

Les pierres de taille peuvent être entourées par les cordages, en ayant soin de garnir les arêtes de tampons en paille, pour éviter les écornements, mais généralement on fait usage d'un instrument auquel on a donné le nom de *louve*. C'est une tenaille renversée, c'est-à-dire, dont les petites branches tendent à s'écarter quand les grandes se rapprochent. Les petites branches, recourbées à l'extérieur, pénètrent dans une cavité évasée à l'intérieur et creusée dans le lit supérieur de la pierre, à peu près dans son centre de gravité. Les grandes branches sont terminées par un œillet dans lequel passe un fort anneau auquel est attachée la corde de suspension.

Cet instrument, combiné avec l'emploi d'une grue mobile autour d'un axe vertical, avec rayon de rotation variable, facilite beaucoup la pose des pierres, en ce qu'il permet de les apporter à peu près exactement à l'emplacement qu'elles doivent occuper. On dit, dans ce cas, que les pierres sont *posées à la louve*. Ce procédé de pose est ordinairement prescrit pour toutes les pierres de fort échantillon, et pour les ouvrages qui exigent beaucoup de soin. Autrement, les pierres sont *posées à la pince*, c'est-à-dire, qu'après les avoir élevées, on les transporte, à l'aide de rouleaux, jusqu'à leur emplacement. au-dessus duquel on les soutient, avec des coins qu'on enlève en soulevant la pierre à l'aide de pinces. Ce moyen, qui exige des cales, qui force à prendre des points d'appui sur l'assise inférieure nouvellement construite, expose à déranger cette assise, à briser les arêtes, et ne peut, évidemment, donner d'aussi bons résultats que la méthode précédente.

Dans les grands travaux, on fait souvent usage de chemins de fer établis sur des systèmes de charpente. Sur ces chemins de fer se meuvent des chariots portant des treuils. Ces appareils seront décrits dans la quatrième partie du Cours, ils sont, d'ailleurs, bien rarement employés pour la construction des bâtiments.

OUVERTURES PRATIQUÉES DANS LES MURS DE BATIMENT

Les murs de bâtiment sont percés d'ouvertures de deux espèces : 1° *de portes* qui servent de communication tant à l'extérieur qu'à l'intérieur; 2° *de fenêtres* par lesquelles l'air et la lumière pénètrent dans les appartements.

Le vide des ouvertures est ordinairement de forme rectangulaire et terminé à sa partie supérieure par un côté droit ou courbe.

Le pourtour de l'ouverture, auquel on donne le nom d'encadrement, se fait, généralement en pierre de taille, du moins pour les ouvertures pratiquées dans les murs extérieurs.

Nomenclature des diverses parties de l'encadrement.

Nous allons passer en revue les diverses parties dont se compose un encadrement.

1° *Appui* ou *seuil*. — Le côté inférieur de l'ouverture est toujours horizontal et, autant que possible, formé d'une seule pierre, pour plus de solidité et pour éviter les joints qui, dans les fenêtres, auraient l'inconvénient de livrer passage aux eaux pluviales. Dans

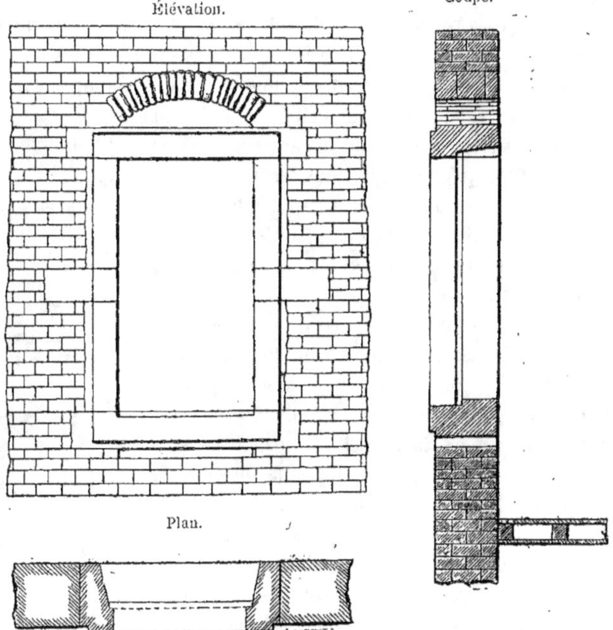

les portes, cette partie faite en pierre dure, porte le nom de *seuil*; dans les fenêtres on l'appelle *appui;*

2° *Jambages*. — Les parties latérales sont verticales et portent le nom de *jambages*. Si l'ouverture est considérable ou si le mur est en pierre de taille, ils sont formés de plusieurs assises se reliant avec la maçonnerie du mur. Mais si la construction est en moellons, si l'ouverture est petite et n'a pas plus de 1^m,30 de largeur, on peut, par économie, en composer les jambages avec de longues pierres posées verticalement et en délit, assez larges pour faire parpaing sur les deux parements. Cette disposition, vicieuse en principe, peut-être admise lorsque la pierre n'est pas feuilletée, car, en raison de la faible largeur des ouvertures et des arcs-boutements qui s'établissent dans la maçonnerie supérieure, la charge des jambages n'est pas très-considérable.

3° *Partie supérieure de l'encadrement*. — (*Plate-bande, arceau, linteau ou couverte.*) — Pour de grandes ouvertures, la partie supérieure est organisée en voûte; si cette partie est droite, ce sera une *plate-bande;* si elle est courbe, ce sera un *arceau.*

Si la baie est rectangulaire et de faible largeur, on peut la recouvrir au moyen d'une seule pierre posant sur les jambages; cette pierre prend le nom de *linteau* ou de *couverte.*

Telles sont les parties essentielles de l'encadrement d'une porte et d'une fenêtre.

Les portes et les croisées placées dans les murs extérieurs s'ouvrent toujours vers l'intérieur du bâtiment. Pour en diminuer la saillie, lorsqu'elles sont ouvertes, pour mieux dégager les ouvertures et faciliter l'introduction de l'air et de la lumière, on rapproche les portes et les croisées du parement extérieur, et l'on divise l'épaisseur du mur en trois parties, qu'on désigne sous les noms de *tableau, feuillure* et *embrasure.*

Tableau. — Le tableau est la partie intérieure de l'encadrement apparente entre la menuiserie et le parement extérieur du mur; on lui donne ordinairement une largeur d'environ 0^m,20.

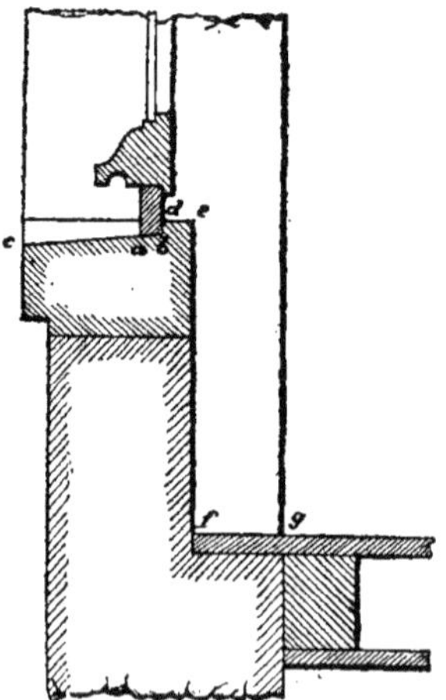

Feuillure. — La feuillure est un petit renfoncement pratiqué, en arrière du tableau, sur les jambages et le linteau, qui a pour but de donner appui au pourtour des portes et des croisées, et de faciliter, par un recouvrement, la fermeture du joint existant entre la pierre et le bois. Sur l'appui des fenêtres, la feuillure, au lieu d'être à l'intérieur, est retournée vers le dehors, c'est-à-dire, qu'en dedans de la partie plane *ab*, on met en saillie une petite portion de pierre *bde*, pour que l'eau qui coule le long de la croisée, chassée par le vent, ne pénètre pas par le joint *ab*, et ne vienne pas couler sur le parement intérieur *cf*. La face supérieure de l'appui est d'ailleurs légèrement inclinée dans le sens *ac*.

Le profil de la feuillure est un angle droit dont les côtés ont une longueur variable avec l'épaisseur du bois de la croisée ou de la porte; pour les cas ordinaires, elle est de 4 à 5 centimètres.

EMBRASURE. — L'embrasure est la partie du vide de la baie comprise entre la feuillure et le parement intérieur. Quelquefois, et lorsque le mur a une grande épaisseur, pour faciliter l'approche de la fenêtre, on réduit l'épaisseur au-dessous de l'appui, et l'embrasure se prolonge jusqu'au plancher en *fy*.

La partie du mur réduite d'épaisseur porte le nom d'*allége*. Les joues de l'embrasure sont ébrasées au $1/6^e$ vers l'intérieur, afin de faciliter l'ouverture des portes et des croisées et l'introduction de l'air et de la lumière. Cet ébrasement se fait souvent aussi à la partie supérieure.

Bandeau. — On donne le nom de bandeau à la portion de l'encadrement apparente sur la paroi extérieure du mur. Lorsque l'ouverture est cintrée, le bandeau du cintre porte le nom d'archivolte. Dans la deuxième partie du Cours, nous ferons connaître les dimensions, les formes et les saillies qu'il convient de donner aux bandeaux.

Voussure. — Enfin, on appelle voussure un évidement pratiqué dans la partie supérieure de l'encadrement, pour faciliter l'ouverture des portes et des croisées cintrées.

Observation. — Pour les portes extérieures, on donne aux jambages et au linteau le profil indiqué plus haut; mais pour les baies de communication, pratiquées dans les murs de refend, on remplace le tableau, la feuillure et les ébrasements, par un seul plan, et les parois sont recouvertes de lambris en bois, auxquels on fixe la porte, comme nous le verrons lorsque nous nous occuperons des ouvrages en menuiserie. Le côté supérieur de l'encadrement se fait encore, dans ce cas, en pierre de taille; mais les jambages peuvent se construire, comme le reste du mur, en les régularisant simplement avec un enduit.

Construction d'une fenêtre dans un mur en moéllons.

Lorsque la maçonnerie est arrivée à $0^m,10$ du niveau auquel on doit poser l'appui, on arrête la maçonnerie. On met l'appui en place, en le faisant reposer sur deux moellons d'épaisseur convenable, et en le calant, de manière à lui donner une position parfaitement horizontale dans le sens de la longueur du mur. On laisse ainsi un petit vide au-dessous de l'appui, vide qu'on ne remplit qu'après l'exécution complète du bâtiment et lorsque la maçonnerie a pris tout son tassement. Sans cette précaution, comme les pressions transmises par les jambages occasionnent des tassements plus considérables sous les extrémités de l'appui que vers son milieu, cette pierre risquerait de se rompre par un effet de sous-pression.

Lorsque l'appui est mis en place, on arase la maçonnerie au niveau de cette pierre, et l'on pose les jambages bien verticalement, en s'aidant du fil à plomb. On en maintient, si cela est nécessaire, l'écartement au moyen de petits étançons, et l'on continue la maçonnerie du mur jusqu'à la hauteur de ces portions de jambage. Je dis portions, attendu qu'à moins d'une faible hauteur, on compose ordinairement les jambages de deux pierres de champ, séparées par une assise de plat ou posée suivant le lit de carrière, et formant boutisse en pénétrant de $0^m,30$ à $0^m,40$ dans les murs. On donne le nom de *lien* à cette pierre intermédiaire. Dans certaines localités, pour empêcher les longues pierres de se déjeter vers le vide, on les termine par de petits tenons qui pénètrent dans des trous ménagés dans l'appui, les liens et le linteau.

On pose les liens, puis les deuxièmes pierres des jambages, et l'on élève la maçonnerie latérale jusqu'au niveau du dessous du linteau. Enfin, on met ce linteau en place et on arase la maçonnerie jusqu'au dessus du cette pierre. Pour éviter la rupture du linteau sous le poids de la maçonnerie supérieure, on jette au-dessus un petit arceau surbaissé en briques ou en moellons, dont les coussinets sont à l'aplomb des jambages. Cette petite voûte s'appelle *arceau de décharge*. Le vide qui reste entre son intrados et le dessus du linteau n'est rempli, de même que celui qu'on a laissé sous l'appui, qu'après le tassement de la maçonnerie et lorsqu'on exécute les enduits.

Si les jambages étaient formés d'assises régulières en pierres de taille, on les construirait comme nous l'avons expliqué dans la leçon précédente ; mais en prenant toujours les mêmes précautions relativement à l'appui et au linteau. Si la partie supérieure est organisée en voûte, on la construira conformément aux principes qui seront exposés dans la prochaine leçon.

PANS DE BOIS

Dans les contrées où les éléments des maçonneries sont rares et dans lesquelles, au contraire, le bois abonde et est à bon marché, on remplace les murs en maçonnerie par des constructions appelées *pans de bois*.

Les pans de bois sont des constructions mixtes, dans lesquelles l'ossature de l'édifice est en charpente, et les intervalles entre les pièces remplis en maçonnerie peu coûteuse, soit par sa nature, soit par sa faible épaisseur, et qu'on ne pourrait employer avec sécurité, en murs minces, sans le secours d'un bâti solide.

Ces constructions ont l'avantage d'être légères, d'être rapidement établies, et de pouvoir être habitées plus promptement que les édifices en maçonnerie épaisse, qu'on ne peut occuper qu'après la dessication assez lente des mortiers. Leur légèreté n'exige pas autant de précautions pour l'établissement des fondations ; la liaison établie entre toutes les pièces du bâti, l'élasticité de la matière, leur permet de résister mieux aux ébranlements du sol et aux vibrations produites par les explosions. Aussi remarque-t-on qu'elles tiennent assez bien contre les secousses des tremblements de terre, qui détruisent les bâtiments en pierre. Elles conviennent aussi très-bien pour les bâtiments provisoires qu'on veut construire économiquement, dont la démolition doit-être facile, et dont on doit pouvoir utiliser les matériaux.

On reproche aux pans de bois d'offrir moins de résistance et de durée que les murs en maçonnerie; de moins bien abriter contre les variations de température; enfin, d'être exposés aux incendies, auxquels ils servent d'aliment et qu'ils tendent à propager. C'est ainsi qu'on a vu détruire par les flammes un grand nombre d'édifices remarquables du moyen âge, des quartiers et même des villes entières.

La question d'économie, qui pouvait être le motif le plus puissant en faveur de leur emploi, tend à s'effacer de jour en jour, par suite de la rareté des bois et de la facilité des transports qui permet de les tirer des contrées, presqu'inabordables autrefois, et dans lesquelles les difficultés d'exploitation maintenaient les bois de construction à vil prix. C'était là surtout que l'on bâtissait en charpente, même dans les localités où d'autres matériaux abondaient. Mais le parti avantageux qu'on peut maintenant tirer du bois le fait réserver pour des destinations où son emploi est plus indispensable : aussi, à part quelques endroits où l'habitude domine, et quelques genres spéciaux de constructions légères ou provisoires, voit-on la maçonnerie presque partout exclusivement employée.

Pans de bois extérieurs.

Le bâti d'un pan de bois se compose essentiellement de pièces verticales et horizontales, formant des rectangles, et, pour assurer l'invariabilité de figure, on relie ces pièces par d'autres inclinées, auxquelles on donne les noms d'*écharpes*, de *guettes* et de *décharges*. Les combinaisons de ces différents bois peuvent varier beaucoup; les principales consistent :

1° Dans une simple écharpe en diagonale, assemblée dans les poutres horizontales, fig. 1.

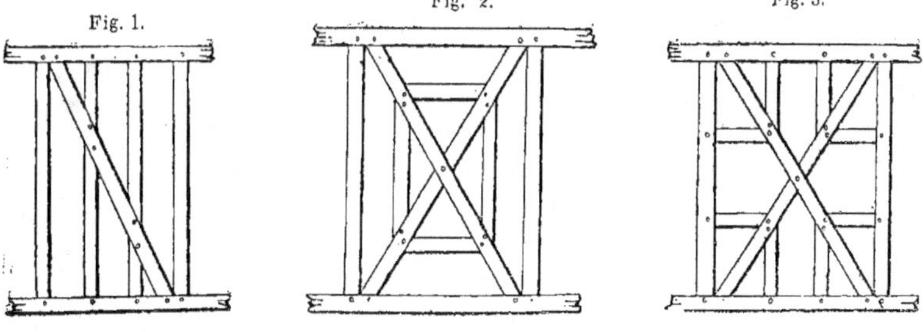

2° Dans deux pièces diagonales se recroisant à mi-bois et formant ce qu'on appelle une croix de Saint-André avec d'autres petits quartiers de bois placés entre les pièces obliques, comme dans la fig. 2, ou bien allant de ces pièces aux côtés du rectangle, comme dans la fig. 3 ;

3° D'une double croix de Saint-André, fig. 4 ;

4° D'une croix de Saint-André recroisée par d'autres pièces obliques formant treillis, fig. 5 ;

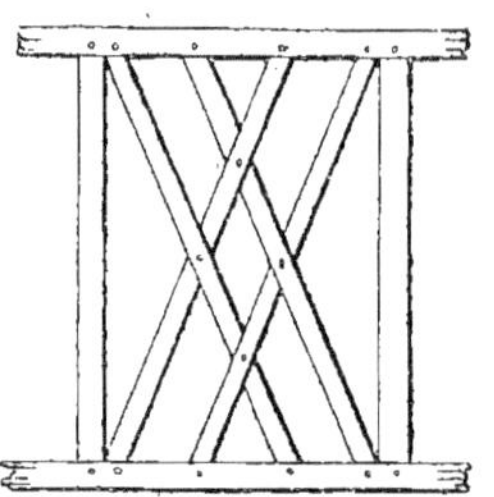

Fig. 4.

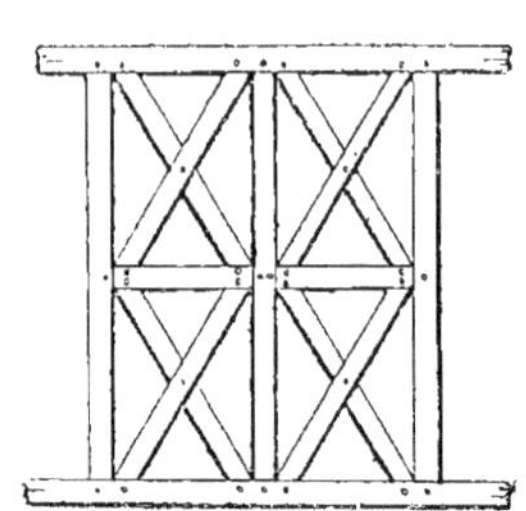

Fig. 5.

5° D'un système de pièces verticales et horizontales partageant le rectangle principal en rectangles plus petits, avec une croix de Saint-André dans chacun d'eux, etc.

Pour préserver les bois de l'action destructive de l'humidité, on les fait reposer pour tous les pans sur un soubassement en maçonnerie de pierre de taille, de moellons, ou de briques (suivant les ressources du pays), qu'on élève de 0ᵐ,60 à 1 mètre au-dessus du sol. Sur ces murs, on pose des pièces horizontales *aa*, appelées *sablières basses*. (*voir la figure page* 212). Dans ces sablières s'assemblent à tenons et mortaises des poteaux verticaux : Les poteaux *bb* des angles se nomment *poteaux corniers*, ceux *cc* qui forment les jambages des ouvertures portent le nom de *poteaux d'huisserie*. Ces divers poteaux sont reliés par des pièces horizontales *a'a'* appelées *sablières hautes*, ou *chapeaux*. Entre les poteaux et les sablières on place des pièces inclinées *ff* qui sont les *écharpes*. Telles sont les pièces principales du bâti, entre lesquelles on en dispose de plus petites, soit verticalement, soit horizontalement. Les petits poteaux verticaux *dd* portent le nom de *tournisses*. Les pièces horizontales se désignent ordinairement sous le nom de *traverses* : lorsqu'elles s'appuient sur deux poteaux d'huisserie pour former l'encadrement d'une ouverture, celle du bas *ce* prend le nom *d'appui* et celle du haut *d'd'* celui de *linteau*.

Lorsqu'il reste trop de distance entre les sablières et les appuis ou les linteaux d'une ouverture, on remplit l'intervalle par un système de petits poteaux, qu'on appelle *potelets de remplage* (autrement dit de remplissage).

Au rez-de-chaussée, la sablière basse sert ordinairement d'appui.

Le système que nous venons d'indiquer se reproduit exactement à chaque étage, pour les pans de bois extérieurs. Pour plus de solidité, il est convenable, si l'on peut se procurer des bois assez longs, de prolonger quelques poteaux dans toute la hauteur de la muraille. Les sablières, à l'exception de la sablière basse du rez-de-chaussée, s'assembleront dans ces poteaux. Les corniers devront être disposés de cette manière ; ceux qui le seront dans les autres parties du bâti, porteront le nom de *poteaux de fond*.

Pan de bois intérieur.

Pan de bois extérieur

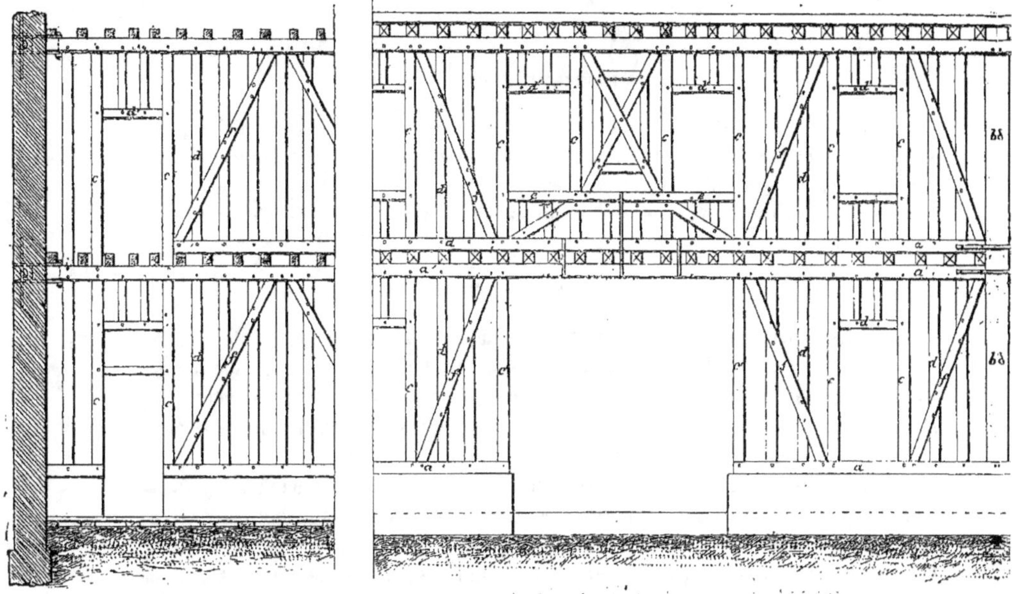

Pan de bois revêtu en plâtre.

Coupe.

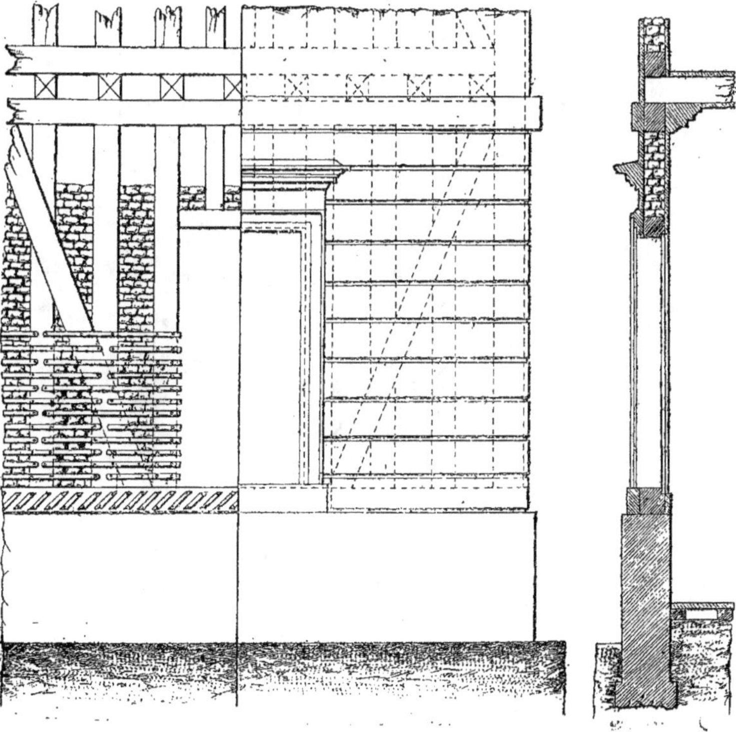

LÉGENDE.

—

aa	. . .	Sablières basses
a'a'	. . .	Sablières hautes
bb	. . .	Poteaux corniers
cc	. . .	Poteaux d'huisse
c'c'	. . .	Poteaux d'étrier
dd	. . .	Tournisses, potelet
d'd'	. . .	Linteaux.
ee	. . .	Appuis de fenêtres
ff	. . .	Écharpes-guettes

Quand des planchers s'appuient sur les pans de bois extérieurs, on en fait poser les solives sur les sablières hautes de l'étage inférieur. Ces solives se trouvent alors comprises entre la sablière haute et la sablière basse des deux étages consécutifs. Cette disposition est avantageuse en ce qu'on n'a d'assemblages que d'un seul côté des sablières.

Pans de bois intérieurs.

Pour distribuer l'intérieur du bâtiment, on emploie des pans de bois analogues aux précédents, mais, aux étages, les sablières basses doivent être interrompues pour livrer passage aux portes. Quelquefois, lorsque ces ouvertures intérieures sont très-multipliées, on supprime la sablière basse dans les cloisons de distribution, et alors les poteaux s'assemblent dans la sablière haute de l'étage inférieur.

Lorsqu'au rez-de-chaussée il existe une grande porte, il se produit un porte-à-faux, et, pour soulager les sablières situées au-dessus du vide, on établit deux pièces inclinées, assemblées dans la sablière haute et venant s'arc-bouter contre une poutrelle horizontale située au-dessous de la traverse d'appui des fenêtres de l'étage. On forme ainsi une espèce de ferme à laquelle on rattache les sablières par un certain nombre de brides en fer.

Assemblages. — Toutes ces pièces doivent être solidement assemblées ; souvent on relie les tournisses aux écharpes à l'aide d'un tenon angulaire (on dit alors qu'elles sont assemblées à *oulices*) ; souvent aussi on se contente de tailler les tournisses en *bec de flûte*, avec un petit embrèvement et de les clouer sur les écharpes avec de longs

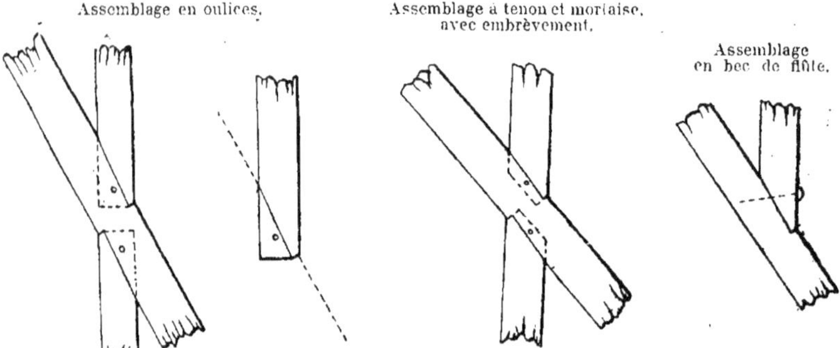

clous carrés qu'on appelle *têtes de loup*. Ce dernier système est vicieux, on doit lui préférer le premier, ou, plutôt encore, l'assemblage à tenon et mortaise, avec embrèvement pour les pièces obliques. On doit, d'ailleurs, cheviller avec soin. Il est nécessaire, pour éviter les porte-à-faux, de faire correspondre, dans le sens vertical, les poteaux et les tournisses qui viennent aboutir à une même écharpe.

Consolidation. — Les pans de bois, en raison de leur légèreté, ont peu de stabilité. Ils ne peuvent offrir de résistance que par une forte liaison établie entre toutes leurs parties, de sorte qu'un effort oblique, venant agir sur un point, doit provoquer des réactions dans toutes les pièces du système. Il est donc nécessaire d'assurer la solidité des principaux assemblages par des ligatures en fer. Ainsi, on embrassera les poteaux corniers et les sablières qui viennent s'y assembler, avec de fortes équerres fixées à l'aide de clous, ou mieux, avec des boulons. On reliera les pans de bois intérieurs avec ceux des façades au moyen d'étriers. On profitera également des solives des planchers pour rattacher, de distance en distance, par des systèmes d'ancrage, les pans de bois des façades opposées. Si le bâtiment est adossé à des constructions en pierre, on fixera solidement dans la maçonnerie les sablières, et, en général, toutes les pièces horizontales qui viennent y aboutir.

Remplissage. — Lorsque la charpente des pans de bois est établie, on procède au remplissage, en commençant par garnir les faces latérales des bois avec des rappointis, (vieux clous dont la tête reste en saillie de 1 centimètre), afin de mieux assurer l'adhérence de la maçonnerie. Cette maçonnerie se fait en moellons ou en briques reliées par du mortier ordinaire, du plâtre ou de l'argile, suivant les ressources locales ou le soin que l'on veut mettre à la construction. Quelquefois, le remplissage se fait en pisé ou, enfin, simplement en pierrailles ou en plâtras retenu par des lattes clouées sur les pièces du bâti.

Dans certains pays, on laisse les bois apparents. Dans ce cas, l'épaisseur de la maçonnerie doit être réglée de manière à réserver de chaque côté l'épaisseur des crépis, qui viennent alors affleurer les bois. Si l'on veut laisser tous les bois apparents et avoir un parement uni, il faut donner aux pièces la même dimension dans le sens de l'épaisseur du pan de bois, sauf à faire varier l'autre dimension, suivant l'importance des bois. Souvent on ne laisse apparaître que les pièces principales, et l'enduit règne sur les pièces de remplissage que l'on fait plus petites et de même épaisseur. Assez ordinairement, et lorsqu'on peut se procurer du plâtre de bonne qualité, on cloue, sur les bois, des lattes tant plein que vide, et, sur ce lattis, on applique un enduit en plâtre, dans lequel on peut tracer des refends pour imiter la pierre de taille. Cette matière permet aussi d'exécuter des moulures et de donner, à la construction, l'apparence d'un bâtiment en maçonnerie. C'est surtout avec l'emploi de ces enduits en plâtre, et, particulièrement, pour les pans de bois intérieurs, qu'on se borne à faire le remplissage simplement en pierres sèches ou en plâtras.

Lorsqu'on laisse les pièces apparentes, il ne faut employer que des bois dressés et bien secs, et ne crépir qu'après le retrait de la maçonnerie, afin d'avoir des lignes bien régulières, et pour prévenir les fissures qui se déclareraient infailliblement entre les bois et la maçonnerie. Les faces des pièces exposées à l'air devront être peintes à l'huile, et cette peinture sera entretenue avec le plus grand soin.

Lorsque les pans extérieurs sont recouverts d'un enduit en plâtre, il faut, également, les recouvrir d'une peinture à l'huile pour les protéger contre l'action de la pluie.

Constructions très-légères.

Souvent, pour des petits bâtiments à simple rez-de-chaussée, on exécute un bâti formé d'une sablière basse, d'une sablière haute, de poteaux corniers, de poteaux d'huisserie et de quelques poteaux intermédiaires reliés par des traverses et des écharpes, et l'on se contente d'appliquer, sur cette charpente, un simple revêtement en planches assemblées à rainures et languettes. Ces planchers peuvent recouvrir entièrement le bâti ou bien être cloués sur les traverses et les écharpes, et affleurer, au moyen de feuillures, les sablières et les poteaux. Les joints des planchers sont dirigés dans le sens vertical.

Quelquefois le bâti est découpé en figures régulières, dont les encadrements portent des feuillures extérieures sur tout leur pourtour. Les vides de ces compartiments sont remplis par des panneaux en planches, encastrés et cloués dans les feuillures.

Ces constructions légères peuvent varier à l'infini; elles sont souvent employées dans le service de l'artillerie, pour les salles d'artifice, et, en général, pour les bâtiments des écoles de pyrotechnie.

Nous citerons, comme exemple de l'emploi que l'on peut faire des pans de bois pour des édifices considérables, les bâtiments de la gare de Metz. Les bois en sont travaillés avec soin, et le remplissage, fait en briques peintes, avec rejointoiement en creux formant refends. Les proportions et l'ornementation en bois découpés qu'on a choisies, donnent à cet édifice une légèreté parfaitement en rapport avec la nature de sa construction, et une élégance proportionnée à l'importance de sa destination.

Dimensions des bois.

Nous avons vu déjà, qu'en général on pouvait prendre pour épaisseur des pans de bois, la moitié de celles que donneraient les formules pratiques pour les constructions en maçonnerie, placées dans les mêmes conditions. On pourra consulter aussi le tableau suivant, dans lequel le colonel Emy donne les limites des épaisseurs adoptées dans la pratique. pour le rez-de-chaussée d'un bâtiment de trois étages. Pour obtenir les équarrissages des bois des étages supérieurs, on remarquera, qu'ordinairement, on diminue l'épaisseur des pans de bois de 1 à 2 centimètres, en passant d'un étage au suivant. Cette diminution portera sur toutes les pièces du bâti. Sur les pans de bois des façades, la retraite se fera intérieurement, et le parement extérieur restera vertical. Pour les refends, elle se fera par parties égales des deux côtés.

Pour un bâtiment de deux étages, on prendra les dimensions qu'on trouverait aux deux étages supérieurs du cas précédent. Enfin, pour un simple rez-de-chaussée, on adoptera les équarrissages relatifs à l'étage le plus élevé.

TABLEAU

DONNANT LES LIMITES DES ÉPAISSEURS DES PANS DE BOIS ET DES GROSSEURS DES PIÈCES

ADOPTÉES PAR LES PRATICIENS, AU REZ-DE-CHAUSSÉE D'UN BATIMENT A TROIS ÉTAGES,
EN SUPPOSANT LA HAUTEUR DE CHAQUE PAN D'ENVIRON QUATRE MÈTRES, ET POUR DES PORTÉES
DE PLANCHER VARIANT DE TROIS A SIX MÈTRES,

On se rapprochera d'autant plus des limites supérieures que les portées seront plus grandes,

DÉSIGNATION DES PIÈCES	LIMITES EXPRIMÉES EN MILLIMÈTRES
Pans de bois de façade.	
Épaisseur moyenne des pans de bois	de 217 à 244
Poteaux corniers et poteaux de fond .... grosseur	de 244 à 271
Poteaux d'étrière. — (Poteaux d'huisserie de grandes portes).....Id...	de 217 à 244
Sablières hautes et basses................................Id...	de 217 à 244
Poteaux d'huisserie................................Id...	de 189 à 217
Poteaux de remplage................................Id...	de 162 à 217
Écartement des poteaux de remplage........................Id...	de 271 à 225
Écharpes. — Guettes. — Décharges. — Croix de Saint-André.....Id...	de 162 à 217
Tournisses et potelets................................Id...	de 135 à 217
Pans de bois intérieurs.	
Épaisseur du pan, pour 4 mètres de hauteur	162
Épaisseur du pan, au-dessus de 4 mètres de hauteur...............	189
Poteaux portant plancher, pour 4 mètres de hauteur...............	135 à 162
Poteaux ne portant pas plancher, pour 4 mètres de hauteur	108 à 135

CLOISONS

Les cloisons sont des constructions légères servant, comme les murs de refend, à diviser, en compartiments ou chambres, l'espace intérieur des bâtiments. Moins épaisses et plus légères que les murs ordinaires, elles s'emploient, surtout, lorsqu'on veut diminuer le moins possible l'étendue des appartements, et lorsque certaines conditions de distribution obligent à mettre les refends en porte-à-faux, ou ne permettent pas de leur donner des appuis assez résistants, pour les faire en maçonnerie ordinaire. Ces circonstances se présentent lorsqu'on est forcé de partager en plusieurs chambres l'espace correspondant à de grandes pièces indispensables aux étages inférieurs; ou bien, lorsque le refend repose sur une voûte légère, et qu'il ne charge cette voûte que sur une partie de son profil et parallèlement à son axe, etc..... Ces conditions de faible épaisseur et de légèreté ne peuvent se concilier avec la solidité, qu'en employant des matériaux peu lourds et résistants. Il faut de plus que, par leur nature ou par leur disposition, ces matériaux interceptent la communication des sons. Enfin, il ne faut pas que les cloisons puissent servir d'aliment aux incendies. En résumé, ces constructions doivent être *solides, légères, sourdes, incombustibles,* conditions qu'il est souvent bien difficile de mettre d'accord.

Les cloisons se font en briques, en poteries, en bois. Ces matériaux peuvent être employés seuls ou combinés entre eux.

Cloisons en briques pleines.

Nous distinguerons deux cas : 1° Celui où la cloison doit porter une certaine charge; 2° celui où elle ne doit supporter que son propre poids.

Le *premier cas* se présente lorsqu'on veut donner aux solives d'un plancher un point d'appui intermédiaire entre leurs extrémités. Il est évident que, dans ces circonstances, la cloison ne peut pas être en porte-à-faux; qu'elle doit s'appuyer soit sur un mur, soit sur une voûte solide. On pourrait lui donner approximativement moitié de l'épaisseur d'un mur de refend ordinaire placé dans les mêmes conditions, ou bien simplement la former, suivant les cas, d'une demi-brique ou d'une brique d'épaisseur. Elle se construira d'ailleurs comme nous l'avons expliqué dans la troisième leçon. On la revêtira d'un enduit en mortier ou d'un enduit en plâtre, suivant qu'elle sera blanchie à la chaux ou recouverte, soit d'une peinture à l'huile, soit d'un papier peint.

Dans le *deuxième cas*, on emploiera une construction analogue aux pans de bois. On établira un bâti, en bois de chêne, de 6 à 7 centimètres d'épaisseur, sur 0^m10 à 0^m12 de largeur. Ces pièces formeront des compartiments rectangulaires et les encadrements des portes; elles seront solidement fixées aux charpentes des planchers. Si la cloison

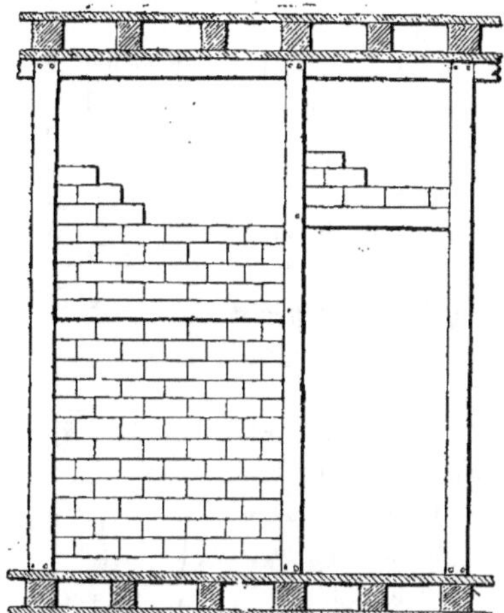

se trouve en porte-à-faux, on la placera en travers des solives, afin que la charge se répartisse entre toutes ces pièces; si l'on était forcé de la mettre dans la direction du solivage, il faudrait l'appuyer sur une seule pièce, dont on accroîtrait la résistance, en augmentant sa grosseur dans le sens horizontal. Les bois du bâti porteront latéralement des rainures pratiquées dans leur épaisseur, pour retenir la maçonnerie de remplissage, maçonnerie qu'on exécutera de la manière suivante : Les briques, bien abreuvées d'eau, seront recouvertes de plâtre sur deux côtés adjacents, et appliquées de champ par ces deux côtés contre l'angle formé, soit par deux pièces contiguës de la charpente, soit par une brique déjà posée avec l'assise inférieure. On soudera ainsi successivement les briques les unes aux autres, de manière à remplir les vides encadrés par les pièces de bois, et ces panneaux de maçonnerie se trouveront solidement reliés avec le bâti par les rainures ménagées dans les bois, et par suite de la force expansive du plâtre.

Les parements seront ensuite enduits en plâtre de manière à affleurer le bâti. L'épaisseur des bois sera égale à celle des briques, augmentée de celle des enduits. On prendra des briques de 4 à 5 centimètres d'épaisseur; les enduits auront 1 centimètre, et l'épaisseur totale de la cloison sera de 6 à 7 centimètres.

Ces constructions (auxquelles on donne le nom de *cloisons en briques de champ*), lorsqu'elles sont faites avec soin et avec du plâtre de bonne qualité, sont solides, assez légères, peu sonores et incombustibles.

Cloisons en poteries.

Pour donner aux cloisons une légèreté plus grande, tout en leur conservant la solidité et les autres qualités des cloisons en briques, on a eu l'idée d'employer des matériaux creux, dont on a fait d'abord usage pour la construction des voûtes légères, ainsi que nous le verrons plus loin. Ces matériaux consistent en pots en terre cuite, fermés à leurs deux extrémités. Voici la forme et les dimensions adoptées pour ceux qui peuvent servir à la fois pour les voûtes et les cloisons : ils se composent d'une petite partie cylindrique de 4 centimètres de hauteur, prolongée par une portion tronconique

L'épaisseur des parois varie suivant la grandeur des pots, de 5 à 10 millimètres. La longueur est comprise entre 0^m16 et 0^m32 ; le diamètre à la grande base entre 0^m08 et 0^m14 ; le diamètre à la petite base entre 0^m06 et 0^m12. Il est d'ailleurs évident que la forme tronconique nécessaire pour les voûtes est inutile pour les cloisons ; mais comme elle convient également pour ces derniers cas, elle a l'avantage de faire servir le même modèle à la fois aux deux espèces de constructions.

Les pots sont reliés avec du plâtre de bonne qualité. L'emploi de cette dernière substance donne lieu à des pressions contre les murs adjacents. On devra en prévenir l'effet au moyen de tirants en fer, embrassant des barres verticales et horizontales, appliquées sur les parements opposés à ceux contre lesquels s'appuient les cloisons. On pourra diminuer encore la poussée du plâtre, en commençant la cloison par le milieu, en ayant soin de ne la relier aux murs qui l'encadrent qu'après la prise complète du plâtre ; la force expansive dangereuse, étant restreinte à une faible étendue, ne produira que peu d'effet.

Lorsque la cloison reposera sur une base dont la solidité sera assez limitée, telle qu'une voûte faible, une poutre, etc., et que, d'un autre côté, elle devra donner appui à un solivage, il faudra lui donner une force suffisante pour résister aux fardeaux qu'elle doit supporter, et diminuer son propre poids pour ne pas accroître outre mesure la charge définitive transmise à sa base. On pourra la construire de la manière suivante :

On posera d'abord trois assises de briques de plat ; sur cette couche on établira trois assises de pots, couchés horizontalement, plein sur joint et de manière que, dans dans chaque assise, on ait alternativement, sur le même parement, un grand et un petit diamètre. Sur ces trois assises de pots, on mettra trois nouvelles assises de briques, et ainsi de suite. La maçonnerie de briques pourra se faire en mortier ordinaire ou en plâtre, suivant que l'un ou l'autre sera plus économique ; mais on devra employer le plâtre pour relier les pots et enduire les parements.

Si la cloison ne doit pas porter charge, on suppri-

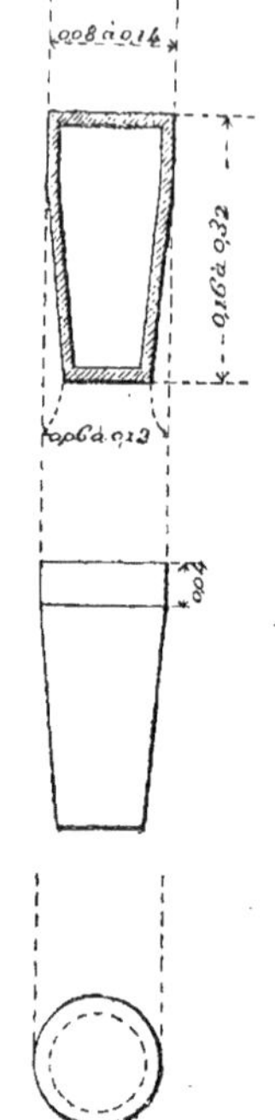

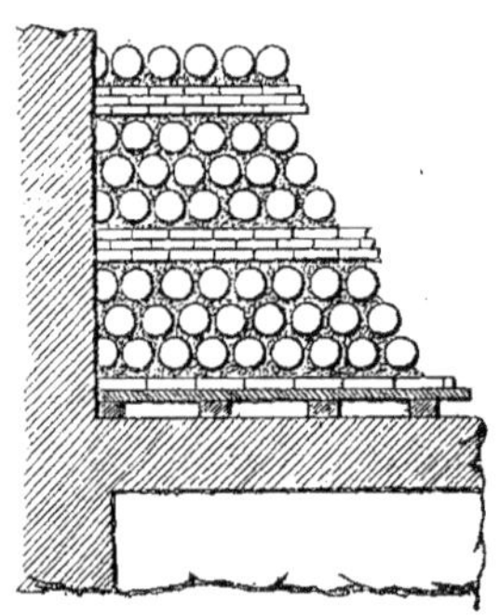

Élévation.

Assise de pots.

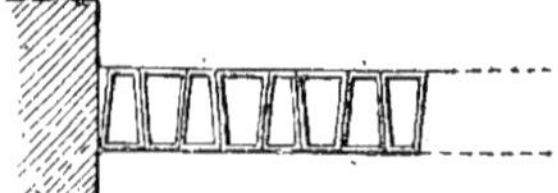

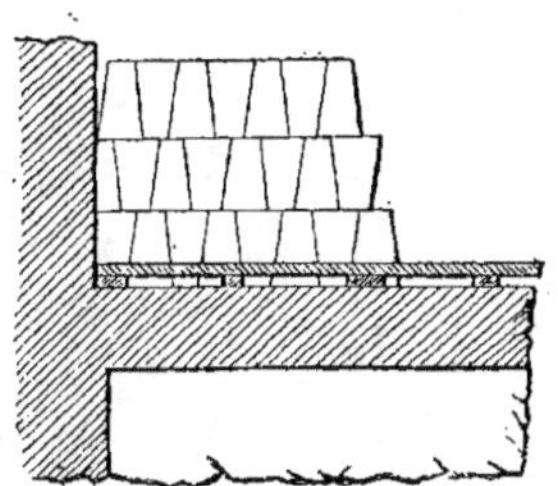

Pots posés debout.

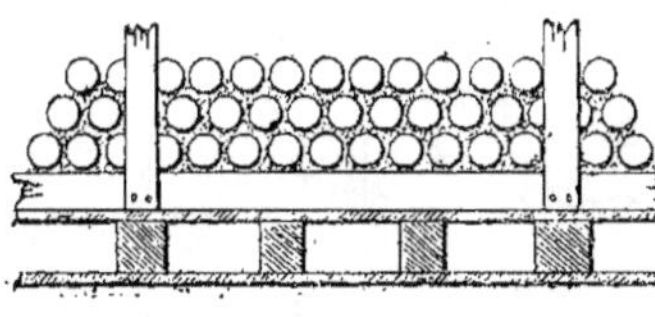

Disques posés de champ.

Élévation.

Plan.

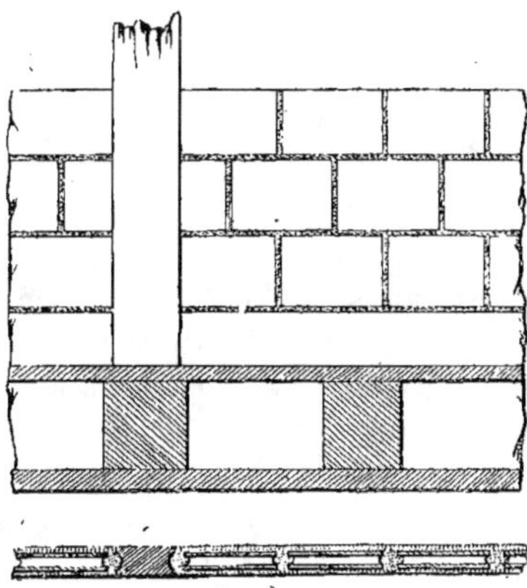

Cloison en briques creuses posées de champ.

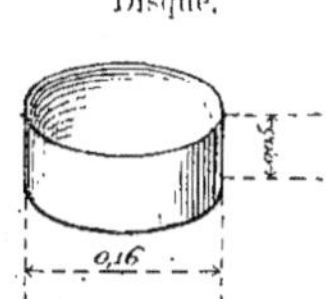

Disque.

mera les assises en briques, ou bien on placera les pots debout, en les posant alternativement dans une même rangée, sur leur grande ou sur leur petite base. Ces pots, liés par du plâtre, sans interposition de briques, formeront une cloison très-légère, dont l'épaisseur variera d'ailleurs avec le diamètre des pots employés, et sera, par conséquent, comprise entre 0^m10 et 0^m16, en tenant compte des enduits qui couvrent les deux parements.

Si la cloison doit être très-légère, on fera usage de pots cylindriques très-aplatis, posés de champ. Ces petits disques creux auront 0^m05 de hauteur sur 0^m16 de diamètre ; l'épaisseur des parois sera de 4 à 5 millimètres. Ces cylindres seront placés plein sur vide et maçonnés en plâtre. La cloison, enduite comme les précédentes sur ses deux parements, aura de 7 à 8 centimètres d'épaisseur.

Au lieu d'employer des cylindres, on fait usage maintenant de prismes évidés, ou de briques creuses, qu'on obtient à des prix très-modérés, par suite des moyens mécaniques appliqués au moulage. Les extrémités de ces prismes creux présentent de petits évidements dans lesquels le mortier pénètre et assure la liaison des matériaux. Les prismes se touchent suivant des surfaces planes ; le plâtre nécessaire, dans les cas précédents, pour remplir, par gonflement, tous les vides, et empêcher que les cylindres ne se pressent que suivant une génératrice, n'est plus indispensable, et l'on peut se contenter de mortier ordinaire, en réservant le plâtre pour les enduits.

Ces cloisons, dont l'épaisseur totale peut se réduire à 6 ou 7 centimètres, ont les mêmes propriétés que les cloisons en poteries, et elles ont sur celles-ci l'avantage d'être d'une construction plus simple, tout en ayant plus de solidité.

On ne doit pas perdre de vue qu'il est indispensable, dans toutes ces constructions, de se mettre en garde contre la poussée du plâtre, qui tend à déjeter les murs entre lesquels la cloison est établie. On devra donc tenir compte des observations faites plus haut sur ce sujet.

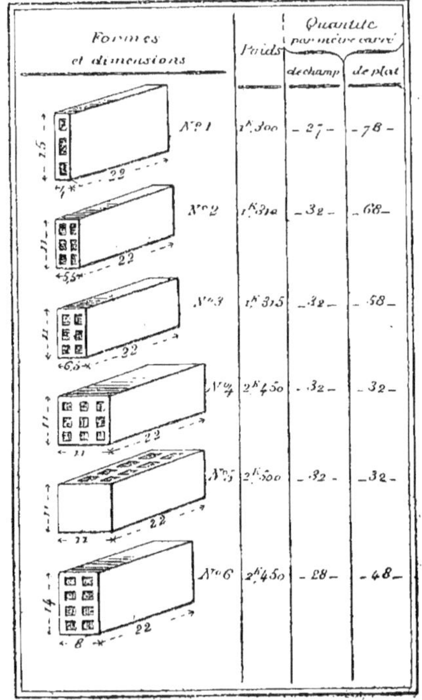

Échantillons de briques creuses.

Cloisons en bois.

Lorsqu'elles doivent porter charge, les cloisons que l'on construit en bois sont organisées comme nous l'avons indiqué pour les pans de bois intérieurs. On leur donne quelquefois, dans ce cas, le nom de *galandage*. Nous renverrons, pour ce qui concerne leur composition et leur établissement, à ce que nous avons dit des pans de bois.

Pour les cloisons légères, nous avons vu qu'on pouvait employer un système mixte en bois et en briques de champ. On peut aussi rapprocher à 0ᵐ30 ou 0ᵐ60 les montants en bois, y pratiquer des rainures et remplir les intervalles au moyen de petits bâtons en bois ou de morceaux d'échalas, entourés de torons en paille trempés dans

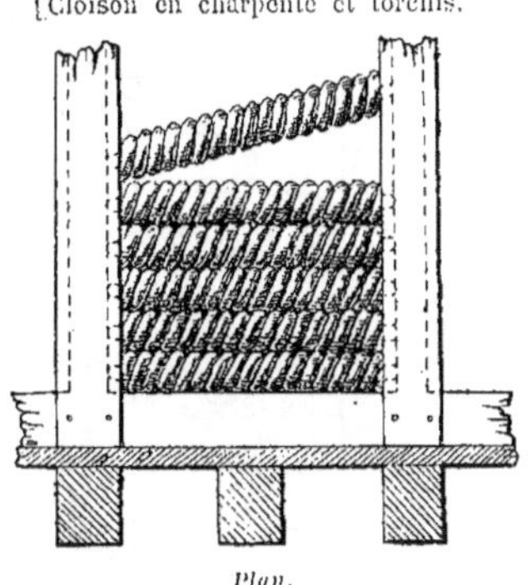

Cloison en charpente et torchis.

Plan.

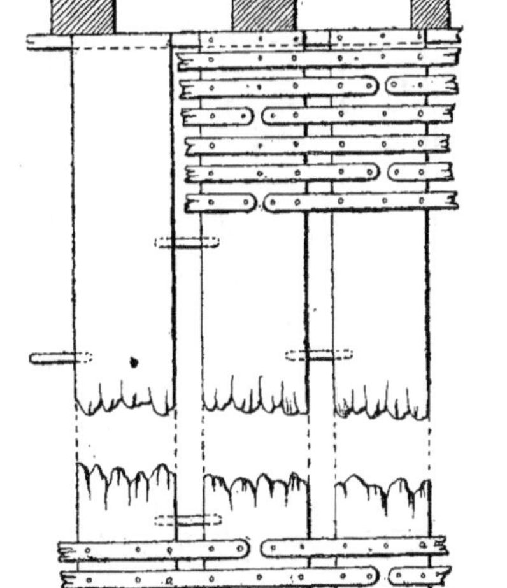

Cloison en madriers.

de l'argile délayée. On fait glisser les cylindres ainsi formés dans les rainures, on les serre les uns contre les autres, puis, avec une spatule en bois, on bat et l'on dresse les parements sur lesquels on applique ensuite un enduit en mortier, ou en blanc à bourre (chaux et poils de bœuf gâchés ensemble). Ce mode de construction, assez grossier, était employé autrefois dans les localités où le plâtre était d'un prix très-élevé. Mais on y a renoncé depuis que la facilité des transports a permis de se procurer presque partout du plâtre à bon marché.

Cloisons en madriers.

Pour les cloisons en porte-à-faux, on prend fréquemment les dispositions suivantes : après avoir fait en bois de 7 à 8 centimètres d'épaisseur les encadrements des portes, on fixe des liteaux contre les solives des planchers supérieurs et inférieurs, et, contre ces liteaux, on cloue des madriers de 4 à 5 centimètres d'épaisseur, que, par économie, on espace de 7 ou 8 centimètres les uns des autres. Ces madriers, placés debout, sont reliés entre eux par des goujons, en chêne, horizontaux, pénétrant de 4 à 5 centimètres dans le sens de la largeur des planches. Puis, sur ce bâti, on cloue des lattes de plafonneur, et l'on applique de chaque côté un enduit en plâtre. On obtient ainsi des cloisons de 7 à 8 centimètres d'épaisseur, très-légères et assez solides, mais qui ont l'inconvénient d'être sonores et combustibles. — Dans le cas où la hauteur d'étage serait trop considérable, on pourrait, ou bien augmenter l'épaisseur des madriers, ou en dédoubler la portée par des traverses horizontales assemblées dans des montants verticaux ayant toute l'épaisseur de la cloison.

On fait aussi des cloisons en planches de 0^m27 d'épaisseur, rabotées, assemblées, à rainures et languettes, et simplement clouées sur un bâti en bois. Ce genre de construction, tout à fait analogue à celui dont nous avons parlé à propos des pans de bois, présente une très-grande légèreté; mais ces cloisons, plus encore que les précédentes, sont sonores et combustibles; elles sont, de plus, sujettes au gauchissement, et ne peuvent s'employer que pour les parties inhabitées des bâtiments, telles que les caves, les greniers, les cabinets, et pour créer de petites pièces isolées dans les magasins, les ateliers, etc.

Il est utile de connaître, au moins approximativement, le poids par mètre carré des diverses espèces de cloisons, afin de pouvoir calculer l'équarrissage à donner aux poutres ou aux solives, qui doivent les porter. On pourra consulter le tableau suivant *(dans lequel on suppose la maçonnerie fraîchement exécutée.)*

Cloison en planches.

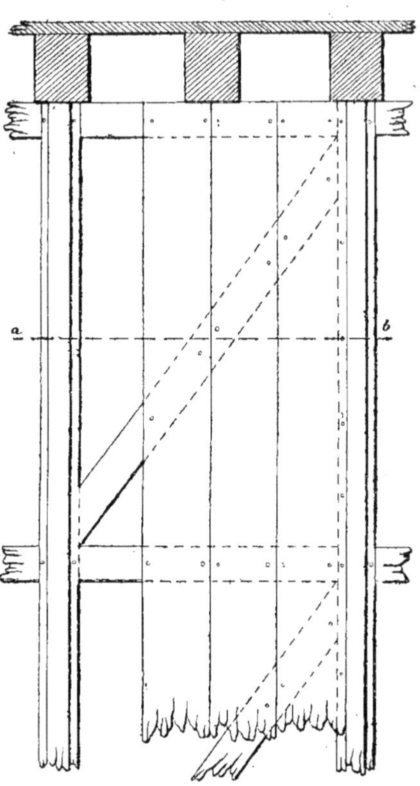

Plan suivant ab.

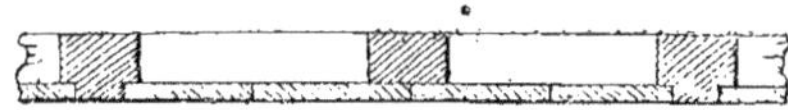

Assemblage à rainure et languette.

Poids par mètre carré des cloisons, y compris les enduits.

	ÉPAISSEUR	POIDS
		kilog.
1° Pots couchés, alternant avec des briques...	0,24	292
2° — — sans briques.......	0,24	235
3° Pots posés debout........................	0,12	110
4° Pots cylindriques posés de champ.........	0,08	75
5° Briques creuses posées de champ..........	0,06	75
6° Briques de plat pleines..................	0,13	237
7° Briques de champ pleines.................	0,06	108
8° En madriers..............................	0,08	65
9° En planches..............................	0,027	15

VOUTES

Les voûtes sont des ouvrages en maçonnerie, dont les matériaux sont disposés de manière à se soutenir au-dessus d'un espace donné.

Nomenclature des différentes parties d'une voûte.

Dans une voûte, on distingue :

1° L'*intrados* ou la *douelle*. — On donne ce nom à la surface inférieure de la voûte ; surface qui se projette sur l'espace à recouvrir ;

2° L'*extrados*. — C'est la surface supérieure de la voûte ;

3° Les *piédroits*. — Ce sont les murs ou piliers qui portent la voûte ;

4° Les *naissances*. — On appelle ainsi les surfaces suivant lesquelles la voûte s'appuie sur le sommet des piédroits. Cette surface est ordinairement un plan horizontal : quelquefois c'est un plan incliné, ou même une surface gauche ;

5° L'*ouverture* ou la *portée*. — On désigne sous ce nom, la distance des piédroits. C'est aussi la corde qui sous-tend la courbe d'intersection de l'intrados par un plan normal à la direction de la voûte ;

6° La *flèche* ou la *montée*. — La montée de la voûte est la distance verticale qui sépare le sommet de l'intrados des naissances de la voûte ;

7° Les *reins*. — On appelle ainsi le joint qui, dans le profil de la voûte forme avec l'horizon un angle de 30°. Cet angle est celui sous lequel un voussoir, abandonné à lui-même, commencerait à glisser. C'est aussi l'angle de frottement des maçonneries sur les maçonneries ;

8° Les *voussoirs*. — On nomme voussoirs les divers éléments dont se compose une voûte. — Dans un voussoir on distingue la *douelle*, ou la surface apparente sur l'intrados ; les *joints* ou *coupes*, les surfaces suivant lesquelles les voussoirs sont pressés les uns contre les autres ; *la tête*, c'est-à-dire, la face du voussoir, apparente sur le parement de la construction que traverse la voûte : l'ensemble des faces des voussoirs forme ce qu'on appelle la *tête de la voûte*.

Différentes espèces de voûtes.

Les voûtes prennent différentes dénominations, suivant la forme de l'espace qu'elles recouvrent, suivant surtout la forme qu'affecte leur intrados. Nous allons indiquer les dispositions les plus usitées.

Voûtes cylindriques ou *en berceau*. — Ces voûtes sont celles dont les piédroits sont parallèles, continus et en ligne droite. L'intrados est une surface cylindrique.

Lorsque les plans de tête sont normaux à l'axe, on dit que la voûte est *droite* ; s'ils sont obliques, on dit qu'elle est *biaise*.

Lorsque la voûte, au lieu d'être horizontale, est inclinée, on lui donne le nom de *descente*.

Voûtes d'arête et en arc de cloître. — Lorsque deux berceaux cylindriques de même hauteur se pénètrent, on a une voûte d'arête ou une voûte en arc de cloître, suivant que les lignes d'intersection des douelles sont saillantes ou rentrantes. Dans le premier cas, les piédroits sont discontinus et forment piliers ; dans le second, les supports de la voûte sont continus.

Voûtes annulaires. — Dans ce système, les piédroits sont courbes et parallèles : la douelle est engendrée par une courbe plane se mouvant normalement à l'axe du passage et de manière à s'appuyer sur le sommet des piédroits.

Si la voûte, au lieu d'être horizontale, est inclinée, on a ce qu'on appelle une *vis Saint-Gilles*, construction dont on se sert quelquefois pour porter les marches des escaliers circulaires.

Les voûtes annulaires, tout à fait analogues aux berceaux cylindriques, peuvent, comme eux, donner lieu à différentes combinaisons ; la plus usitée est la voûte d'arête, résultant de la pénétration du système annulaire par d'autres voûtes normales à sa direction. Chacune de ces ouvertures latérales a son intrados engendré par une droite, assujettie à rester horizontale, à s'appuyer sur une directrice donnée, et à toucher la verticale résultant de l'intersection des deux parements intérieurs des piédroits sur lesquels ces petites voûtes reposent. Cette disposition porte le nom de *voûte d'arête en tour ronde*.

Voûtes en dôme, ou *sphériques*. — Ces voûtes, dont l'intrados est une demi-sphère, servent à recouvrir un espace circulaire.

Les voûtes en dôme et les voûtes en arc de cloître sont susceptibles de combinaisons que nous indiquerons dans la prochaine leçon.

Voûtes en plate-bande. — Ce sont des voûtes dont l'intrados est un plan ; elles remplacent le linteau des larges baies rectangulaires, lorsqu'une trop grande portée ne permet pas de le former d'une seule pierre.

Dans l'établissement d'une voûte, les objets importants à considérer sont :

1° Le tracé des courbes d'intrados et d'extrados ;

2° L'épaisseur à donner à la voûte et à ses piédroits ;

3° L'appareil à suivre, ou la forme et la direction à donner aux différentes faces des voussoirs ;

4° La nature des matériaux à employer ;

5° Le mode d'exécution, les précautions à prendre suivant le genre de la voûte et la nature des matériaux mis en œuvre.

Ces question, communes à toutes les voûtes, seront étudiées en particulier pour les voûtes cylindriques. Puis, nous passerons en revue les autres systèmes, et nous indiquerons, s'il y a lieu, comment il faut, pour chacun d'eux, modifier les dispositions relatives aux voûtes cylindriques.

Voûtes cylindriques ou en berceau.

Génération de la douelle. — Ces voûtes, ainsi que l'indique leur nom, ont pour intrados une surface cylindrique engendrée par une droite assujettie à glisser parallèlement à elle-même sur une courbe plane nommée *directrice*. Le plan de cette courbe sera considérée comme normal à la direction des génératrices ; car s'il était oblique, on pourrait toujours prendre pour directrice la courbe résultant de l'intersection du cylindre par un plan perpendiculaire à ses génératrices.

On dit que la voûte est en *plein cintre* lorsque la montée est égale à la demi-portée.

Lorsque la montée est moindre que la demi-portée, la voûte est *surbaissée*, et le degré de surbaissement s'indique par le rapport de la montée à la portée ; ainsi une voûte est surbaissée au $\frac{1}{3}$, au $\frac{1}{4}$, au $\frac{1}{5}$, etc., suivant que la montée est le $\frac{1}{3}$, le $\frac{1}{4}$, le $\frac{1}{5}$ de la portée.

Lorsque la montée est plus grande que la moitié de la portée, la voûte est *surhaussée*.

Nous allons voir quelles sont les courbes que l'on adopte comme directrices des intrados, dans ces différents cas.

Directrice des voûtes en plein cintre. — Pour les voûtes en plein cintre, la directrice est une demi-circonférence, ayant pour diamètre la portée, et se raccordant tangentiellement avec les parements intérieurs des piédroits.

Directrice d'intrados des voûtes surbaissées. — Pour les voûtes surbaissées, on adopte, soit un arc de cercle, soit une demi-ellipse, soit une courbe composée d'arcs de cercle, se raccordant tangentiellement aux piédroits ; cette courbe prend le nom d'*anse de panier*.

Arc de cercle. — Lorsqu'on prendra pour directrice un arc de cercle, les données pourront être : la portée, la montée, le rayon du cercle et l'angle formé par les deux rayons extrêmes, c'est-à-dire, $2a$, b, r et α.

Lorsque deux de ces quantités seront connues, on pourra en conclure les deux autres : car on a dans le triangle rectangle AOC,

$$\overline{Ao}^2 = \overline{Ac}^2 + \overline{oc}^2 \text{, ou bien}$$

$$r^2 = a^2 + (r - b)^2 = a^2 + r^2 - 2rb + b^2,$$

d'où. . . . . . . $r = \dfrac{a^2 + b^2}{2b}$ [1]

on a d'ailleurs. . . . $\sin. \alpha = \dfrac{a}{r}$

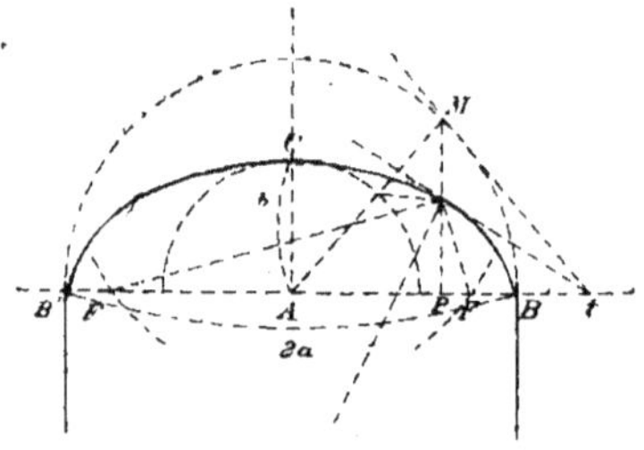

On se donne ordinairement la portée $2a$ et la montée b, et dans ce cas, le rayon peut s'obtenir facilement par une construction géométrique : mais pour une voûte d'une grande portée, il sera plus exact de calculer le rayon r, à l'aide de la formule [1].

Ellipse. — Lorsqu'on adopte la forme elliptique pour l'intrados, la directrice est une demi-ellipse dont le grand axe est la portée, et le petit axe le double de la mon-
tée. Cette courbe se construira facilement soit
par points, soit d'une manière continue en s'aidant des foyers : on pourra aussi déterminer
aisément la normale en chacun de ses points.
La forme elliptique a l'avantage de dégager
l'espace intérieur, près des naissances de la
voûte et d'être d'un aspect agréable ; mais la
courbure variant d'un point à l'autre, l'appareil est un peu plus compliqué que pour l'arc de cercle dont la courbure est constante.

Anse de panier. — Cette courbe, comme nous l'avons dit plus haut, est formée d'un certain nombre d'arcs de cercle, se raccordant tangentiellement entre eux et tangentiellement aux parements intérieurs des piédroits; elle est, d'ailleurs, symétrique relativement à la verticale passant par le milieu de la portée. Il suit de là : 1° que les parements des piédroits étant supposés verticaux, la tangente à l'origine de la courbe sera verticale, et le centre de l'arc, partant de cette origine, sera sur la ligne des naissances; 2° la courbe étant symétrique par rapport à l'axe vertical, là tangente au sommet sera horizontale, et l'arc du sommet aura son centre sur l'axe vertical; 3° en raison de la symétrie, la courbe sera composée d'un nombre impair d'arcs; ce nombre, égal au nombre des centres, sera égal à 3, 5, 7, 9, 11, etc., et d'autant plus grand que la partie et le surbaissement de la voûte seront plus considérables. Il est évident, d'ailleurs, que plus le nombre des arcs sera grand pour une voûte donnée, plus la différence entre deux rayons de courbure consécutifs sera petite, et plus il y aura de chances pour que les arcs se raccordent sans changement brusque de courbure ou sans *jarrets*.

Pour les avant-projets, on se contente ordinairement des anses de panier à 3 ou à 5 centres au plus; nous allons donner la méthode ordinairement en usage pour le tracé de ces courbes. Mais lorsqu'il s'agit de faire une épure d'appareil, ou lorsqu'on a de grandes voûtes à construire, comme cela se présente pour les grandes arches de pont, il faut prendre des anses de panier à un plus grand nombre de centres; plus loin nous donnerons, d'après M. Lerouge, ingénieur des ponts et chaussées, une méthode générale pour la construction de ces courbes.

Tracé de l'anse de panier à trois centres. — On se donne la portée $BB' = 2\,a$ et la montée $AC = b$, et l'on sait que les centres doivent se trouver sur les axes BB' et AC.

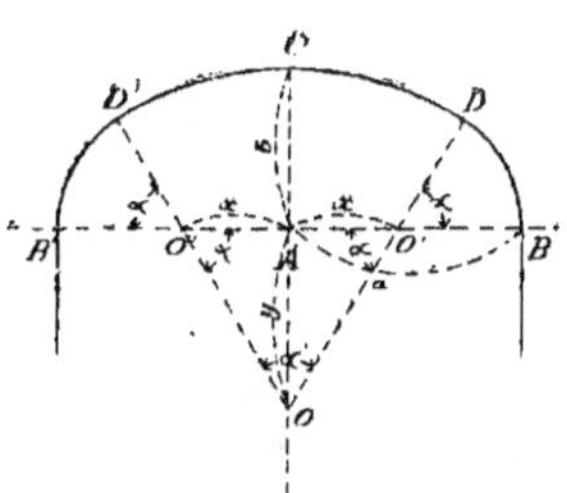

Soient o, o', o'', ces centres. Menons les droites $oo'D$ et $oo''D'$; désignons par x' l'angle de ces droites; par x l'angle formé par les rayons OD, OD' avec BB', ou bien avec $O'B$ et $O''B'$, enfin, par x et y les distances des centres O' et O au point A. On aura entre x, x', x, y et oo' les relations suivantes :

1° $2x + x' = 180°$..... indiquant que les rayons OO' et OO'' font le même angle avec BB'.

2° $OO' + a - x = y + b$, qui exprime que $O'B = O'D$ et que $OD = OC$.

3° $\overline{OO'}{}^2 = x^2 + y^2$ qui exprime qui le triangle OAO' est rectangle;

4° $y = x\,\mathrm{Tg.}\,\alpha$ qui indique que $OO'D$ est une ligne droite.

On n'a que quatre équations pour déterminer cinq inconnues; il y a donc une infinité de solutions. Pour faire disparaître l'indétermination on pose ordinairement $x' = x$; il en résulte d'après la première relation que $x' = x = 60°$ et que le triangle $oo'o''$ est équilatéral; on a par suite $oo' = 2x$. Il ne reste plus alors que deux inconnues qui sont x et y, lesquelles sont liées entre elles par les relations 2° et 3°, relations qui deviennent :

$$2x + a - x = y + b \text{ ou bien } x + a = y + b. \tag{1}$$

$$4x^2 = x^2 + y^2 \text{ ou bien } 3x^2 = y^2. \tag{2}$$

De la relation [2] on tire $y = x\sqrt{3}$ qui, substituée dans l'équation [1], donne :

$x + a = x\sqrt{3} + b$, ou $(\sqrt{3} - 1) x = a - b$; d'où $x = \dfrac{a - b}{\sqrt{3} - 1}$ en multipliant haut et bas par $\sqrt{3} + 1$, on a

$$[3] \qquad x = \frac{(a - b)(\sqrt{3} + 1)}{2} = 1{,}365\,(a - b) \text{ et pour } y$$

$$[4] \qquad y = x\sqrt{3} \ldots \ldots = 2{,}363\,(a - b).$$

La valeur de x est facile à construire. Remarquons d'abord qu'on peut la mettre sous la forme suivante :

$$x = \frac{a - b}{2} + \frac{a - b}{2}\sqrt{3}$$

A partir du point A, portons sur AB, $Ad = a - b$. Par le milieu m de Ad élevons une perpendiculaire, et construisons le triangle équilatéral Aud, dont chaque côté sera égal à $a - b$; nous aurons

$$mu = \sqrt{\overline{Au}^2 - \overline{Am}^2} = \sqrt{(a - b)^2 - \left(\frac{a - b}{2}\right)^2}$$

ou bien $mu = \sqrt{\left(\dfrac{a - b}{2}\right)^2 3} = \dfrac{a - b}{2}\sqrt{3}$

Cela posé, rabattons le point u au point o' sur AB, en le faisant tourner autour du point m comme centre, Ao' sera la valeur cherchée de x. En effet, on aura :

$$AO' = Am + mo' = \frac{a - b}{2} + \frac{a - b}{2}\sqrt{3} = x$$

Le centre o' déterminé, on aura o'' en prenant $Ao'' = Ao'$. Enfin, pour obtenir le centre O; du point O' comme centre, on décrira un arc de cercle avec un rayon égal à $2x$ ou à $2Ao'$, et le point cherché O, sera à l'intersection de cet arc de cercle, avec la verticale AC; car on doit avoir $oo' = 2x$.

Pour les avant-projets, on pourra aussi se servir de la méthode géométrique suivante, suffisamment exacte.

Avec un rayon $AD > AB$, on décrira une demi-circonférence DEG. Dans cette demi-circonférence, on inscrira le côté DE de l'hexagone, côté égal au rayon AD. On joindra le point E aux points D et F, et l'on mènera le rayon AE. Puis, par les

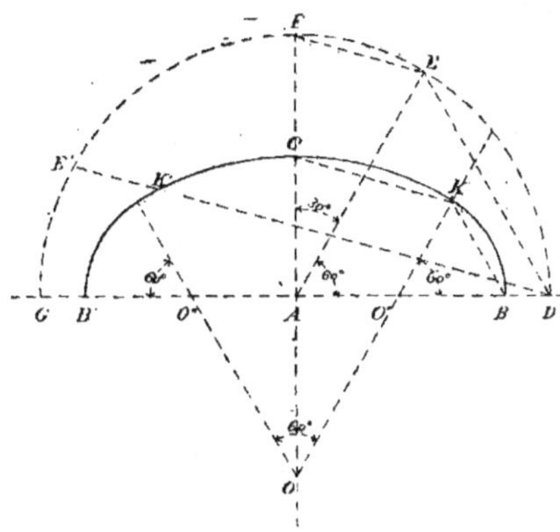

points B et C, on mènera les droites BK et CK respectivement parallèles à DE et FE; enfin, on tracera OK parallèle à AE, et les points o et o' seront les centres cherchés; le troisième centre O'' s'obtiendra en prenant $Ao'' = Ao'$. En effet, à cause de la similitude des triangles $O'BK$ et ADE, on a $O'B = O'K$; par suite de la similitude des triangles OKC et AEF, on a aussi $OK = OC$; de plus, l'angle $BO'K = DAE = 60°$; l'angle $KOK' = 2\,KOC = 2\,EAF = 60°$; donc, ce tracé satisfait à toutes les conditions exigées pour l'anse de panier à

trois centres. Comme la ligne EF est assez courte, on pourra lui substituer sa parallèle DE', qu'on obtiendra en prenant $FE' = DE$, et en joignant le point E' au point D.

Toutefois, lorsqu'il s'agira d'un tracé rigoureux comme celui qu'exige l'épure qui servira à régler l'appareil de la voûte, il conviendra de construire la courbe en calculant les valeurs de x et de y à l'aide des formules [3] et [4].

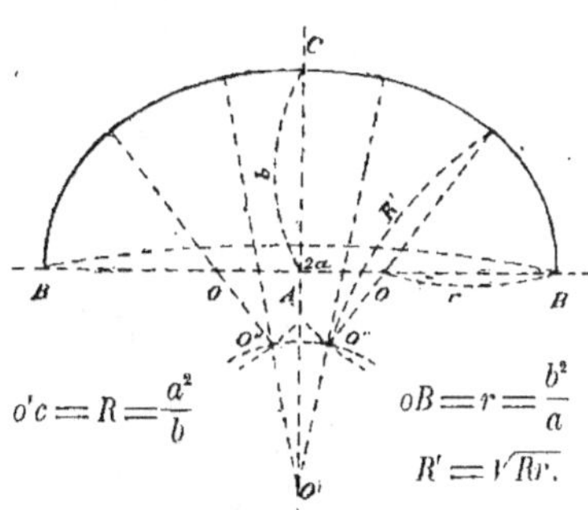

$$o'c = R = \frac{a^2}{b}$$

$$oB = r = \frac{b^2}{a}$$

$$R' = \sqrt{Rr}.$$

Tracé de l'anse de panier à cinq centres. — On prend, pour le rayon de l'arc du sommet, le rayon de courbure $R = \dfrac{a^2}{b}$, de l'ellipse dont les axes seraient $2\,a$ et $2\,b$; et, pour les rayons des arcs des naissances, le rayon de courbure $r = \dfrac{b^2}{a}$ de la même ellipse aux extrémités de son grand axe. Enfin, on prend pour le rayon intermédiaire : $R' = \sqrt{Rr}$.

Les rayons R et r étant connus, on en conclura les centres o et o'. Quant aux centres o'', on les obtiendra par l'intersection de deux arcs de cercle; l'un décrit du point o, avec un rayon égal à $R' - r$; l'autre décrit du point o', avec un rayon égal à $R - R'$.

Tracé général des anses de panier. — Nous avons vu qu'une anse de panier est une courbe composée d'un nombre impair d'arcs de cercle, se raccordant tangentiellement entre eux, et tangentiellement aux parements des piédroits. La tangente au sommet de la courbe est horizontale en raison de la symétrie, celles des naissances sont verticales. A ces conditions, nous ajouterons les suivantes :

1° Les divers rayons, menés des centres aux extrémités des arcs correspondants, feront entre eux des angles égaux ;

2° Les rayons successifs croîtront en progression arithmétique, ou bien la différence entre deux rayons consécutifs restera constante. Cela posé, soit a la demi-portée, b la montée; $m = \dfrac{b}{2a}$ le rapport de la montée à la portée; u le nombre des arcs ou des centres; δ la différence constante entre deux rayons consécutifs; π la demi-circonférence dont le rayon est égal à 1; $\dfrac{\pi}{u}$ sera l'angle sous-tendu par chaque arc, ou l'angle de deux rayons consécutifs. — Le nombre des rayons réellement différents sera $\dfrac{u-1}{2}+1$ ou $\dfrac{u+1}{2}$; soient $r_1\ r_2\ r_3 \ldots\ldots\ldots r_{\frac{u+1}{2}}$ ces divers rayons.

Les inconnues du problème seront : le plus petit rayon r, et la raison ou la différence δ.

Pour les déterminer, nous remarquerons que si l'on projette sur AB les différences des rayons O_5O_4, O_4O_3, O_3O_2, O_2O_1, la somme de ces projections augmentée de r_1 sera égale à a, et l'on aura :

$$[1] \qquad a = r_1 + \delta\left(\sin.\frac{\pi}{2u} + \sin.\frac{3\pi}{2u} + \frac{\sin.5\pi}{2u} + \ldots\ldots\ldots \sin.\frac{(u-2)\pi}{2u}\right)$$

Si l'on projette les mêmes différences sur CO_5, on aura :

$$[2] \qquad r_{\frac{u+1}{2}} = b + \delta\left(\cos.\frac{\pi}{2u} + \cos.\frac{3\pi}{2u} + \cos.\frac{5\pi}{2u} + \ldots\ldots\ldots \cos.\frac{(u-2)\pi}{2u}\right)$$

Or, les rayons croissant en progression arithmétique depuis r_1 jusqu'à $r_{\frac{u+1}{2}}$; on a $r_{\frac{u+1}{2}} = r_1 + \left(\dfrac{u+1}{2}-1\right)\delta = r_1 + \dfrac{u-1}{2}\delta$ et comme $\dfrac{b}{2a} = m$, on a $b = 2ma$.

— Si, de plus, on désigne par α et β, les quantités numériques entre parenthèses dans les équations [1] et [2], on aura :

$$[3] \quad a = r_1 + \alpha \delta \qquad\qquad [4] \quad r_1 + \frac{u-1}{2}\delta = 2ma + \beta\delta.$$

Il reste pour déduire de ces équations les valeurs de δ et r, à calculer dans chaque cas particulier les valeurs de α et β, et à les substituer ainsi que les données a et m dans [3] et [4]. Ces valeurs de α et β ont été déterminées par M. Lerouge pour les cas les plus usuels; on les trouvera consignées à la page 335, deuxième semestre, année 1839 des *Annales des ponts et chaussées*. Ces valeurs calculées ont permis d'établir les équations suivantes que nous arrêterons à celle qui est relative à l'anse de panier à onze centres.

Anse de panier à 3 centres.
$$\left\{ \begin{aligned} \delta &= 2a\,(1{,}3660 - m \times 2{,}7320) \\ r_1 &= 2a\,(m \times 1{,}3660 - 0{,}1830) \end{aligned} \right.$$

Id.　　　　à 5 centres.
$$\left\{ \begin{aligned} \delta &= 2a\,(0{,}76117 - m \times 1{,}52235) \\ r_1 &= 2a\,(m \times 1{,}70204 - 0{,}35102) \end{aligned} \right.$$

Id.　　　　à 7 centres.
$$\left\{ \begin{aligned} \delta &= 2a\,(0{,}533264 - 0{,}431601) \\ r_1 &= 2a\,(m \times 1{,}863203 - 0{,}431601) \end{aligned} \right.$$

Id.　　　　à 9 centres.
$$\left\{ \begin{aligned} \delta &= 2a\,(0{,}411511 - m \times 0{,}823023) \\ r_1 &= 2a\,(m \times 1{,}958294 - 0{,}479147) \end{aligned} \right.$$

Id.　　　　à 11 centres.
$$\left\{ \begin{aligned} \delta &= 2a\,(0{,}325365 - m \times 0{,}670730) \\ r_1 &= 2a\,(m \times 2{,}024136 - 0{,}510568) \end{aligned} \right.$$

Si la différence δ était plus petite que r, la courbe serait aplatie vers les reins et pourrait présenter des jarrets. On est parti de l'hypothèse $\delta = r_1$, pour déterminer les valeurs correspondantes de m, au-dessous desquelles on devra cesser d'employer l'anse de panier; ces valeurs minimum de m sont, pour l'anse de panier :

$$\begin{aligned} \text{à 3 centres.....} \quad & m = 0{,}378 \\ \text{5 centres....} \quad & m = 0{,}345 \\ \text{7 centres....} \quad & m = 0{,}329 \\ \text{9 centres....} \quad & m = 0{,}321 \\ \text{11 centres....} \quad & m = 0{,}314 \end{aligned}$$

Ces résultats montrent qu'on devra prendre un nombre de centres d'autant plus grand que le surbaissement sera plus considérable. On voit, d'un autre côté, qu'au dessous de $\dfrac{b}{2a} = \dfrac{1}{3}$, on ne peut guère espérer avoir, avec l'anse de panier, une courbe satisfaisante, et, dans ce cas, on devra choisir de préférence une ellipse pour directrice de l'intrados.

Directrice d'intrados des voûtes surhaussées. — Pour les voûtes surhaussées, on pourrait prendre pour courbe d'intrados une demi-ellipse, dont le demi-grand axe serait la montée. On pourrait aussi adopter une anse de panier disposée d'une manière analogue; mais on emploie généralement une courbe composée de deux arcs de cercle égaux, tangents aux parements intérieurs des piédroits et venant se rencontrer au sommet de la montée. Cette courbe brisée porte le nom d'*ogive* (*).

Tracé de l'ogive. — Si la portée *BB'* et la montée *AC* sont données, on joindra le point *C* aux points *B* et *B'*, et par le milieu des droites *BC*, *B'C*, on mènera des perpendiculaires, dont on prendra les intersections, *O* et *O'*, avec *BB'*; ces points seront les centres respectifs des deux arcs de l'ogive.

Ce genre d'intrados était le plus usité au moyen âge. A cette époque, on se donnait habituellement la portée, et la hauteur de l'ogive résultait de la forme attribuée à la

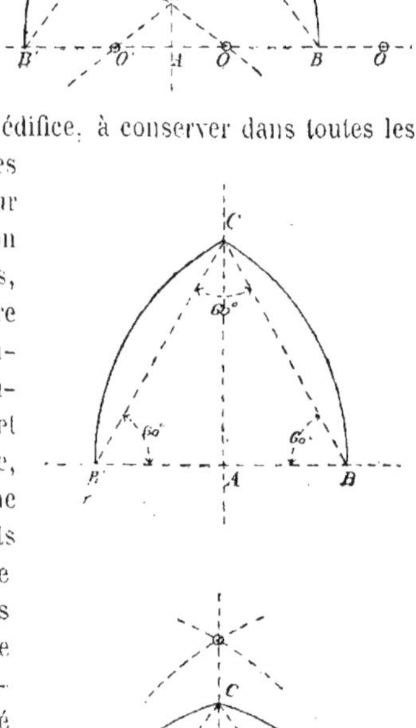

courbe. En France, on s'attachait, pour un même édifice, à conserver dans toutes les voûtes la même ouverture à l'angle du sommet. Les Normands et les Anglo-Normands préféraient, pour la commodité de la construction, adopter un rayon constant pour toutes les voûtes. Dans le premier cas, les centres se trouvaient généralement placés entre les deux points *B* et *B'*; dans le deuxième, au contraire, ils s'en éloignaient souvent à droite et à gauche jusqu'à une distance égale à la demi-portée, et l'ogive devenait très-aiguë. Un tracé intermédiaire, souvent mis en pratique, surtout au quatorzième siècle, consistait à prendre pour centres les points *B* et *B'* et pour rayon la partie *BB'* : de sorte que le triangle *BB'C* était équilatéral et que les arcs soustendaient des angles de 60°. C'est à cette forme particulière que l'on donnait, et que l'on donne encore ordinairement, le nom de *tiers-point*. Le tracé en ogive a l'avantage de diminuer la poussée transmise au piédroit; mais au seizième siècle et jusqu'à Vauban, on attribuait aux voûtes ogivales plus surbaissées que le tiers-point, une résistance propre considérable, et l'on s'en servait pour recouvrir les magasins à poudre. Voici, pour cet usage spécial, le tracé qu'indique Vauban. (*Oisivetés*, tome I, page 113.)

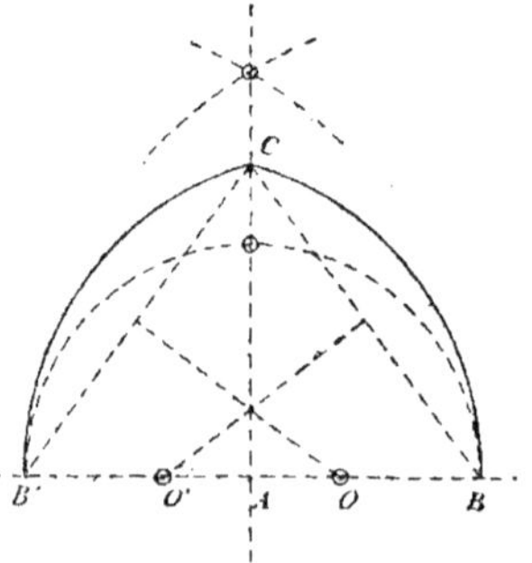

(*) Voir, sur l'origine, le tracé et l'emploi de l'ogive, le *Dictionnaire raisonné de l'architecture française du XI⁰ au XVI⁰ siècle*, par M. Violet-le-Duc, tome VI, page 121.

On place le point C à égale distance du sommet du tiers-point et du sommet du plein cintre; puis on raccorde ce point avec les naissances, au moyen de deux arcs, dont les centres sont sur la ligne BB'.

Dans la deuxième partie du Cours, nous verrons quels sont les motifs qui ont engagé Vauban et ses successeurs à préférer le plein cintre pour recouvrir les magasins à poudre.

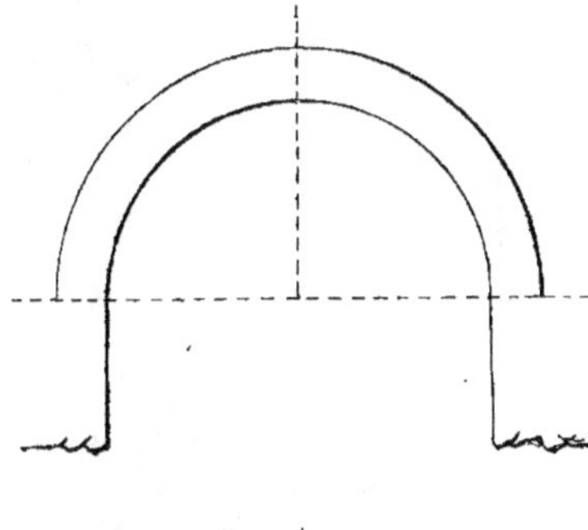

Extrados. — L'extrados des voûtes en berceau est encore une surface cylindrique déterminée par une directrice normale à l'axe de la voûte.

Extrados parallèle. — Lorsque les directrices de l'intrados et de l'extrados sont parallèles et que l'épaisseur est constante, on dit que la voûte est extradossée parallèlement.

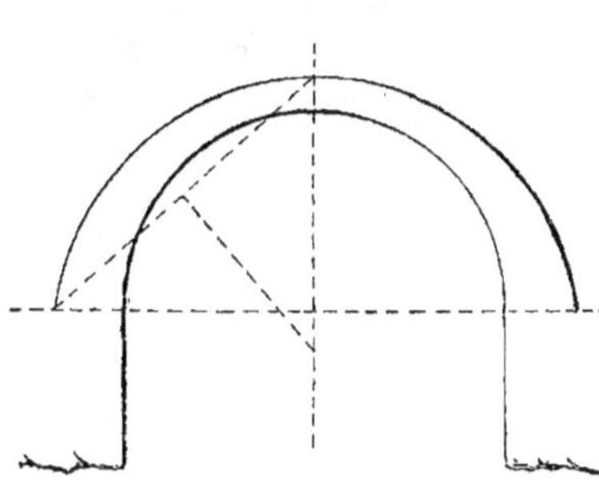

Extrados en arc. — Lorsque la directrice de l'extrados est une courbe de même nature que celle de l'intrados, mais ne lui est pas parallèle, on dit que la voûte est extradossée en arc. L'épaisseur de la voûte n'est plus uniforme; ordinairement elle va en augmentant du sommet vers les naissances.

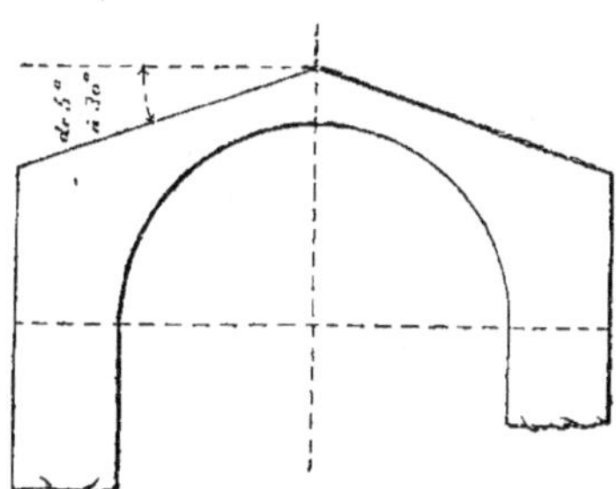

Extrados en chape. — La directrice peu se réduire à deux droites symétriquement inclinées par rapport à la verticale, passant par le milieu de la portée. L'extrados se compose alors de deux plans, inversement et également inclinés sur l'horizon, et se coupant suivant une horizontale parallèle à l'axe de la voûte. Ces plans portent le nom de chape, la voûte, dans ce cas, est extradossée en chape. On nomme angle de

la chape, l'inclinaison de chaque plan sur l'horizon. Cet angle est habituellement compris entre 5 et 30°; il peut, cependant, être plus considérable et aller jusqu'à 45°, pour
des voûtes en ogive.

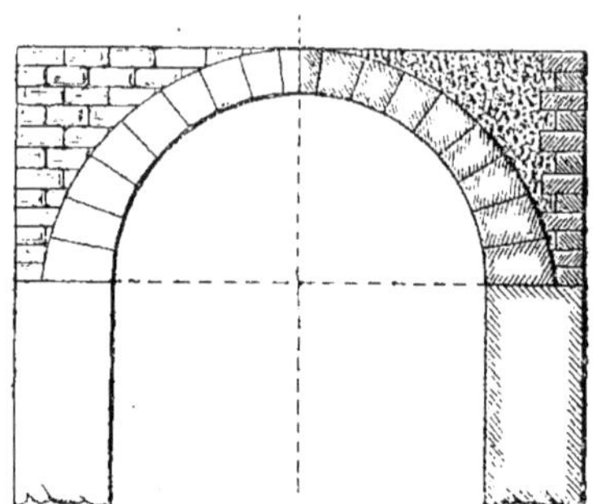

Extrados de niveau. — Si l'angle de la
chape est nul, la directrice se réduit à une
ligne droite horizontale et la chape à un
seul plan. Dans ce cas, la voûte est extradossée *horizontalement* ou de *niveau.*

Observation. — Lorsque la voûte est extradossée en chape, on ne prolonge pas
ordinairement les joints inclinés des voussoirs jusqu'aux plans extérieurs. Le plus
souvent, les voussoirs sont limités à une courbe d'extrados fictive, de même nature
que la courbe d'intrados, et forment une véritable voûte extradossée en arc à laquelle
on donne le nom de voûte primitive. Au-dessus, on construit ensuite les chapes, soit
en maçonnerie ordinaire de moellons, soit en béton.

SIXIÈME LEÇON

SOMMAIRE :

Épaisseur des voûtes primitives à la clef. — Épaisseur aux naissances des voûtes extra-dossées en chape. — Calcul de l'épaisseur du piédroit d'une voûte en berceau. — Tables servant au calcul de l'épaisseur des voûtes aux naissances, et au calcul de l'épaisseur du piédroit, pour les voûtes en plein cintre et en anse de panier. — Voûtes en arc de cercle.— Voûtes en ogive.

Appareil des voûtes en berceau. — Construction des voûtes cylindriques en moellons, en briques, en pierres de taille. — Époque et opération du décintrement.

Voûtes légères en briques. — Voûtes en béton.

Épaisseur des voûtes primitives à la clef.

Les théories relatives à la stabilité des voûtes seront exposées dans la troisième partie du Cours. Dans celle-ci, nous nous bornerons à quelques considérations sommaires, pour expliquer l'origine et la signification des règles pratiques, servant à fixer les dimensions des diverses parties d'une voûte.

Dans une voûte cylindrique, les portions supérieures tendent à tomber, en repoussant latéralement et vers le dehors, les portions inférieures. Le fragment de chaque demi-voûte qui, en vertu de son poids, tend à descendre, soit en tournant autour de

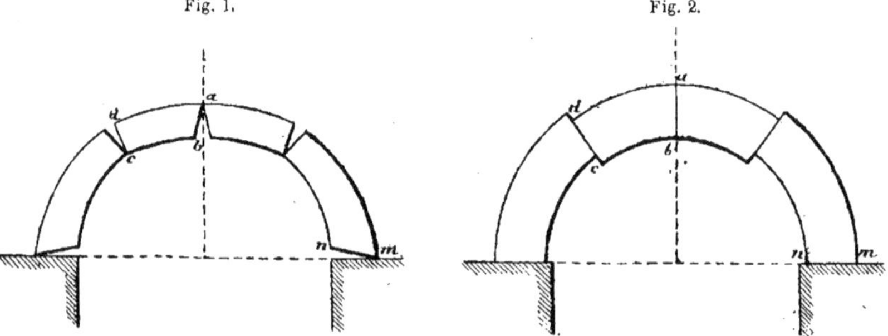

l'arête d'intrados *C* de son joint (fig. 1), soit en glissant sur ce joint (fig. 2), exerce sur la demi-voûte opposée une certaine pression à laquelle on donne le nom de poussée ; poussée par rotation, dans le premier cas, poussée par glissement, dans le second.

Chaque partie, telle que $abcd$, tendant à rejeter, vers l'extérieur, la demi-voûte opposée, soit en la faisant tourner autour de l'arête d'extrados m de son joint inférieur, soit en la faisant glisser sur ce joint, il en résulte une réaction qui prend le nom de résistance par rotation, dans la première hypothèse, et de résistance par glissement, dans la seconde. Ces poussées et ces résistances, qui peuvent, d'ailleurs, se combiner entre elles et provoquer divers modes de rupture, varient évidemment avec le poids ou le volume des éléments de la voûte.

Les poussées dépendent principalement du poids de la partie supérieure (*), tandis que les résistances sont dues surtout à la masse des parties inférieures. Pour qu'il y ait stabilité, il faudra régler le profil de telle sorte que la plus petite des résistances l'emporte sur la plus grande des poussées.

La forme de l'intrados est généralement imposée par des conditions particulières de commodité et de décoration, et l'on prend, pour l'extrados, une courbe de même nature que celle de l'intrados. Ces courbes sont, d'ailleurs, du deuxième degré. La voûte ainsi limitée prend le nom de *voûte primitive*. Dans les conditions du tracé que nous venons d'indiquer, le profil de cette voûte sera complètement déterminé, lorsqu'on aura fixé les épaisseurs au sommet et aux naissances. On calcule d'abord la première de ces dimensions et la deuxième résulte des conditions de stabilité du système.

Au premier abord, il semblerait naturel de chercher le minimum d'épaisseur à donner au sommet, par la condition de rendre impossible l'écrasement des matériaux, sous l'action de la poussée. Mais en restant dans les termes pratiques assignés à la question, c'est-à-dire, en s'imposant *a priori* la forme de l'intrados, le minimum d'épaisseur à affecter à la partie supérieure de la voûte, suivant la qualité des maçonneries, exigerait que l'on connût l'intensité de la poussée. son point d'application et la loi suivant laquelle cette force se répartit sur le joint du sommet. Or, ces divers éléments varient avec les dimensions de la voûte, et ce sont ces dimensions qu'il s'agit précisément de déterminer. Ce ne serait donc que par un tâtonnement difficile qu'on arriverait à une solution. Encore, devrait-on tenir compte des charges accidentelles, des chocs, des vibrations, et de toutes les causes d'altération auxquelles la maçonnerie peut être exposée, circonstances qui viendraient augmenter la complication du problème et ne permettraient guère de le résoudre, même avec l'approximation un peu large que comportent ces sortes de questions. Aussi, emploie-t-on généralement pour fixer l'épaisseur de la partie supérieure des voûtes, des formules empiriques basées sur les considérations que nous allons exposer, et dont les coefficients numériques résultent de l'examen

---

(*) Le contraire peut se présenter dans les voûtes en ogive très-surhaussées, mais ce cas ne se présente que très-rarement, et l'on peut en faire abstraction.

d'édifices éprouvés par le temps, et dans lesquels on a su garder une juste mesure entre la solidité et l'économie.

Considérations qui ont servi de base à l'établissement des règles empiriques. — Il est évident, d'abord, que les voûtes doivent offrir une résistance en rapport avec les charges, les chocs, les vibrations, etc., auxquelles elles sont soumises ; or, si pour différentes épaisseurs attribuées au sommet, on règle dans chaque cas le profil, de manière à assurer l'équilibre du système, il est clair que la résistance de la voûte sera d'autant plus grande que l'épaisseur sera plus considérable. On devra donc, réciproquement, prendre cette épaisseur d'autant plus forte que les actions à redouter seront plus énergiques.

Pour tenir compte de cette première condition, on a partagé les voûtes en cinq classes, en affectant à chacune d'elles, comme nous le verrons plus loin, des dimensions différentes. Cette classification comprend :

1° *Les voûtes à l'épreuve*, c'est-à-dire, celles qui doivent résister au choc des bombes ;

2° *Les voûtes très-fortes*, soumises à de fortes charges, avec vibrations, mais sans chocs notables. Telles sont les voûtes des ponts construits pour les routes et les chemins de fer ;

3° *Les voûtes fortes*, qui ont à supporter des poids considérables, sans chocs ni vibrations (charges mortes). Telles sont les voûtes des tunnels, des magasins, galeries et, en général, des souterrains profondément enfoncés dans le sol.

4° *Voûtes moyennes*, qui, abritées sous un bâtiment, n'ont à supporter que des fardeaux analogues à ceux qu'on dépose sur le sol des étages d'un édifice. Telles sont les voûtes de caves ;

5° Enfin *les voûtes légères*, qui n'ont à porter, en sus de leur propre poids, que des charges très-légères, comme les voûtes de plafond des grands édifices, les voûtes d'église, etc.

Cela posé, on devra, dans chaque catégorie, tenir compte du surbaissement de la voûte. Plus, en effet, le surbaissement sera grand, plus la tendance à tomber des parties supérieures sera prononcée, plus la poussée sera considérable, et plus l'écrasement des matériaux au sommet sera à redouter. Pour avoir égard à cette nouvelle circonstance, on a jugé convenable d'introduire dans les formules ce qu'on appele le *rayon moyen*, c'est-à-dire, le rayon du cercle passant par les naissances et le sommet.

En conséquence, pour déterminer l'épaisseur des voûtes cylindriques à leur sommet, l'on a pris les formules suivantes, dans lesquelles e représente cette épaisseur et r le rayon moyen :

$$\text{Voûtes à l'épreuve} \dots\dots \quad e = 0{,}50 + 0{,}12\ r$$
$$\text{Voûtes très-fortes} \dots\dots \quad e = 0{,}40 + 0{,}08\ r$$
$$\text{Voûtes fortes} \dots\dots\dots \quad e = 0{,}30 + 0{,}06\ r$$
$$\text{Voûtes moyennes} \dots\dots \quad e = 0{,}20 + 0{,}04\ r$$
$$\text{Voûtes légères} \dots\dots\dots \quad e = 0{,}10 + 0{,}02\ r$$

On doit remarquer que le terme constant influe d'autant plus sur l'épaisseur que r est plus petit, et que ce terme assure aux voûtes de faible portée une épaisseur relativement plus considérable qu'aux grandes voûtes. Il doit en être ainsi, attendu que les actions extérieures, telles que chocs, surcharges, agents atmosphériques, etc., agissent aussi bien sur les petites voûtes que sur les grandes, et qu'il importe d'en rendre les effets moins sensibles, en augmentant la masse et, par suite, la force d'inertie des premières, ce qui n'est plus nécessaire pour les autres, en raison des fortes dimensions que leur assigne le second terme des formules.

Épaisseur des voûtes aux naissances.

Ainsi que nous l'avons dit plus haut, dans une voûte, la poussée provient surtout du poids des parties supérieures, tandis que la résistance est due principalement à la masse des parties inférieures. Il suit de là, que l'intrados et l'épaisseur à la clef ayant été déterminés, comme on l'a dit ci-dessus, il faudra, pour assurer la stabilité de la voûte, renforcer son épaisseur, en allant du sommet aux naissances et faire en sorte que la plus petite des résistances l'emporte sur la plus grande des poussées.

On nomme coefficient de stabilité, le rapport de la résistance minima à la poussée maxima; ce rapport doit être plus grand que 1. La voûte sera, évidemment, d'autant plus stable que ce rapport sera plus grand. Il devra, d'ailleurs, nécessairement varier avec les différentes catégories de voûtes. On le prendra :

$$
\begin{aligned}
&\text{De } 1{,}50 \text{ à } 2{,}00 \quad \text{pour les voûtes à l'épreuve.}\\
&\phantom{\text{De }} 1{,}35 \text{ à } 1{,}45 \qquad\qquad \text{—} \qquad \text{très-fortes.}\\
&\phantom{\text{De }} 1{,}25 \text{ à } 1{,}35 \qquad\qquad \text{—} \qquad \text{fortes.}\\
&\phantom{\text{De }} 1{,}20 \text{ à } 1{,}25 \qquad\qquad \text{—} \qquad \text{moyennes.}\\
&\phantom{\text{De }} 1{,}12 \text{ à } 1{,}20 \qquad\qquad \text{—} \qquad \text{légères.}
\end{aligned}
$$

Ayant fixé le coefficient de stabilité, suivant les conditions spéciales où l'on se trouve placé, on se donnera une épaisseur d'essai aux naissances et l'on tracera la courbe d'extrados. Cette courbe, de même nature que la courbe d'intrados, sera déterminée par trois points ; l'un au sommet, donné par l'épaisseur e, calculée à l'aide des formules, les deux autres, résultant de l'épaisseur d'essai adoptée aux naissances. Puis, à l'aide de constructions graphiques, qui seront enseignées dans la troisième partie du

Cours, on cherchera les poussées et les résistances par rotation et par glissement ; ces forces connues, on prendra le rapport de la plus petite de ces résistances à la plus grande des poussées. Si ce rapport ne diffère pas sensiblement du coefficient de stabilité qu'on s'est imposé *a priori*, on pourra conserver comme satisfaisante l'épaisseur d'essai, sinon, il faudra l'augmenter ou la diminuer, jusqu'à ce que la voûte acquierre la stabilité désirée. Nous verrons, dans la suite, que ces tâtonnements ne laissent pas que d'être longs et pénibles. Pour les éviter aux constructeurs, M. le commandant Michon a construit des Tables (consignées dans le n° 13 du *Mémorial de l'officier du Génie*) à l'aide desquelles on se procure immédiatement, pour les différentes voûtes cylindriques, l'épaisseur aux naissances en fonction de l'épaisseur au sommet. On y trouve aussi l'expression des résistances et des poussées, le coefficient de stabilité et certains résultats nécessaires au calcul de l'épaisseur des piédroits. Des notes explicatives, annexées à ces Tables, en indiquent suffisamment l'usage.

Considérons, par exemple, une voûte dont la portée soit $2\,a$, la montée b et dont l'intrados soit une anse de panier surbaissée au tiers. On calculera le rayon r par la relation $r = \dfrac{a^2 + b^2}{2b}$; puis, à l'aide des formules empiriques, suivant la nature de la construction, on déterminera l'épaisseur e au sommet. Ayant cette épaisseur, on prendra le rapport $\dfrac{r + e}{r}$; ce rapport calculé, on consultera la Table relative aux anses de panier surbaissées au 1/3 ou aux $\dfrac{4}{12}$, extradossées en arc, et dans la colonne contenant les valeurs $\dfrac{r + e}{r}$, on cherchera celle qu'a donnée le calcul pour le cas particulier qu'on considère. A côté, et sur la même horizontale, on trouvera l'épaisseur e' aux naissances en fonction de l'épaisseur e au sommet. On portera cette valeur de e' de chaque côté sur la ligne des naissances, à partir de l'intrados, et par les deux points ainsi déterminés et le point déjà trouvé à la partie supérieure, on fera passer une anse de panier qui, avec la courbe d'intrados, fixera entièrement le profil de la voûte.

Influence des chapes sur la stabilité. — Ce qui précède concerne les voûtes extradossées en arc. Dans le cas, où la construction est recouverte par des plans de chape, nous admettrons, ainsi qu'on le fait ordinairement, que les joints normaux à l'intrados, s'arrêtent à une certaine courbe d'extrados, limitant une voûte en arc, analogue à celle que nous avons considérée plus haut, et à laquelle nous avons déjà donné le nom de *voûte primitive*.

Entre cette voûte et les chapes, se trouve un remplissage, que l'on fait en maçonnerie ordinaire, ou en béton.

Dans ces conditions, il est facile de voir que l'inclinaison des chapes influera d'une

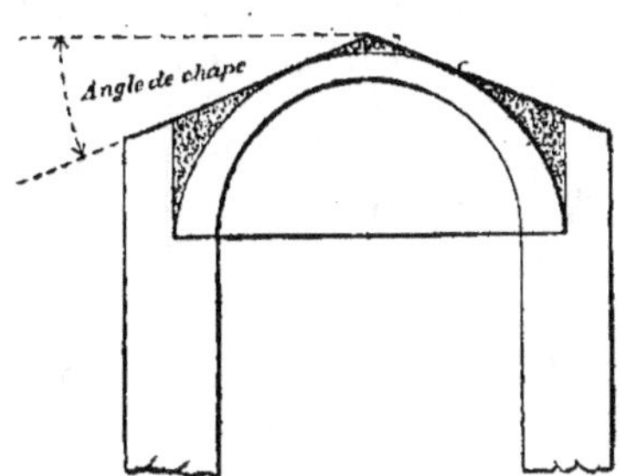

manière notable sur la stabilité. On voit, en effet, que si les chapes sont horizontales, ou peu inclinées, elles augmentent très-peu le poids de la partie supérieure de la voûte primitive, tandis qu'elles accroissent beaucoup la masse des parties inférieures. La poussée sera donc faiblement augmentée, tandis que la résistance le sera sensiblement; la stabilité sera donc plus grande. Si l'on suppose, au contraire, que la pente des chapes se raidisse, l'inverse se produira, et pour un certain angle, d'autant plus faible, que la voûte sera plus surbaissée, la masse des maçonneries, disposées à la partie supérieure de la voûte primitive surpassera celle qu'on ajoute à la partie inférieure; la poussée croîtra donc plus que la résistance et la stabilité diminuera. Aussi l'angle des chapes, très-petit pour les voûtes surbaissées, ne doit-il guère surpasser 35° pour le plein cintre.

Quoiqu'il en soit, on a pensé qu'il était utile de tenir compte de la présence et de la pente des chapes dans la détermination du profil de la voûte primitive, et l'on trouvera dans le numéro, déjà cité, du *Mémorial de l'officier du Génie*, des Tables relatives aux voûtes extradossées en chapes, dont l'usage sera le même que pour les voûtes en arc (*).

Supposons, par exemple, qu'il s'agisse d'une voûte en anse de panier, surbaissée au $\frac{1}{3}$, et extradossée en chapes à 15°. On calculera le rayon r, l'épaisseur e au sommet, et le rapport $\frac{r+e}{r}$; puis, dans la Table relative aux anses de panier surbaissées aux $\frac{4}{12}$, avec extrados incliné à 15°, on cherchera le rapport $\frac{r+e}{r}$, calculé, et à côté sera l'épaisseur e', aux naissances de la voûte primitive; on construira, comme ci-dessus, l'extrados de cette voûte, et pour déterminer les chapes, on mènera à cette courbe, deux tangentes inclinées à 15°, ces tangentes se couperont sur la verticale du sommet, et on les arrêtera vers les naissances aux verticales, menées par les limites extérieures de la base de la voûte; de sorte que le profil sera compris entre ces deux verticales, les deux chapes, l'intrados et la ligne des naissances. C'est à ce profil, ainsi déterminé, que sont relatifs les divers résultats consignés dans la Table, à la suite de l'épaisseur e' de la voûte aux naissances.

Le profil d'une voûte fixé par les moyens simples que nous venons d'indiquer, don-

______

(*) Nous verrons plus loin, que ces dernières Tables ne sont pas nécessaires dans la pratique.

nera généralement une stabilité suffisante ; ainsi que l'expérience l'a déjà confirmé pour bon nombre d'ouvrages importants, exécutés avec des matériaux de résistance ordinaire, sur plusieurs points de la France, et notamment sur le chemin de fer de l'Est. Cependant, pour de grandes voûtes surbaissées, fortement chargées, exposées à des secousses, à des vibrations, et composées de matériaux résistant faiblement à l'écrasement, il sera convenable d'avoir recours aux méthodes de vérification, dont la théorie et l'application seront exposées dans la troisième partie du Cours.

Épaisseur des piédroits.

Les dimensions assignées précédemment au profil de la voûte en assurent la stabilité sur le sommet des piédroits supposés inébranlables. Mais il est évident que la voûte tend à écarter ces derniers murs. soit en les faisant glisser sur une assise quelconque, soit en les faisant tourner autour de l'arête extérieure d'une de ces assises. Excepté pour les voûtes en arc de cercle, sur lesquelles nous reviendrons plus loin, le mouvement le plus à craindre est le renversement, par la rotation du piédroit autour de l'arête extérieure de la base, sous l'action de la poussée de la voûte ; il faut donc en déterminer les dimensions de manière à rendre ce mouve-

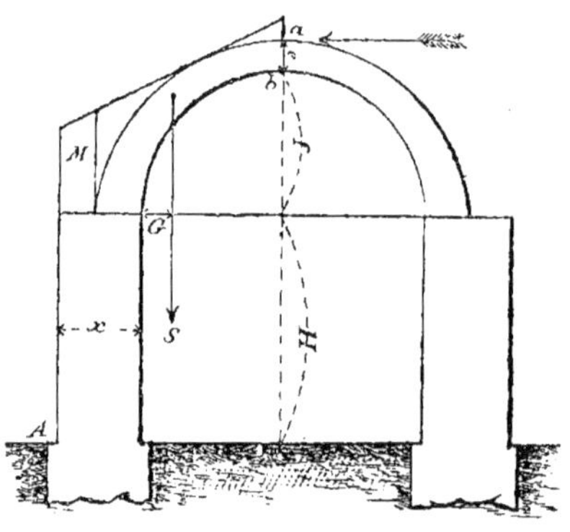

ment impossible ; il faut en outre vérifier qu'à la base du piédroit, la maçonnerie employée ne s'écrasera pas sous les efforts de compression qui lui sont transmis.

Le profil de la voûte étant supposé constant, il suffira de voir ce qui se passe dans le profil, ou sur une longueur égale à 1 mètre : comme, d'un autre côté, les forces à considérer proviennent du poids de certains volumes de maçonneries, de densités sensiblement les mêmes, nous pourrons substituer à ces forces ou à ces poids, les volumes correspondants, ou simplement les surfaces, puisque nous avons admis que la longueur était égale à 1 mètre.

Cela posé, soit π la plus grande des poussées, que pour plus de sécurité, nous supposerons appliquée au sommet de l'extrados (*) ; il faudra, pour empêcher la rotation

---

(*) Dans une voûte stable, la poussée agit nécessairement entre les points a et b ; l'hypothèse, faite ici, est donc favorable à la stabilité.

autour de l'arête A, que le moment de cette force par rapport au point A, soit au plus égal à la somme des moments du profil de la voûte, du piédroit et de sa surcharge. Le moment de la poussée sera, en désignant par H la hauteur du piédroit, par f la montée de la voûte et par e l'épaisseur du sommet : $\pi\,(H+f+e)$.

Le moment du profil de la voûte sera, en désignant par S la surface du profil, par G la distance horizontale de son centre de gravité au parement intérieur du piédroit, par x, l'épaisseur de ce piédroit : $S\,(G+x)$.

Le moment du piédroit sera : $\dfrac{Hx^2}{2}$

Enfin, nous désignerons par M le moment de la surcharge ; la condition d'équilibre sera exprimée par l'équation :

$$\pi\,(H+f+e) = S\,(G+x)+\frac{Hx^2}{2}+M$$

Cette relation établit simplement l'équilibre strict, et la résultante de toutes les forces vient passer par l'arête A : or, il est évident qu'il faut augmenter les chances de stabilité, pour se tenir en garde contre les surcharges accidentelles, les chocs, les causes de dégradation, etc. Il faut aussi que la résultante de toutes les forces passe en dedans de l'arête A, qui risquerait d'éclater sous l'effort de compression auquel elle serait soumise ; en conséquence nous poserons :

$$[1] \qquad \frac{S\,(G+x)+\dfrac{Hx^2}{2}+M}{\pi\,(H+f+e)} = c$$

c étant plus grand que 1 ; ce rapport, analogue à celui que nous avons eu à considérer pour les murs de soutènement, variera entre $1,40$ et $1,80$. Pour la maçonnerie de pierre de taille, on pourra prendre la limite inférieure, et l'autre limite pour la maçonnerie de moellons.

De l'équation d'équilibre stable [1], on tirera la valeur de x, on aura :

$$[A] \qquad x = -\frac{S}{H}+\sqrt{\left(\frac{S}{H}\right)^2-\frac{2SG}{H}-\frac{2M}{H}+2c\pi\left(\frac{H+f+e}{H}\right)}$$

Les quantités π, S, G, qui figurent dans cette expression, pourront être données par une épure, comme nous le verrons dans la troisième partie du Cours ; mais on les trouvera dans les Tables du commandant Michon, où elles sont calculées avec une approximation suffisante, en fonction du rayon moyen r, pour toutes les valeurs que peut prendre le rapport $\dfrac{r+e}{r}$, depuis 1 jusqu'à 2, pour chacune des voûtes les plus usuelles.

S'il s'agit, par exemple, d'une voûte en anse de panier surbaissée au $\dfrac{1}{3}$, ou aux $\dfrac{4}{12}$; on calculera, comme nous l'avons vu plus haut, r, e, et le rapport $\dfrac{r+e}{r}$, puis, dans la

Table relative au genre de voûte en question, on cherchera dans la colonne des valeurs $\frac{r+e}{r}$, celle qu'on a trouvée par le calcul, et sur l'horizontale correspondant à cette valeur, on trouvera les quantités π, G, S, en fonction du rayon r. On aura soin toutefois, pour le calcul de l'épaisseur du piédroit, de choisir, parmi les poussées, celle dont l'intensité est la plus grande.

Dans l'expression [A], entre la quantité M, qui est fonction de x. Pour faire le calcul, on supposera d'abord $M = o$, et l'on déterminera la valeur x_0 correspondante de l'épaisseur du piédroit. Sur une épure, on construira le profil relatif à cette épaisseur x_0, et l'on pourra trouver la valeur M_0 de M. On substituera M_0 dans [A], et l'on en conclura une deuxième valeur x_1 pour x. On construira le profil correspondant à x_1, et l'on en déduira une nouvelle valeur M_1 de M, qui substituée dans [A] donnera l'épaisseur cherchée x, avec une approximation suffisante.

Cette méthode est évidemment applicable, quelle que soit la forme de la surcharge; ce pourrait être un mur plus élevé, percé d'ouvertures, etc. ; mais, dans tous les cas, sa forme est connue d'avance et la construction des divers profils correspondant à x_0, x_1, etc., sera facile, ainsi que la détermination des moments M_0, M_1, etc.

Ce mur de surcharge accroît d'une manière assez notable la stabilité du piédroit. Lorsqu'on en tient compte, on arrive à une épaisseur plus faible que celle que devrait avoir le soutien de la voûte, s'il n'était point surchargé. Il suit de là qu'il faudra, lorsque ce mur ne devra s'exécuter entièrement qu'après l'établissement de la voûte, soutenir cette dernière construction, jusqu'à ce que le piédroit ait reçu toute sa charge, puisque, seul, il ne pourrait résister à la poussée; nous aurons occasion de revenir plus loin sur cette précaution importante.

Les dimensions du piédroit, en prenant les valeurs indiquées ci-dessus pour le coefficient σ, assureront généralement la résistance contre l'écrasement. Si, cependant, la maçonnerie était de mauvaise qualité, on devrait s'assurer que la compression reportée vers l'arête A ne surpasse pas la charge permanente P', que cette maçonnerie peut supporter sans danger. Pour faire cette vérification, on remarquera que toutes les forces qui agissent sur le système, sont connues en intensité et en direction ; on pourra donc en trouver facilement la résultante. Soit R cette force, et a

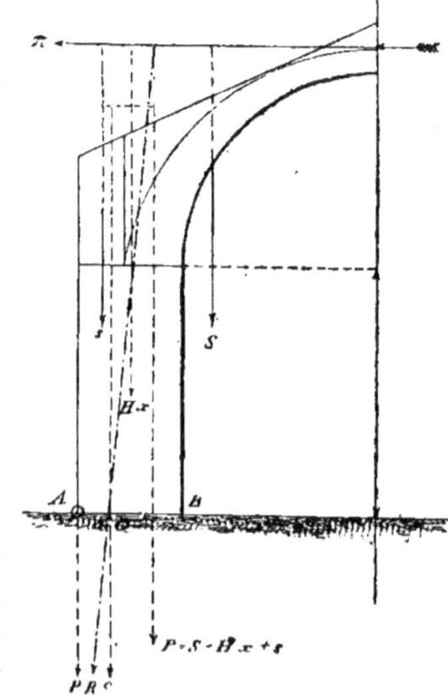

la distance à laquelle elle rencontre la base relativement à A ; on prendra sa composante verticale C, et, pour en conclure la compression p, reportée en A, on prendra :

$$p = 2\left(2 - \frac{3a}{AB}\right)\frac{C}{AB} \qquad \text{si}\ldots\ a > \frac{AB}{3} \left.\vphantom{\frac{AB}{3}}\right\}$$
$$\text{ou}\quad p = \frac{2}{3}\ \frac{C}{a} \qquad\qquad \text{si}\ldots\ a < \frac{AB}{3} \left.\vphantom{\frac{AB}{3}}\right\} \ (^{\prime})$$

Si p est plus petit que P', la résistance à l'écrasement sera assurée ; sinon, il faudra augmenter la valeur de σ, de façon à rendre a plus grand et par suite p plus petit.

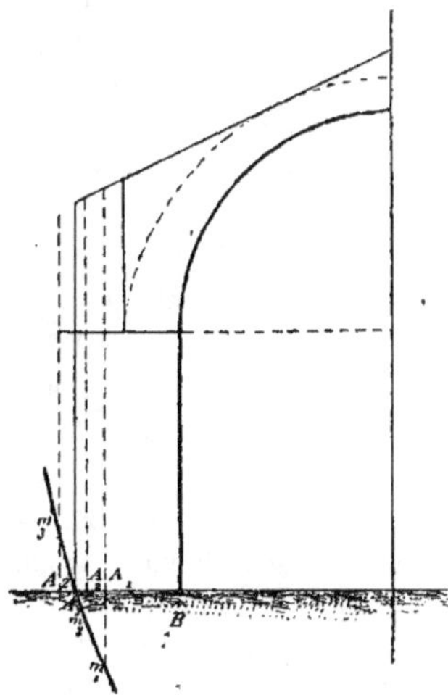

Il sera d'ailleurs facile de trouver directement l'épaisseur du piédroit en se basant sur la condition de stabilité contre l'écrasement des maçonneries. Pour cela on se donnera une première épaisseur BA_1, pour laquelle on déterminera la résultante R_1, la compression C_1, la distance a, et par suite p_1. Si $p_1 > P'$, on prendra la différence $p_1 - P'$ et on la portera en $A_1\ m_1$.

On se donnera une deuxième base BA_2, pour laquelle on recommencera la même série d'opérations : supposons que la compression p_2, trouvée dans ce cas, soit plus petite que P', on portera la différence $P' - p_2$ en $A_2\ m_2$.

On opèrera de la même manière pour une troisième épaisseur BA_3, et l'on trouvera un troisième point m_3, d'une courbe de recherche $m_1\ m_2\ m_3$, dont l'intersection avec la base AB, donnera le point A, pour lequel $p = P'$.

Si l'on considère l'expression [A] de l'épaisseur du piédroit, on voit que x augmente avec H ; mais que, pour $H = \infty$, on trouvera pour x la valeur finie $x = \sqrt{2\sigma\pi}$.

Cette quantité, pour les valeurs usuelles de H, ne différant pas d'une manière très-notable de celle donnée par la formule générale, les constructeurs l'emploient souvent dans leurs avant-projets, en raison de sa simplicité et de la facilité du calcul.

Les procédés pratiques, que nous venons d'indiquer pour déterminer le profil d'une voûte et l'épaisseur de ses piédroits, conviennent spécialement aux voûtes en plein cintre et aux voûtes surbaissées, dont l'intrados est une anse de panier, ou une ellipse. Plus loin, nous dirons quelques mots de ce qui concerne les voûtes en arc de cercle et les voûtes en ogive.

Il est facile de voir que l'usage des Tables du commandant Michon pourra, dans la

---

($^{\prime}$) Ces formules seront démontrées dans la troisième partie du Cours.

pratique, se restreindre à l'emploi de celles qui sont relatives aux voûtes extradossées en arc. Il n'y aurait lieu de recourir à celles qui concernent les voûtes extradossées en chapes, qu'autant que ces chapes auraient une pente assez forte pour diminuer la stabilité de l'ensemble de la construction. Mais nous allons voir que, pour les voûtes dont nous nous occupons actuellement, le contraire doit avoir lieu.

Un premier point à constater, c'est que le surbaissement, désavantageux au point de vue de la stabilité, surtout en raison des dimensions considérables qu'il exige des piédroits, est généralement imposé par la condition de ne pas dépasser en hauteur, un niveau déterminé, lorsque d'ailleurs l'espace que doit recouvrir la voûte a des dimensions obligées. Lorsqu'on est conduit à prendre une voûte surbaissée, ce serait par conséquent, en quelque sorte, un contre-sens que de la surmonter de chapes très-inclinées, donnant des crêtes très-saillantes au-dessus du sommet de l'extrados. Il faudra, au contraire, donner aux chapes l'inclinaison strictement nécesssaire pour l'écoulement des eaux pluviales, et par suite des pentes très-douces. S'il s'agit de voûtes en plein cintre, on a encore intérêt à ne pas exagérer la hauteur de la maçonnerie, et il y a même nécessité de le faire dans tous les cas qui exigent l'établissement de chapes au-dessus des voûtes. Ainsi, pour les poternes, les passages des portes de ville, les magasins et abris souterrains, employés dans la fortification, il faut diminuer le relief de la construction, afin de pouvoir l'enfouir plus facilement dans le sol, et obtenir au-dessus d'elle un matélas de terre assez épais pour la mettre à l'abri des coups plongeants de l'ennemi. S'il s'agit des ponts, des casernes voûtées à l'épreuve, et en général des systèmes arasés de niveau, l'économie prescrit de restreindre, le plus possible, la hauteur du remplissage à faire au-dessus des voûtes. On pourra bien adopter plusieurs plans de chape, et même appliquer l'enduit hydrofuge sur l'extrados d'une partie de la voûte, pour amoindrir la maçonnerie de remplissage ; mais la masse ajoutée à la partie inférieure de la voûte sera toujours plus considérable que celle qu'on établira sur le sommet. Enfin, pour les casernes à l'épreuve et les magasins à poudre, on devra diminuer le plus possible le relief de la construction, pour pouvoir les défiler plus aisément des vues du dehors. Ainsi, dans les circonstances les plus usuelles de la pratique, les convenances, aussi bien que la solidité, imposent l'obligation d'incliner les chapes de manière à augmenter la stabilité au lieu de la diminuer (*).

(*) Ce qui précède semblerait, au premier abord, en contradiction avec l'existence des chapes à pente très-raide, qu'on rencontre dans certaines voûtes en ogive très-élancées et qui, cependant, ont parfaitement résisté depuis des siècles, dans un grand nombre de monuments religieux construits au moyen âge. Ce fait s'explique facilement à l'aide des considérations théoriques qui seront développées dans la troisième partie du Cours. Nous verrons, en effet, que, dans les voûtes en ogive, la rupture se produit de deux manières tout à fait différentes, suivant le degré de surhaussement de la voûte.

Dans l'ogive moins élevée que le tiers-point, et pour le tiers-point lui-même, la poussée

Dans ces conditions, si l'on faisait usage des Tables relatives aux voûtes extradossées en chape, on trouverait nécessairement, pour la voûte primitive, un profil plus faible que pour la voûte extradossée en arc, de même portée et de même montée; mais, comme d'un autre côté les chapes ne doivent être établies qu'après le tassement de la voûte, et, par conséquent, après le décintrement, rien ne dit que pendant cette dernière opération, la voûte primitive pourrait résister seule et sans le concours du surcroît de stabilité, qu'elle doit, après coup, recevoir des chapes. Il faudrait donc, après avoir déterminé le profil de la voûte primitive, à l'aide des Tables, vérifier si cette voûte pourrait se soutenir isolément au moment du décintrement. De là la nécessité de construire une, et même plusieurs épures, si la première montrait que la stabilité est insuffisante. On évitera ce travail en adoptant de suite le profil donné par les Tables relatives aux voûtes simples extradossées en arc. Le profil, ainsi obtenu, aura peut-être des dimensions un peu trop fortes, mais il aura l'avantage de mieux résister au surcroît de com

est due encore au poids de la partie supérieure qui tend à tomber en repoussant latéralement les parties inférieures. A ce cas s'applique donc ce que nous avons dit ci-dessus, c'est-à-dire qu'on doit charger plus le bas que le haut de la voûte et, par conséquent, ne pas trop raidir les chapes.

Dans l'ogive très-exhaussée, au contraire, la rupture se produit par un rapprochement latéral des deux demi-voûtes, qui repoussent vers le haut les portions voisines de la clef. La résistance, dans ce cas, n'est donc plus due au poids des parties inférieures, mais à celui des parties supérieures : de là la nécessité de charger le sommet et d'adopter des chapes très-raides. Ces conditions de stabilité, que rendront tout à fait sensibles les théories développées dans la troisième partie du Cours, avaient été parfaitement comprises par les architectes du moyen âge, qui chargeaient fortement la clef de leurs ogives très-élancées, en adoptant des chapes très-raides, et qui, pour les ogives basses, faisaient le contraire. Souvent, dans ce dernier cas, ainsi que nous en avons vu plusieurs exemples, ils se contentaient, dans un but d'économie, d'accumuler des pierrailles ou des décombres dans l'angle formé par le prolongement du piédroit et l'extrados de la partie inférieure de la voûte. On voit donc que les dispositions adoptées anciennement pour les ogives, loin de le contredire, viennent au contraire confirmer ce principe : que les chapes doivent être établies de manière à augmenter la stabilité des voûtes.

Ogive plus surhaussée que le tiers-point.

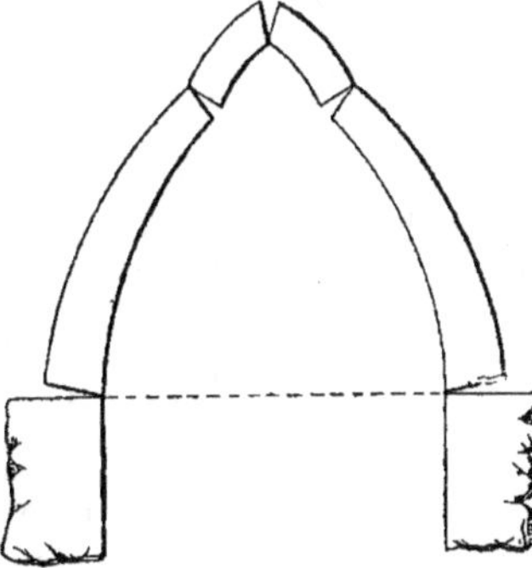

Ogive moins surhaussée que le tiers-point.

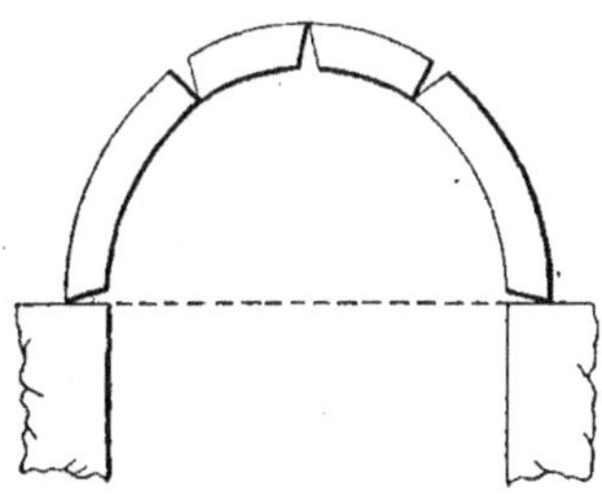

pression, transmis normalement aux joints, par le poids des chapes et des surcharges.

Ce que nous venons de dire du profil de la voûte s'appliquera également au piédroit. Lorsque ce mur devra porter une voûte avec chape, il faudra qu'au moment du décintrement il puisse résister à la poussée de la voûte primitive. On devrait donc calculer deux épaisseurs : l'une capable de soutenir la voûte primitive, l'autre pouvant supporter la voûte surmontée de sa chape et prendre pour épaisseur définitive, la plus grande des deux dimensions données par le calcul. Or, il serait facile de voir, par les mêmes raisonnements que ci-dessus, que les chapes augmentent la stabilité de l'ensemble de la voûte et de son piédroit, et, par conséquent, il conviendra encore de s'en tenir au cas d'une voûte en arc et de déterminer les éléments nécessaires au calcul de l'épaisseur du piédroit, à l'aide des Tables des voûtes extradossées en arc.

TABLE

POUR LES VOUTES EN PLEIN CINTRE, EXTRADOSSÉES EN ARC DE CERCLE

VALEURS de $\frac{r+e}{r}$	ÉPAISSEUR DE LA VOUTE aux		SURFACE de la DEMI-VOUTE S	DISTANCE du centre de gravité. G	POUSSÉE PAR		OBSERVATIONS
	reins. e'	naissances. e''			ROTATION π_r	GLISSEMENT π_g	
1,25	1,00.e	1,00.e	$0,440.r^2$	$0,284.r$	$0,128.r^2$	Ces pous-	Cette Table,
1,22	1,00.e	1,00.e	$0,383.r^2$	$0,290.r$	$0,119.r^2$	sées, dans	extraite de cel-
1,20	1,10.e	1,20.e	$0,390.r^2$	$0,272.r$	$0,114.r^2$	les voûtes	les du comman-
1,19	1,15.e	1,30.e	$0,376.r^2$	$0,266.r$	$0,109.r^2$	en plein	dant Michon,
1,18	1,20.e	1,40.e	$0,362.r^2$	$0,260.r$	$0,105.r^2$	cintre, sont	conviendra,
1,17	1,25.e	1,50.e	$0,349.r^2$	$0,251.r$	$0,099.r^2$	beaucoup	dans les cas or-
1,16	1,30.e	1,61.e	$0,336.r^2$	$0,242.r$	$0,093.r^2$	plus faibles	dinaires de la
1,15	1,35.e	1,71.e	$0,323.r^2$	$0,234.r$	$0,089.r^2$	que les	pratique, aux
1,14	1,40.e	1,82.e	$0,309.r^2$	$0,230.r$	$0,086.r^2$	poussées	différentes ca-
1,13	1,45.e	1,92.e	$0,292.r^2$	$0,230.r$	$0,083.r^2$	par rota-	tégories de voû-
1,12	1,50.e	2,03.e	$0,274.r^2$	$0,229.r$	$0,080.r^2$	tion. Il est	tes. Le coeffi-
1,11	1,55.e	2,13.e	$0,258.r^2$	$0,229.r$	$0,076.r^2$	inutile d'en	cient de stabi-
1,10	1,60.e	2,24.e	$0,241.r^2$	$0,228.r$	$0,072.r^2$	tenir comp-	lité y varie de
1,09	1,65.e	2,34.e	$0,219.r^2$	$0,227.r$	$0,066.r^2$	te.	1,64, qui con-
1,08	1,70.e	2,45.e	$0,197.r^2$	$0,225.r$	$0,060.r^2$		vient aux voû-
1,07	1,75.e	2,55.e	$0,174.r^2$	$0,222.r$	$0,053.r^2$		tes à l'épreuve,
1,06	1,80.e	2,66.e	$0,152.r^2$	$0,218.r$	$0,046.r^2$		à 1,14, admis-
							sible pour les
							voûtes les plus
							légères.

TABLE

POUR LES VOÛTES EN ANSE DE PANIER

SURBAISSÉES AUX $\frac{5}{12}$, EXTRADOSSÉES EN ANSE DE PANIER

VALEUR de $\frac{r+c}{r}$	ÉPAISSEUR aux NAISSANCES e'	SURFACE de la DEMI-VOUTE S	DISTANCE du centre de gravité. G	POUSSÉE PAR	
				ROTATION π_r	GLISSEMENT π_g
1,25	1,00.c	0,418.r^2	0,291.r	0,146.r^2	Avec les dimensions données
1,22	1,10.c	0,375.r^2	0,290.r	0,136.r^2	au profil, la poussée par glisse-
1,20	1,20.c	0,350.r^2	0,280.r	0,127.r^2	ment, dans les limites de cette
1,19	1,25.c	0,339.r^2	0,274.r	0,123.r^2	Table, est inférieure à la pous-
1,18	1,30.c	0,327.r^2	0,268.r	0,118.r^2	sée par rotation.
1,17	1,40.c	0,317.r^2	0,261.r	0,114.r^2	
1,16	1,50.c	0,306.r^2	0,254.r	0,110.r^2	
1,15	1,60.c	0,297.r^2	0,246.r	0,106.r^2	
1,14	1,70.c	0,289.r^2	0,238.r	0,103.r^2	
1,13	1,85.c	0,281.r^2	0,229.r	0,099.r^2	
1,12	2,00.c	0,274.r^2	0,220.r	0,095.r^2	
1,11	2,20.c	0,264.r^2	0,210.r	0,089.r^2	
1,10	2,40.c	0,252.r^2	0,200.r	0,084.r^2	
1,09	2,60.c	0,240.r^2	0,194.r	0,079.r^2	
1,08	2,80.c	0,226.r^2	0,188.r	0,073.r^2	
1,07	3,00.c	0,208.r^2	0,185.r	0,066.r^2	
1,06	3,20.c	0,185.r^2	0,182.r	0,059.r^2	

Dans ces voûtes, la plus grande poussée et la plus petite résistance sont la poussée et la résistance par rotation. Le coefficient de stabilité $\dfrac{R_r}{\pi_r}$ ne descend pas au-dessous de 1,34.

TABLE

POUR LES VOUTES EN ANSE DE PANIER

SURBAISSÉES AUX $\frac{4}{12}$, EXTRADOSSÉES EN ANSE DE PANIER

VALEUR de $\frac{r+e}{r}$	ÉPAISSEUR aux NAISSANCES e'	SURFACE de la DEMI-VOUTE S	DISTANCE du centre de gravité. G	POUSSÉE PAR	
				ROTATION π_r	GLISSEMENT π_g
1,25	1,00.e	$0.347.r^2$	$0.288.r$	$0.146.r^2$	Avec les proportions adoptées
1,22	1,10.e	$0.316.r^2$	$0.282.r$	$0.138.r^2$	pour le profil et dans les limites
1,20	1.20.e	$0.298.r^2$	$0.276.r$	$0.132.r^2$	pratiques de cette Table, la pous-
1,19	1,25.e	$0.289.r^2$	$0,272.r$	$0.129.r^2$	sée par glissement est plus pe-
1,18	1,30.e	$0.280.r^2$	$0,268.r$	$0.126.r^2$	tite que la poussée par rotation.
1,17	1,40.e	$0.272.r^2$	$0.259.r$	$0.122.r^2$	
1,16	1,50.e	$0.264.r^2$	$0,250.r$	$0.118.r^2$	
1,15	1,60.e	$0.254.r^2$	$0.241.r$	$0.114.r^2$	
1,14	1,70.e	$0.244.r^2$	$0.232.r$	$0.110.r^2$	
1,13	1,84.e	$0.234.r^2$	$0.223.r$	$0.106.r^2$	
1,12	2.00.e	$0,224.r^2$	$0,216.r$	$0.101.r^2$	
1,11	2,18.e	$0,213.r^2$	$0,210.r$	$0.096.r^2$	
1,10	2,40.e	$0,202.r^2$	$0,205.r$	$0.091.r^2$	
1,09	2,64.e	$0,191.r^2$	$0,200.r$	$0.085.r^2$	
1,08	2,90.e	$0.480.r^2$	$0.195.r$	$0.079.r^2$	
1,07	3,17.e	$0,168.r^2$	$0.190.r$	$0.073.r^2$	
1,06	3,50.e	$0.157.r^2$	$0,185.r$	$0.067.r^2$	

Pour ces voûtes, la plus grande des poussées est la poussée par rotation π_r, et la plus petite des résistances est la résistance par glissement R_g. Le coefficient de stabilité $\frac{R_g}{\pi_r}$ ne descend pas au-dessous de 1.26, ce qui est suffisant.

Bien qu'on ait construit, et que l'on construise encore quelquefois des voûtes en anse de panier et en ellipse, plus surbaissées que le 1/3, il est convenable, pour ces formes d'intrados, de ne pas dépasser sensiblement ce degré de surbaissement. On voit en effet, que déjà pour les voûtes de la dernière Table, la résistance par glissement devient assez faible, et pour des voûtes plus basses, on ne pourra prévenir le glissement sur le plan des naissances qu'en donnant à la base une très-grande épaisseur, ce qui conduira à de très-longs voussoirs, et par suite, à une dépense exagérée. Il serait possible, à la vérité, de prévenir ce glissement, en redressant les joints inférieurs de la voûte, jusqu'à ce qu'on arrive à un plan assez chargé pour que le frottement s'oppose à tout mouvement de translation horizontal : mais cette disposition serait contraire aux principes d'un bon appareil. Ce qu'il y aurait peut être de mieux à faire dans ce cas, serait, après avoir construit une voûte stable sous le rapport de la rotation, de la recouvrir, avant le décintrement, d'une chape très-douce, ou même de niveau, qu'on prolongerait jusqu'au dessus du piédroit ; puis, d'abaisser lentement, et avec beaucoup de précaution, les cintres, et de n'appliquer sur la chape l'enduit hydrofuge qui doit la recouvrir qu'après s'être assuré qu'il n'y a plus de tassements. Quoi qu'on fasse, une voûte établie dans ces conditions exigera beaucoup de soins et de dépenses dans son exécution, sans offrir beaucoup de garanties de solidité. Lorsqu'on sera forcé d'adopter un surbaissement plus grand que le 1/3, au lieu d'un intrados en anse de de panier ou en ellipse, il conviendra de prendre une voûte en arc de cercle.

Ce que nous avons dit plus haut suffit pour montrer comment on devra se servir des Tables, et comment on pourra déterminer les quantités e', S, G, π ; en un mot les éléments nécessaires à la construction du profil de la voûte et au calcul de l'épaisseur de son piédroit ; lorsque toutefois le surbaissement sera l'un de ceux qu'on a supposés dans ces Tables. Mais nous allons voir qu'il sera facile de trouver encore ces éléments, lorsqu'il s'agira d'un surbaissement intermédiaire.

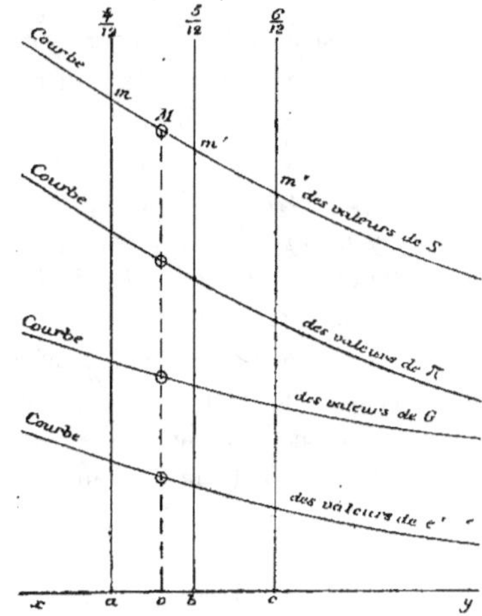

Ayant en effet calculé le rayon moyen r en fonction de la portée et de la montée, puis, à l'aide des formules pratiques, l'épaisseur e au sommet, on en conclura le rapport $\frac{r+e}{r}$.

Maintenant, pour déterminer l'une quelconque des quantités ci-dessus, S, par exemple, on prendra dans les Tables les valeurs de cette surface pour chacune des trois voûtes, surbaissées aux $\frac{6}{12}$, aux $\frac{5}{12}$ et aux $\frac{4}{12}$, correspondant à la valeur calculée $\frac{r+e}{r}$. Puis, sur une horizontale $x\,y$, on élèvera trois verticales a, b, c, séparées par des distances égales, de 1 centimètre par exemple ; cette longueur de 1 centimètre représentera $\frac{1}{12}$. Sur les verticales, on portera des longueurs proportionnelles aux trois valeurs trouvées pour S, dans les voûtes surbaissées aux $\frac{4}{12}$, aux $\frac{5}{12}$ et aux $\frac{6}{12}$. On aura trois points m, m' m'', par lesquels on fera passer une courbe. Cela fait, si la voûte à construire est surbaissée aux $\frac{4,6}{12}$, on prendra, à partir du point a, av égale à 6 millimètres, par le point v, on élèvera une verticale, qu'on prolongera jusqu'à sa rencontre M, avec la courbe, et vM sera proportionnelle à la valeur cherchée de S. En construisant pour chacune des quantités e', S, G, π, des courbes telles que m, m' m'', il est clair que les longueurs interceptées sur la verticale v, entre le point v et ces différentes courbes, feront connaître les valeurs de e', S, G, et π, relatives à la voûte à construire.

On voit donc que les trois Tables ci-dessus suffiront, en définitive, pour les voûtes les plus usuelles dont l'intrados sera un plein cintre, une anse de panier, ou une ellipse.

Voûtes en arc de cercle.

Pour nous rendre compte des moyens pratiques à l'aide desquels on peut déterminer le profil de ces voûtes, et les dimensions de ces piédroits, nous allons examiner dans quelles circonstances il convient d'employer ces voûtes et quelles sont les propriétés inhérentes à leur nature.

Nous dirons d'abord, que toutes les fois que le surbaissement ne dépassera pas sensiblement le tiers, on devra donner la préférence aux voûtes en anse de panier : elles sont en effet plus élégantes, elles dégagent mieux le sommet du piédroit et par suite, augmentent notablement l'espace compris entre le plan des naissances et la douelle. Si l'appareil est un peu plus compliqué, si le volume de la voûte primitive est un peu plus grand, la dépense définitive n'est pas de beaucoup augmentée; car pour les dispositifs surbaissés, quelle que soit d'ailleurs la forme de l'intrados, les chapes sont très-peu inclinées, souvent même à peu près horizontales; il s'ensuit que, pour une même épaisseur au sommet, le cube total des matériaux, compris entre la douelle et la chape, est, en définitive, moindre pour l'anse de panier que pour l'arc de cercle. Seulement, le volume du remplissage, plus grand dans le second cas que dans le premier, est composé de matériaux moins coûteux. La préférence à donner à l'anse de panier, lorsque le surbaissement n'excède pas sensiblement le tiers, nous semble donc suffisamment justifiée.

Mais pour un surbaissement plus grand, et lorsque l'angle compris entre les deux rayons du cercle moyen qui, partant du centre, aboutissent aux naissances, atteint $100°$ et _a fortiori_, lorsque cet angle devient plus considérable, il convient d'employer les voûtes en arc de cercle.

Ces voûtes présentent, en effet, lorsqu'elles sont notablement surbaissées, plusieurs avantages que, sans recourir à une théorie rigoureuse, nous allons essayer de rendre sensibles. Si l'on considère une voûte en arc de cercle, extradossée parallèlement, on voit qu'en composant la poussée, supposée appliquée au milieu du joint du sommet, avec le poids du premier voussoir, puis, la résultante de ces deux forces, avec le poids du deuxième voussoir, et ainsi de suite, le polygone, provenant de l'intersection de ces résultantes successives, sera en équilibre sous l'action des forces, et en supposant les voussoirs élémentaires très-petits, la courbe qui, à la limite, remplacera le polygone, sera ce qu'on appelle la *courbe des pressions*.

Pour que l'ensemble de la construction soit stable, il faut évidemment (les points d'appui de la voûte étant d'ailleurs supposés inébranlables), que cette courbe ne sorte pas des limites du profil, et la stabilité atteindra son maximum lorsque la courbe viendra passer successivement par le milieu des différents joints. Or, dans les conditions où nous sommes placés, c'est-à-dire, dans le cas d'une voûte très-surbaissée, extradossée parallèlement, la courbe en question sera une chaînette, qui ne différera pas beaucoup d'une parabole, laquelle se confondra elle-même sensiblement avec un arc de cercle, tracé à égale distance des limites supérieure et inférieure du profil. Les voûtes en arc de cercle très-surbaissées, à extrados parallèle, sont donc dans des conditions de stabilité qu'on ne pourrait attendre des voûtes en anse de panier, qu'en exagérant assez l'étendue de leur section pour avoir la certitude que la courbe des pressions sous l'action du poids des voussoirs, des chapes et des surcharges, ne franchira pas les limites du profil.

Il est vrai que, si l'on passe de la voûte primitive à l'ensemble formé par cette voûte, ses chapes et sa surcharge, il y aura nécessairement déplacement dans la courbe des pressions. Mais si le surbaissement est assez grand et si les surcharges sont à peu près uniformément réparties sur la projection horizontale, les déviations de cette courbe ne seront pas assez sensibles pour qu'elle sorte des limites de la section transversale de la voûte primitive.

Ces considérations peuvent expliquer pourquoi, dans les voûtes en arc de cercle très-surbaissées, on extradosse parallèlement, et pourquoi on réduit de moitié le coefficient de r dans les formules qui donnent l'épaisseur du profil.

Ces formules, pour les voûtes en arc de cercle, dans lesquelles l'angle au centre sous-tendu par l'arc d'intrados dépassera 100°, seront alors :

$$
\begin{aligned}
&\text{Pour les voûtes à l'épreuve} \dots\, & e &= 0{,}50 + 0{,}06.r \\
&\text{—\quad voûtes très-fortes} \dots\, & e &= 0{,}40 + 0{,}04.r \\
&\text{—\quad voûtes fortes} \dots\, & e &= 0{,}30 + 0{,}03.r \\
&\text{—\quad voûtes moyennes} \dots\, & e &= 0{,}20 + 0{,}02.r \\
&\text{—\quad voûtes légères} \dots\, & e &= 0{,}10 + 0{,}01.r
\end{aligned}
$$

Mais, en adoptant un pareil profil, il est indispensable d'empêcher le glissement de la voûte sur ses naissances. Pour obtenir ce résultat, on ne peut plus laisser horizontal le plan d'assise qui sert de base à la voûte; il faut rendre ce plan normal à l'intrados. La construction repose alors sur de fortes pierres dont l'assise inférieure s'abaisse à 0ᵐ10 au-dessous du plan des naissances; ces pierres portent le nom de *coussinets*. Elles tendent à glisser sous l'action de la poussée, force d'autant plus énergique que le surbaissement est plus grand. Pour empêcher ce glissement, on pourra, si le piédroit est

en pierres de taille, rendre les assises solidaires les unes des autres, par un système de ressauts qu'on arrêtera à l'assise qui, sous le poids de la demi-voûte et sous la charge de la partie supérieure du piédroit, ne pourra plus se déplacer par l'effet de la poussée. S étant le poids de la demi-voûte exprimée en mètres cubes de maçonnerie, on obtiendra la distance h, à laquelle cette assise se trouvera au-dessous du niveau des naissances par la relation

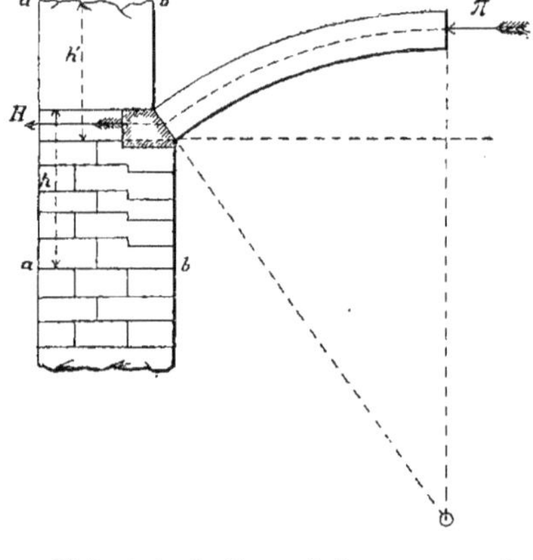

$$(h \times ab + S)\, 0^{\mathrm{m}}70 = \pi,$$

d'où $h = \dfrac{\pi - S \times 0,70}{ab.0,70}$, expression dans

laquelle π est encore exprimé en mètres cubes de maçonnerie, et $0^{\mathrm{m}},70$ représente le coefficient de frottement des maçonneries

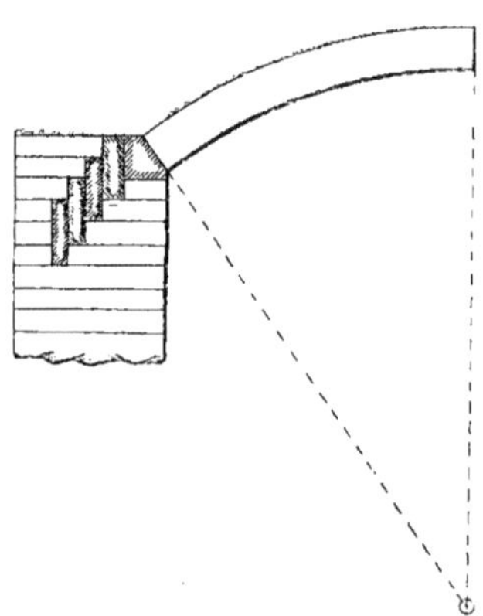

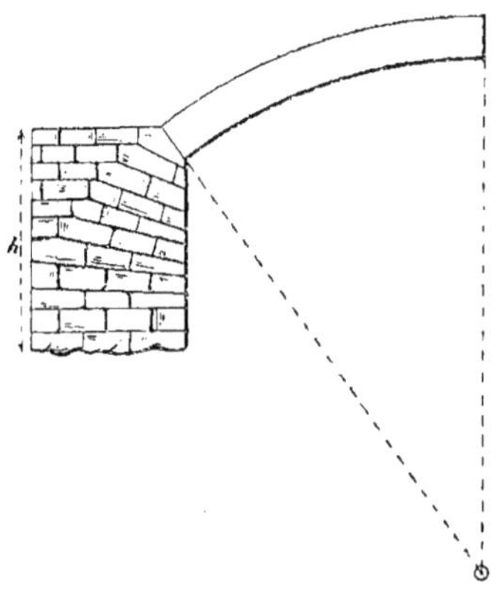

sur elles-mêmes. On arriverait au même résultat en exhaussant, avant le décintrement, le piédroit jusqu'à ce que le poids de la partie supérieure, combiné avec celui de la demi-voûte, s'oppose au glissement. La formule ci-dessus donnera encore la hauteur h' de la surcharge au-dessus des naissances.

On emploie aussi quelquefois, pour de grands surbaissements, un système de pierres disposées en gradins et descendues assez bas pour que le frottement dû au poids de ces pierres et de la maçonnerie en arrière contrebutte la poussée.

Enfin, on peut supprimer les coussinets et redresser les assises du piédroit, de manière à prolonger, en quelque sorte, la voûte au-dessous des naissances, jusqu'à la couche assez chargée pour résister au glissement.

Piédroits des voûtes en arc de cercle. — Pour déterminer les dimensions de ces piédroits, nous pourrions renvoyer aux Tables du commandant Michon ; mais nous allons voir que, dans le cas particulier qui nous occupe, c'est-à-dire, pour des surbaissements sensiblement plus grands que le tiers, on peut obtenir ces dimensions assez simplement et avec une approximation suffisante pour la pratique. Considérons d'abord le cas d'une voûte simple, sans chape ni surcharge. Les quantités qu'il faut connaître, pour fixer l'épaisseur du piédroit dont les parements sont supposés verticaux, sont : la poussée π de la voûte, le poids S de la demi-voûte, et la distance G de cette dernière force au parement intérieur du piédroit.

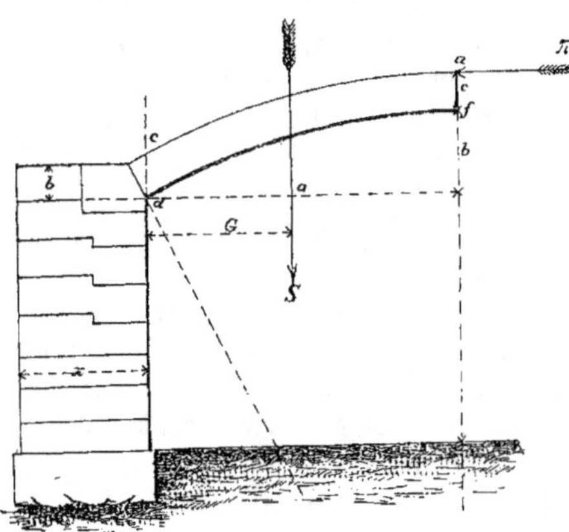

Fig. m.

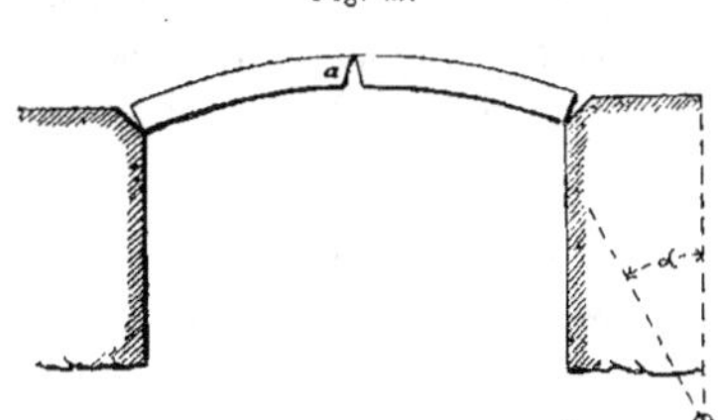

On peut admettre que la voûte est comprise entre le joint du sommet et le plan vertical cd. Le mode de rupture sera celui de la fig. (m), et la poussée sera due au poids de la demi-voûte entière. Cette force appliquée en a résultera de la relation

$$\pi\,(b+c)=SG, \text{ d'où } \pi=\frac{SG}{b+c} \quad (N).$$

On obtiendra la surface S, en multipliant l'épaisseur constante e par la longueur de l'arc df ; cette longueur pourra se calculer au moyen du rayon moyen $r=\frac{a^2+b^2}{2b}$ et de l'angle α, ou bien en mesurant directement le développement de l'arc sur une épure à grande échelle. Quant à G, on pourrait le déterminer à l'aide des polygones funiculaires, comme nous l'expliquerons dans la troisième partie du Cours; mais, sauf à l'exagérer un peu, on prendra G égal à $\frac{1}{2}\,a$ (*). En adoptant cette valeur, on voit que l'équation d'équilibre :

$$\sigma\pi\,(H+b+e) = S\,(G+x) + \frac{H+h}{2}\,x^2$$

devient :

$$\sigma\,\frac{H+b+e}{b+e}\,SG = SG + Sx + \frac{H+h}{2}\,x^2,$$

et que, l'excès de grandeur attribué à G, est multiplié par S dans le deuxième membre, tandis que dans le premier, il l'est par $\sigma\,\dfrac{H+b+c}{b+e}\,S > S$, l'hypothèse $G = \dfrac{a}{2}$ augmentera donc la stabilité et l'on pourra déterminer l'épaisseur du piédroit par la relation :

$$x = -\frac{S}{H+h} + \sqrt{\left(\frac{S}{H+h}\right)^2 - \frac{Sa}{H+h} + \sigma\,\frac{Sa\,(H+b+e)}{(b+e)\,(H+h)}}$$

Nous avons expliqué plus haut pourquoi il était possible, dans le cas des voûtes en plein cintre et en anse de panier, dont le surbaissement ne dépassait pas sensiblement le tiers, de déterminer l'épaisseur du piédroit en se bornant à considérer la voûte primitive, abstraction faite du poids des chapes, qui recouvrent à la fois la voûte et sa culée. Quant aux surcharges, généralement arasées de niveau dans le sens du profil, ainsi qu'on le remarque pour les planchers, les terrasses, les souterrains de la fortification, etc., il est évident qu'elles auront pour effet d'accroître la stabilité. Dans le cas même le plus défavorable des bâtiments chargés de terres, analogues aux magasins à poudre, si les chapes sont tenues dans les conditions d'inclinaison, précédemment prescrites, et si le massif des terres de surcharge se termine à des plans parallèles à ceux des chapes, afin que son épaisseur soit partout la même, on voit que cette surcharge agira comme la chape, et que, par conséquent, comme celle-ci, elle augmentera la stabilité. De sorte que, dans tous les cas, pour les voûtes en question, si la stabilité est assurée pour la voûte primitive et son piédroit, lorsque ce dernier s'arrête à la hauteur des naissances, elle le sera a fortiori dans les voûtes avec chapes ou avec surcharges, lorsque ces chapes et ces surcharges s'étendront à la fois sur la voûte et sur sa culée.

Mais s'il s'agit de voûtes très-surbaissées en arc de cercle, on ne trouve plus, vers la partie inférieure, une portion du profil qui s'oppose à la chute de la voûte et dont la

---

(*) G n'est rigoureusement égal à $\frac{1}{2}\,a$, que dans une plate-bande, voûte dont la poussée serait $\frac{a^2}{2}$. Ce résultat s'obtiendrait en effet, en faisant dans (N), $S=ae$, $G=\frac{a}{2}$, $b=o$; on voit donc que l'hypothèse $G=\frac{a}{2}$ sera d'autant plus admissible, que la voûte sera plus surbaissée.

17

résistance s'accroît notablement par l'addition des chapes ou des surcharges. La demi-voûte entière tend à tomber, en tournant autour de l'arête d'intrados des naissances ; les chapes et les surcharges viennent alors augmenter cette tendance et, par suite, la poussée qui en est la conséquence. On ne peut donc plus se borner à calculer l'épaisseur du piédroit pour le cas de la voûte primitive. Il faut nécessairement considérer de suite la voûte avec son maximum de surcharge, et si le piédroit peut résister à cette voûte surchargée, il résistera à la voûte simplement surmontée de sa chape, et a fortiori, à la voûte primitive.

Prenons pour exemple une voûte extradossée de niveau. Conservons les notations

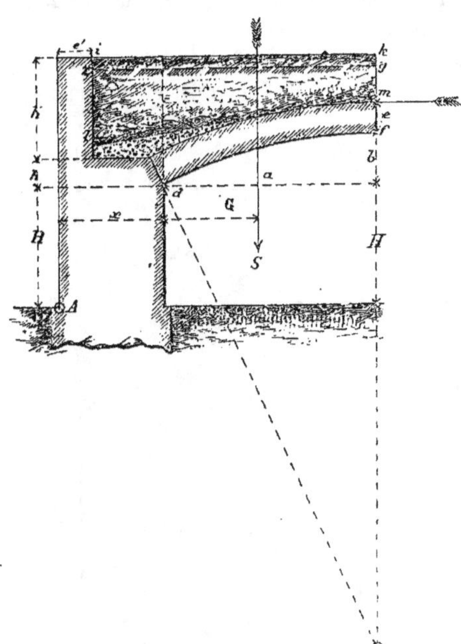

déjà employées, et désignons par h' et e' la hauteur et l'épaisseur du mur qui retient les terres. Soit, en outre M, le moment de la surcharge du piédroit, indépendante du mur d'appui précédent.

Sur une figure à grande échelle, on réduira d'abord le volume des terres en un volume de maçonnerie de même poids. Il suffira pour cela de diminuer, dans le rapport du poids du mètre cube de terre au poids du mètre cube de maçonnerie, les ordonnées qui mesurent l'épaisseur de la surcharge dans les différents points du profil, de sorte que le volume $zlmy$ remplacera le volume $ilmk$.

En prenant les moments, par rapport à l'arête A autour de laquelle le mur tend à tourner, on aura, en désignant par S le profil total $udfy$, l'équation d'équilibre

$$\sigma\pi(H+b+c) = S(G+x) + M + \frac{e'^2 h'}{2} + (H+h)\frac{x^2}{2} \qquad \text{d'où}$$

$$x = -\frac{S}{H+h} + \sqrt{\left(\frac{S}{H+h}\right)^2 - \left(\frac{2SG}{H+h}\right) - \frac{2M}{H+h} - \frac{e'^2 h'}{H+h} + 2\sigma\pi\frac{H+b+c}{H+h}}$$

S, G et π pourraient se déterminer par les moyens qui seront indiqués dans la troisième partie du Cours ; mais il est permis encore de faire, avec une approximation suffisante $G = \dfrac{a}{2}$ et, par suite $\pi = \dfrac{Sa}{2(b+e)}$; quant à S, on le mesurera directement sur la figure. Tout sera donc déterminé, à l'exception de M, dont on tiendra compte, comme on l'a dit plus haut. On prendra d'ailleurs $\sigma = 1,80$.

Voûtes en ogive.

Les voûtes en ogive sont rarement employées dans nos édifices militaires ; c'est sans doute pour ce motif qu'il n'en est pas question dans les ouvrages qui traitent de la construction pratique des voûtes. Nous verrons plus tard que les méthodes déduites de la théorie générale peuvent s'appliquer à ce cas particulier.

Voici, du reste, comment, pour les avant-projets, on pourra fixer les dimensions du profil et des piédroits, sauf à vérifier, au moment de l'exécution, à l'aide d'une épure, si la stabilité n'est pas trop exagérée.

Ayant tracé l'extrados conformément à ce qui a été dit dans la leçon précédente, on prendra pour épaisseur au sommet celle qu'on trouverait pour la voûte en plein cintre de même portée et placée dans les mêmes conditions. Cette épaisseur sera portée en cm dans la direction du rayon d'intrados, passant par le sommet, et l'on aura ainsi un premier point m de l'extrados. Ensuite, on déterminera l'épaisseur e' aux naissances, en prenant :

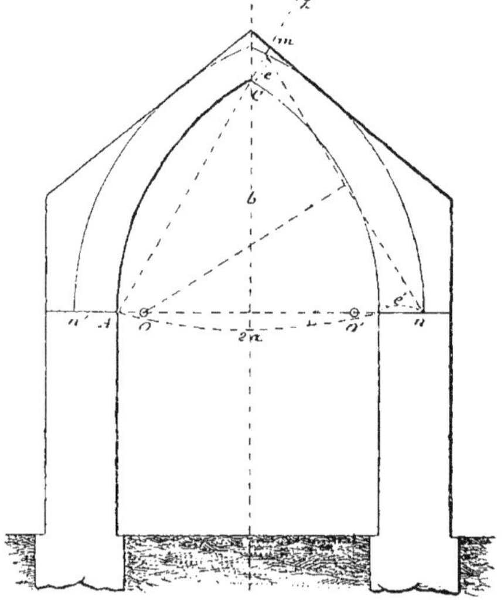

Pour la voûte en tiers-point : $e' = 1,50. e.$

Pour une voûte plus basse que le tiers-point : $e' = 1,60. e.$

Pour une voûte plus surhaussée que le tiers-point : $e' = 1,40. e.$

La longueur obtenue sera portée sur la base à partir de l'intrados, et donnera un deuxième point n de l'extrados, pour lequel on adoptera un arc de cercle, dont le centre sera sur la ligne des naissances. On tracera la corde mn, et la perpendiculaire menée à cette corde par son milieu, viendra couper la droite AB en un point O, qui sera le centre cherché de l'un des arcs d'extrados ; le point O', symétrique du point O, sera le centre de l'arc opposé. Quant à l'épaisseur du piédroit, on pourra la prendre encore égale à celle qu'on trouverait à l'aide des Tables, pour le plein cintre de même portée. Mais la dimension obtenue par ce moyen sera généralement un peu trop forte; aussi, par raison d'économie, devra-t-on, dans le cas d'une construction importante, déterminer, par les procédés plus rigoureux qui seront exposés dans la troisième partie du Cours, l'épaisseur qu'il conviendra d'adopter pour assurer la stabilité sans tomber dans une dépense inutile.

Observations. — Dans les méthodes précédentes, que nous avons cherché à simplifier le plus possible, nous nous sommes occupé des conditions de stabilité, indépendamment de la résistance des matériaux; mais nous ferons remarquer qu'on a tenu compte implicitement de cette résistance dans les conditions qui ont servi de base à l'établissement des formules à l'aide desquelles on calcule l'épaisseur au sommet. De sorte qu'on sera certainement à l'abri de toute chance de rupture par compression, et la résistance à l'écrasement sera même plutôt exagérée qu'insuffisante.

Appareil des voûtes en berceau.

Pour satisfaire aux conditions générales d'appareil qui proscrivent les angles aigus, les coupes ou surfaces suivant lesquelles les voussoirs sont pressés les uns contre les autres devront être dirigées normalement à la surface d'intrados. De même que les assises dans les maçonneries ordinaires, elles seront continues dans le sens de la longueur de la voûte et contiendront une génératrice du cylindre de la douelle.

Les joints latéraux seront, au contraire, discontinus, et, par conséquent, se recouperont d'une rangée de voussoirs à la suivante. Ils seront formés de plans normaux aux génératrices, ou parallèles au plan de la directrice de la surface d'intrados.

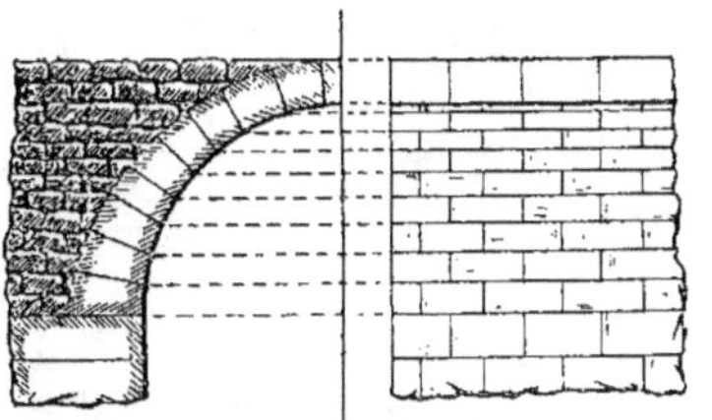

Il suit de là que les lignes de joint apparentes sur la douelle de la voûte seront des lignes de plus grande et de plus petite courbure de cette surface, puisque ce seront des génératrices pour les coupes, et des portions de directrices pour les joints.

Les coupes, ou assises des voussoirs devront être taillées suivant les lits de carrière de la pierre, attendu que les efforts transmis à chaque coupe sont les résultantes de la poussée, agissant horizontalement au sommet de la voûte, et du poids de l'ensemble des voussoirs, compris entre le plan vertical du sommet et l'assise que l'on considère. Ces efforts, sans être exactement normaux aux coupes, vont en s'inclinant à mesure qu'on marche du sommet vers les naissances, et, par conséquent, tendent à presser les voussoirs les uns contre les autres suivant les joints d'assise. L'ensemble des points ou dans le profil, les résultantes successives viennent rencontrer les lignes de coupe, forme, ainsi que nous l'avons déjà dit, ce qu'on appelle la courbe des pressions. Il est évident que, si on fait abstraction de la cohésion des mortiers, il faut, pour qu'une voûte soit stable, que cette courbe reste partout comprise entre les surfaces d'intrados et d'extrados. Cette ligne joue un rôle important dans certaines théories de la stabilité des voûtes, théories dont il sera parlé plus tard.

Ce qui précède s'applique aux voûtes droites, c'est-à-dire, dont l'axe est perpendiculaire aux plans de tête. Mais lorsque l'axe est oblique, relativement à ces plans, ou lorsque les voûtes sont biaises, on est obligé d'avoir recours à des appareils particuliers, dont nous nous dispenserons de parler ici, attendu qu'on n'a presque jamais occasion de les employer dans la construction des bâtiments, et que, d'ailleurs, ils font l'objet d'une épure de stéréotomie exécutée à l'École polytechnique.

Appareil des têtes des voûtes en berceau. — Lorsqu'une voûte débouche dans un mur et ne se prolonge pas au delà du parement extérieur de ce mur, chaque voussoir a une face apparente dans le parement ; nous avons dit que cette face portait le nom de tête du voussoir, et que l'ensemble de ces faces formait ce qu'on appelle la tête de la voûte. Il s'agit de voir comment se fera le raccordement apparent de la voûte et du mur.

Si le mur est formé de pierres de taille disposées en assises réglées, il faut faire en sorte que les coupes divergentes des voussssoirs se raccordent avec les assises horizontales du mur, sans produire d'angles aigus, sans altérer d'une manière sensible l'équidistance des joints horizontaux du mur, et sans donner aux voussoirs des épaisseurs trop différentes ou trop considérables.

Dans les grandes voûtes des ponts, des tunnels et des souterrains, ce n'est, comme nous le verrons dans la quatrième partie du Cours, que par tâtonnements qu'on arrive à un appareil satisfaisant. Il en sera de même pour les voûtes surbaissées ou surhaussées, de faibles dimensions, telles qu'on les emploie dans les bâtiments. On ne peut obtenir un appareil à peu près régulier, en employant des règles précises, que dans les deux cas particuliers suivants, relatifs aux voûtes en plein cintre :

1° Si la voûte est formée de 5 à 7 voussoirs ; sur la ligne des naissances, on prendra, à partir de A, un point o à une distance égale au $\dfrac{1}{6}$ du rayon d'intrados ;

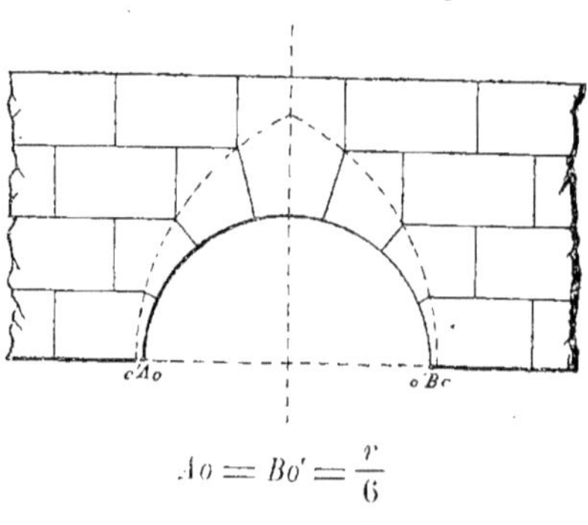

$$Ao = Bo' = \frac{r}{6}$$

$$Bc = Ac' = \frac{r}{12}$$

puis au delà du point B, un point c, distant du précédent d'une quantité égale à $\frac{r}{12}$;
puis du centre o, avec oc pour rayon, on décrira un arc de cercle ; un second arc de cercle, symétrique du premier, sera décrit du point o' avec un rayon $o'c'=oc$. Ces deux
arcs se couperont sur la verticale du sommet et formeront une ogive jusqu'à laquelle
on prolongera les différentes coupes. Les points de rencontre fixeront la position des
assises horizontales du mur.

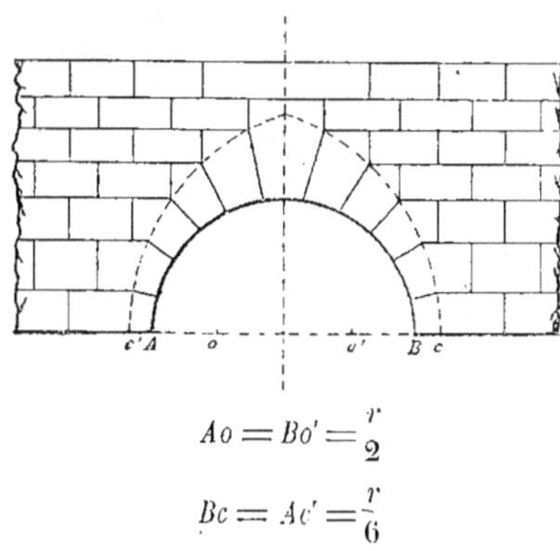

$$Ao = Bo' = \frac{r}{2}$$

$$Bc = Ac' = \frac{r}{6}$$

2° Pour 9, 11, 13 ou 15 voussoirs, on
prendra $Ao = \frac{r}{2}$ et $Bc = \frac{r}{6}$, et l'on opèrera
d'ailleurs comme précédemment. Dans ces
deux tracés, la hauteur des assises va en
décroissant régulièrement des naissances
vers le sommet, tandis que l'épaisseur des
voussoirs mesurée sur l'intrados reste
constante. Lorsqu'on opèrera par tâtonnement, on pourra conserver l'égalité des
assises, en faisant varier l'épaisseur des
voussoirs, ou bien réciproquement faire
varier la hauteur des assises, en conservant l'égalité d'épaisseur des voussoirs ;
enfin, altérer à la fois l'égalité d'épaisseur des assises et des voussoirs, en cherchant,
dans tous les cas, à rendre, autant que possible, ces altérations inappréciables à la
vue.

Retombée des voussoirs. — Afin de donner aux voussoirs une longueur
suffisante, on est obligé de prolonger ceux qui avoisinent les naissances, dans la direction de l'assise horizontale, avec laquelle ils se raccordent. Ce prolongement est ce
qu'on appelle la *retombée du voussoir*. Cette retombée a l'inconvénient de composer la
coupe de deux plans, disposition qui rend plus difficile le contact de deux voussoirs
consécutifs, et peut occasionner la rupture du voussoir supérieur dans l'angle formé
par les deux parties de son joint. Pour prévenir cet accident, on devra faire les retom-
bées aussi courtes que possible, et même les supprimer à partir et au-dessus des reins ;
car au delà de ce point, l'angle des deux plans de la coupe va en diminuant à
mesure qu'on se rapproche du sommet, et la rupture devient de plus en plus à
craindre.

Cas où la voûte débouche dans un mur en moellons. — Quand le
mur dans lequel débouche la voûte est construit en moellons, on ne se donne pas

toujours la peine de faire les raccordements précédents. On se contente même, le plus souvent, de laisser les assises en moellons piqués ou smillés rencontrer, sous des angles aigus, les voussoirs qui forment la tête de la voûte ; ces voussoirs peuvent être alternativement longs et courts, ou former un bandeau continu, en s'arrêtant à une courbe d'extrados parallèle, ou en arc.

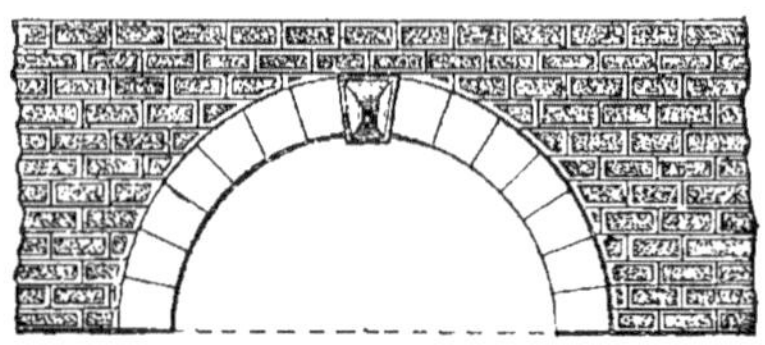

Tête de voûte
dans un mur en moellons piqués.

Pour la solidité de la construction, il sera convenable d'éviter, autant que possible, ces angles aigus : on pourra le faire en taillant la queue des voussoirs suivant des plans verticaux et horizontaux, à partir de la courbe d'extrados. Si l'on veut avoir un bandeau continu, la même disposition pourra s'employer, en refouillant à la pointe ce qui dépasse la limite du bandeau, et en faisant arriver le crépi général sur les parties refouil-

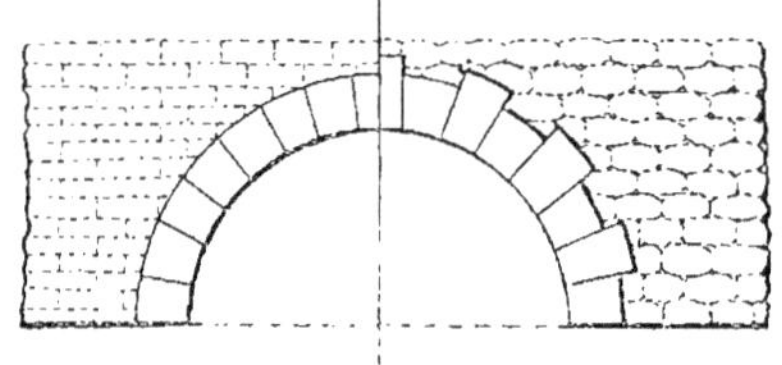

Tête de voûte
dans un mur en moellons, recouvert
d'un crépi en mortier.

lées. Le bandeau pourra d'ailleurs être mis en saillie, cette dernière disposition n'aura d'autre inconvénient que d'exiger un refouillement plus considérable.

CONSTRUCTION DES VOUTES EN BERCEAU

Les matériaux en usage pour la construction des voûtes sont très-variés. On emploie les moellons ou pendants bruts, les briques ordinaires et les pierres de taille. Depuis quelques années le béton commence à être utilisé pour les voûtes fortes et les voûtes moyennes. Enfin, pour les voûtes légères, on se sert de briques ordinaires, posées de plat et reliés par du plâtre, de poteries et de briques creuses, maçonnées en plâtre et consolidées par des barres de fer. Nous allons examiner ce qui concerne l'établissement de ces différents genres de construction pour les voûtes cylindriques. Les mêmes matériaux, les mêmes procédés d'exécution conviendront d'ailleurs aux autres systèmes de voûte dont il sera question dans la prochaine leçon.

Voûtes en moellons.

Pendants. -- Les pendants doivent, autant que possible, avoir une forme régulière ; ils doivent être plats, longs et légèrement démaigris vers la douelle.

Couchis. — Les matériaux ne peuvent se soutenir d'eux-mêmes qu'après l'achèvement de la voûte, il faut nécessairement les supporter pendant la construction. On emploie pour cela, un plancher courbé suivant la forme de l'intrados. On donne à ce plancher le nom de *couchis*. Il est formé de planches jointives de 0ᵐ04 à 0ᵐ05 d'épaisseur, disposées parallèlement à l'axe ou aux génératrices du cylindre d'intrados.

Profil.

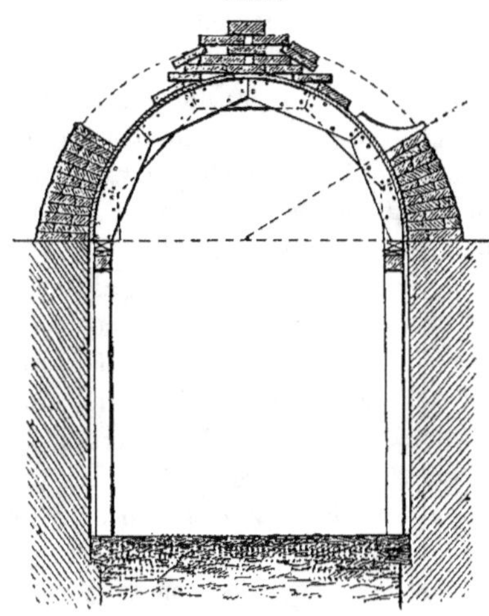

Plan.

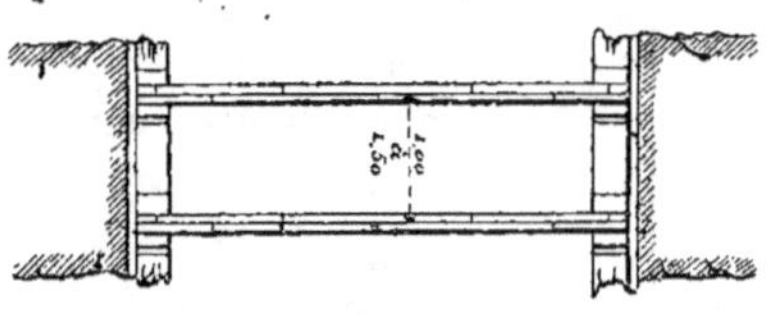

Coupe longitudinale.

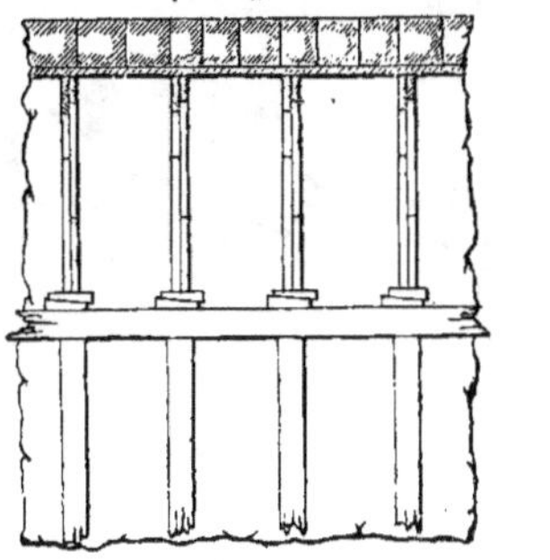

Cintres.— Le couchis repose sur des supports placés de distance en distance, auxquels on donne le nom de *cintres*. Ce sont des systèmes de charpente, disposés dans des plans normaux aux génératrices et reposant sur des points très-solides. Pour les grandes voûtes, comme celles des ponts, par exemple, les cintres exigent des dispositions souvent compliquées, que nous indiquerons dans la quatrième partie du Cours ; mais quand il s'agit des faibles portées qu'on rencontre dans les bâtiments, (5 à 6 mètres), on peut les composer simplement de madriers, de 0ᵐ05 d'épaisseur, cloués les uns sur les autres et taillés ensuite à leur partie convexe, suivant la forme de l'intrados (en tenant compte toutefois de l'épaisseur du couchis).

Pour que ces cintres présentent une rigidité suffisante, on les compose de deux ou trois épaisseurs de madriers. Dans chaque couche, les madriers se touchent bout à bout, suivant un joint plan et dirigé normalement à la douelle. Ces joints se recroisent d'une couche à la suivante. Des clous ou de longues pointes, traversant les différentes couches, suffisent pour assurer l'invariabilité de figure.

L'espacement des cintres dépend de leur force, de la charge qu'ils ont à supporter, et varie ordinairement de 1 mètre à 1^m50. Pour ces espacements l'épaisseur du couchis sera 0^m04 à 0^m05.

Les cintres reposent, par l'intermédiaire de coins jumelés, sur un chapeau horizontal porté par des poteaux reposant solidement sur le sol ou sur des points fixes. Cette disposition, et particulièrement les coins jumelés, ont pour but de faciliter l'enlèvement de la charpente, ou ce que l'on appelle le *décintrement*.

Les cintres et les couchis mis en place, on commence la construction de la voûte par les naissances, en l'élevant symétriquement, pour éviter le déversement des charpentes. On procède par assises longitudinales, parallèles à l'axe des cylindres, dont la direction est donnée par des cordeaux tendus d'une tête de voûte à l'autre. Chaque pendant se place normalement à la surface d'intrados ou à celle des couchis, et sa position est vérifiée au moyen d'une espèce d'équerre, dont une des branches est taillée suivant la courbe directrice de la douelle et dont l'autre est dirigée suivant la normale à cette courbe. C'est par une quantité de mortier, plus ou moins considérable, interposée dans le joint, que le maçon assure la position du moellon, qu'il serre d'ailleurs fortement contre l'assise précédente, en le frappant avec un maillet en bois. Lorsque les pendants ne forment pas toute l'épaisseur de la voûte, on en place plusieurs les uns au-dessus des autres, et alors, dans une même assise, ils font boutisse et panneresse relativement à la douelle.

Quand une assise est terminée, on construit l'assise suivante de la même manière, en ayant seulement l'attention de recroiser les joints.

Lorsque la maçonnerie commence à dépasser les reins, il faut charger la partie supérieure du couchis, pour l'empêcher de remonter sous l'action des pressions latérales. Ce chargement se fait avec les matériaux qui doivent servir à confectionner le reste de la voûte.

Fermeture de la voûte. — On arrête la construction près du sommet de façon à se ménager un vide qu'on remplit ensuite au moyen de trois épaisseurs de pendants, et l'on a soin de supprimer le couchis dans cette partie. Les pendants placés au sommet même de la voûte, et qui servent à la fermer, s'appellent *clefs*, et les deux rangs adjacents prennent le nom de *contre-clefs*.

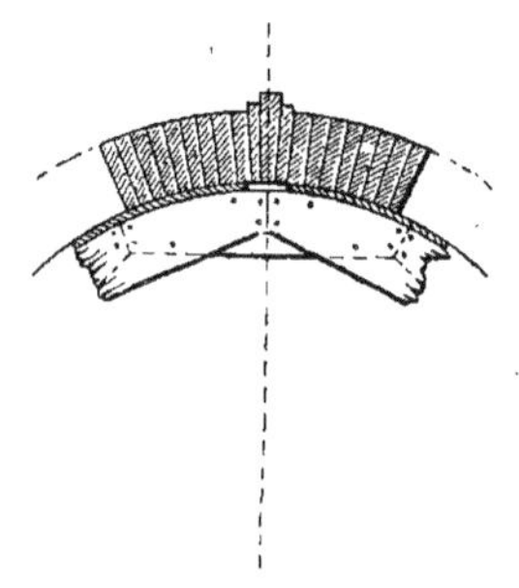

Les clefs et les contre-clefs s'enfoncent avec une dame en bois, en frappant à petits coups et avec précaution ; car un choc trop violent pourrait amener la dislocation de la voûte ou le renversement des piédroits.

Époque du décintrement. — Lorsqu'on emploie des moellons, il convient

de mener la construction aussi rapidement que possible, et d'opérer le décintrement
dès que la voûte est fermée, attendu que les joints sont nombreux et garnis d'une
couche de mortier assez épaisse, et qu'après le décintrement il doit s'opérer un tassement sensible, tassement qui, si l'on attendait la prise du mortier, produirait nécessairement des lézardes, ou des fissures dans les joints du sommet vers l'intrados, et dans
les joints des reins vers l'extrados, ainsi que le prouve l'expérience pour les voûtes les
plus usuelles, c'est-à-dire, le plein cintre et les voûtes surbaissées. Si l'on décintre au
contraire avant la prise des mortiers, des mouvements, plus sensibles que dans le cas
précédent, se produiront; mais le mortier encore frais refluera des parties où il est fortement comprimé vers celles qui tendent à s'ouvrir; l'équilibre s'établira dans la masse,
le mortier durcira, tous les joints resteront entièrement garnis et aucune fissure ne se
manifestera dans la voûte.

Précautions à prendre pendant le décintrement. — 1° *Il faudra opérer lentement;* car si la voûte se trouvait brusquement privée de l'appui du couchis, le
tassement se produirait subitement; toute la masse entrerait en mouvement et la force
vive dont elle serait animée pourrait être assez considérable pour entraîner la chute de
la voûte et même le renversement des piédroits.

2° *Le décintrement devra être simultané;* c'est-à-dire que l'on devra abaisser tous
les cintres en même temps et de la même quantité; sans cela la partie décintrée se
séparerait de la partie soutenue, et il se produirait une lézarde, transversalement à l'axe
de la voûte.

Pour opérer avec les précautions indiquées ci-dessus, on fait, comme nous l'avons
dit, reposer les cintres sur des coins jumelés, dont les faces inclinées glissent l'une sur
l'autre; tandis que la face horizontale, en contact avec le cintre, descend en restant de
niveau, lorsqu'un ouvrier vient avec un marteau frapper à petits coups sur la pointe
du coin inférieur. Il peut être quelquefois prudent d'enfoncer, dans le support horizontal, une broche à une certaine distance de la tête du coin inférieur, pour empêcher
ce coin de s'échapper subitement dans le cas où un ouvrier maladroit viendrait à frapper trop brusquement; mais généralement cette précaution sera superflue, attendu que
malgré le savon dont on enduit leurs faces de contact, on a souvent beaucoup de peine
à faire glisser les coins.

On placera un ouvrier à chaque couple de coins; on desserrera d'abord d'une très-
petite quantité, et l'on répétera l'opération d'heure en heure, jusqu'à ce qu'on s'aper-
çoive que la voûte ne porte plus sur le couchis. On pourra dès lors considérer le décintrement comme terminé, et démonter la charpente pour l'utiliser, s'il y a lieu, sur un
autre point de la construction (*).

(*) Ce procédé de décintrement suffira pour les voûtes des bâtiments; mais pour des cons-

Observation. — Ce qui précède nous montre qu'il est convenable de ne pas prendre des pendants trop minces, pour ne pas trop multiplier les joints et ne pas exagérer les causes de tassement. Cette épaisseur ne devra pas être au-dessous de 5 centimètres; on la choisira autant que possible de 0ᵐ07 à 0ᵐ12. Il faudra aussi employer du mortier de bonne qualité et d'autant meilleur que les matériaux seront plus petits.

Parement inférieur de la voûte. — Dans les voûtes en pendants bruts, la douelle doit-être recouverte d'un enduit; lorsqu'on n'a pas besoin d'une très-grande régularité, on se contente d'étendre du mortier sur le couchis, au moment où l'on pose les voussoirs, et le crépi se trouve fait en même temps que la voûte. Cet enduit présente beaucoup de solidité; mais pour qu'il soit bien uni, il faut dresser le couchis avec soin. Ce procédé s'emploie ordinairement pour les voûtes de cave.

Lorsque le parement doit être très-régulier, on ne fait l'enduit qu'après coup, comme pour les murs ordinaires.

Dans ce cas, il faut éviter de mettre du mortier entre le couchis et la douelle des pendants.

On construit maintenant beaucoup de voûtes en moellons bruts, avec douelle en moellons smillés ou piqués. L'exécution de ces voûtes ne présente rien de particulier; seulement, pour assurer la liaison du parement avec le corps de la voûte, il faut que les pendants bruts présentent à peu près la même épaisseur que ceux de la douelle;

s'ils étaient plus minces, il faudrait, ou bien serrer fortement leurs joints, ou bien augmenter un peu l'épaisseur de la couche de mortier interposée entre les moellons taillés, afin de rendre le tassement sensiblement le même, dans les deux genres de maçonnerie.

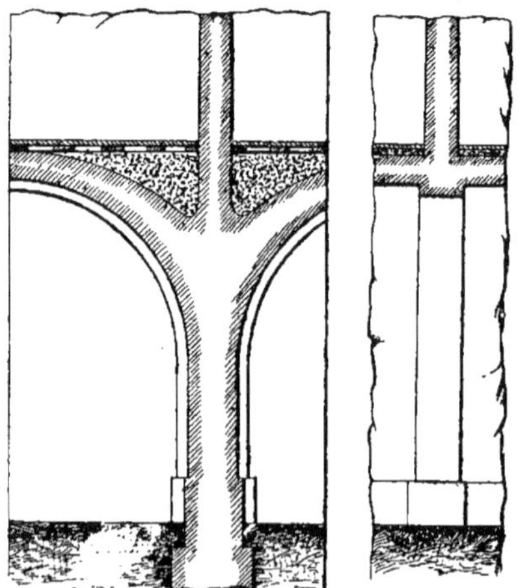

Après le décintrement on exécute sur le parement en moellons taillés, un rejointoiement en bon mortier hydraulique.

Partie supérieure des voûtes. — Les constructions dont on surmonte les voûtes, ne doivent être entreprises qu'après le tassement complet de la maçonnerie. On doit, autant que possible, en répartir la charge uniformément sur

tructions plus considérables, telles que ponts, tunnels, etc., on emploiera pour le décintrement d'autres moyens, qui seront indiqués dans la quatrième partie du Cours.

le profil, et si ce sont des murs, il convient de les disposer perpendiculairement aux génératrices du cylindre d'intrados. Placés obliquement ou parallèlement à l'axe de la voûte, ils auraient évidemment pour effet de charger quelques voussoirs plus que les autres, et si leur poids était très-considérable, ils pourraient rompre l'équilibre de la voûte. Lors même qu'ils sont parallèles à la directrice du berceau cylindrique, il est convenable, si la voûte n'est pas très-solide, de la renforcer au-dessous et à l'aplomb du mur qu'elle supporte. Pour cela, on augmente son épaisseur à l'aide d'une saillie, apparente sur la douelle et que l'on prolonge aussi sur les piédroits. On donne à cette partie renforcée, le nom d'*arc doubleau*. Lorsque la charge à porter est très-grande, on fait ces arcs en pierre de taille, ainsi que leur retombée, formant saillie sur les piédroits, et l'on en tire parti pour l'ornementation.

Chapes. — Lorsque les voûtes sont exposées à l'action des eaux pluviales; lors-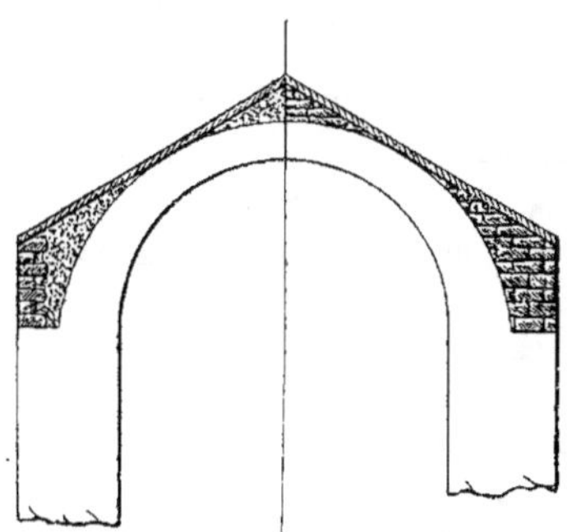que, par exemple, elles portent une terrasse ou des massifs de terre, dans lesquels l'eau peut s'infiltrer, il est indispensable, pour la conservation des maçonneries, de les protéger par une disposition particulière des parties supérieures de la voûte. Pour cela, lorsque le tassement s'est produit, on établit en maçonnerie ordinaire de moellons bruts, ou en béton, un remplissage dont la surface extérieure est dressée suivant des plans ou des surfaces inclinées qui rejettent les eaux pluviales en dehors de la construction, comme pourraient le faire les pans du toit d'un bâtiment, ou bien les conduisent vers certains canaux d'écoulement préparés à l'avance, soit pour recueillir ces eaux et les utiliser, soit pour s'en débarrasser, en les dirigeant vers quelques bassins naturels. Ces constructions portent le nom de *chapes*.

La disposition des chapes varie avec la nature de l'ouvrage, avec sa destination et les circonstances locales dans lesquelles il est placé. Dans la deuxième et la quatrième partie du Cours, nous donnerons les indications sur les meilleures dispositions à prendre. Ici, nous n'avons à nous occuper que de leur exécution.

Au-dessus de l'extrados, on établira la maçonnerie de remplissage, en la reliant solidement aux voussoirs de la voûte primitive, et on l'élèvera jusqu'à 6 ou 7 centimètres de la surface extérieure des chapes, en la dressant comme on le ferait pour le parement d'un mur. On achèvera d'en régler les formes avec un crépi en mortier ordinaire. Il ne restera plus qu'à appliquer sur cette construction un enduit hydrofuge en ciment calcaire, ou en mastic bitumeux, qu'on exécutera avec le plus grand soin et en se conformant aux principes énoncés dans la troisième leçon.

Si l'ouvrage était entièrement enterré, comme cela se présente pour les passages souterrains, il faudrait non-seulement protéger la voûte, mais encore les piédroits contre l'action des eaux d'infiltration. On devrait alors prolonger l'enduit des chapes sur le parement extérieur des piédroits, en employant pour ces derniers des dispositions analogues à celles que nous avons recommandées pour les murs de soutènement. — Ce qui précède s'applique à tous les genres de voûtes.

Voûtes en briques.

Dans la construction des voûtes en briques, on emploie pour le cintrement et le décintrement, les mêmes dispositions et les mêmes précautions que pour les voûtes en pendants bruts. Quant à l'exécution de la maçonnerie, elle varie avec l'épaisseur adoptée.

Voûtes minces. — Lorsque la voûte a une mince épaisseur, c'est-à-dire, une brique ou une brique et demie, on place le petit côté en parement, en ayant soin de recroiser les joints, d'une assise à la précédente. On place les briques normalement à la douelle, en mettant simplement dans les joints un peu plus de mortier vers l'extrados que vers l'intrados.

Voûtes épaisses. — Si l'épaisseur de la voûte est plus considérable et dépasse deux épaisseurs de briques, on ne peut plus opérer comme précédemment, et l'on emploie l'une ou l'autre des deux méthodes suivantes :

Première méthode. — *Construction par rouleaux successifs.* — On établit sur le cintre une première voûte d'une brique d'épaisseur ou un premier rouleau, que l'on construit comme ci-dessus. Ce premier rouleau construit sert de cintre pour une deuxième voûte semblable à la précédente, et l'on continue la construction par zones successives d'une brique ou d'une demi-brique pour la dernière, jusqu'à ce qu'on ait atteint l'épaisseur à donner à la voûte.

Ce procédé, très-simple au premier abord, exige cependant de grandes précautions et des ouvriers habiles. On doit remarquer, en effet, qu'il est difficile d'obtenir la simultanéité de résistance de la part de tous les rouleaux ; car si par le tassement ils se sé-

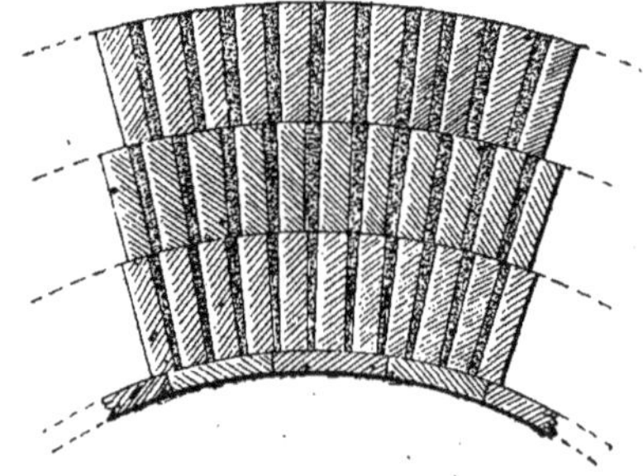

parent, la couche la moins affaissée portera seule, non-seulement le poids des surcharges déposées sur la voûte, mais encore une partie du poids des couches situées au-dessus d'elle.

Il peut arriver alors qu'une seule couche ne puisse pas supporter une pression qui devrait être soutenue par l'ensemble des rouleaux, et si elle venait à se rompre, le mouvement brusque produit, et la force vive acquise provoqueraient presque infailliblement la rupture successive des autres parties de la voûte. Pour éviter la séparation par tassement des différentes zones, on ouvre les joints de plus en plus, à mesure qu'on s'éloigne de l'intrados, mais il faut le faire par degrés peu sensibles, autrement tout le poids de la voûte et des surcharges se reporterait sur le rouleau de la douelle. On voit, d'après cela, combien ce mode de construction demande de soins et d'habitude de la part des ouvriers.

Cette méthode a l'avantage de n'exiger qu'une seule forme de briques et, sous ce rapport, elle est simple et économique; dans la méthode suivante, on est forcé d'employer plusieurs échantillons, mais l'exécution est plus facile, les matériaux sont mieux reliés, et l'on obtient l'unité de résistance dans l'ensemble de la voûte.

Deuxième méthode. — Dans cette deuxième méthode, on construit de suite la voûte sur toute son épaisseur, en la formant d'assises parallèles, à partir des naissances. Lorsqu'on a posé un certain nombre d'assises, trois ou quatre, cinq au plus, la direction du plan de joint s'éloigne sensiblement de la normale à l'intrados, on rectifie cette direction à l'aide de briques moulées en coin. Il suffit généralement de deux ou trois échantillons, quatre au plus, pour opérer le changement de direction du plan d'assise et permettre le recroisement des joints des différentes couches de briques. Comme ces échantillons auront des formes tout à fait spéciales à la position qu'ils doivent occuper, il sera facile aux maçons de les reconnaître.

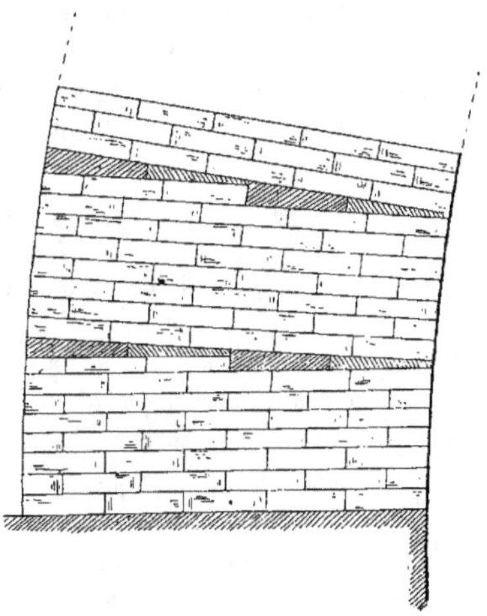

Lorsqu'on aura, au moyen de briques en coin, ramené le plan d'assise à être normal à la douelle, on posera une nouvelle série de couches parallèles, jusqu'à ce qu'il devienne nécessaire de rectifier la direction du joint, et ainsi de suite. On voit que, par ce procédé de construction, la voûte se trouve, en quelque sorte, formée d'une suite de voussoirs limités à leur partie supérieure par l'assise de briques en coin.

La fermeture de la voûte, très-simple lorsque l'épaisseur au sommet est peu considérable et ne dépasse pas la longueur des briques ou des moellons, exige, dans le cas contraire, quelques précautions que nous allons indiquer :

Après avoir conduit la voûte jusqu'à ce que, vers l'intrados, il ne reste plus que trois ou quatre épaisseurs de brique, on achève la construction, en procédant par par rouleaux successifs, et en mettant le plus grand soin à serrer également ces rouleaux contre les deux parements auxquels on s'est arrêté. Pour la partie inférieure, on pourra enfoncer facilement la clef et opérer comme pour une voûte mince ; mais pour les rouleaux suivants on ne peut plus agir de la même manière, sous peine de chasser les briques de l'assise inférieure. On appuie alors sur le rouleau déjà posé la clef et et les contre-clefs choisies d'épaisseur convenable, et on achève de serrer en enfonçant dans le mortier qui garnit les joints des morceaux de tuiles plates ou d'ardoises. On doit, évidemment, en agir de même pour une voûte en pendants bruts, lorsque l'épaisseur à la clef dépasse la longueur des pierres.

Quant au parement de douelle, on pourra le recouvrir d'un enduit, comme nous l'avons expliqué pour les voûtes en moellons bruts ; mais, généralement, on préfère un rejointoiement qu'on exécute après le tassement complet de la construction.

Briques en forme de voussoir. — On pourrait n'employer, pour la construction des voûtes, que des briques moulées en forme de voussoirs ; mais pour peu que l'épaisseur devienne considérable, il faudrait un grand nombre d'échantillons, et, pour ne pas les confondre, prendre des précautions auxquelles les maçons s'assujettiraient difficilement et qui, dans tous les cas, exigeraient des tâtonnements et des pertes de temps. Cette manière d'exécuter les voûtes serait plus dispendieuse que les méthodes précédemment exposées, mais il est évident qu'elle serait plus avantageuse sous le rapport de la solidité.

Voûtes en pierre de taille.

Les voûtes en pierre de taille exigent des cintres plus résistants et plus rigides que les voûtes précédentes. On pourra, néanmoins, lorsque la portée ne dépassera pas cinq à six mètres, les faire encore en madriers, en employant trois épaisseurs de planches.

Le couchis sera à claire-voie et formé de pièces de bois équarries de 10 centimètres de côté. On en placera une sous chaque voussoir et à 2 ou 3 centimètres de la douelle, de sorte que l'ouvrier pourra vérifier la position de chaque pierre, et, au moyen de cales, en

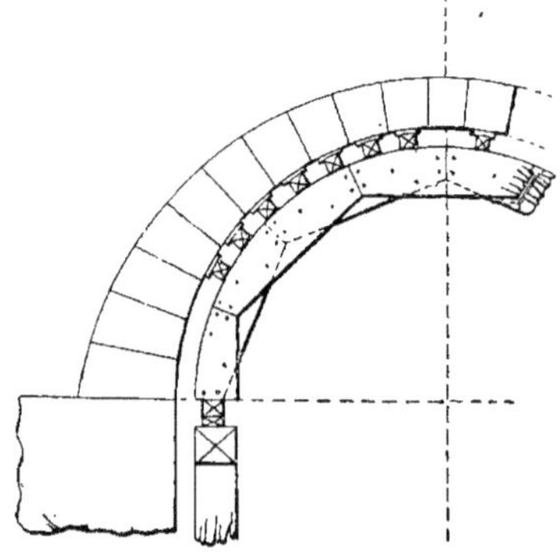

amener le parement dans la surface générale de la douelle de la voûte, sauf à ragréer, après coup, la partie qui viendrait à dépasser le cylindre d'intrados.

On devra, d'ailleurs, prendre dans la construction toutes les précautions prescrites plus haut pour l'exécution de la maçonnerie de pierre de taille. On emploiera de préférence la pose à la louve.

Décintrement. — Il existe dans les voûtes en pierre de taille beaucoup moins de joints que dans les voûtes en moellons et en briques; de plus, l'épaisseur de la couche de mortier, interposée entre les coupes est aussi beaucoup moins grande, le tassement sera donc beaucoup plus faible, et les déformations, suite du tassement, moins à craindre. Il n'est donc plus aussi nécessaire de hâter le décintrement. Il sera bon, néanmoins, de le faire immédiatement après la fermeture de la voûte; mais il n'y aurait pas grand inconvénient à le différer jusqu'après la prise du mortier.

On devra, d'ailleurs, conduire l'opération avec les précautions prescrites pour les voûtes en moellons.

<h3 style="text-align:center">Voûtes légères en briques.</h3>

Ces voûtes s'emploient pour former le plancher des maisons d'habitation, pour recouvrir des pièces très-élevées et former des terrasses. Enfin, dans ces derniers temps, M. l'architecte Lebrun, a eu l'idée de les faire servir au cintrement des voûtes fortes en béton.

Ces voûtes sont principalement employées dans le midi de la France, en Provence, dans le Languedoc et le Roussillon; mais leur usage commence à se répandre dans les autres parties du pays.

Elles se construisent en briques de bonne qualité, posées de plat et reliées entre elles avec du plâtre ou du ciment à prise rapide. Lorsqu'on n'a pas à craindre d'humidité, on emploie le plâtre; dans le cas contraire, on doit prendre du ciment.

Les dimensions des briques varient avec l'importance et la courbure de la voûte. Pour de faibles portées et des courbures prononcées, on pourra employer une seule couche de briques ordinaires de 0,055 d'épaisseur, 0,11 de largeur et 0,22 de longueur. Dans le Roussillon, on fait usage de briques plus minces; elles ont 0,027 d'épaisseur, 0,135 de largeur et 0,27 de longueur. On en prend deux épaisseurs pour les voûtes des planchers, et une seule pour celles qui n'ont que leur propre poids à porter.

Pour des voûtes plus considérables, dont les courbures d'intrados seront faibles, on pourra augmenter les dimensions des briques, et, pour une épaisseur de 5 à 6 centimètres, leur donner 0,20 de largeur et 0,40 de longueur.

Construction de la voûte. — Lorsqu'on n'aura à sa disposition que des ou-

vriers peu exercés à ce genre de travail, il sera
prudent d'établir un cintrement léger en planches,
avec couchis en voliges ; mais ordinairement, dans
les localités où ces voûtes sont en usage, on se
contente d'un certain nombre de cintres directeurs,
normaux aux génératrices, espacés à 2 ou 3 mètres, quelquefois 4, entre lesquels on tend des cordeaux ou des lattes pour aligner les briques, dont
on place le long côté dans le sens des génératrices du cylindre d'intrados.

Pour la première rangée de briques, près des
naissances, on se ménage, dans le piédroit, une
rainure de 0,10 de profondeur, dans laquelle on
fixe, avec du plâtre ou du ciment, les briques par
leur long côté, puis, sur le premier cintre directeur, on construit une zone complète de la voûte,
en ayant soin de poser alternativement une brique et une demi-brique pour former une
série de retraites, dans lesquelles les briques suivantes viennent s'engager par la moitié de leur longueur. On construit ainsi la voûte, en partant d'une de ses extrémités et
en cheminant dans le sens de la longueur.

On pourrait aller plus vite en amorçant la voûte en plusieurs points à la fois, en
établissant, par exemple, au-dessus de
chaque cintre directeur, une zone complète, formée alternativement de une et de
deux briques, et pour remplir les intervalles, on pourrait partir des amorces pour
venir se raccorder au milieu de la distance
des cintres, ou bien partir des naissances
pour venir fermer la voûte vers son sommet. En suivant ce procédé, il faut prendre quelques précautions dans la disposition des briques des amorces, afin que les
raccordements se fassent sans difficulté et
sans qu'on soit forcé de couper les briques. Il sera rarement nécessaire d'entreprendre
la voûte sur autant de points à la fois, à moins que l'on soit pressé et que le travail
présente un grand développement. Quel que soit le mode suivi, on comprend aisément
que la construction doive se faire avec une grande rapidité, et, qu'avec du plâtre ou du
ciment de bonne qualité, des ouvriers exercés puissent, dans tous les cas, se contenter
de cintres directeurs.

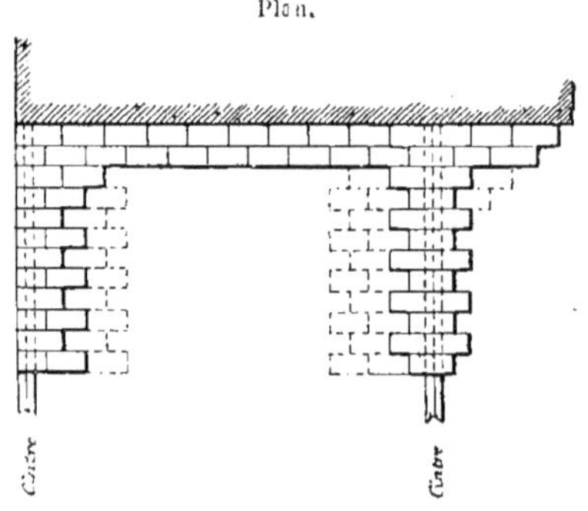

Dans l'exécution, chaque brique, bien abreuvée et garnie de plâtre sur sa tranche, vient se souder par la moitié de son pourtour à la partie déjà construite, contre laquelle on la serre fortement. Si l'on construit par redans, la soudure se fait presque instantanément. Si la brique est mise en contact seulement par un grand et un petit côté contigus, il faut la tenir en place un instant qui ne dépasse pas le temps nécessaire pour préparer la brique suivante. Un maçon et un aide composent chaque atelier. Pour conserver au plâtre ou au ciment toute leur force, et n'en point perdre, on ne gâche, à la fois, que la quantité nécessaire à la pose de deux briques.

Lorsque la voûte doit être composée de plusieurs couches, il est convenable, si l'on n'est pas pressé, de n'entreprendre une zone qu'après l'achèvement de la précédente. Il faut, d'ailleurs, avoir soin de recroiser les joints en tous sens, d'une couche à la suivante, de bien garnir les joints et de tacher d'obtenir une épaisseur uniforme.

Lorsque ces voûtes sont construites avec soin et en employant de bons matériaux, l'expérience prouve qu'elles forment un véritable monolithe. Ainsi, un corps lourd tombant d'une grande hauteur, les traverse sans y produire d'autres dégats que le trou nécessaire à son passage.

Des expériences faites, en 1834, à Vassy (Haute-Marne), sur une voûte formée de deux épaisseurs de briques, reliées par du ciment et présentant une épaisseur totale de 0,12 pour une portée de 9 mètres et un surbaissement compris entre $\frac{1}{4}$ et $\frac{1}{3}$, ont montré qu'on pouvait, sans produire le moindre affaissement, faire porter 3,029 kilog. par mètre carré. En se basant sur ce résultat et sur ses expériences personnelles, M. Lebrun conseille, lorsqu'on emploie ces voûtes comme cintres, de prendre les épaisseurs suivantes (en supposant des briques de 0,055 d'épaisseur) :

Pour des voûtes de	1 à 8 mètres d'ouverture.		2 assises.
Idem.	de 8 à 12	Idem.	3 assises.
Idem.	de 12 à 18	Idem.	4 assises.
Idem.	de 18 à 25	Idem.	5 assises.

On conçoit, d'après cela, que pour des planchers dont les charges atteignent rarement 500 kilog. par mètre carré, on pourrait, pour les portées moyennes de 5 à 6 mètres, se contenter d'une seule épaisseur. Mais en raison des malfaçons, il sera prudent de prendre deux couches, afin que la deuxième corrige les imperfections qui pourraient se trouver dans la première.

Lorsque ces voûtes doivent porter les planchers d'un bâtiment, il faut nécessairement établir un sol de niveau au-dessus de l'extrados. On pourrait, à la rigueur et sans compromettre la solidité de la voûte, en araser le sommet avec un remblai en sable ou en décombres; mais cette surcharge produirait des poussées assez considérables contre les piédroits, et l'on préfère adopter la disposition suivante :

On commence par garnir l'extrados vers les naissances, avec du plâtre, dans lequel on enfonce de petits morceaux de briques ou de tuiles. Ce remplissage s'élève de 0,20 à 0,30 le long du piédroit et vient se raccorder avec l'extrados. Sur la voûte et perpendiculairement à ses génératrices, on élève ensuite une série de petits piédroits ou de petites cloisons faites en briques de plat et espacées de 0^m50 à 1^m50, entre lesquelles on jette de petites voûtes, ou voûtains, de 0^m20 à 0^m30 de flèche, formés d'une seule couche de briques, et s'élevant à la hauteur du sommet de l'extrados de la voûte principale. On établit aussi quelquefois des *contre-voûtains* s'appuyant sur les reins des petites voûtes précédentes. Enfin, sur le tout, on étend une couche de gravois, ou mieux encore, du mortier un peu maigre, de manière à former une aire sur laquelle on établit, soit un plancher, soit un enduit en ciment ou en bitume.

Ce système de construction, un peu compliqué à la vérité, a l'avantage d'allier à une grande légèreté une solidité considérable, car il constitue en réalité, dans son ensemble, une voûte extradossée de niveau.

Poussée due au plâtre. — Pendant longtemps, on a employé exclusivement le plâtre à la construction des voûtes en briques de plat. La rapidité de sa prise, la facilité de le mettre en œuvre, enfin, le prix modéré de cette matière, la font encore prendre de préférence à d'autres matériaux, qui lui sont cependant supérieurs sous beaucoup de rapports. Il est à remarquer, en effet, que le plâtre, attaquable par l'eau, ne peut convenir qu'à des constructions

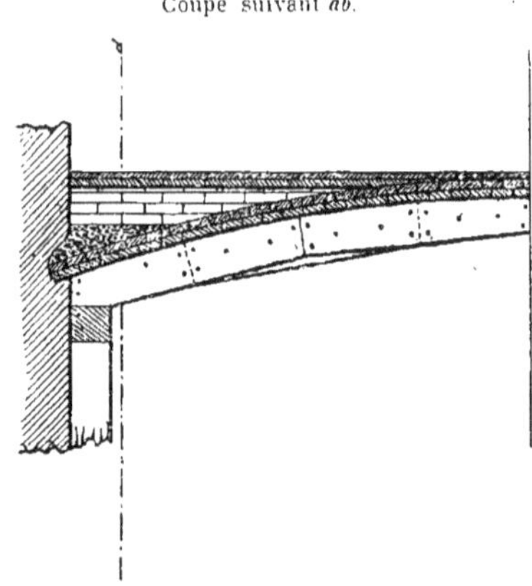

Coupe suivant *ab*.

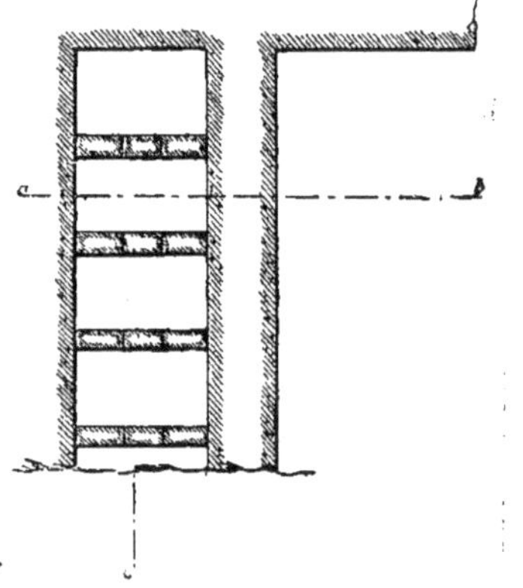

Plan passant par la naissance des voûtains.

Coupe suivant *cd*.

complètement abritées contre les eaux pluviales et l'humidité. De plus, et c'est là son plus grand inconvénient, il produit par gonflement, en se durcissant, des poussées très-considérables contre les piédroits, poussées qu'il faut nécessairement combattre, soit par certaines précautions dans l'exécution, soit par une disposition particulière des matériaux, soit enfin par des moyens artificiels de consolidation. Les ciments naturels, à prise rapide, ne présentent pas ces inconvénients. Ils sont inaltérables sous l'action des eaux pluviales et de l'humidité. Ils n'augmentent pas de volume en se solidifiant. Le retrait qu'ils tendraient au contraire à prendre, sous l'influence d'une grande sécheresse, peut être facilement empêché, en ayant la précaution de bien mouiller les briques, d'humecter légèrement la construction et de l'abriter contre la chaleur du soleil. Aussi l'emploi des ciments, retardé par leur prix élevé, par la difficulté de les travailler, commence-t-il à se substituer à celui du plâtre, depuis que l'on peut se les procurer plus facilement et à meilleur marché, depuis, enfin, que les ouvriers ont acquis l'habitude de les mettre en œuvre.

Moyens d'empêcher la poussée du plâtre. — Briques à crochets. — On peut atténuer l'effet du gonflement en ne fermant la voûte qu'après la prise complète du plâtre ; ou bien encore en construisant sur couchis, à partir du sommet en marchant vers les naissances, et en ménageant, entre les murs et les dernières briques posées, un vide qu'on ne remplit qu'après la solidi-

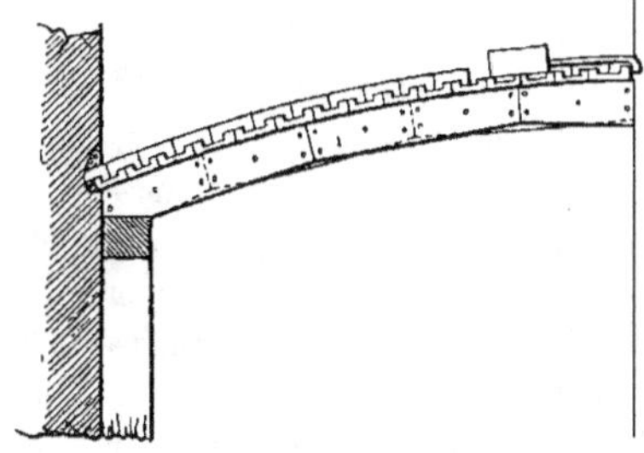

Voûte légère en briques à crochets.

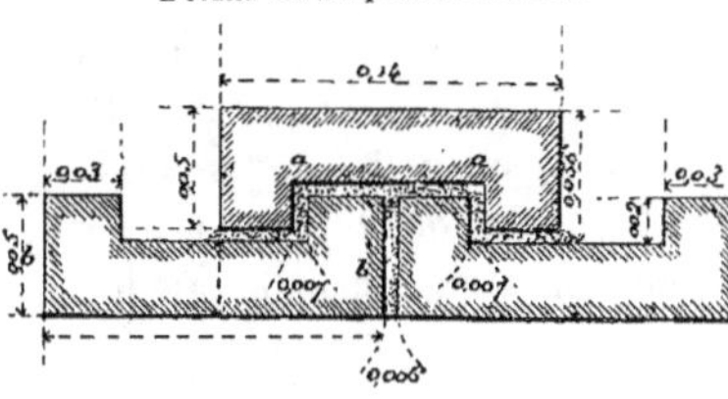

Détails de briques à crochets.

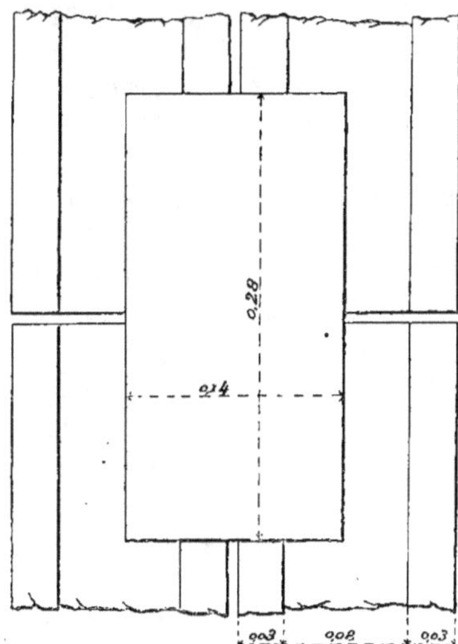

fication définitive de la voûte; enfin, et ce moyen devra s'employer, dans tous les cas, pour de grandes portées, on pourra relier les piédroits au moyen de tirants en fer placés sur l'extrados; tirants qui viendront saisir des ancres, des goujons ou des ceintures métalliques dissimulés dans l'épaisseur de la maçonnerie.

M. Olivier de Pezet, capitaine du génie, a imaginé, pour neutraliser la poussée du plâtre, la disposition suivante : (*Voir les figures de la page précédente.*)

Les briques sont placées sur deux couches. Une de leurs faces est plane, l'autre porte deux saillies ou crochets vers le bord des longs côtés. La couche inférieure est posée la face plane vers l'intrados, tandis que la deuxième couche est disposée en sens inverse, pleins sur joints. On voit que, par ce moyen, chaque joint est embrassé et serré par les crochets d'un cours de briques, et que, pour neutraliser la poussée dans le sens du profil de la voûte, il suffit de combiner les dimensions de telle sorte, que les joints *aa* soient un peu plus ouverts que les joints *bb*. Ces conditions se trouvent convenablement remplies en adoptant les formes indiquées ci-dessus.

L'exécution de ce système de voûte se fera, comme nous l'avons expliqué précédemment, à l'aide de cintres directeurs et en marchant dans le sens de la longueur. Seulement les deux couches se poseront en même temps. On peut aussi aller des naissances vers le sommet, et dans ce cas on se sert, pour maintenir chaque brique nouvellement posée, d'une petite masse à crochet qui dispense de tenir avec la main la brique, jusqu'après la prise du plâtre.

Emploi des briques creuses. — Les briques creuses sont très-avantageuses pour la construction des voûtes minces; leur grande légèreté, la liaison intime que le mortier, quel qu'il soit, établit entre les différentes pièces, qu'il cheville pour ainsi dire les unes aux autres, en pénétrant dans leurs évidements, assure aux voûtes une solidité beaucoup plus grande qu'aux systèmes en briques pleines, beaucoup plus lourdes, terminées par des faces planes et lisses, auxquelles le mortier n'adhère pas toujours très-bien. Avec un cintrement léger et de bon mortier hydraulique, on pourra obtenir une grande résistance. La construction exigera un peu plus de temps et de main-d'œuvre que pour les voûtes en plâtre; mais on évitera les poussées dangereuses qu'occasionne toujours, avec les briques sans crochets, l'emploi de cette substance, poussées qu'on est obligé de détruire par l'installation coûteuse et souvent gênante des tirants en fer. Plus tard, lorsque nous nous occuperons des planchers, nous verrons d'ailleurs comment on peut combiner les voûtes légères avec les solivages métalliques.

Poussée. — Les voûtes précédentes forment, comme nous l'avons déjà dit, au bout d'un certain temps, un monolithe dont la résistance dépend surtout de la cohésion du mortier employé; tandis que dans les voûtes ordinaires on fait abstraction de cette cohésion, la construction étant, dans ce dernier cas, considérée comme formant un système articulé, on ne peut en établir les conditions d'équilibre que par approximation et à l'aide de certaines hypothèses, ainsi que nous le verrons dans la troisième partie du Cours. Dans le cas qui nous occupe, la voûte peut être assimilée à une pièce courbe qui, sous l'action d'une certaine charge, s'aplatirait à sa partie supérieure, tandis que ses extrémités tendraient à s'écarter. La voûte étant, d'ailleurs, très-surbaissée, on peut regarder son poids comme uniformément réparti sur l'horizontale. Il est facile, d'après cela, de déterminer la poussée avec une approximation suffisante, en considérant le profil comme formé de deux leviers articulés au sommet et s'appuyant aux naissances contre les piédroits. Soient en effet P la charge totale, agissant sur la demi-voûte, y compris son propre poids; $2\,a$ la portée, b la montée, et π une force égale et directement opposée à la poussée, on aura pour l'équilibre :

$$[1] \qquad \pi \times b = P \times \frac{a}{2} \qquad \text{d'où } \pi = \frac{Pa}{2b}.$$

Dans cette expression, on fait abstraction de la liaison des deux demi-voûtes, et, par suite, la valeur de la poussée doit être sensiblement exagérée. Mais comme cette valeur doit être surtout employée pour déterminer l'épaisseur du piédroit, il vaut mieux être conduit à une dimension trop forte que trop faible. Pour des voûtes surbaissées au

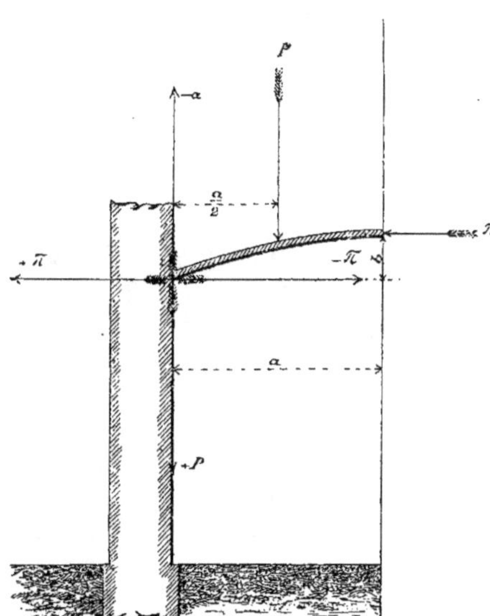

dixième et d'une épaisseur moyenne de 0^m08, on pourrait tenir compte de la rigidité et estimer approximativement l'intensité de la poussée en se basant sur une expérience de M. de Pezet.

Il a trouvé que, pour une voûte de 4^m89 de portée, de 0^m47 de flèche, et de 0^m08 d'épaisseur, la poussée moyenne, exercée contre chaque piédroit était, par mètre courant, de 344 kilog. 83. Or, pour des voûtes semblables à la précédente, et notamment pour les voûtes en briques à crochets sur deux couches, on peut admettre que les poussées sont proportionnelles aux portées, on aura donc : π : 344 kil. 83 :: $2\,a$: 4^m89, d'où l'on tire : $\pi = 70$ kil. $2\,a$.

Ce résultat ne pourra s'appliquer, avec quelque exactitude, qu'aux cas analogues à celui auquel il se rapporte, et lorsque les voûtes n'ont que leur propre poids à porter; mais, pour le cas général, il conviendra d'avoir recours à l'expression [1].

Épaisseur du piédroit. — Soit H la hauteur du piédroit, x son épaisseur, a la demi-portée, b la flèche, π la poussée, P le poids total de la demi-voûte et de sa surcharge, M le moment de la surcharge du piédroit, relativement au point A. Il est évident que, pour prévenir le renversement du mur autour de l'arête extérieure de sa base A, il faudra que la somme des moments des résistances, pris par rapport au point A, surpasse le moment de la poussée pris par rapport au même point.

La somme des moments des résistances se composera :

1° De celui du poids du mur, lequel, en désignant par p' le poids du mètre cube de maçonnerie, aura pour expression : $\dfrac{p'Hx^2}{2}$;

2° Du moment de la surcharge du piédroit M ;

3° Enfin, du moment du poids P, poids qu'on pourra considérer comme agissant à l'aplomb du parement intérieur, et qui donnera Px.

Quant au moment de la poussée, il sera égal à πH. On aura $\dfrac{\dfrac{p'Hx^2}{2} + M + P.x}{\pi H} = \sigma$.

σ étant plus grand que 1.

$$\text{ou bien} \quad p'Hx^2 + 2Px = 2\sigma\pi H - 2M$$

$$\text{ou} \quad x^2 + \frac{2Px}{p'H} = \frac{2\sigma\pi}{p'} - \frac{2M}{p'H}$$

$$\text{d'où l'on tire} \quad x = -\frac{P}{p'H} + \sqrt{\left(\frac{P}{p'H}\right)^2 - \frac{2M}{p'H} + \frac{2\sigma\pi}{p'}}$$

Pour $H = \infty$, on trouve pour x la valeur finie $x = \sqrt{\dfrac{2\sigma\pi}{p'}}$, qu'on pourra prendre comme suffisamment exacte dans les avant-projets. — La valeur générale de x se calculera d'ailleurs, en ayant égard au moment M, comme nous l'avons expliqué précédemment pour les piédroits des voûtes ordinaires. — Quant au coefficient σ, il variera entre 1,50 et 2,00, suivant la qualité des matériaux.

Dans le cas où l'on établirait une voûte entre des murs minces existants, ou bien si l'on voulait ne pas donner aux piédroits des épaisseurs trop considérables, on pourrait détruire les poussées au moyen de tirants en fer dont on calculerait les dimensions, absolument comme nous l'expliquerons plus loin pour les plates-bandes.

Voûtes en béton.

L'emploi du béton pour la construction des voûtes est fort ancien; mais à part quelques casemates faites en France et quelques ponceaux exécutés en Algérie par le service du génie militaire, on peut dire que les premières applications du béton à la construction des grandes voûtes sont dues à M. Lebrun, architecte. Il a surtout le mérite d'avoir indiqué des procédés simples et bien définis pour obtenir de bons résultats; c'est-à-dire, pour concilier la solidité et l'économie.

Les voûtes en béton diffèrent des voûtes ordinaires en pendants ou en pierres de taille, en ce que ces dernières se composent d'éléments, dont les dimensions et les formes sont tellement combinées, qu'une fois mis en place et abandonnés à eux-mêmes, leur ensemble se soutient par le jeu des arcboutements qui s'établissent entre les voussoirs; tandis que, dans les premières, les éléments très-petits et mobiles ne peuvent former un tout résistant qu'après la prise du mortier; mais alors, si la construction a été faite avec soin, on obtient une espèce de monolithe dans lequel serait refouillé le vide de la voûte. Dans le premier cas, le mortier ne joue qu'un rôle secondaire; dans le second, au contraire, le succès dépend presqu'entièrement de sa qualité.

De ce qui précède nous conclurons que, dans l'établissement des voûtes en béton, il faut satisfaire aux conditions suivantes :

1° Employer des bétons susceptibles d'une prise rapide et capables d'une grande force de cohésion;

2° Prendre toutes les précautions nécessaires pour que le durcissement s'opère à l'abri d'une évaporation trop prompte qui provoquerait des fendillements, des gerçures et, dans tous les cas, diminuerait la compacité et la résistance du béton;

3° Employer des cintres très-résistants et surtout très-rigides, afin de permettre le massivage et de prévenir des déformations nuisibles à la stabilité et désagréables à la vue.

Dans nos deux premières leçons, nous avons examiné tout ce qui concerne la composition et la confection des bétons. Dans le cas où l'on ne pourrait disposer que de chaux faiblement hydrauliques, on se rappellera qu'on peut hâter l'époque de la prise par l'addition d'une certaine dose de ciment énergique.

Nous rappellerons aussi que la construction, pour être faite dans de bonnes conditions, doit être entreprise au printemps et pas plus tard que la fin du mois d'août. Que si la chaleur est trop vive et peut faire craindre une dessication trop rapide, on doit recouvrir la maçonnerie de paillassons, entretenus dans un état constant d'humidité. Qu'enfin, on doit opérer la pose du béton par couches successives de 0m20 à 0m40 au plus d'épaisseur, en ayant soin de bien massiver chaque couche.

Quant au cintrement, il exige plus de fixité que pour les voûtes ordinaires. Pour ces voûtes, en effet, on procède à la pose des matériaux avec une précision presque géométrique et en vérifiant, en quelque sorte, la position de chaque pierre; il s'ensuit qu'une déformation du cintre peut être aperçue et corrigée, et, ne le fût-elle pas, les conditions de stabilité n'en seraient pas sensiblement changées. Dans les voûtes en béton, au contraire, les matériaux sont jetés pêle-mêle, et la construction est moulée en bloc sur le cintre. Sa régularité dépend donc de celle du moule; de plus, si pendant le durcissement une déformation se produit, elle amènera infailliblement des solutions de continuité dans la masse; solutions qui peuvent en compromettre gravement la stabilité.

L'élasticité des bois, les changements de volume, les gauchissements qu'ils éprouvent sous l'influence des variations hygrométriques de l'air, enfin, le jeu des assemblages ne permettent guère d'atteindre une rigidité suffisante de l'emploi des cintres en charpente.

Dans le cas d'une voûte souterraine, mais qu'on peut établir à ciel ouvert, on construit sur *cintres en terre*, c'est-à-dire qu'après avoir établi les fondations et les pié-

Voûte de cave en béton.

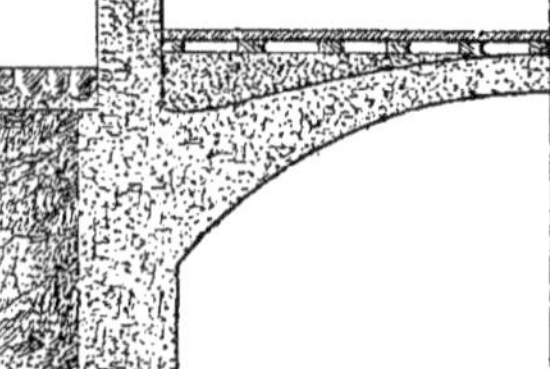

Cintre en terre,

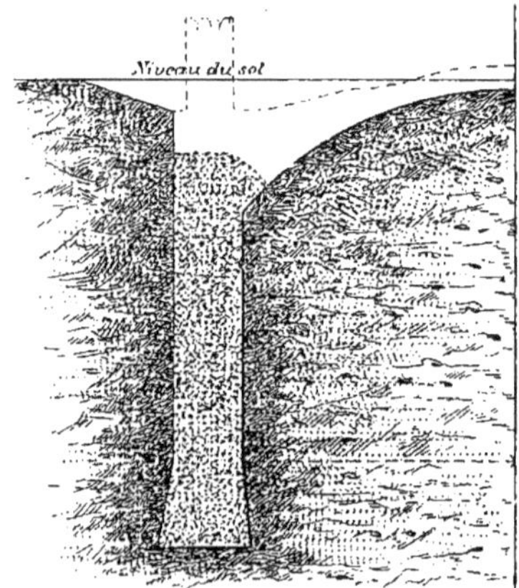

droits avec du béton coulé dans des tranchées, comme nous l'avons expliqué dans une des leçons précédentes, on déblaye le terrain à l'emplacement du massif de la voûte, en ayant soin de le recouper suivant la forme de l'intrados. Dans le cas d'un sol pierreux et peu consistant, on recouvre le fond de l'excavation d'une couche de terre franche ou argileuse, que l'on dame solidement en la réglant avec soin suivant la forme de la douelle. On obtient ainsi un cintre sur lequel on peut asseoir la voûte en béton. Après la prise du mortier, on enlève le massif de terre compris entre les piédroits et la douelle, soit par les extrémités (si elles doivent rester ouvertes), soit par des évidements réservés dans la partie supérieure de la construction. Il ne reste plus alors qu'à ragréer la douelle et la recouvrir au besoin d'un enduit. Ce procédé pourra s'employer pour tous les souterrains situés à une faible profondeur au-dessous de sol, pour les poternes, les caves des bâtiments, les silos, les citernes, les latrines, etc.

Pour tous les autres cas, on adoptera pour cintres des voûtes en briques de plat, construites comme nous l'avons expliqué plus haut. Ce procédé de cintrement, imaginé par M. Lebrun, est préférable aux charpentes, en ce qu'il présente plus de rigidité et plus de résistance ; en ce qu'il exige moins de dépense, enfin, parce qu'il n'embarrasse pas le vide ou le débouché de la voûte. Ce dernier avantage acquiert une grande importance lorsqu'il s'agit de l'établissement d'un pont au-dessus d'un cours d'eau, attendu que l'emploi du béton exige que la voûte soit soutenue pendant un temps assez long, qu'il est nécessaire de ne pas entraver la navigation, et de ne pas donner prise à l'action des crues. Il faut donc, par conséquent, tenir complètement libre le débouché de la voûte, ce qu'on ne pourrait obtenir avec des cintres en charpente.

Établissement des cintres en briques. — Pour porter les cintres, on disposera, au niveau des naissances, une ligne de coussinets en saillie sur le parement intérieur des piédroits ; puis, au moyen de quelques arcs légers en planches, entretoisés simplement avec des lattes, on construira la voûte en briques de plat. Nous avons dit

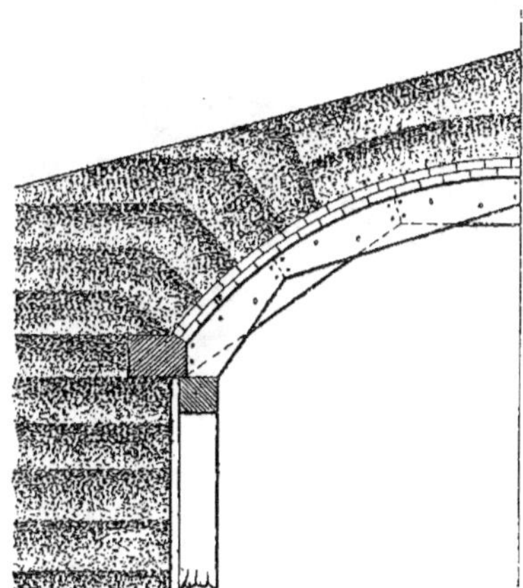

déjà de combien de couches elle doit être composée, suivant l'étendue de la portée. Ces différentes couches seront maçonnées en plâtre de bonne qualité, à l'exception de l'assise supérieure pour laquelle on prendra du ciment, afin d'empêcher l'humidité du béton de s'infiltrer dans le cintre et de venir ramollir le plâtre des assises inférieures.

Pour éviter l'adhérence du béton au cintre, on aura soin de recouvrir ce dernier d'une couche de 2 à 3 centimètres de mortier d'argile. Cette précaution n'est évidemment utile qu'autant que le cintre doit être démonté ; dans le cas contraire, elle serait mauvaise.

Pose du béton. — Le béton, convenablement préparé, sera posé par couches horizontales successives, à partir du sommet du piédroit ; chaque zone se retournera normalement au cintre et, lorsque la partie en retour se terminera à un plan trop raide pour bien se maintenir par le massivage, on achèvera la voûte par rouleaux successifs de 0,20 à 0,30 d'épaisseur. Chaque couche sera soigneusement massivée et recouverte de paillassons humides, jusqu'à la pose de l'assise suivante. On conduira, de cette manière, la construction jusqu'à ce qu'on arrive au plan des chapes.

Le béton sera maintenu par un coffrage du côté du parement extérieur du piédroit et sur les têtes de la voûte, mais ordinairement ces têtes sont parementées en pierre de taille, ou en moellons piqués, et ces parements, élevés au fur et à mesure des progrès de la construction, servent eux-mêmes à retenir le béton.

Lorsque la surface supérieure est dessinée et réglée, il ne reste plus qu'à poser la chape, en procédant, comme nous l'avons vu, pour les voûtes ordinaires. Dans ce système de construction, on peut se contenter d'une couche de bon mortier hydraulique de 0,08 à 0,10 d'épaisseur, qu'on recouvre immédiatement après sa pose d'une couche de terre argileuse compacte, qu'on entretient constamment humide pendant la durée de la prise. Ce genre très-simple de chape a été employé par M. Lebrun au pont de Grisolles, sur le canal latéral de la Garonne, et lui a donné de bons résultats.

Décintrement. — L'on ne doit pas trop se presser d'enlever les supports de la voûte, et même si l'on songe qu'un décintrement prématuré peut amener la chute de la construction, on pensera peut-être qu'il serait prudent d'abandonner les cintres et d'en former le parement de la douelle. Si l'on prend ce parti, on substituera au plâtre du ciment de bonne qualité, dans la construction du cintre et on n'emploiera que des briques d'une résistance et d'une durée bien-reconnues. La surface d'intrados sera, d'ailleurs, bien rejointoyée ou recouverte d'un enduit solide.

En adoptant cette disposition, on devra comprendre le cintre dans l'épaisseur totale de la voûte. Ce cintre pourra s'appuyer directement sur le sommet du piédroit et l'on supprimera les coussinets saillants, disposés vers les naissances, qui sont, dès lors, sans utilité.

Si l'on ne conserve pas les cintres, on les enlèvera en brisant d'abord la ligne des briques de la clef, et en démontant les autres une à une et par rangées successives

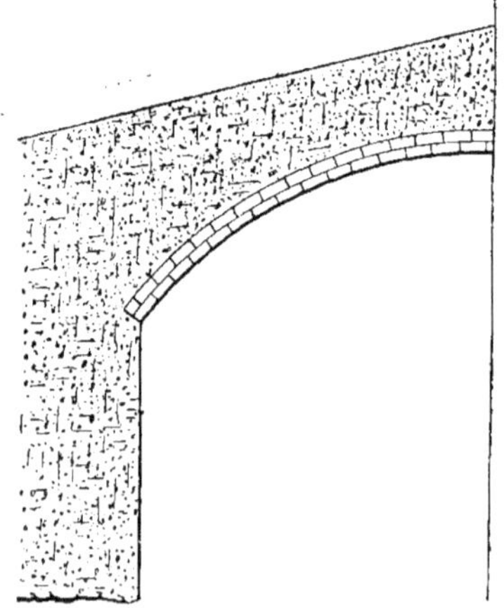

du sommet aux naissances. On démolira de cette manière les différentes assises, les unes après les autres. Avec quelques précautions, on pourra conserver intacts une partie notable des matériaux et les utiliser pour d'autres travaux (*).

Dimensions des voûtes en béton. — Bien que ces voûtes se comportent autrement que les autres ou qu'on puisse, lorsqu'elles sont bien faites, les considérer comme des monolithes évidés, posant sur deux supports, on leur donnera les mêmes dimensions qu'aux voûtes ordinaires, attendu que la continuité de la matière peut être interrompue par suite de la mauvaise qualité des matériaux ou d'un vice de construction.

Il sera prudent, pour les mêmes motifs, de donner aux piédroits l'épaisseur que l'on prendrait pour ceux d'une voûte ordinaire, bien que, dans le cas d'un monolithe, la poussée soit nulle. D'autres raisons engagent encore à agir ainsi. Il faut remarquer, en effet, qu'au moment où l'on construit la voûte, le béton, analogue à la terre meuble et humide, exerce une véritable poussée contre le sommet du piédroit, poussée à laquelle vient s'ajouter la pression latérale transmise par le cintre (pression qui, comme nous l'avons vu, peut devenir très-grande sous une charge aussi considérable que celle des matériaux dont se compose la voûte). De sorte qu'en admettant même qu'après un certain temps, on obtienne un bloc d'une seule pièce, il n'en faudrait pas moins détruire les poussées précédentes pendant le temps qui doit s'écouler entre la façon de la voûte et le durcissement du béton, ce qui exigerait l'emploi de tirants et d'ancres en fer, et occasionnerait des dépenses et des complications que ne compenserait pas l'économie de béton qu'on pourrait, sans danger peut-être, obtenir en diminuant l'épaisseur des piédroits.

(*) Si le cintre est maçonné en ciment, le meilleur moyen de tirer parti des matériaux sera de le briser le long des naissances et de le faire tomber tout d'une pièce.

SEPTIÈME LEÇON

Descentes.

Si, dans un berceau incliné, on considère un élément compris entre deux plans verticaux très-rapprochés, parallèles entre eux et perpendiculaires au plan diamétral de la descente, les conditions de stabilité en seront évidemment les mêmes que pour un élément analogue d'une voûte cylindri-

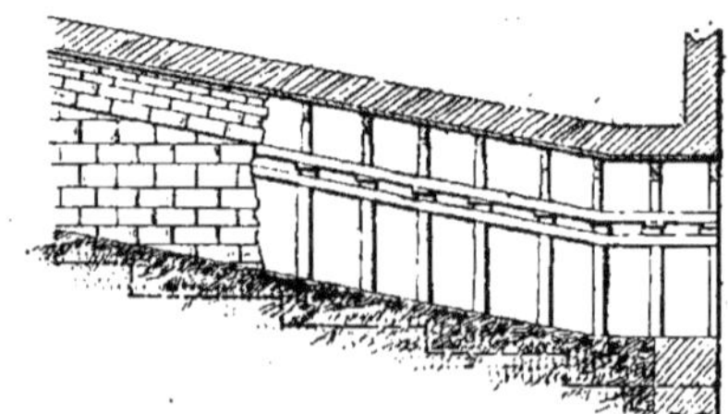

que horizontale, ayant pour directrice la courbe d'intersection de la douelle de la descente par un plan vertical. Les dimensions qui conviendraient au profil et aux piédroits de cette dernière voûte, devront donc être adoptées pour la section verticale de la voûte inclinée.

Appareil. — L'appareil sera le même que pour les berceaux horizontaux, c'est-à-dire, que les coupes ou assises formeront des plans continus passant par l'axe de la douelle, tandis que les joints seront des plans discontinus normaux à cet axe.

Les lignes de joint apparentes seront encore des lignes de plus grande et de plus petite courbure de la surface d'intrados. Ces descentes se font ordinairement en moellons, et les piédroits sont réglés, à leur sommet, suivant le plan incliné des naissances, mais si la construction était en pierre de taille et si la pente était assez raide, on ferait disparaître les angles aigus du couronnement des piédroits vers les naissances, en taillant ce couronnement en gradins horizontaux. Les premiers voussoirs viendraient alors reposer sur ces gradins par une portion prismatique et participeraient à la fois à la voûte et au piédroit.

Construction. — Le cintrement, la construction et le décintrement se font comme pour les voûtes cylindriques horizontales. Mais si la pente de la descente dépasse 30° et si la voûte a une assez grande longueur, on ne l'entreprend pas sur tout son développement à la fois, attendu que l'on pourrait craindre, pendant le travail, le glissement de la maçonnerie sur le couchis. On construit la voûte par tronçons successifs, en commençant par le bas, et le temps nécessaire au décintrement de la partie exécutée et au cintrement d'un nouveau tronçon suffit ordinairement pour assurer la prise du mortier; et la maçonnerie exécutée devient assez solide pour servir d'étai aux portions suivantes. On a l'avantage, en opérant ainsi, de n'employer pour tout le travail, qu'un petit nombre de cintres. Cette méthode économique est mise en pratique pour toutes les voûtes d'une longueur considérable, telles que les voûtes souterraines des galeries de mine, conduites d'eau, égouts, etc.

Quant aux piédroits dont les assises sont horizontales, on peut évidemment les entreprendre sans inconvénient sur toute la longueur en même temps. Mais ordinairement on suit, pour leur construction, la même marche que pour la voûte, ou plutôt, on procède par ateliers successifs. Ainsi, par exemple, un premier atelier établit la fondation, il est suivi d'un deuxième atelier qui élève les piédroits, enfin, en vient un troisième qui exécute la voûte.

Si la descente a peu de longueur, quand bien même sa pente serait très-raide, on construit d'abord la tête inférieure de la voûte (qui, le plus souvent, est horizontale), et lorsque cette partie est suffisamment solide, on exécute d'un seul jet le reste de la voûte.

Voûtes annulaires.

Si dans une voûte annulaire ou en tour ronde, on considère un élément compris
entre deux plans *ao* et *ob* passant par l'axe de
la tour, on remarque qu'il n'y a pas symétrie
dans cet élément de chaque côté de la surface
cylindrique verticale *x y*, passant par le milieu
du vide annulaire. La partie la plus éloignée
du centre est plus considérable que l'autre, et,
pour l'équilibre, il semblerait nécessaire de renforcer la demi-voûte située du côté de l'axe.
Mais comme les joints sont dirigés suivant les
plans diamétraux de la tour et convergent, vers
son centre, les pierres ont la forme de coins,
et ne peuvent être rejetées à l'extérieur. On
peut donc, sans inconvénient pour la stabilité,
adopter les mêmes dimensions pour les deux
demi-voûtes et pour les deux piédroits, bien que

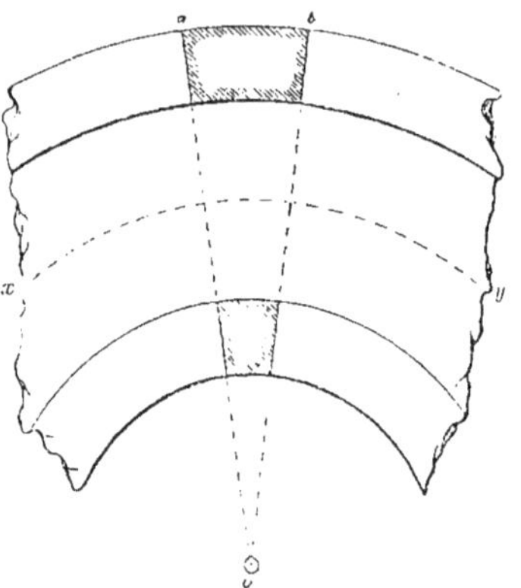

ceux de la partie concave aient à supporter une plus forte poussée que ceux de la
partie convexe. Aussi prend-on *pour les voûtes annulaires le même profil que pour
les voûtes cylindriques de même portée et de même montée*. On doit cependant remarquer que la pression transmise au sol par unité de surface, n'est pas la même pour
les deux piédroits, et dans le cas d'un terrain légèrement compressible, il est prudent
de tenir compte de cette différence lorsqu'on fixe les dimensions des empâtements
de la fondation, l'empâtement de la partie concave doit être évidemment plus large que
celui de la partie convexe.

Appareil. — En supposant le profil fixé, comme nous l'avons expliqué plus haut,
la génération de la voûte résultera du mouvement de rotation de ce profil autour de
l'axe vertical de la tour. De sorte que chaque point de l'intrados du profil décrit un
cercle, dont le plan est horizontal, et dont le centre est situé sur l'axe de rotation.

Les assises des divers cours de voussoirs seront des surfaces coniques, normales à
la douelle et dont les sommets seront sur l'axe de la tour. Quant aux joints latéraux
des voussoirs qui alterneront d'une assise à l'autre, ce seront des plans verticaux,
passant également par l'axe de rotation. Les lignes apparentes sur la douelle seront,
pour les coupes des arcs de cercle et pour les joints, des portions de la courbe d'intrados
du profil.

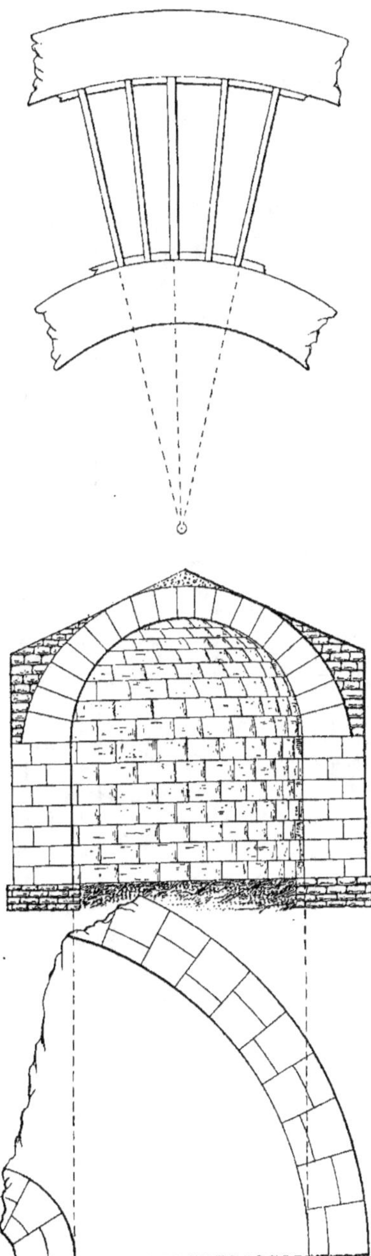

Construction. — Les cintres seront disposés suivant les plans diamétraux de la tour et seront d'autant plus rapprochés que le rayon de l'anneau sera plus petit. Ce rapprochement sera tel que l'on puisse former le couchis au moyen de planches courtes et étroites, mais droites, de façon à pouvoir, en un mot, substituer, sans erreur sensible, des éléments de surface cylindrique aux éléments de la surface annulaire, dans l'intervalle de deux cintres consécutifs. Cette disposition ne laisse pas que d'être coûteuse, et peut-être serait-ce le cas d'employer les cintres en briques de plat proposés par M. Lebrun. Avec des matériaux de petite dimension et quelques cintres légers en planches, le cintrement se ferait facilement et l'on réaliserait certainement une économie notable, pour peu que la portée et le développement de la voûte soient considérables.

Quant à l'exécution des maçonneries et au décintrement, on se conformera à ce que nous avons dit pour les voûtes cylindriques ordinaires.

Voûtes dites vis de Saint-Gilles. — Ces voûtes sont, par rapport aux voûtes annulaires, ce que les descentes sont relativement aux voûtes cylindriques. Comme elles sont très-rarement employées, nous nous dispenserons d'en parler.

Plates-bandes.

Les plates-bandes sont des voûtes dont l'intrados est un plan. Leurs voussoirs portent le nom de *claveaux*, ceux des naissances s'appellent *coussinets*.

Elles ne sont qu'un cas particulier des voûtes cylindriques ; mais, en raison de leur forme, elles sont soumises à des conditions et à des règles spéciales que nous allons examiner.

Appareil. — Les coupes, ou faces d'appui des claveaux viennent toutes passer par une droite horizontale, projetée en *o* dans le profil. Ce point est le sommet d'un triangle équilatéral, dont l'ouverture de la plate-bande est la base.

Pour éviter les angles aigus vers l'intrados, on retourne les coupes normalement à la douelle sur une hauteur de cinq à six centimètres, et cela pour tous les claveaux, à l'exception de celui de la clef dont on laisse les faces continues pour en permettre l'enfoncement au-dessous du plan d'intrados, si cela est nécessaire pour serrer la voûte. Cette exception ne peut avoir d'inconvénient pour la clef, dont les coupes forment, avec la douelle, des angles presque droits.

Si l'assise du coussinet se trouvait au niveau du plan d'intrados, il en résulterait vers l'arête A un angle aigu, qui risquerait de se briser sous la pression considérable transmise au coussinet ; on fera disparaître cet angle aigu en descendant l'assise du coussinet à 0^m10 au-dessous du niveau des naissances.

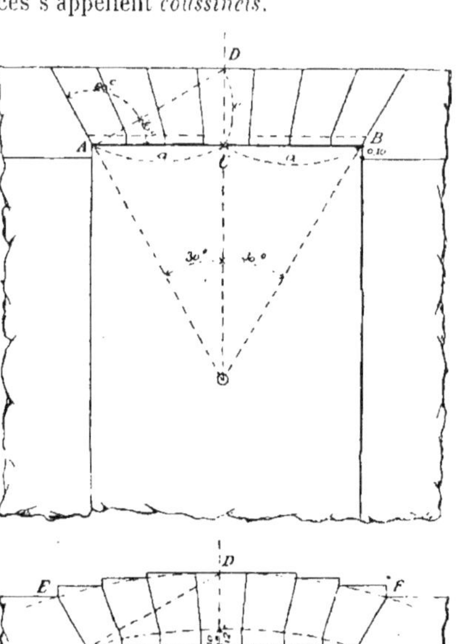

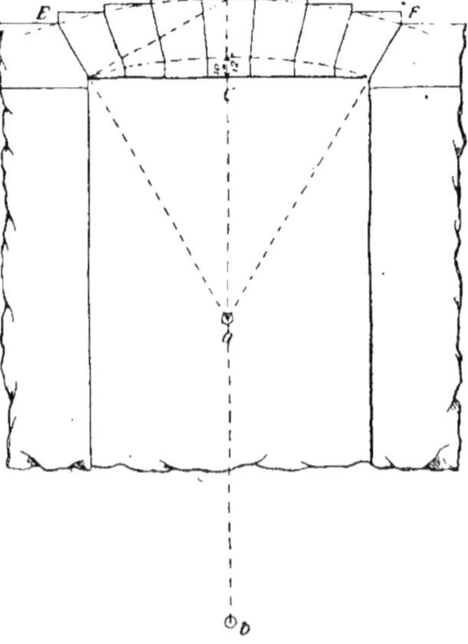

Profil de la plate-bande. — Dans la pratique, on détermine l'épaisseur de la plate-bande de la manière suivante :

Après avoir tracé la verticale OD, passant au milieu de la portée, et construit le triangle AOB, on mène par le point A la droite AD, perpendiculaire à OA, et l'on prend son intersection D avec la verticale OD; la longueur CD donne l'épaisseur cherchée.

Les plates-bandes s'extradossent ordinairement de niveau, mais il en résulte, à l'extrados comme à l'intrados, des angles aigus, que l'on fait quelquefois disparaître en retournant verticalement les joints, à partir de leur rencontre, avec deux arcs de cercle passant, le premier, par les trois points E, D, F (*); l'autre par les naissances A, B, et par un troisième point, pris sur la verticale OD, à 0ᵐ10 ou 0ᵐ12 au-dessus de l'intrados. La plate-bande se trouve ainsi remplacée par une voûte en arc de cercle, très-surbaissée, dans laquelle le vide, compris entre la douelle et le plan des naissances, est rempli par le prolongement des voussoirs.

Il est facile de conclure de la construction qui donne l'épaisseur de la plate-bande, l'expression de cette épaisseur en fonction de la portée que nous désignerons par $2a$.

En effet, on a : $e = CD = AC$. Tg. CAD; or, l'angle $CAD = 30°$, et Tg. $30° = 0,577$; d'ailleurs, $AC = a$; donc, $e = a \times 0,577$, ou bien $e = 0,288 \times 2a$.

La construction précédente suppose le coussinet inébranlable ; c'est-à-dire, que cette partie de la voûte ne peut pas glisser sur son assise. Ce mouvement, cependant, est à redouter, à cause de l'intensité assez considérable de la poussée dans les plates-bandes ; nous verrons bientôt par quels moyens on peut l'empêcher.

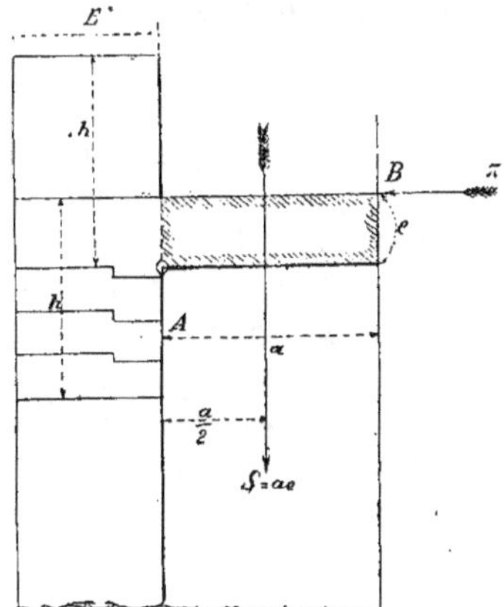

Expression de la poussée. — La demi-voûte tend à tomber, en tournant autour de l'arête A d'intrados aux naissances; il y a arcboutement au sommet B de l'extrados. La poussée, appliquée à ce dernier point, sera mesurée par la force capable d'empêcher le mouvement de rotation de la demi-voûte, on aura donc :

$$\pi e = p'lac.\frac{a}{2}; \quad \text{d'où } \pi = \frac{p'la^2}{2} \qquad [1]$$

(*) $OE = OF = OD;$ en d'autres termes l'arc EDF est décrit du point O comme centre, avec un rayon égal à OD.

En désignant par π cette poussée, par p' le poids du mètre cube de maçonnerie, par l l'épaisseur du mur dans lequel la voûte est pratiquée, et par a la demi-portée.

Si l'on veut exprimer cette force en volume de maçonnerie, et considérer seulement le profil de la plate-bande, ce qui revient à supposer $p'=1$ et $l=1$, on aura :

$$\pi = \frac{a^2}{2} \qquad\qquad [2]$$

Cette valeur de π est déterminée dans l'hypothèse où la voûte n'a que son propre poids à porter.

Moyens d'empêcher le glissement des coussinets. — Le glissement ne serait évidemment pas possible s'il s'agissait d'une ouverture pratiquée dans une muraille d'une grande étendue; il s'agit donc de considérer ici un système isolé, composé d'une plate-bande et de ses deux piédroits. Dans ces conditions, on pourra prévenir l'écartement des coussinets :

1° En les surmontant d'une surcharge pour accroître suffisamment la résistance due au frottement sur leur assise inférieure.

Si l'on désigne par E la largeur de cette surcharge, par h sa hauteur au-dessus de l'intrados, par p' le poids du mètre cube de maçonnerie, par l l'épaisseur commune de la surcharge et de la plate-bande, par σ un coefficient de stabilité plus grand que 1; on aura, en prenant 0,60 pour le coefficient de frottement des maçonneries sur elles-mêmes :

$$E.h.l.p' \times 0{,}60 = \sigma\pi = \sigma.\frac{p'la^2}{2} \qquad \text{ou bien} \quad Eh \times 0{,}60 = \sigma.\frac{a^2}{2}$$

Si l'on suppose $\sigma = 2$, on a

$$Eh \times 0{,}60 = a^2, \qquad\qquad [3]$$

relation qui servira à déterminer l'une des deux quantités E ou h, lorsque l'autre sera donnée;

2° On peut encore empêcher le mouvement du coussinet en le reliant à l'assise du piédroit sur laquelle il s'appuie, puis, cette assise à la suivante et ainsi de suite, jusqu'à ce qu'on arrive à une assise assez chargée pour que le glissement n'en soit pas possible. Cette liaison du coussinet et des assises qui lui sont inférieures, pourra se faire à l'aide de l'appareil à ressauts, indiqué précédemment pour les voûtes en arc de cercle. La hauteur h du piédroit, qui devra participer à ce mode de liaison, sera donnée par la formule [3], dans laquelle E représentera l'épaisseur du piédroit dans le sens du profil.

Épaisseur du piédroit. — Considérons toujours le cas où la plate-bande n'a point de surcharge à porter. En supposant son profil fixé comme nous l'avons dit plus haut, et le glissement des coussinets rendu impossible, en un mot, la voûte parfaitement stable sur ses naissances, il est facile de déterminer l'épaisseur à donner aux pié-

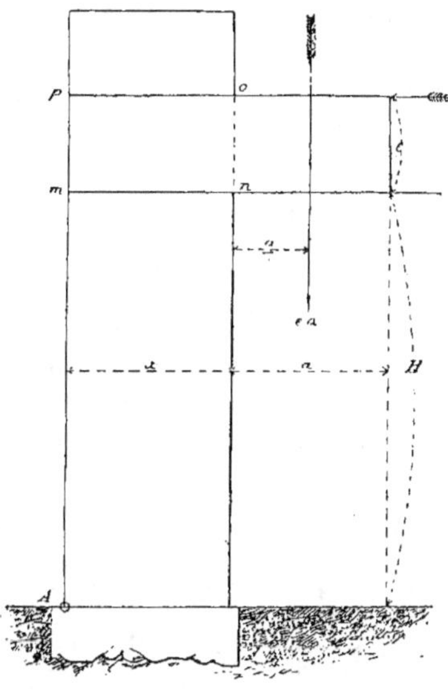

droits pour assurer la stabilité de l'ensemble de la voûte et de ses supports sur le plan supérieur de la fondation.

Ce système, sous l'action de la poussée, tend à être renversé en tournant autour de l'arête A ; il faut donc donner au piédroit une épaisseur capable d'empêcher ce mouvement.

En ne considérant que le profil, et en supposant les forces exprimées en mètres cubes de maçonnerie, on aura, pour le moment de la poussée, par rapport au point A, $\pi\,(e + H)$. (H étant la hauteur du piédroit, et x son épaisseur.)

Les moments des résistances seront :

Pour le piédroit : $\dfrac{Hx^2}{2}$

Pour la demi-voûte : $ae\left(\dfrac{a}{2} + x\right)$

Enfin, si l'on désigne par M, le moment du poids du coussinet et de sa surcharge, ou du coussinet seul $mnop$, si les assises sont rendues solidaires :

La condition d'équilibre stable sera donnée par la relation $\dfrac{\dfrac{Hx^2}{2} + ea\left(\dfrac{a}{2} + x\right) + M}{\pi\,(e + H)} = c$

Cette équation du deuxième degré résolue par rapport à x, donne :

$$x = -\frac{ea}{H} + \sqrt{\frac{c^2 a^2}{H^2} - \frac{ea^2}{H} - \frac{2M}{H} + 2c\pi\frac{e + H}{H}}$$

En supposant que $c = 2$, et en se rappelant que l'on a $e = 0,577a$　$\pi = \dfrac{a^2}{2}$, on trouve pour x

$$[\alpha] \quad x = -\frac{0,577}{H}\,a^2 + \sqrt{0,333.\frac{a^4}{H^2} + 0,577\frac{a^3}{H} - \frac{2M}{H} + 2a^2}.$$

Si l'on fait $H = \infty$, on trouve pour x la valeur finie $x = a\sqrt{2} = a \times 1,415$, ou bien $x = 0,70.2a$

Cette formule s'emploie assez ordinairement, attendu que les valeurs qu'elle donne pour x ne diffèrent pas notablement de celles que l'on obtient au moyen de l'équation $[\alpha]$, pour les hauteurs ordinaires des piédroits. Dans l'équation $[\alpha]$, on tiendra compte du moment M de la surcharge, comme nous l'avons indiqué pour le cas des voûtes cylindriques.

Moyens de consolidation à employer pour les piédroits, dans le cas d'une surcharge. — Lorsque la voûte n'a qu'une faible portée, le profil, déterminé comme nous l'avons vu précédemment, donne des garanties suffisantes de stabilité, parce qu'en admettant un léger affaissement dans la plate-bande, il se forme, dans la maçonnerie qui la surmonte, des arcboutements par suite desquels les matériaux se disposent en voûte naturelle au-dessus de la baie, ainsi qu'on le remarque lorsqu'on pratique une ouverture dans un mur ancien, mais encore en bon état de conservation.

Si la portée dépasse 2 mètres et atteint 4 à 5 mètres, la portion de maçonnerie, qui tend à se détacher et à peser sur la plate-bande, devient considérable, et les dimensions affectées au profil, d'après la règle pratique, ne suffisent plus pour assurer la stabilité. Toutefois, comme on gagnerait peu de chose, sous le rapport de la résistance, à augmenter ces dimensions, on les conserve, en ayant recours à certains moyens de consolidation que nous allons indiquer :

1° Au-dessus de la voûte, on construit, en moellons bruts ou en briques, un arceau surbaissé pour reporter sur les coussinets et les piédroits la plus grande partie du poids de la maçonnerie qui surmonte la plate-bande ;

2° On relie les deux coussinets au moyen d'une barre de fer encastrée dans une feuillure refouillée dans l'intrados de la voûte. Cette barre porte des pas de vis à ses extrémités et reçoit des écrous qui s'appuient contre les coussinets par l'intermédiaire de plaques en fontes, et permettent de serrer fortement tous les claveaux les uns contre les autres.

Pour de grandes portées, ces deux procédés de consolidation s'emploient simultanément.

Le premier a pour but de diminuer la surcharge de la voûte, et, par suite, l'accroissement de poussée dû à cette surcharge. De plus, en reportant le poids de la maçonnerie sur les montants, on s'oppose au glissement des coussinets et l'on augmente la stabilité des piédroits. Malheureusement, les ouvertures, ordinairement pratiquées au-dessus de la plate-bande, ne permettent pas toujours d'établir un arceau de décharge, ou de lui donner une montée suffisante pour en assurer l'efficacité.

Le deuxième procédé pourra toujours s'employer pour un mur de peu d'épaisseur :

une seule barre, placée à égale distance des deux parements, suffira ; on en prendra deux ou trois pour des épaisseurs plus considérables.

Par cette disposition, on empêche le glissement des coussinets, la séparation des claveaux et l'ouverture des joints vers l'intrados ; en un mot, on détruit la poussée de la voûte. On peut, par conséquent, réduire sensiblement l'épaisseur des piédroits qui, sans cela, devraient, comme nous l'avons vu, avoir de fortes dimensions. C'est ainsi qu'on a pu, dans les colonnades, substituer des plates-bandes aux longues pierres dont on formait les achitraves dans les constructions de l'antiquité. La section des barres de retenue se déterminera de la manière suivante :

Une barre de fer, de 1 mètre carré de section transversale, peut résister à un effort permanent de traction de 6,000,000 kilog,, sans altération sensible ; et, comme les résistances sont proportionnelles aux sections, on aura, en désignant par Ω celle du tirant :

$$\Omega : 1 :: \pi \quad \text{ou} \quad \frac{p'la^2}{2} : 6,000,000, \qquad \text{d'où } \Omega = \frac{p'la^2}{12,000,000}$$

On prend ordinairement pour Ω une forme rectangulaire ou du fer plat posé de champ. On se donne alors l'épaisseur et en divisant Ω par cette dimension, on en conclut la hauteur à donner à la barre de fer.

Construction. — Les plates-bandes se construisent toujours en pierres de taille.

Les claveaux font ordinairement parpaing, et le cintrement se compose simplement de deux poutrelles horizontales, reposant, par l'intermédiaire de coins jumelés, sur deux sommiers portés par des poteaux.

Les claveaux, dressés avec le plus grand soin sur leurs coupes, se posent symétriquement à partir des coussinets. Les joints étant presque verticaux, on ne peut y introduire le mortier que sous forme de coulis clair, ce qui exige l'emploi de bonne chaux hydraulique et de sable très-fin. Ces joints doivent être aussi serrés que possible pour diminuer les causes de tassement. Pour le même motif, on ne décintre les plates-bandes qu'après la prise du mortier ; s'il en résulte quelques fissures dans les joints vers le milieu de l'intrados, on les fait disparaître, après coup, par un bon rejointoiement.

Malgré tous ces soins, il se produit toujours, dans les plates-bandes, un affaissement assez sensible, et comme ces voûtes produiraient un effet fort désagréable si la douelle venait à dépasser l'horizontale des naissances, il est convenable de les cintrer légèrement au moment de la construction, en donnant à l'intrados une flèche de 2 à 3 centimètres seulement, pour des portées de 2 à 3 mètres.

On voit, par tout ce qui précède, que les plates-bandes, quoi que l'on puisse faire, ne peuvent offrir de grandes garanties de solidité ; il sera donc prudent de ne plus les employer dès que les portées dépasseront 4 à 5 mètres.

Voûtes d'arête et voûtes en arc de cloître.

Lorsque deux berceaux cylindriques de même montée, et dont les naissances sont dans un même plan, viennent se rencontrer sous un angle quelconque, leurs surfaces d'intrados se coupent suivant des lignes courbes, planes ou à double courbure.

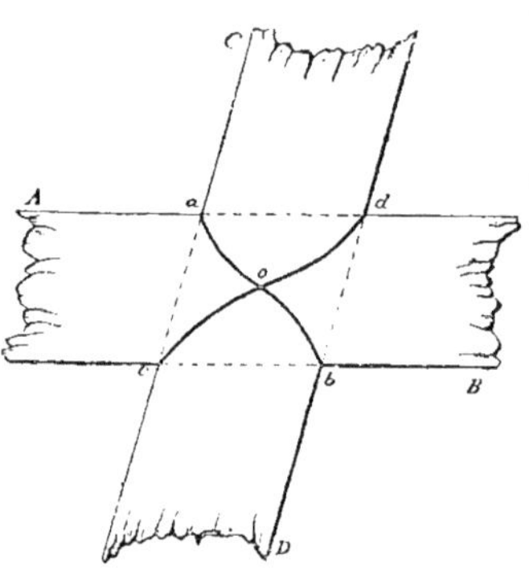

Soit *acbd* l'espace recouvert à la fois par les deux cylindres, et *aob* et *cod* les intersections des deux surfaces. Autour du point *o* se trouvent groupés quatre triangles, dont l'un quelconque *aoc* peut être considéré comme la projection soit d'une portion de la voûte *CD*, soit d'une portion de la voûte *AB*. De sorte qu'on peut supprimer toutes les parties cylindriques inférieures, en conservant celles qui les recouvrent, ou réciproquement, sans que l'espace *acbd* cesse d'être couvert.

Si l'on supprime les parties inférieures, on a une *voûte d'arête*. Si, au contraire, on supprime les parties supérieures, pour conserver les parties inférieures, on a une *voûte en arc de cloître*.

Bien que ces voûtes aient une origine commune, elles sont cependant très-différentes : dans la *voûte d'arête*, les deux douelles se coupent suivant des arêtes saillantes ; tandis que dans la voûte en arc de cloître, ces arêtes sont rentrantes. Pour porter la première, il suffit de quatre supports isolés, placés aux points *a*, *b*, *c*, *d*; pour supporter l'autre voûte, il faut quatre murs pleins. La voûte d'arête sert à recouvrir une galerie, un vestibule, une salle ouverte latéralement ; la voûte en arc de cloître ne peut recouvrir qu'un espace fermé, ou simplement éclairé par de faibles ouvertures pratiquées dans les piédroits.

Nous supposerons que les cylindres se coupent à angle droit. Si le quadrilatère *abcd* est un carré, on dit que la voûte est *droite* ; si c'est un rectangle, on dit qu'elle est *barlongue*.

Pour la facilité de la construction et l'élégance des formes, on s'impose, comme condition, d'avoir des courbes planes pour intersection des surfaces cylindriques ; condition à laquelle on peut évidemment satisfaire d'une infinité de manières ; puisqu'on peut se donner *a priori* pour courbe d'intersection, une courbe plane quelconque et la considérer comme *directrice* oblique des deux cylindres.

On prend ordinairement pour directrices normales des deux berceaux, des courbes du deuxième degré, et l'on obtient des courbes planes pour intersection des surfaces d'intrados, en plaçant un des axes de ces directrices dans un même plan, qui se confond avec celui des naissances des deux berceaux, ou bien lui soit parallèle.

Projection de la douelle d'une voûte d'arête.

Projection de la douelle d'une voûte en arc de cloître.

Appareil des voûtes d'arête et des voûtes en arc de cloître. — Les voussoirs sont disposés, dans ces voûtes, comme ils le seraient dans les berceaux cylindriques dont il font partie. L'appareil ne présente donc aucune difficulté ; on aura soin seulement de former d'une seule pierre les voussoirs des arêtes, de manière qu'ils participent des deux portions de voûtes contigues et qu'ils en assurent mieux la liaison.

Dans les voûtes d'arête, la charge se reporte vers l'intersection des cylindres ; et pour mieux résister aux efforts de compression, il est convenable de faire les arêtes en pierre de taille, quand bien même le reste de la voûte serait en moellons.

Dans les voûtes en arc de cloître, l'inverse se produit ; les arêtes ne sont point comprimées, et l'on peut se dispenser d'y mettre de la pierre de taille, lorsque la voûte est en moellons.

Profil d'une voûte d'arête. — Si l'on considère dans une galerie xy, la partie de la demi-voûte principale projetée en $off'o'$, on voit que la portion comprise entre les deux plans verticaux oa et $o'b$ portant les volumes oaf et $o'f'b$ des voûtes incidentes,

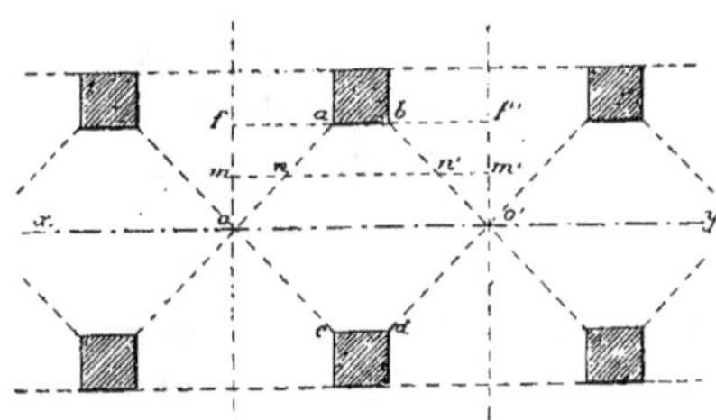

si la partie $onn'o'$ venait à tomber, elle entraînerait dans son mouvement celles qui sont projetées en omn et en $o'm'n'$; lesquelles, ainsi que le montre l'expérience, se sépareront des voûtes incidentes à peu près dans la direction du joint de rupture nn' ; par conséquent, la poussée développée dans la voûte d'arête xy, sera due à la masse $omm'o'$, qui ne diffère pas sensiblement de la masse correspondante de la voûte cylindrique principale. Cette poussée peut donc être regardée, comme à très-peu près la même que celle de cette dernière voûte.

Si l'on remarque maintenant que la résistance de la voûte d'arête xy est due principalement, non-seulement au volume projeté en $nabn'$, mais encore à ceux qui sont projetés en *mnaf* et *m'nbf'*, et s'appuient sur le précédent; que d'un autre côté, ces deux volumes sont plus considérables que ceux qu'ils remplacent dans le berceau principal, puisqu'ils les enveloppent, on doit conclure que la masse à laquelle est due la résistance, est plus grande dans la voûte d'arête que dans la voûte longitudinale; et comme les poussées ne diffèrent pas sensiblement, la stabilité de la voûte d'arête dans la galerie *xy* est, en définitive, plus grande, à égalité d'épaisseur, que dans la voûte cylindrique principale. Le même raisonnement pouvant s'appliquer à chacune des voûtes incidentes *xy*, *rt*, etc.; on voit qu'on est fondé, comme on le fait dans la pratique, à prendre *pour les épaisseurs au sommet et aux naissances de chacun des berceaux d'une voûte d'arête, les dimensions que l'on adopterait pour celle des deux voûtes cylindriques dont la portée est la plus grande.*

Piédroits d'une voûte d'arête. — Une voûte d'arête repose, au moins d'un côté, lorsqu'elle forme galerie, sur des piliers isolés, au lieu de s'appuyer, comme les voûtes cylindriques ordinaires, sur un mur continu. La poussée à laquelle chacun de ces piliers doit résister, transversalement à la galerie, est due à une portion de la voûte comprise entre les axes des deux voûtes incidentes contiguës. Par conséquent, chaque support doit avoir, dans cette direction, une épaisseur plus grande que celle du piédroit continu d'une voûte cylindrique, ayant même portée et même montée que la

voûte principale. Dans le sens longitudinal, au contraire, les poussées des voûtes incidentes se détruisent, et tous les piliers, à l'exception de ceux des extrémités, n'ont à résister qu'à des efforts de compression, ce qui permet d'en réduire beaucoup l'épaisseur. Dans tous les cas, on voit que dans la section, ordinairement rectangulaire du piédroit, on aura deux dimensions à déterminer. La largeur du support dans le sens de la galerie résulte, ordinairement, de certaines conditions imposées pour la décoration; cette largeur étant fixée et pouvant l'être, indépendamment de toute considération de stabilité (puisqu'on n'a pas de renversement à craindre dans cette direction, et que la section du piédroit est toujours plus considérable qu'il le faut pour résister à l'écrasement), il ne reste

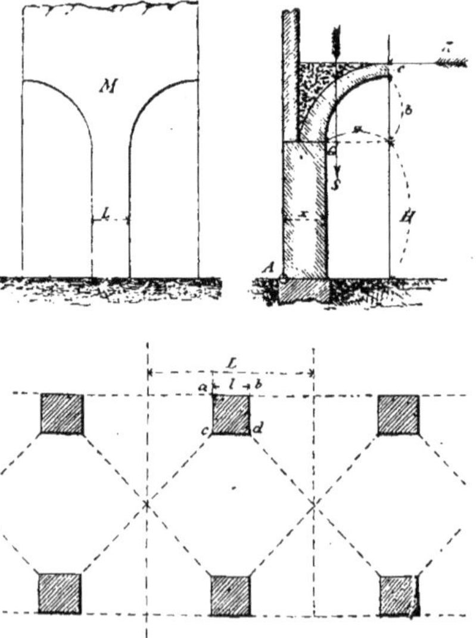

plus qu'à déterminer la deuxième dimension ac, de manière à résister à la poussée de la voûte longitudinale.

Pour cela, nous nous appuierons sur ce que nous avons dit plus haut relativement à la poussée et à la résistance d'une voûte d'arête; c'est-à-dire, que nous substituerons à cette dernière la voûte cylindrique principale.

Soient :

l, la largeur ab, donnée au piédroit.

L, la distance comprise entre les axes de deux voûtes transversales adjacentes (ce qu'on appelle un *entraxe*).

π, la poussée de la voûte cylindrique longitudinale par unité de longueur.

S, la surface du profil de la moitié de cette voûte.

G, la distance horizontale du centre de gravité de S, au parement ab du piédroit.

c, l'épaisseur de la voûte au sommet.

b, la montée de cette voûte.

H, la hauteur du piédroit.

x, son épaisseur ac.

σ, un coefficient de stabilité compris entre 1,50 et 2.

Enfin, M, le moment de la surcharge du piédroit, moment pris par rapport à l'arête A.

Par des considérations identiques à celles que nous avons exposées pour les voûtes cylindriques, on trouvera que, pour assurer la stabilité de la construction, il faut avoir :

$$\frac{SL(G+x)+\dfrac{Hlx^2}{2}+M}{\pi L(H+b+c)}=\sigma.$$

Équation de laquelle on tire :

$$[1] \qquad x=-\frac{S}{H}\cdot\frac{L}{l}+\sqrt{\left(\frac{S}{H}\cdot\frac{L}{l}\right)^2-\frac{2SG}{H}\cdot\frac{L}{l}-\frac{2M}{H.l}+2\sigma\pi\frac{H+b+c}{H}\cdot\frac{L}{l}}.$$

Les quantités S, G et π qui entrent dans cette expression se détermineront à l'aide des Tables, comme nous l'avons indiqué pour les voûtes cylindriques.

Pour tenir compte du moment M de la surcharge, on supposera d'abord $M=o$, dans la relation [1]; on en conclura une certaine valeur x_1 de x. Puis, à l'aide d'une épure sur laquelle, pour cette valeur x_1, on construira le profil et l'élévation de la surcharge, on cherchera la valeur correspondante M_1 du moment M. En substituant M_1 dans l'équation [1], on obtiendra une deuxième valeur x_2 de x; et par une deuxième opération, on trouvera une deuxième valeur M_2 de M, qui reportée dans la relation [1], donnera une troisième valeur de x suffisamment approchée.

Assez souvent on élève un mur à l'aplomb de la tête des voûtes transversales; il en résulte pour le moment M une valeur considérable, qui permet de réduire notablement la valeur de x; mais, si dans le calcul de l'épaisseur du piédroit, on tient compte de cette surcharge, il ne faut pas oublier que la voûte ne doit être décintrée qu'après la construction complète du mur. Les piédroits se construisent ordinairement en pierre de taille.

Dispositions particulières pour le cas d'une galerie extérieure. — Lorsque les voûtes d'arête forment galerie, on les consolide et on les orne à la fois, au moyen d'un certain nombre d'arcs doubleaux, dont les saillies se prolongent sur les piliers. Ces arcs se placent à la tête de chacune des voûtes transversales, et dans le berceau principal, vis-à-vis chaque piédroit. La saillie de ces derniers arcs se reproduit sur le mur de fond de la galerie, au moyen de petits pilastres, mis en regard des supports de la voûte.

La largeur X de la galerie étant fixée, ainsi que la largeur cd du pilier, on prend $ab=cd=l$; puis, on fixe les saillies ib et ic, comprises entre 5 et 10 centimètres, et le support affecte en plan la forme $abcdefgh$.

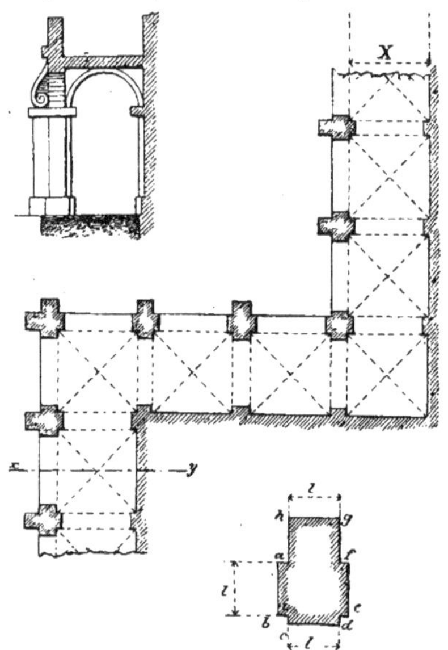

Si la partie antérieure de la galerie est surmontée d'un mur d'attique, ou d'un mur de façade, ces murs sont élevés à l'aplomb de af. La partie $ahgf$, forme alors contrefort et se raccorde avec le parement du mur, soit au moyen d'un chaperon à pente très-raide, soit au moyen d'une volute.

Si la galerie présente des coudes, on supprime les contreforts dans les angles rentrants et on les double aux angles saillants. Ces dispositions, exigées par la solidité, ont l'avantage d'établir de la régularité dans l'ensemble de la construction. .

Construction de la voûte. — La voûte s'exécutera d'après les principes exposés pour les voûtes cylindriques: A part le cintrement, dont nous allons dire quelques mots, elle ne présente, sous ce rapport, rien de particulier.

Après avoir cintré les portions cylindriques ou les arcs doubleaux correspondant aux faces intérieures des piédroits, comme on le ferait pour un berceau ordinaire, on pourra, pour la voûte d'arête proprement dite, adopter l'une ou l'autre des deux dispositions suivantes :

1° Au-dessous des arêtes, on placera deux cintres solides en diagonale, sur lesquels

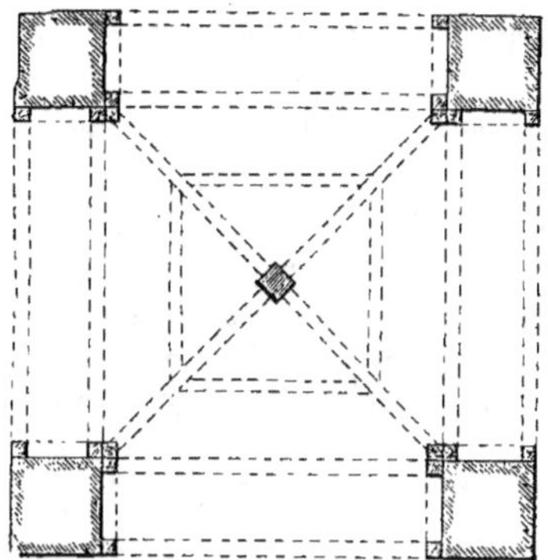

viendront s'appuyer d'autres arcs destinés à soutenir les quatre fragments de la voûte compris entre les arcs doubleaux et les arêtes. Sur ce système de charpente seront ensuite clouées les planches du couchis, parallèlement aux génératrices des deux cylindres. Le succès de la construction dans cette méthode repose entièrement sur l'exactitude de la forme et de la position données aux cintres principaux. La moindre erreur peut, en effet, modifier, d'une manière fâcheuse, la douelle de la voûte. Or, non-seulement l'exécution et la mise en place de cette partie du cintrement présentent des difficultés ; mais on a beaucoup de peine à bien assujettir les arcs secondaires contre les cintres principaux. Aussi préfère-t-on généralement la disposition suivante.

2° On commencera par cintrer complètement la voûte principale, en posant le couchis comme pour un berceau cylindrique, puis, sur ce couchis continu servant de support, on disposera les cintres incomplets et le couchis des voûtes incidentes. Ce cintrement exigera un peu plus de bois que le premier ; mais il sera d'une exécution plus facile et présentera beaucoup plus de solidité.

Dans les deux cas, les cintres reposeront sur des sommiers horizontaux, séparés, par un système de coins jumelés, de chapeaux couronnant des poteaux, placés par couples le long des piédroits, à l'aplomb des cintres et allant s'appuyer, par leur pied, sur des points fixes ou sur un sol résistant. Ces dispositions sont essentielles pour opérer facilement le décintrement qu'on effectuera, d'ailleurs, aux époques et avec les précautions recommandées pour les voûtes cylindriques.

Profil d'une voûte en arc de cloître. — Dans une voûte en arc de cloître,

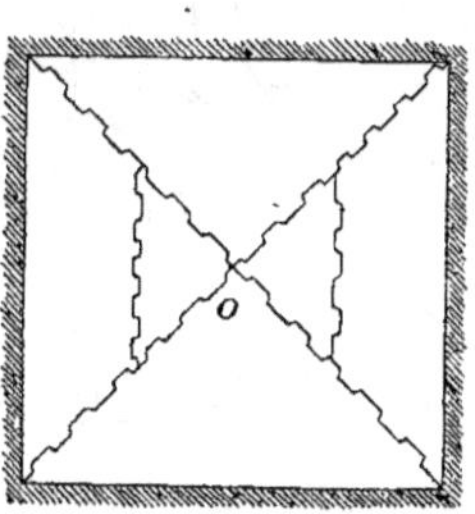

la rupture ne peut se produire sans qu'il y ait disjonction suivant les arêtes et, en supposant que cette disjonction existe naturellement, on pourra considérer la voûte comme formée de quatre onglets juxtaposés et s'archoutant deux à deux par leur sommet o. Or, dans un pareil système, comparé à un berceau cylindrique de même profil, on voit que les volumes auxquels sont dues les poussées et les résistances sont diminués ; mais que cette diminution est beaucoup plus grande pour celui qui produit la poussée que pour celui qui produit la résistance; il s'ensuit donc qu'à égalité de profil, la stabilité est plus forte dans une voûte en arc de cloître que dans un berceau cylindrique de même portée et de même montée. D'autant plus que les quatre portions de la voûte, au lieu d'être séparées, comme le suppose le raisonnement précédent, sont, au contraire, très-solidement reliées par l'emploi de l'appareil, dont nous avons plus haut indiqué les dispositions.

On prend ordinairement pour l'épaisseur au sommet celle que l'on déduit des formules relatives aux voûtes cylindriques; on pourrait ensuite extradosser parallèlement, sans inconvénient pour la stabilité; mais, pour renforcer la voûte dans sa partie inférieure, la plus chargée, on donne à la base du profil, au niveau des naissances, une largeur égale à celle du sommet, multipliée par un coefficient variant de 1,20 à 1,50.

Piédroits d'une voûte en arc de cloître. — Nous avons vu que dans une voûte en arc de cloître, la poussée est plus faible que dans une voûte cylindrique de même profil; dans le premier cas, la voûte est portée par quatre piédroits, dans le deuxième, elle repose sur deux supports seulement; il y a donc double motif pour donner aux piédroits d'une voûte en arc de cloître des dimensions plus petites qu'à ceux d'un berceau cylindrique de même portée et de même montée. Les praticiens prennent ordinairement la moitié de l'épaisseur des supports de cette dernière voûte pour celle des piédroits de la voûte en arc de cloître.

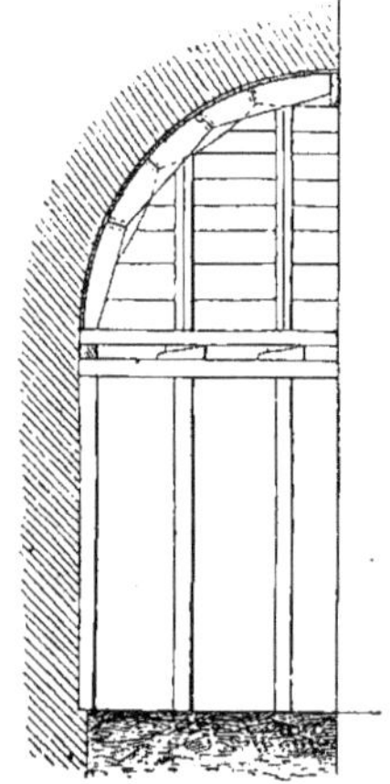

Nous verrons dans la troisième partie du Cours qu'il est facile, avec une épure, de déterminer la poussée, et, par suite, l'épaisseur des supports de la voûte en question.

Construction. — Pour faire le cintrement, lorsque la voûte a une certaine importance, on dispose, le long des piédroits, des sommiers horizontaux s'élevant à la hauteur des naissances. Ces sommiers reposent, par l'intermédiaire de coins jumelés, sur d'autres pièces horizontales portées par des poteaux. On place ensuite deux cintres solides en diagonale au-dessous des arêtes, puis d'autres portions de cintre, s'appuyant sur les précédents et sur les sommiers. Enfin, sur le tout, on cloue les planches du couchis parallèlement aux génératrices des cylindres. Cette disposition permettra de faire descendre à la fois

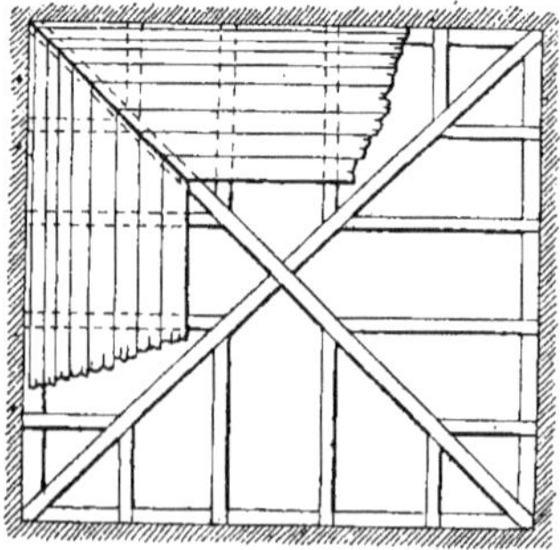

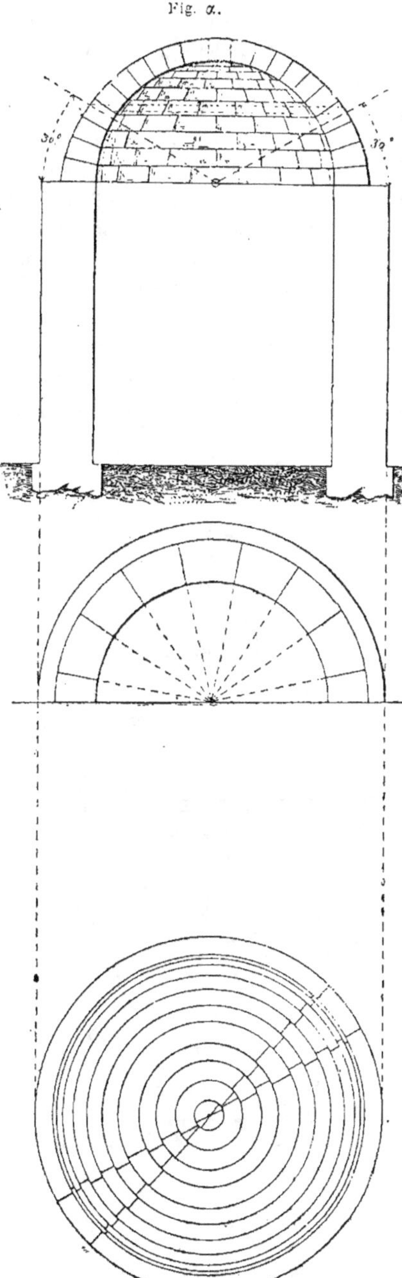

Fig. α.

tout l'ensemble des cintres, et facilitera beaucoup l'opération du décintrement.

La construction proprement dite de
la voûte ne présente rien de particulier ; on l'exécutera, ainsi que le décintrement, en se conformant à ce que
nous avons dit pour les voûtes cylindriques.

Voûtes en dôme.

Une voûte en dôme est une calotte
sphérique reposant sur un piédroit
circulaire. Ces voûtes ne s'emploient
guère que dans les édifices de luxe.

Appareil. — Les coupes ou surfaces d'assise des voussoirs doivent
être normales à la douelle et être continues ; ce seront donc des surfaces
coniques ayant pour bases des parallèles de la sphère d'intrados et pour
sommet le centre de cette sphère.

Les joints doivent être discontinus
et normaux également à l'intrados ;
ce seront, par conséquent, des portions de plans méridiens se recroisant
d'une série de voussoirs à la suivante.

Quant aux lignes de joint apparentes sur la douelle, ce seront des
parallèles et des portions de grand cercle ; ce seront donc des lignes de plus
grande et de plus petite courbure de
la surface d'intrados.

Cette voûte présente cette circonstance remarquable que l'ensemble des
voussoirs d'une même assise forme
un solide annulaire stable par lui-

même, c'est-à-dire, qu'aucun des voussoirs ne peut tomber dès que l'anneau est complet, à moins que la voûte ne se rompe suivant des plans méridiens. Si donc on a soin de bien recroiser les joints méridiens, cette voûte sera d'une grande solidité.

Profil de la voûte. — Pour qu'une voûte en dôme puisse s'écrouler, il faut nécessairement qu'elle se sépare en un certain nombre de fuseaux, suivant des plans méridiens; et c'est, en effet, ce qu'indique l'expérience. Si l'on fait abstraction de la liaison établie perpendiculairement aux méridiens, on pourra considérer le dôme comme formé d'un nombre pair de fuseaux très-petits, simplement juxtaposés et s'arcboutant deux à deux par leur sommet. Les conditions de stabilité de ce système seront alors les mêmes que pour une voûte en arc de cloître. Ainsi la poussée sera faible, la résistance assez grande, et comme la liaison des différents fuseaux, liaison dont on a fait abstraction, est, de fait, assurée par les dispositions de l'appareil; on voit encore qu'à égalité de profil, la stabilité sera beaucoup plus grande que pour une voûte cylindrique de même portée et de même montée; on pourra donc, par conséquent, adopter pour les dimensions du dôme, celles que nous avons indiquées pour la voûte en arc de cloître.

Épaisseur des piédroits. — Dans la pratique, on donne au piédroit d'une voûte en dôme de 1/4 à 1/3 de l'épaisseur qui conviendrait au support d'une voûte cylindrique de même portée, de même montée, et située à la même hauteur au-dessus du sol. Si le mur extérieur, au lieu d'être plein, était formé d'un système de piliers surmontés de voûtes, on déterminerait les dimensions de ces piliers, en suivant la même marche que pour la voûte d'arête; mais dans ce cas, et surtout lorsque le dôme est porté par des colonnes ou par des pilastres reliés par des plates-bandes, on se borne à donner aux supports un diamètre ou une épaisseur égale à celle de la voûte aux naissances, en ayant soin de détruire la pous-

sée à l'aide d'un cercle de fer placé à la base de la voûte, et en entourant l'ensemble des plates-bandes d'un autre cercle, posé vers la moitié de leur hauteur.

Plus loin, nous indiquerons les précautions à prendre pour l'établissement de ces moyens de consolidation.

Construction de la voûte. — La voûte en dôme présente cette particularité, qu'on peut la construire sans cintres. Cela résulte de ce que chaque assise, comme nous l'avons fait remarquer déjà, peut se soutenir d'elle-même lorsqu'elle est complète, de sorte qu'il suffirait d'arcbouter deux à deux les voussoirs jusqu'à ce que l'anneau d'une assise fût fermé; cette partie pouvant alors se maintenir seule, on en construirait une deuxième, et ainsi de suite.

Cependant, pour la facilité et la promptitude de l'exécution, surtout pour une portée dépassant 4 mètres, il est préférable de cintrer la voûte. Pour cela, on emploie un certain nombre de demi-cintres légers, 6 ou 8, que l'on appuie d'une part sur un pilier placé dans l'axe de la tour, de l'autre sur des sablières horizontales portées par des

poteaux et disposées sur le pourtour du piédroit, à la hauteur des naissances. Entre ces cintres, on place des traverses, contre lesquelles on appuie d'autres portions de cintres, reposant encore par leur pied sur les sablières. On obtient ainsi un réseau assez serré pour pouvoir, à l'aide de cales, soutenir les différents voussoirs (la forme de la voûte ne permettant pas d'employer un couchis). Ce système de charpente, consolidé au besoin par quelques pièces acessoires, peut servir en même temps d'échafaudage pour porter les ouvriers et leur faciliter la pose des voussoirs.

L'exécution des maçonneries ne présente aucune difficulté. Nous ferons seulement remarquer que, dans une voûte en dôme, les joints se comportent comme les coupes et s'opposent comme celles-ci, au mouvement des voussoirs vers le vide. Il faut donc serrer le plus possible ces joints et les bien garnir de mortier.

Quant au décintrement, on pourra le faire successivement, après la fermeture de chaque couronne, en enlevant les cales qui soutiennent les voussoirs; ou bien l'effectuer d'un seul coup, soit après l'achèvement de la voûte, soit après la prise du mortier, en faisant descendre lentement le pilier central, que l'on fera reposer, à cet effet, sur des coins jumelés.

Ouverture de la partie supérieure du dôme. — On profite de la propriété qu'ont les diverses assises de pouvoir se maintenir d'elles-mêmes, pour laisser subsister, à la partie supérieure de la voûte, une ouverture pour l'éclairage et la ventilation de l'intérieur du dôme. Pour cela, on retourne verticalement les voussoirs de la dernière couronne de manière à les élever et à les araser de niveau à une certaine hauteur au-dessus de l'extrados. Ce dispositif, auquel on donne le nom de *margelle*, est recouvert d'un petit dôme, porté sur des colonnettes, laissant entr'elles des vides que l'on peut fermer au moyen d'un vitrage.

Voûtes à l'impériale.

Lorsque le plafond horizontal d'une pièce rectangulaire est raccordé avec les quatre murs d'enceinte par des voûtes cylindriques, la disposition qui en résulte porte le nom de voûte à l'impériale. C'est, comme on le voit, une combinaison de la plate-bande et de la voûte en arc de cloître.

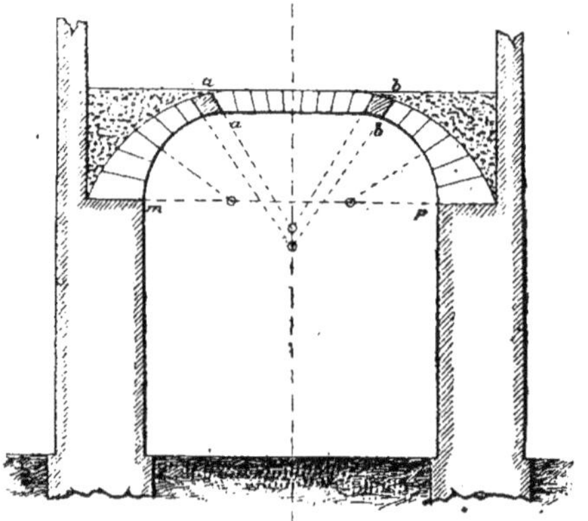

Le raccordement des portions cylindriques se fait tangentiellement, d'une part avec la douelle de la plate-bande, de l'autre avec le parement intérieur des murs.

Ces voûtes servent principalement à recouvrir de vastes salles rectangulaires, dans des édifices importants.

Il résulte de la forme de la voûte que la poussée transmise aux portions cylindriques par la partie supérieure devient considérable, pour peu que la voûte soit aplatie, ou que la plate-bande ait de l'étendue. Cependant, comme la partie plane ne diffère pas notablement de l'arc du sommet d'une anse de panier ayant même portée et même montée que la voûte en question, on pourra prendre pour épaisseur, au sommet et aux naissances, celles qui conviendraient à une voûte cylindrique, dont cette anse de panier formerait l'intrados. L'épaisseur restera constante sur toute l'étendue de la plate-bande jusqu'en *a* et *b*, et l'on raccordera, par des arcs de cercle, ces points avec les limites *m* et *p* de la base du profil. — Ce tracé donnera une stabilité suffisante, attendu que, si la voûte doit porter plancher, on l'extradossera de niveau, ce qui augmentera beaucoup sa solidité, et que dans le cas où elle ne porterait pas plancher, on laisserait à sa partie supérieure un vide, en enlevant en grande partie, ou même entièrement, la plate-bande à laquelle est principalement due la poussée.

Dans ce dernier cas, le plus ordinaire de la pratique, on relient les deux portions de voûtes conservées, en appareillant le pourtour de l'ouverture en plate-bande, à la fois

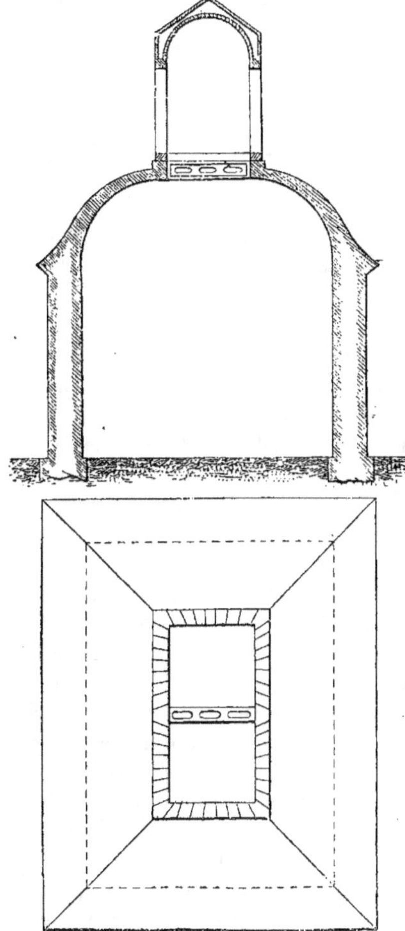

dans le sens vertical et dans le sens horizontal. Les pierres des angles de l'orifice servent de coussinets. Si la pièce voûtée avait la forme d'un rectangle assez allongé, les plates-bandes de ceinture auraient trop de portée sur les longs côtés ; on les partagerait alors en un certain nombre de parties égales, par des coussinets qu'on arcbouterait deux à deux, au moyen d'armatures en fonte. La bordure pourrait être mise légèrement en saillie au-dessus de l'extrados, de façon à faire margelle, et, sur ce rebord, on établirait une construction légère en bois ou en fer, avec des ouvertures latérales vitrées, qui permettraient d'éclairer la pièce et de l'aérer à volonté.

Épaisseur des piédroits. — On prendra pour l'épaisseur des piédroits celle des supports de la voûte cylindrique à laquelle on a assimilé la voûte en question.

Dans ce qui précède, on suppose la portée égale à la distance qui sépare les grands côtés du rectangle. Le profil de la voûte et les dimensions des piédroits déterminés pour cette portée seront adoptés pour les portions de voûte qui s'appuient sur les petits côtés.

Nous ferons observer que, généralement, les voûtes à l'impériale rentrent dans la classe des voûtes légères, et que le système de construction en briques de plat leur convient parfaitement. S'il existe un plancher supérieur, l'arasement se fait à l'aide de voûtains et de contrevoûtains, comme nous l'avons expliqué dans la leçon précédente. Sinon, on se contente de renforcer la voûte à l'extrados, vers les naissances, avec un hourdis en plâtre. Enfin, s'il existe une ouverture à la partie supérieure, on la ferme au moyen d'un cadre en bois ou en fer, (avec traverses d'arcboutement si la longueur de

l'ouverture dépasse sensiblement la largeur,) et la voûte se construit entre les piédroits
et le cadre, contre lesquels elle vient s'appuyer.

Consolidation des voûtes.

Le défaut de solidité, dans une voûte, provient ordinairement soit de la mauvaise
qualité des matériaux, soit d'un vice d'exécution, soit, enfin, de fausses proportions
adoptées pour le profil.

Dans les deux premiers cas, on ne peut guère espérer prolonger la durée de l'édifice.
Les moyens auxquels on a recours pour en retarder la ruine sont coûteux, incertains
et aboutissent toujours à une reconstruction à laquelle il serait plus prudent et plus
économique de se résigner de suite.

Quant à la troisième cause d'instabilité, celle qu'on rencontre le plus communément,
elle provient ordinairement d'une trop faible épaisseur donnée aux reins et aux naissances de la voûte; celle du sommet étant d'ailleurs presque toujours assez forte. Il est
facile alors de consolider la construction : il suffit, pour cela, de la renforcer à l'extrados
et vers sa partie inférieure, à l'aide de béton bien massivé et disposé en chape très-douce
ou même horizontale. Il est évident, en effet, que ne changeant pas sensiblement le
volume de la portion de la voûte qui produit la poussée, tandis qu'on augmente sensiblement la masse à laquelle est due la résistance, on accroît la stabilité.

Ce mode de consolidation peut convenir à toute espèce de voûte. On pourrait aussi
employer des tirants en fer, allant saisir des ancres placées sur l'extrados et vers les
reins de la voûte, mais on voit de suite que ce moyen serait d'une exécution difficile,
serait incertain dans ses effets, à moins de rapprocher beaucoup les armatures, et, dans
tous les cas, produirait à l'intérieur un effet d'autant plus désagréable qu'il mettrait en
évidence le défaut de solidité de l'édifice. Il est possible cependant d'employer le fer
avec avantage, lorsqu'on peut le mettre en place sans percer la voûte et sans le rendre
apparent, tout en enveloppant dans son étreinte l'ensemble de la construction. C'est le
cas d'une voûte en dôme et d'une voûte en arc de cloître, droite ou presque droite. —
Pour cela, on placera sur l'extrados et dans des rainures préparées d'avance, (fig. α,
page 302), des cercles, ou des cadres formés de parties qu'on pourra serrer à volonté,
soit à l'aide de vis et d'écrous, soit à l'aide de coins jumelés. Pour bander le système,
on échauffera les fers au moyen de réchauds portatifs, et, lorsque la dilatation se sera
produite, on agira sur les écrous ou sur les coins; on répètera cette opération à plusieurs reprises, jusqu'à ce que les fers s'appuient fortement contre les maçonneries.
Avec des fers solides, et en conduisant convenablement le travail, on pourra même
fermer en partie les lézardes qui auraient pu se manifester dans la voûte.

Ces ceintures se placent vers les reins, c'est-à-dire, vers les points de l'extrados où
viennent aboutir les rayons d'intrados inclinés de 30 à 35° sur l'horizon. On pourra

poser un ou plusieurs cercles, suivant l'importance de la voûte et le degré de solidité qu'on voudra lui donner.

Consolidation des piédroits.

Si les piédroits sont trop faibles, deux moyens de consolidation peuvent être employés : ou bien on diminuera l'intensité de la poussée, ou bien, cette force restant la même, on renforcera les supports.

Le premier résultat s'obtiendra par l'emploi du fer. Il est évident, en effet, que si, à la hauteur des naissances, des ancres, s'appuyant sur l'extrados, saisissent la base de la voûte et le sommet des piédroits, puis sont reliés par des tirants en fer, la force tendant à écarter les murs sera directement combattue et, par conséquent, la stabilité rétablie. Mais alors se présentent les inconvénients signalés plus haut pour la voûte, et, malgré l'efficacité de ce procédé, dans le cas actuel, on ne pourrait l'employer qu'autant que les pièces voûtées seraient peu importantes et non habitées. L'emploi du fer conviendra, au contraire, très-bien pour une tour ou un pavillon voûtés (*). S'il s'agit d'une tour, la poussée, s'exerçant dans tous les sens du dedans vers le dehors, tend à produire des ruptures verticales dans les murs qui se divisent en bandes, ayant quelqu'analogie avec les douves d'un tonneau ; de sorte qu'en cerclant la tour à son sommet et en quelques points de la hauteur (fig. *B*, page 303), on sera sûr de la soustraire aux effets de la poussée due à la voûte.

Dans un pavillon voûté en arc de cloître, le maximum d'action se produit vers le

---

(*) Soit AB un diamètre quelconque ; il est facile de trouver la tension du cercle en fer en A et B et par suite, la section de ce cercle. La partie ABC étant supposée fixe, les tensions égales en A et B résulteront des poussées transmises par la voûte aux divers éléments du demi-cercle ADB ; poussées, dont la résultante R passera par le centre O et se décomposera en deux parties égales en A et B et donnera $\frac{R}{2}$, pour les tensions du cercle en fer en ces points.

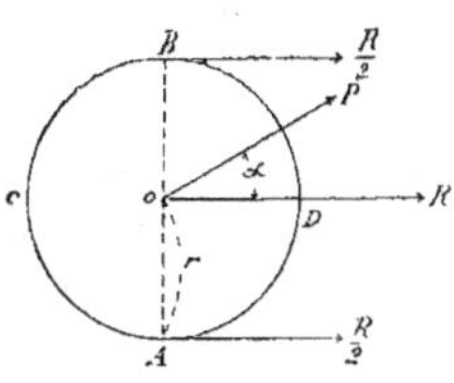

Soit $ADBC$ le cercle d'extrados aux naissances, et p la poussée sur un élément ds de ce cercle ; cette poussée passera par le centre O et si l'on désigne par α, l'angle qu'elle fait avec OD, on aura pour la projection sur cette dernière droite de la poussée élémentaire pds,..... $pds \cos \alpha$; ou bien $pr \cos\alpha . d\alpha$, en, appelant r le rayon du cercle $ADBC$ et remarquant que $ds = rd\alpha$. La résultante R sera :

$$R = 2 \int_{0^\circ}^{90^\circ} pr . \cos \alpha . d\alpha = 2p.r \; (\sin 90^\circ - \sin 0) = 2p.r.$$

La tension du cercle en fer, en un point quelconque, sera donc égale à $p.r$. On prendra pour p le tiers de la poussée de la voûte cylindrique de même profil que la voûte en dôme. Si P' représente la résistance permanente du fer et Ω la section du cercle en fer, ou aura $\Omega = \frac{p r}{P'}$

milieu de chaque mur; en ces points, les piédroits se courbent, et des lézardes se manifestent à l'extérieur, tandis que les angles, moins pressés, restent immobiles. En enveloppant les murs d'un cadre en fer solidement serré vers les angles, on voit aisément que, dans une section horizontale, chaque tirant agira relativement à la face sur laquelle il s'applique, comme les tringles en fer placées à l'intrados d'une plate-bande. Les murs ne pourront plus se fendiller à l'extérieur et résisteront comme des voûtes plates dont les angles du pavillon formeraient les coussinets. Ces angles étant d'ailleurs

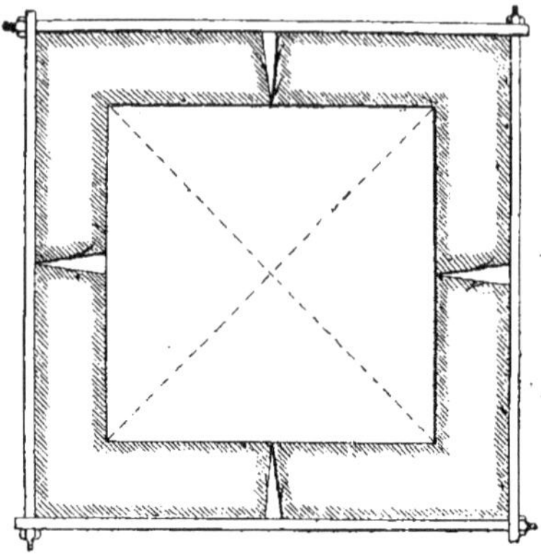

fortement retenus par les tirants en fer, la stabilité sera nécessairement assurée. Il suffira d'un ou de deux cadres, placés à la naissance de la voûte ou au sommet des murs, pour obtenir ce résultat.

Lorsque le pourtour de la construction est dégagé, on peut consolider le piédroit directement à l'aide de contreforts reposant sur une bonne fondation et s'élevant jusqu'à la naissance de la voûte. Si l'on veut faire servir les mêmes arcboutements à la consolidation de la voûte, il faudra les prolonger jusqu'à la hauteur des reins. Les dimensions de ces contreforts se calculeront facilement; car, les ayant convenablement distribués sur le développement du piédroit, on connaîtra leur espacement ou leur entraxe, et l'on pourra déterminer, soit à l'aide des Tables, soit par les moyens graphiques qui seront indiqués dans la troisième partie du Cours, la poussée agissant sur la longueur de chaque entraxe. Cela fait, on remarquera qu'en supposant les contreforts solidement reliés au mur, l'arête de rotation se trouve reportée vers l'extrémité de la base du contrefort, et en prenant les moments de la poussée et de tous les volumes par rapport à cette arête, on trouvera, pour condition d'équilibre, une équation ne renfermant que des quantités connues et les dimensions de la section horizontale du contrefort; de sorte qu'en se donnant la largeur, on pourra facilement calculer la saillie.

Si la liaison des contreforts et du piédroit n'était pas suffisamment assurée, on devrait, dans l'équation d'équilibre, prendre les moments par rapport à l'arête extérieure du mur et introduire, parmi les moments des résistances, celui du poids du contrefort pris par rapport à la même arête.

Cette équation contiendra encore les dimensions de la section horizontale du contrefort et des quantités connues; en se donnant la largeur, on obtiendra la saillie.

Quant à l'écartement des contreforts, il doit être tel que le piédroit ne puisse se rompre au milieu de l'entraxe, condition qui dépend de l'épaisseur du mur, de la qualité des maçonneries et de l'intensité de la poussée. Les théories, exposées dans une autre partie de ce Cours sur la résistance des matériaux permettront de résoudre, au moins approximativement, cette question dont la solution ne présente qu'un intérêt secondaire lorsqu'il s'agit de consolider un mur existant, puisque la position des déformations et des lézardes marque naturellement la place des contreforts.

Dans les constructions neuves, les contreforts sont fréquemment employés pour consolider les murs soumis à des efforts obliques. Nous avons vu déjà l'usage qu'on en faisait pour les murs de soutènement; ce qui précède montre suffisamment le parti qu'on en peut tirer pour renforcer les piédroits d'une voûte. Dans ce dernier cas, il sont utilisés, non-seulement sous le rapport de la stabilité, mais encore comme moyen de décoration. Ainsi, dans les dômes entourés de galeries en colonnades, dans les églises gothiques, on voit les supports extérieurs des galeries ou des voûtes latérales servir de contreforts pour les piédroits de la voûte principale, et, par des combinaisons, compliquées en apparence mais simples en réalité, donner une très-grande solidité à des édifices dont le caractère dominant est la hardiesse de la légèreté. Ainsi, dans les monuments religieux du moyen âge, on trouve généralement dans l'axe une voûte d'arête portée sur des piliers d'une très-grande hauteur. A cette voûte principale en sont adossées d'autres moins élevées, et les piliers extérieurs de ces dernières sont surmontés de tours pleines ou évidées contre lesquelles les piédroits de la voûte centrale viennent s'arcbouter au moyen d'arceaux isolés dans l'espace. Pour augmenter la masse de ces contreforts détachés, on les charge de pyramides très-aiguës. Les piédroits se trouvent de cette manière, contrebuttés en plusieurs points de leur hauteur, et la voûte elle-même est soutenue vers les naissances et vers les reins.

Ce système d'arcboutement n'est point vu de l'intérieur, et, pour diminuer encore la masse apparente des piliers, on les a découpés en un grand nombre de petites colonnes engagées. Ces dispositions ont évidemment pour but d'augmenter autant que possible la légèreté des parties de la construction, visibles à l'intérieur, en dissimulant les moyens de consolidation. Nous n'en discuterons pas la valeur au point de vue architectonique, mais, sous le rapport de la construction, nous signalerons un défaut essentiel; c'est d'exposer à toutes les intempéries et aux dégradations qui en sont la conséquence, les parties sur lesquelles repose principalement la stabilité de l'édifice.

Ce que nous avons dit plus haut suffit pour indiquer la marche à suivre, soit pour vérifier la stabilité d'une construction existante, soit pour trouver les dimensions à donner aux contreforts; ou bien, ces dimensions étant données d'avance, comment il faut s'y prendre pour déterminer les surcharges dont il faut les surmonter pour opposer une résistance suffisante aux efforts obliques qui leur sont transmis.

Épaisseur des piédroits intermédiaires dans les voûtes accolées.

Lorsqu'on a une série de voûtes accolées, de même portée et de même montée, comme dans un pont ou dans une caserne à l'épreuve de la bombe, le piédroit commun, à deux voûtes consécutives, ne supporte que des pressions verticales, puisque les poussées des deux arceaux adjacents, étant égales et contraires, se détruisent. L'épaisseur de ce piédroit devra donc se déterminer par la condition de résister à la compression due à son propre poids et à celui des deux demi-voûtes qu'il soutient.

Soit L la longueur, H la hauteur, x l'épaisseur de ce piédroit, p' le poids du mètre cube de maçonnerie, et P la charge reportée sur le support. — Le poids total transmis à la base du mur aura, pour expression : $P + p'LHx$.

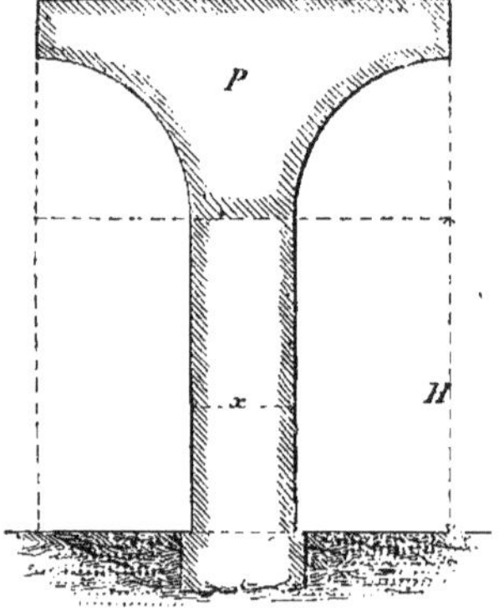

Si l'on désigne d'un autre côté par P' la charge permanente, par unité de surface, que l'on peut faire supporter à la maçonnerie employée, $P'Lx$ représentera la pression que l'on peut faire supporter à la base du piédroit, on aura donc :

$$P + p'LHx = P'Lx \quad \text{d'où l'on déduit :}$$

$$x = \frac{P}{L(P' - p'H)}$$

La valeur de x, déduite de cette formule, devra être considérée comme un minimum assurant la résistance contre l'écrasement. Il peut arriver, en effet, si P' est très-grand, que l'on trouve pour x une valeur assez faible et même moindre que l'épaisseur des voûtes au sommet déduite des formules pratiques. Cela se présentera notamment pour les voûtes fortes et à l'épreuve de la bombe. Il faudra, dans ce cas, augmenter la valeur trouvée pour x, et donner au piédroit une épaisseur au moins égale à celle de la voûte aux naissances.

Le dernier support, n'étant point contrebutté, sera déterminé comme pour une voûte isolée; on lui donne le nom de *culée*.

Disposition des culées dans un bâtiment à l'épreuve.

Dans les casernes à l'épreuve de la bombe, le poids considérable des voûtes, la grande hauteur à laquelle elles sont placées, conduisent à des épaisseurs très-fortes pour les culées. Afin d'utiliser cette masse de maçonnerie, on a eu l'idée d'adopter la disposition suivante :

On donne au dernier support une épaisseur égale à celle des piédroits intermédiaires,

Coupe suivant *ab*.

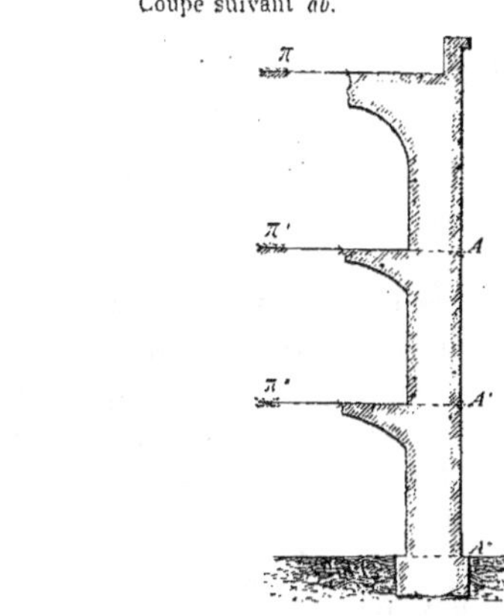

et on le contrebutte au moyen d'un certain nombre de contreforts (ordinairement quatre), sur lesquels on jette des arceaux accolés, dont l'axe est perpendiculaire à celui des voûtes principales. Enfin, on relie la queue des contreforts par un mur ordinaire, et l'on forme ainsi, dans l'ensemble de la culée, un certain nombre de pièces habitables. Par cette répartition avantageuse des matériaux, on met donc à profit la dépense indispensable pour assurer la stabilité. Il est d'ailleurs évident que les contreforts, ayant au moins trois à quatre mètres de longueur, donnent une très-grande résistance au dernier support.

Pour les petites voûtes accolées de la culée et pour leurs piédroits intermédiaires, on adoptera des dispositions et des dimensions analogues à celles qu'on aura prises pour les voûtes principales. Quant aux piédroits extrêmes des petites voûtes, on les déterminera comme dans un berceau cylindrique ordinaire, si le bâtiment n'est voûté qu'à sa partie supérieure. Mais, s'il existe des voûtes aux différents étages, on calculera les dimensions des petites culées successivement à chacun de ces étages, en commençant par le plus élevé. Pour ce dernier, on tiendra compte de la poussée π, et l'on exprimera la condition d'équilibre de rotation autour de l'arête A. Pour l'étage immédiatement inférieur, on considérera les poussées π et π', et l'on

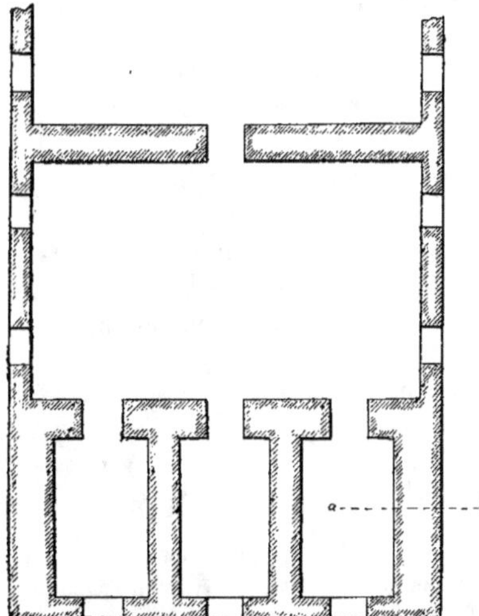

établira l'équation d'équilibre par rapport à l'arête de rotation A', et ainsi de suite, jusqu'au rez-de-chaussée (*).

(*) Il faudra, toutefois, s'assurer que les dimensions ainsi déterminées assurent la stabilité à chaque étage considéré séparément; autrement, on serait forcé de laisser cintrées les voûtes inférieures jusqu'à l'achèvement des parties supérieures, ce qui pourrait être gênant. S'il arri-

PAVAGES

Les pavés sont des constructions ayant pour but de substituer à la surface irrégulière et peu consistante du sol, une couche bien réglée et douée d'une assez grande résistance à l'user.

Sur les routes. dans les rues, ils assurent l'écoulement des eaux, empêchent le ramollissement du sol, préviennent la boue et facilitent le roulage. Dans les lieux habités, ils favorisent l'entretien de la propreté, en présentant des surfaces unies, se prêtant bien au lavage. Ces surfaces peuvent être ornées, au besoin, pour les mettre en rapport avec la décoration des pièces dont elles recouvrent le sol.

Les matériaux consacrés aux pavages sont de natures très-variées. La condition essentielle à laquelle ils doivent satisfaire, c'est de bien résister à l'user ; ils doivent donc, par conséquent, être durs et non cassants. Les granites, les grès et les calcaires durs, les schistes ardoisiers, les briques, sont principalement employés pour les pavages.

D'autres matériaux, mous au moment de leur emploi, mais susceptibles d'acquérir une assez grande dureté par la dessication ou le refroidissement, sont aussi utilisés ; tels sont les argiles, les bétons, les mastics bitumineux.

Les pavages prennent différentes dénominations, suivant la forme et la nature des matériaux mis en œuvre.

On leur donne le nom de pavés proprements dits, lorsque les pierres sont prismatiques allongées, posées debout, et, en quelque sorte, fichées dans le sol.

On les désigne sous le nom de *dallage* ou de *carrelage*, lorsque les pierres ont peu d'épaisseur et sont mises de plat.

Enfin, on appelle *aires*, les pavages formés de matériaux mous, susceptibles de durcissement après la pose.

Pavés proprement dits.

Ces pavages s'emploient principalement pour les routes, les ponts, les rues, au pourtour des bâtiments et dans les cours, pour former des caniveaux servant à l'écoulement des eaux. On doit, dans ce dernier but, leur donner une pente d'au moins 0^m01 par mètre.

Les pavés ont la forme d'un prisme. La tête est un carré ou un rectangle dressé au

vait que les épaisseurs trouvées aux étages inférieurs fussent moindres que celle de l'étage plus élevé, il faudrait, en partant de cette dernière dimension. ajouter de 0^m05 à 0^m10 en passant d'un étage à l'étage immédiatement inférieur.

marteau. Les autres faces sont dégrossies, et la pierre, légèrement démaigrie vers la queue, doit cependant présenter à sa partie inférieure une surface à peu près plane. On dit que les pavés sont *épincés* lorsqu'ils ont subi cette préparation.

Les dimensions varient avec la nature de la pierre. Comme les pavés sont d'autant plus glissants qu'ils sont plus durs, il est prudent de multiplier d'autant plus les joints et d'adopter par conséquent des dimensions d'autant plus faibles que la dureté est plus grande. Pour le granit, le quartz, les cailloux roulés, on donnera de 0^m10 à 0^m15 de côté à la tête, sur 0^m15 à 0^m20 de queue. Pour les calcaires et les grès tels que ceux qu'on emploie à Paris, on pourra prendre de plus fortes dimensions, 0^m20 à 0^m30 de côté pour la tête, et 0^m20 à 0^m25 pour la longueur de la queue.

Les pavés calcaires que l'on emploie pour bordures de trottoirs, pour caniveaux soignés et dans l'intérieur de quelques bâtiments, ont ordinairement des dimensions plus fortes, et sont taillés avec plus de soin.

Exécution d'un pavé. — On commence par faire une excavation de 0^m30 à 0^m35 de profondeur, à laquelle on donne le nom de *forme*. Le fond de cette excavation est réglé parallèlement à la surface supérieure du pavé, et l'on a soin de damer solidement les parties qui ne paraissent pas suffisamment tassées, en les rechargeant, au besoin, avec des pierrailles ou du gravier. Au fond de la forme, on étend une couche de sable de 0^m15 à 0^m20 d'épaisseur, et sur cette couche convenablement dressée, on pose les pavés par routes réglées, en recroisant les joints d'une rangée à la précédente. Les pierres sont mises d'aplomb et serrées les unes contre les autres, de manière à laisser aux joints 0^m008 au plus d'ouverture. Le paveur les frappe avec son marteau et les assujettit de telle sorte que la tête dépasse de 0^m03 la surface définitive du pavage. Lorsque les pavés sont mis en place, des ouvriers exercés les battent avec une dame dont le poids varie de 20 à 25 kilog. et les enfonce successivement un à un et rangée par rangée. Le damage se fait en trois fois, la première à petits coups, la deuxième à coups plus forts, la troisième jusqu'au refus de la dame.

Les pavés des rigoles doivent être faits et réglés avec beaucoup de soin ; pour ne pas déranger la pente par le damage, on les exécute à part, en ayant soin d'enfoncer les pavés très-solidement au moment de la pose, ce qui dispense de les battre après coup. Les pavés compris entre les rigoles doivent alors être posés en saillie de la quantité dont ils s'affaisseront par le damage, c'est-à-dire, d'environ 0^m03.

En battant les pavés, on a évidemment pour but d'éviter les tassements irréguliers qui se produiraient nécessairement par suite de l'inégale répartition des fardeaux sur le sol. Le sable, en raison de son incompressibilité et de sa mobilité reflue vers les joints, les garnit, et les pierres serrées les unes contre les autres, fortement pressées contre le sol, deviennent, pour ainsi dire, solidaires, et peuvent supporter les voitures les plus lourdes sans éprouver d'affaissement sensible.

Après le damage, on étend sur les pavés une couche de sable de 0ᵐ03 d'épaisseur. Ce sable, par le passage des fardeaux, pénètre dans la partie supérieure des joints et achève de les remplir.

Le système de pavage précédent présente un inconvénient assez grave lorsqu'il sert à l'écoulement des liquides, comme cela se présente pour les caniveaux des rues, des cours et dans les écuries. Malgré le soin avec lequel on garnit les joints, le sable est bientôt entraîné, soit par le mouvement des eaux d'arrosage, soit par le balayage ; et les eaux ménagères dans les rues et les cours, les urines dans les écuries, viennent remplir les joints, y croupissent et produisent, en été surtout, des exhalaisons fétides et malsaines.

Pour remédier à cet inconvénient, on met, entre les pavés, du mortier au lieu de sable. Quelquefois on se contente, après le damage, de balayer et de dégarnir les joints, et l'on y coule du mortier liquide qu'on y fait pénétrer jusqu'au refus, à l'aide d'une fiche en fer. On dit dans ce cas que les pavés sont *coulés en mortier*. Dans les écuries, le rejointoiement doit se faire en mastic bitumineux, attendu que sous les chocs des pieds des chevaux, les pavés sont ébranlés, et les meilleurs ciments sont promptement brisés, tandis que par son élasticité, son imperméabilité et son adhérence, le mastic bitumineux résiste très-bien et s'oppose à l'infiltration de l'urine dans les joints. Nous avons, d'ailleurs, dans une des leçons précédentes, dit comment devait se faire ce re-jointoiement.

Lorsqu'on veut avoir un sol plus solide et plus imperméable, on maçonne entière-ment les pavés. On dit alors que *les pavés sont posés en bain de mortier*. Pour cela, sur le fond de la forme, on étend une couche de sable de 0ᵐ06 à 0ᵐ10 d'épaisseur ; puis, pour poser chaque pavé, on garnit de mortier les faces contre lesquelles il doit s'appliquer ; on le frappe sur la tête et sur le côté, de façon à le faire appuyer solidement sur le sable et à faire refluer le mortier des joints. Ces pavés ne sont point damés après coup ; on doit donc les bien assujettir au moment de la pose. Après la construction, on visite les joints avec soin et l'on met du mortier partout où il en manque. Ce genre de pavage s'emploie pour les caniveaux, pour les écuries, les cours intérieures, les corridors, les porches, etc. Dans l'intérieur des bâtiments, on prend ordinairement des pavés cal-caires soigneusement taillés.

Dallages.

Les dallages sont formés de pierres plates de 0ᵐ07 à 0ᵐ08 d'épaisseur, taillées avec soin sur leur face apparente et sur leurs joints.

On les pose sur une couche de mortier de 0ᵐ03 d'épaisseur, reposant elle-même sur une assise de 0ᵐ05 de sable ou de platras broyés et passés au tamis. Les joints sont ensuite coulés en mortier ou en ciment et bien recirés.

Les dallages s'emploient principalement sur le sol des pièces exposées à de fréquents lavages, telles que : les cuisines, les salles de bains, les lieux d'aisance, etc. On s'en sert aussi pour recouvrir les terrasses, les paliers des perrons, etc.

Comme les surfaces extérieures sont taillées avec soin, il suffit d'une pente de 0^{m}005 à 0^{m}010 par mètre, pour permettre l'écoulement des eaux. Il faut évidemment, dans ce cas, garnir les joints avec un ciment très-solide. On fait souvent usage, surtout pour les terrasses, de mastic préparé avec de la limaille de fer et du plâtre.

Carrelages.

Ce genre de pavé ne diffère des dallages qu'en ce que les pierres sont plus petites, plus régulières et plus minces. On emploie aussi très-souvent, pour les carrelages, des briques ou des carreaux en terre cuite.

On les réserve principalement pour le sol de certaines pièces du rez-de-chaussée des maisons d'habitation, telles que les cuisines et leurs accessoires, les corridors, les salles à manger; dans les pays où le bois est rare, on les emploie même dans toutes les pièces et à tous les étages, et l'on se sert, dans ce cas, de carreaux en terre cuite.

Enfin, les carrelages sont utilisés pour recouvrir le sol des foyers des cheminées, des fourneaux et des fours de boulangerie, et, pour mieux résister à l'action de la chaleur, on choisit des briques réfractaires.

Les pierres se posent, comme les dalles, sur une couche de 0^{m}03 de mortier, reposant elle-même sur une aire de 0^{m}05 d'épaisseur en sable ou en plâtras broyés. Le mortier est en chaux et sable, excepté pour les foyers et les fours où l'on doit se servir d'argile délayée. Dans les fours de boulangerie, on a soin de dégauchir les carreaux en les frottant les uns sur les autres, avec interposition de sable fin, afin d'obtenir des surfaces parfaitement planes.

Les pierres ou les briques des carrelages sont ordinairement carrées. Quelquefois on leur donne la forme d'un hexagone ou d'un octogone. Pour des carrelages faits avec soin, on prend souvent des pierres blanches découpées en hexagone, entre lesquelles on intercale des carreaux noirs. Les premiers peuvent être en calcaire compacte ordinaire ou en marbre blanc; les autres sont en ardoises ou en marbre noir. On peut, d'ailleurs, faire varier les couleurs et les formes suivant la nature des matériaux dont on dispose, et l'élégance qu'on veut donner au carrelage. Lorsque la plus grande dimension ne dépassera pas 0^{m}30 (ce qui se présente habituellement), on se contentera, pour le marbre et l'ardoise, d'une épaisseur de 0^{m}02 à 0^{m}03. Pour les calcaires compactes et les briques, cette épaisseur sera de 0^{m}03 à 0^{m}05 pour des largeurs variant de 0^{m}16 à 0^{m}30.

Enfin, en découpant les pierres, en réunissant par des ciments diversement colorés des fragments de différentes teintes, on arrivera, en polissant le tout, à représenter, comme avec la peinture, les formes et le coloris des objets, et à produire ces mosaïques dont l'antiquité nous a laissé de si beaux modèles.

Aires.

La résistance des aires, leur simplicité ou leur élégance doivent nécessairement varier avec l'usage auquel on les destine et l'importance des locaux dont elles forment le sol.

Nous allons indiquer sommairement de quels matériaux on les compose, et comment on les exécute dans les principaux cas de la pratique.

Aires en argile, recoupes de pierres, etc. — Lorsqu'on n'a pas besoin d'une très-grande solidité, que la poussière n'a pas de grands inconvénients, comme dans les granges, les hangars, les caves, les bûchers et autres locaux analogues, on peut simplement employer de l'argile mélangée d'un peu de sable, le tout délayé dans de l'eau. On fait encore usage, soit du mélange précédent, soit de recoupes de pierre, qu'on gâche avec 1/5 de chaux hydraulique.

Exécution. — Après avoir réglé le sol de niveau et l'avoir solidement comprimé, on étend la matière à l'état de pâte consistante, sur une épaisseur de 0^m12 à 0^m15, et lorsqu'elle commence à se raffermir, on la bat avec des dames plates, en marchant dans le même sens ; puis, on recommence le battage dans une direction perpendiculaire à la première. On renouvelle cette opération deux fois par jour, jusqu'à ce que l'aire ait acquis assez de solidité pour ne plus conserver d'empreinte sensible sous le choc de la dame. On a soin d'éviter des courants d'air, qui pourraient amener une dessication trop rapide et provoqueraient des gerçures. On n'entreprendra le travail que par un temps ni trop chaud, ni trop sec. Si, malgré ces précautions, il se manifeste des fentes, on les arrosera avec du lait de chaux et l'on y fera pénétrer de force, avec un lissoir, de la pâte argileuse.

Aires en béton. — Pour les magasins, les remises, les pièces du rez-de-chaussée des casernes, où l'on peut craindre l'humidité du sol, on fera usage des aires en béton, qu'il conviendra d'exécuter conformément aux indications données par le général Daullé. (*Mémorial de l'officier du Génie*, numéro 14, page 233.)

Le béton sera préparé avec de la chaux hydraulique, dans les proportions et suivant les procédés de manipulation indiqués dans la deuxième leçon, pour le cas où cette matière doit être employée à sec et massivée. On l'étendra sur le sol (préalablement dressé et comprimé), sur une épaisseur de 0^m10 à 0^m12, et l'on unira d'abord la surface par un battage à la dame plate en bois. Cette surface, ainsi dressée, sera soumise ensuite au massivage, que l'on exécutera au moyen de lames en fer flexibles de 0^m50 à 0^m70 de longueur, sur 0^m03 à 0^m04 de largeur. Ces lames, terminées par un col de cygne et une douille armée d'un manche en bois, seront manœuvrées par des hommes frappant de manière à ce que la batte tombe à plat et laisse sur le béton des empreintes parallèles et jointives. Cette opération, faite sur toute l'étendue de l'aire, sera répétée plusieurs fois et sans discontinuité jusqu'à ce que les traces des lames sur le béton cessent d'être sensibles. On aura soin d'ailleurs, pour ne pas altérer la cohésion du béton, de modérer les coups vers la fin de l'opération, qui dure ordinairement deux jours, à raison de deux ouvriers pour une pièce de 40 à 50 mètres carrés de superficie. On laisse ensuite la couche durcir pendant un temps plus ou moins long, suivant le degré d'hydraulicité de la chaux. Quinze jours au moins doivent s'écouler entre la fin du battage et la mise de l'aire en service. Ainsi préparé, ce sol artificiel acquiert une solidité assez grande pour résister à l'user et prévenir la formation de la poussière incommode et malsaine qu'occasionnent souvent ces constructions, lorsqu'elles ne sont pas exécutées dans de bonnes conditions.

Aires en béton recouvertes de mastic bitumineux. — Souvent après avoir légèrement massivé la couche de béton et l'avoir bien réglée de niveau avec du mortier, on la recouvre de mastic bitumineux sur une épaisseur de 10 à 15 millimètres.

Ce genre de construction, fréquemment employé dans les casernes voûtées, présente plusieurs inconvénients.

D'abord, il n'offre pas une dureté suffisante ; les pieds des lits en fer, en usage pour la troupe, pénètrent dans le bitume et le transpercent entièrement. De plus, la vapeur d'eau, toujours abondante dans les chambres, se précipite sur le sol, qui reste constamment humide et malpropre en hiver.

Les aires en bitume sont avantageuses dans les pièces soumises à de fréquents lavages, telles que les cuisines, les lieux d'aisance. On en fait aussi un grand usage pour les trottoirs et les parties des places publiques réservées aux piétons. Enfin, elles permettent l'assainissement des rez-de-chaussée, en empêchant l'humidité d'y arriver par capillarité, soit à travers le sol, soit à travers la maçonnerie des murs.

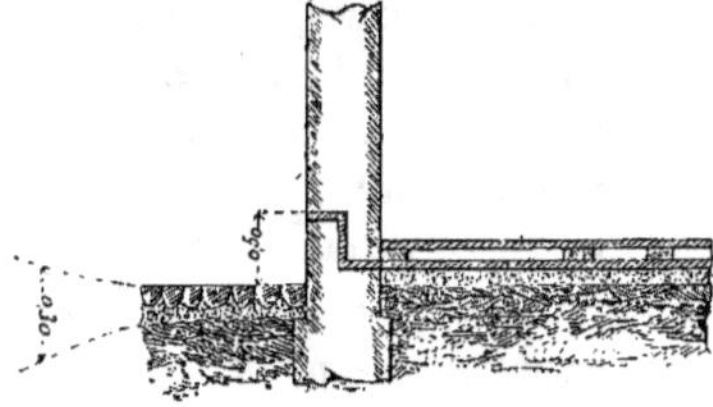

Pour obtenir ce dernier résultat, l'aire en bitume est placée au-dessus du sol et appliquée sur une couche de béton de 0^m10 d'épaisseur. Elle se prolonge de niveau à travers les murs de refend et pénètre jusqu'au milieu de l'épaisseur des murs d'enceinte du bâtiment. Arrivée là, elle se relève verticalement jusqu'à 0^m40 ou 0^m50 au-dessus du terrain extérieur et se replie normalement au parement. Sur le bitume, on établit ensuite, soit un plancher en bois, soit un carrelage, soit un bétonnage, et l'on se trouve préservé, à la fois, et de l'humidité du sol, et de celle qui pourrait provenir de la condensation de la vapeur d'eau contenue dans l'air.

Ces dispositions ont été prescrites pour le rez-de-chaussée des magasins à poudre.

Système employé en Italie. — Dans les édifices comportant un certain luxe, on pourra former des aires analogues à celles qu'on exécute dans différentes villes d'Italie et principalement à Venise.

On posera d'abord une couche de béton ou de mortier hydraulique de 0^m08 à 0^m10 d'épaisseur, qu'on massivera comme nous l'avons expliqué plus haut. Sur cette couche, on en étendra une deuxième de $0^m,04$ d'épaisseur en mortier hydraulique plus gras, dans laquelle on enfoncera des fragments irréguliers de marbre et l'on battra la surface à la dame, jusqu'à ce que les fragments aient entièrement pénétré dans le mortier. On laissera la masse se durcir, et après un temps plus ou moins long, suivant le degré d'hydraulicité de la chaux, on polira la surface, comme on polit le marbre, en ayant soin de boucher les fissures qui se manifestent pendant cette opération avec du ciment convenablement coloré. Avec de bons matériaux et de bons ouvriers, on formera des aires offrant l'apparence et la solidité des brèches naturelles.

En combinant avec art la forme et la nuance des fragments de marbre, en donnant au mortier, à l'aide d'oxydes métalliques, des couleurs convenables, il sera possible d'obtenir de véritables mosaïques.

Au lieu de marbre, on peut enfoncer dans le mortier de petits graviers de la grosseur d'un pois et dresser ensuite la surface à la dame plate. Il en résulte un pavage très-résistant, sur lequel on peut encore figurer des compartiments et des dessins plus ou moins compliqués, en employant des graviers de différentes nuances et en colorant le ciment.

Enfin, on pourra imiter les dallages en marbre et en granit, et même les mosaïques, en substituant au système précédent du stuc ou du plâtre aluné.

Terrasses. — Les dispositions précédentes conviendront pour le sol des divers étages des bâtiments, principalement pour le rez-de-chaussée; mais s'il s'agit de terrasses recouvrant un édifice, une nouvelle condition, l'imperméabilité, devient indispensable. En Italie, où les maisons sont presque toutes surmontées de terrasses, on confectionne des aires parfaitement étanches par le procédé suivant :

Si le bâtiment est voûté, on remplit les cavités existant sur l'extrados avec du gravier et des pierres concassées, et l'on règle la surface parallèlement à celle de l'aire à construire. Sur ce remplissage, on étend une couche de béton formé de mortier de pouzzolane naturelle et de fragments de pierre ponce. Cette couche a 0^m20 d'épaisseur et se réduit à 0^m15 par le massivage, opération que l'on n'entreprend que vingt-quatre heures après la pose du béton. On l'exécute à l'aide de dames plates en bois; on frappe d'abord fortement et dans le même sens; puis, dans une direction perpendiculaire à la première et en modérant la force des coups. On massive ainsi à trois reprises différentes, en laissant entr'elles un jour d'intervalle.

Ce travail exécuté, on recouvre l'aire d'une couche de terre de 0^m15 d'épaisseur, pour prévenir les effets d'une dessication trop rapide. Cette enveloppe reste pendant deux mois environ, et, en général, pendant le temps nécessaire au durcissement du béton.

Les pierres ponces employées ont l'avantage d'être très-légères et de bien adhérer au mortier : mais on obtiendrait encore des aires imperméables avec nos bétons ordinaires de pierraille ou de gravier, en suivant la marche et en prenant les précautions indiquées ci-dessus.

Ce genre de construction, qui réussit très-bien en Italie, aurait assurément le même succès dans le midi de la France : mais dans le centre, et surtout dans le nord du pays, les pluies étant plus continues, les neiges plus abondantes, les variations de température plus considérables, et par suite les alternatives de gel et de dégel plus fréquentes. il sera prudent, après avoir enlevé la couverte en terre et nettoyé soigneusement l'aire, de la recouvrir d'une couche de mastic bitumineux, ou d'un enduit calcaire qu'on exécutera conformément aux prescriptions recommandées dans la cinquième leçon.

Aires sur planchers en bois. — Jusqu'à présent nous avons supposé les aires établies sur le sol ou sur des voûtes; on en construit aussi sur des planchers en bois.

Dans ce cas, on emploie aux étages, soit du béton fait avec du menu gravier, soit du plâtre ordinaire, soit du stuc, soit enfin du plâtre aluné, en donnant à la couche une épaisseur de 7 à 8 centimètres pour le béton, et 5 centimètres seulement pour le plâtre. A part quelques précautions indiquées plus loin, la nature du support ne modifie en rien l'épaisseur et la composition de l'aire lorsqu'il s'agit d'une terrasse, et dans tous les cas n'influe point sur la marche à suivre dans l'exécution du travail.

Précautions à prendre. — Souvent les matériaux sont posés immédiatement sur une aire ordinaire en planches de chêne, ou sur des bois de merrain juxtaposés. Cela ne paraît pas avoir d'inconvénient sérieux lorsque les bois sont bien secs et recouverts d'un plafond qui les abrite contre les influences hygrométriques de l'air. Mais si le plancher reste à découvert en dessous, il peut se tourmenter et la couche se rompre, si son épaisseur est faible. Aussi, dans les constructions de l'antiquité, décrites par Vitruve, avait-on la précaution d'interposer entre le plancher et l'aire une couche de paille ou de fougère, surmontée d'un lit de gravier ou de pierraille. Cette disposition avait évidemment pour but de garantir le bois contre les effets de l'humidité du béton au moment de la pose, et d'empêcher les déformations du plancher de compromettre la solidité du pavage. Elle est encore usitée dans les constructions modernes, et M. Lebrun en recommande l'emploi dans le Traité qu'il a publié dans ces derniers temps, sur les constructions en béton.

En Italie, on a supprimé la paille et la fougère, et l'on a conservé le lit de pierraille, qui suffit pour isoler le bois du béton et pour protéger par conséquent la matière ligneuse contre l'humidité, en laissant à la maçonnerie toute l'eau nécessaire à son durcissement. On pourra se contenter d'adopter cette dernière disposition.

Une précaution qu'il est important de ne pas négliger lorsqu'on emploie le plâtre, c'est d'arrêter la couche à quelques centimètres des murs, pour prévenir les effets de la poussée due à l'augmentation de volume que prend la matière en durcissant. Après la prise, on remplira avec du plâtre ou du ciment le petit vide réservé au pourtour de l'aire.

TABLE DES MATIÈRES

COMPRISES DANS CE VOLUME

PREMIÈRE LEÇON

DEUXIÈME LEÇON

TROISIÈME LEÇON

QUATRIÈME LEÇON

CINQUIÈME LEÇON

SIXIÈME LEÇON

SEPTIÈME LEÇON

ERRATA

Texte.

Pages.	Lignes.	Au lieu de :	Lire :
37	7	Noissac, Tarn.	Moissac, Tarn-et-Garonne.
49	26	fussent	fusent
56	5	0,22 pour 100	22 pour 100
57	2	que pour les deux autres procédés,	que les deux autres procédés,
60	4	et permettra	et leur permettra
66	33	iminemment	éminemment
73	9	$0^{m.\,cube},48.$	$0^{m.\,cube},40.$
92	12	trass	strass
107	12	bitumeux.	bitumineux.
108	28	exposés	exposées
109	27	portant de 25	portant à 25
124	12	$f =$ de 1,80	$fC =$ de 1,80
129	11	parpaing dans l'assise suivante, elles	parpaing ; dans l'assise suivante elles
139	23	se retournent	se retourneront
145	21	pourra P	pourra prendre P
145	30	$e = \sqrt{\dfrac{\overline{PH}}{\overline{P'}}}$	$e = \sqrt{\dfrac{\overline{PH}}{\overline{p'}}}$
147	13	$e = 10\sqrt{\dfrac{\overline{H}}{\overline{P'}}} \ldots\ldots\ e = 12\sqrt{\dfrac{\overline{H}}{\overline{P'}}}$	$e = 10\sqrt{\dfrac{\overline{H}}{\overline{p'}}} \ldots\ldots\ e = 12\sqrt{\dfrac{\overline{H}}{\overline{p'}}}$
157	35	au-dessus	au-dessous
158	2	$H + h = 2$ mètres 12.	$H + h - 2$ mètres 12.
159	33	$M = \sigma M''$	$M = \sigma M'$
165	14	$\dfrac{P'}{P}$	$\dfrac{p}{p'}$
169	3	$E' = E + \dfrac{1}{9} uN.$	$E' = E + \dfrac{1}{9} uH.$
202	7	canivaux,	caniveaux,

 ERRATA.

Texte.

Pages.	Lignes.	Au lieu de :	Lire :
228	10	la partie	la portée
229	6	$\dfrac{a-b}{\sqrt{3}-1}$	$\dfrac{a-b}{\sqrt{3}-1}$
232	2	les valeurs de δ et r,	les valeurs de δ et r_1
259	12	extrados	intrados
261	1	ou dans le profil.	où, dans le profil,
281	16	atteindre	attendre
286	14 et 15	à la voûte et au piédroit.	de la voûte et du piédroit.
296	1	qui se confond	qui se confonde
298	25	$x=-\dfrac{S}{H}\cdot\dfrac{L}{l}+$	$x=-\dfrac{S}{H}\cdot\dfrac{L}{l}+\sqrt{}$

Figures.

Page 185. — La figure doit être redressée de façon que le sol soit en pente et les ressauts horizontaux.

— **258.** — Mettre la lettre u à l'intersection de l'horizontale zy et de la verticale du point d.

Fontainebleau. — Imprimerie de ERNEST BOURGES, rue de l'Arbre-Sec. n° 1.